U0504419

本书为国家社科基金项目"'美国社会主义例外论'研究"（19BKS016）的结项成果，获 2024 年度中国社会科学院创新工程项目出版资助。

新时代世界史学研究丛书 专著

Series of World History Research in the New Era

"美国社会主义例外论"研究

邓 超◎著

中国社会科学出版社

图书在版编目（CIP）数据

"美国社会主义例外论"研究／邓超著. -- 北京：
中国社会科学出版社，2025. 3. -- ISBN 978-7-5227
-5073-6

Ⅰ. D091. 6

中国国家版本馆 CIP 数据核字第 2025TZ6660 号

出 版 人	赵剑英	
责任编辑	宋燕鹏	
责任校对	王文源	
责任印制	李寡寡	

出　　版	中国社会科学出版社	
社　　址	北京鼓楼西大街甲 158 号	
邮　　编	100720	
网　　址	http://www.csspw.cn	
发 行 部	010-84083685	
门 市 部	010-84029450	
经　　销	新华书店及其他书店	

印　　刷	北京君升印刷有限公司	
装　　订	廊坊市广阳区广增装订厂	
版　　次	2025 年 3 月第 1 版	
印　　次	2025 年 3 月第 1 次印刷	

开　　本	710×1000　1/16	
印　　张	22	
字　　数	311 千字	
定　　价	118.00 元	

探索建构中国自主的世界史学体系

——《新时代世界史学研究丛书》总序

  中国是世界公认的"四大文明古国"之一，创造了源远流长的悠久历史和灿烂文化，有文字记载的文明史就长达五千多年，为人类文明进步和世界历史发展作出了巨大贡献。与此同时，中华民族在艰苦卓绝、革故鼎新的历史长河中，形成了以文治教化为主旨的优秀文化传统和以经世致用为目的的丰厚历史资源。绵延不断的历史积淀赋予中国人强烈的历史意识，创造了浩如烟海的史学经典。正如中国近代思想家梁启超所说："中国于各种学问，唯史学为最发达，史学在世界各国中，唯中国为最发达。"[1] 历史是最好的教科书，也是最好的清醒剂和营养剂。知史才能明道，明道方能笃行。晚清思想家龚自珍说："出乎史，入乎道"；"欲知大道，必先为史"。[2] 历史蕴藏着丰富而又宝贵的经验，对于我们汲取智慧、把握规律、指导实践大有裨益，并且有助于我们更好地应对现实和未来的挑战。

  马克思和恩格斯创立的唯物辩证的历史观昭示人们："世界史不是过去一直存在的；作为世界史的历史是结果。"[3] 他们在《德

---

  [1] 梁启超：《中国历史研究法》，《饮冰室合集·专集之七十三》，中华书局1989年版，第9页。

  [2] （清）龚自珍著，王佩诤校：《尊史》，《龚自珍全集》第一辑，上海古籍出版社1999年版，第81页。

  [3] 《马克思恩格斯全集》第46卷（上册），人民出版社1979年版，第48页。

意志意识形态》中指出："各个相互影响的活动范围在这个发展进程中越是扩大，各民族的原始封闭状态由于日益完善的生产方式、交往以及因交往而自然形成的不同民族之间的分工消灭得越是彻底，历史也就越是成为世界历史。"① 正是大工业"首次开创了世界历史，因为它使每个文明国家以及这些国家中的每一个人的需要的满足都依赖于整个世界，因为它消灭了各国以往自然形成的闭关自守的状态"②。列宁在《哲学笔记》中也写道："世界历史是个整体，而各个民族是它的'器官'。"③ 各民族、各国家、各个人的发展变化在不同程度上受到世界整体发展的制约，反过来又影响世界历史发展的进程。因此，作为整体的世界历史与作为部分的民族、国家甚至个人的历史的相互关系，或者说世界历史的整体和部分的相互关系，就成为世界史学必须解决的基本问题。

正确处理世界历史的整体和部分的相互关系，必须坚持唯物辩证的方法和系统整体的原则，在世界历史各种因素的普遍联系和变化过程中，揭示人类历史规律，把握世界发展趋势。具体说来，在研究方法上，要唯物辩证地考察生产力和生产关系、经济基础和上层建筑等各种因素的相互关系和矛盾运动，而不能陷入唯心主义和形而上学的困境；在时间序列上，要把世界历史看作一个有内在联系的、发展变化的过程，而不能随意割断历史；在空间范围上，要把世界各民族、各国家、各个人的历史看作一个相互联系、相互作用的系统整体，着重研究"世界历史性的事实"和具有世界历史意义的事件，而不能孤立地研究民族、国家和个人的历史。

与中华民族辉煌灿烂的文化和博大精深的史学相比，世界史在我国还算一个年轻的学科。鸦片战争前后，以林则徐、魏源为代表的先进知识分子"睁眼看世界"，编译《四洲志》《海国图志》，揭开了近代中国世界史研究的序幕。直到中华人民共和国成立以

---

① 《马克思恩格斯文集》第1卷，人民出版社2009年版，第540—541页。
② 《马克思恩格斯文集》第1卷，人民出版社2009年版，第566页。
③ 《列宁全集》第55卷，人民出版社1990年版，第273页。

前，我们的世界史研究和教学深受欧美的影响，对以西欧为中心编纂世界史的观点和方法习以为常，大学历史系也通行讲授西洋史、断代史和以西方国家为主的国别史、专门史，很少以唯物辩证的方法和系统整体的眼光进行世界史的研究和教学。

新中国成立前后，周谷城就提出："治历史而不能把握历史之完整性，或完整的统一性，则部分的史实之真相，最不易明白"；要注重民族间的斗争所引起的"世界各地之相互关系"，主张"注重各民族间的历史接触"为"注重全局"的观点和方法。① 他在1949 年出版的《世界通史》突破了国别史之和即世界史的框框和"欧洲中心论"的束缚，力求从整体与部分的对立统一中探讨整个人类的历史。他明确地说："本人不认国别史之总和为世界通史，故叙述时，力避分国叙述的倾向，而特别着重世界各地相互之关联。"② 后来他在总结这一时期的思想时强调："编写《世界通史》时，不能从单一的角度写起，而是须着眼全局或统一整体，从有文化的或文化较高的许多古文化区同时写起。我所著的《世界通史》第一册，为了反对欧洲中心论，使读者对世界古史有一个全局的了解，便一连举了六个古文化区：曰尼罗河流域文化区，曰西亚文化区，曰爱琴文化区，曰中国文化区，曰印度文化区，曰中美文化区。"③ 齐世荣评论说：周谷城强调"世界通史并非国别史之总和"，"主张把世界历史作为一个整体来研究，重视世界各地区之间的相互关系，并反对把欧洲作为世界历史的中心。这些观点对于我国世界史学科的建设，具有开拓性的意义"④。

改革开放以来，我国的世界史研究和学科建设迅速拓展和深化，唯物辩证的、系统整体的研究得到加强。在吴于廑看来，既然

---

① 周谷城：《世界通史》，商务印书馆 1949 年版，第 235 页。
② 周谷城：《世界通史》，"弁言"，商务印书馆 1949 年版，第 1 页。
③ 周谷城：《着重统一整体反对欧洲中心论》，《中外历史论集》，复旦大学出版社 2015 年版，第 478—479 页。
④ 齐世荣：《我国世界史学科的发展历史及前景》，《历史研究》1994 年第 1 期，第 157 页。

历史在不断的纵向和横向发展中已经在越来越大的程度上成为世界历史，那么研究世界历史就必须以世界为一全局，"考察它怎样由相互闭塞发展为密切联系，由分散演变为整体的全部历程，这个全部历程就是世界历史。把分国、分区的历史集成汇编，或者只进行分国、分区的研究，而忽视综合的全局研究，都将不能适应世界历史这门学科发展的需要"①。1994 年出版的 6 卷本《世界史》正是按照上述观点、方法编纂的，是对纵横联系的"整体世界史"的探索成果。进入 21 世纪，如何构建中国特色的世界史学科体系成为"热门"话题，引起世界史学界对宏观与微观、理论与实证、整体与个案之间关系的重视和争论。

党的十八大以来，中国特色社会主义进入新时代，习近平总书记对历史和历史科学作出了一系列重要论述，强调要树立大视野的历史思维，把握人类历史发展的大趋势，发挥鉴古知今、学史明智的重大作用。他在哲学社会科学工作座谈会上指出："观察当代中国哲学社会科学，需要有一个宽广的视角，需要放到世界和我国发展大历史中去看。"② 他在主持中共十八届中央政治局第四十三次集体学习时指出：尽管我们所处的时代同马克思所处的时代相比发生了巨大而深刻的变化，但从世界社会主义 500 年的大视野来看，我们依然处在马克思主义所指明的历史时代。这是我们对马克思主义保持坚定信心、对社会主义保持必胜信念的科学根据。③ 关于历史的作用，他强调："历史研究是一切社会科学的基础，承担着'究天人之际，通古今之变'的使命。世界的今天是从世界的昨天发展而来的。今天世界遇到的很多事情可以在历史上找到影子，历史上发生的很多事情也可以作为今天的镜鉴。重视历史、研究历

---

① 吴于廑、齐世荣主编：《世界史·古代史编》上卷，"总序"，高等教育出版社 1994 年版，第 31 页。

② 习近平：《在哲学社会科学工作座谈会上的讲话》，人民出版社 2016 年版，第 3 页。

③ 《深刻认识马克思主义时代意义和现实意义继续推进马克思主义中国化时代化大众化》，《光明日报》2017 年 9 月 30 日，第 1 版。

史、借鉴历史，可以给人类带来很多了解昨天、把握今天、开创明天的智慧。所以说，历史是人类最好的老师。"① 他在中国人民大学考察时进一步指出：坚持和发展中国特色社会主义理论和实践提出了大量亟待解决的新问题，世界百年未有之大变局加速演进，世界进入新的动荡变革期，迫切需要回答好"世界怎么了""人类向何处去"的时代之题。"加快构建中国特色哲学社会科学，归根结底是建构中国自主的知识体系。"② 这些重要论述所阐明的"大历史观"将辩证唯物主义和历史唯物主义基本原理与当今时代特征和中国具体实际相结合，赋予马克思主义历史观新的时代内容和民族形式，给包括世界史在内的整个历史科学提出了新的目标任务和方法途径，是建构中国自主的世界史学体系的科学指南和根本遵循。

世界史作为历史学门类中的学科专业在中国的兴起与近现代中国的变迁相适应，经历了一个艰苦探索、曲折发展的过程，世界史恢复为一级学科也不过十多年的时间。然而，世界史研究取得的丰硕成果及其在学术界的地位和社会生活中的作用日益受到重视。随着历史研究日益专业化，世界史学科内部专业划分越来越细，出现了政治史、经济史、社会史、文化史、生态史和古代史、中世纪史、近代史等分支学科，并且与其他学科渗透，出现了历史地理学、历史人类学、心理史学、计量史学等交叉学科。这种分化趋势，一方面扩展了世界史研究的领域和深度，使世界史研究日益精细化和多样化；另一方面影响了世界史的整体性和统一性，使世界史研究面临新的学科融合的任务。推动世界史学科建设，不仅要加强史学理论与史学史、世界古代中世纪史、世界近现代史、世界地区与国别史、专门史与整体史等二级学科之间的对话和融合，而且

① 《习近平致第二十二届国际历史科学大会的贺信》，《人民日报》2015 年 8 月 24 日，第 1 版。
② 《坚持党的领导传承红色基因扎根中国大地　走出一条建设中国特色世界一流大学新路》，《人民日报》2022 年 4 月 26 日，第 1 版。

要打破世界史与中国史、考古学等历史学科,以及与其他人文科学、社会科学乃至与自然科学之间的学科壁垒,联合各方力量构建世界史学术共同体,开拓世界历史研究的新局面和新境界。

中国社会科学院世界历史研究所自 1964 年成立以来,发扬贯通古今、联接中外、治史明道、经世致用的优良传统,推动世界史学的繁荣发展和中外学术交流。特别是从 2019 年 1 月中国历史研究院成立以来,世界历史研究所在学科调整、机构重组、人员调动等方面取得了较大进展,已扩充为 13 个正处级部门,包括 1 个综合处,涵盖欧洲史、美国史、俄罗斯中亚史、一带一路史、日本与东亚史、西亚南亚史、非洲史、拉美史、太平洋和太平洋国家史、古代中世纪史、全球史 11 个研究室,《世界历史》编辑部,代管中国世界古代中世纪史研究会、中国世界近代现代史研究会、中国第二次世界大战史研究会、中国苏联东欧史研究会、中国非洲史研究会、中国拉丁美洲史研究会、中国朝鲜史研究会、中国德国史研究会、中国法国史研究会、中国美国史研究会、中国英国史学会、中国日本史学会、中国中日关系史学会、中国国际文化书院 14 个全国性学会,主办《世界历史》中文权威期刊和《世界史研究(英文刊)》(*World History Studies*)、中国世界史研究网和世界历史编辑部微信公众号,组织编纂世界史学科年鉴,每年举办一次全国世界史研究前沿论坛,每年举办一次全国世界史中青年学者论坛,每两年举办一次全国世界史研究高端论坛,以期统筹协调全国的世界史研究和教学力量,为世界史学术共同体搭建平台、提供服务。在中国社会科学院新一轮学科建设"登峰战略"资助计划中,世界历史研究所努力建设一个优势学科(世界文明史)和两个重点学科(大国关系史、"一带一路"),希望在推进基础理论研究和应用对策研究融合发展,建构中国自主的世界史学科体系、学术体系、话语体系等方面取得更多成果和更大进展。

当今世界正在经历百年未有之大变局,当代中国正在经历广泛深刻的大变革。世界多极化、经济全球化、文化多样化、社会信息化深入推进，给世界历史发展和世界史学研究提供了难得的机遇，也提出了巨大的挑战。习近平总书记在致中国历史研究院成立贺信中提出：希望我国广大历史研究工作者"继承优良传统，整合中国历史、世界历史、考古等方面研究力量，着力提高研究水平和创新能力，推动相关历史学科融合发展，总结历史经验，揭示历史规律，把握历史趋势，加快构建中国特色历史学学科体系、学术体系、话语体系"①。具体到世界史，学科体系是基础和依托，学术体系是灵魂和核心，话语体系是原料和载体，三者相互依存、融合贯通，结合为统一的整体。为了更好地扶植世界历史研究所学者推出高质量的研究成果，加强人才培养和队伍建设，我所决定组织出版包含专著、译著、文集等系列的"新时代世界史学研究丛书"。该丛书坚持马克思主义立场观点方法，以习近平新时代中国特色社会主义思想为指引，力图在对古今中外世界史研究的成果和经验进行总结概括的基础上，发扬与时俱进、守正创新的精神，探讨世界史的前沿问题和理论方法，敢于提出新的概念、话语，创立新的学派，为建构中国自主的世界史学体系做出新的贡献！

罗文东

2024 年 1 月写于中国历史研究院世界历史研究所

① 《习近平致中国社会科学院中国历史研究院成立的贺信》，新华社（北京）2019 年 1 月 3 日电，http://www.xinhuanet.com/2019-01/03/c_1210029534.htm.

目　　录

导　论

长期以来，"美国社会主义例外论"是世界社会主义史研究中一项富有魅力的课题。从 20 世纪初开始，无论是社会主义理论家还是自由主义思想家，无数的学者都曾参与讨论，其中许多人还是拥有世界声望的著名学者。然而，经过一百多年的争论，这个问题依然未能达成广泛的共识。更重要的是，它不仅涉及对美国社会发展、国家特性、国家形象和外交政策的把握，而且涉及发达国家国家治理、社会变革与社会稳定的研究，甚至涉及资本主义发展趋势、资本主义与社会主义的关系、社会主义本质、社会主义的未来等等一系列根本性和全局性的重大问题。迄今为止，西方学者的相关研究成果蔚为壮观。相形之下，国内只有为数不多的著作略有涉及，以及数量有限的论文进行了有益的探讨。本书就是在这些既有研究成果的基础上，试图借鉴全球史的研究视角，继续推进对该问题的思考。

一　概念的起源与流变

"美国例外论"（American Exceptionalism）是这样一种观念，即美国是以不同的方式建立起来的，以不同的方式发展起来的，因此必须以不同的方式来理解美国，本质上是要按照美国自己的话语并置于其自身的历史背景下加以思考。① 这种观念广泛地存在于美

---

① Byron E. Shafer, *Is America Different? A New Look at American Exceptionalism*, New York: Oxford University Press, 1991, p. v.

国人的思想深处，早已形成了一种得到官方认可的意识形态，并以
各种方式自觉不自觉地支配着美国人的行为方式。美国历史学家多
萝西·罗斯（Dorothy Ross）认为，"美国社会科学之所以与众不
同，是因为它与美国例外论这一国家意识形态有关"①。英国历史
学家 A. G. 霍普金斯谈到，"从过去到现在，对美国拥有独特的天
赋使命的信念帮助人们构建了美国民族主义的特性和美国历史的内
容"②。

　　一些美国学者一度认为，"美国例外论"正式提出于法国学者
亚力克谢·德·托克维尔的名著《论美国的民主》。在这本问世于
1835—1840 年的成名之作中，托克维尔将美国与欧洲大陆国家进
行了比较，开辟了欧美比较研究的学术领域。他认为，"美国人的
际遇完全是一个例外"③。但是，这种说法也遭到一些学者的反对。
例如，李剑鸣教授就认为，这种说法是后世塑造的结果，具有
"迷思"的性质。④

　　实际上，"美国例外论"作为一个明确的概念和术语从 1929
年才开始使用。在苏联领导人斯大林批评美国共产党领导人杰伊·
洛夫斯通（Jay Lovestone）及其派系成员有关美国革命形势的右倾
观点之后，这个词才逐渐进入学术界。根据詹姆斯·P. 坎农
（James P. Cannon）的回忆，当时部分美共成员看到 20 世纪 20 年
代美国资本主义不断扩张的势头，他们认为，美国已经成为领先的
资本主义工业强国，就像英国进入"维多利亚时代"之后出现的
强盛景象一样，因此，美国短期内不会出现经济危机，美国的工人

---

　　① Dorothy Ross, *The Origins of American Social Science*, Cambridge, UK：Cambridge
University Press, 1991, p. xiv.
　　② ［英］A. G. 霍普金斯：《美利坚帝国：一部全球史》，薛雍乐译，民主与建设
出版社 2021 年版，第 15 页。
　　③ ［法］托克维尔：《论美国的民主》下卷，董果良译，商务印书馆 1988 年版，
第 554 页。
　　④ 李剑鸣：《关于"美国例外论"的历史反思》，《清华大学学报》（哲学社会科
学版）2022 年第 6 期，第 12 页。

阶级也不会激进化，然后从这个角度得出了"美国例外论"理论。① 1929 年，洛夫斯通在莫斯科告诉斯大林，美国无产阶级对革命没有兴趣。斯大林的回应是要求他结束这种"美国例外主义的异端邪说"②。就这样，这个概念诞生了。由此可见，"美国例外论"这个概念诞生之初即指"美国社会主义例外论"。而且，斯大林的本意并不是指美国比其他国家优越，其言下之意恰恰相反。当然，学术界对此也有不同意见，例如，有学者认为，洛夫斯通才是这个术语的原创者，或者这个术语远早于 1929 年问世，但这些观点都只是推测，目前并无确凿证据。③

有必要指出，"美国例外论"的实际观念远在这个术语问世之前很早就产生了。在美国历史学家看来，"美国例外论作为固定的或纯粹的实体从未存在过。它总是被埋藏在它的历史背景中"。而且，"我们有充分的理由认为，这一概念的早期变体同样受制于人类的建构和操纵"④。根据不同历史时期的不同建构焦点，"美国例外论"概念大致出现了以下三种主要用法。

在共和国早期历史上，美国作为一个例外的概念就很容易找到。一些美国人相信，自己的国家具有某种"特殊"的神秘天命，尤以所谓的"建国神话"为甚。从殖民地时期开始，很多美国人心中就有一种"天定命运观"。1620 年，第一批以英国清教徒为主的移民乘坐"五月花号"帆船抵达北美大陆，这些在旧大陆受到残酷迫害的清教徒的目的之一是建立一个理想社会。他们把自己视为"上帝的选民"，认为这里将成为"山巅之城"，负有拯救全世

---

① James P. Cannon, *The First Ten Years of American Communism*, *Report of a Participant*, New York: Lyle Stuart, 1962, p. 213.

② Terrence McCoy, "How Joseph Stalin Invented 'American Exceptionalism'", *Atlantic*, March 15, 2012, https://www.theatlantic.com/politics/archive/2012/03/how-joseph-stalin-invented-american-exceptionalism/254534/.

③ 参见王光华《何谓"美国例外主义"——一个政治术语的考察》，《美国问题研究》2016 年第 1 辑，上海人民出版社 2016 年版，第 95—98 页。

④ Ian Tyrrell, *American Exceptionalism: A New History of an Old Idea*, Chicago: University of Chicago Press, 2021, p. 4.

界的特殊"使命"。这种认为美国"独特"且为世界树立典范的观念，深深地影响了世世代代美国人对其他国家的态度和看法。后来的独立战争、开疆拓土、大量移民等历史发展又进一步强化了这种观念。在共和国早期历史中，类似的表述包括诸如"模范"共和国或"实验"之类。

其实，类似的有关"独特"的自我形象定位在世界上很多民族国家的文化中都可以发现，因为民族优越感、自豪感和使命感是国民士气、凝聚力的重要来源。其合理性取决于观察者的距离、层次和角度，在特殊主义视角下，我们可以说，任何社会都是独特的；而在普遍主义视角下，又可以观察到所有社会都有相似之处。换句话说，"所有的社会，如果观察得足够近，都是不同的，而所有的社会，如果观察得足够远，同时都是相似的"①。毫无疑问，"建国神话"是一种掺杂有宗教信仰的"美国例外论"，带有极强的美国至上论倾向。随着美国日益强大，这种观念已逐渐成为美国全球扩张和霸权主义的意识形态基础。美国国内也不乏对这种"美国例外论"的批评之声，其中尤以左派居多，霍华德·津恩（Howard Zinn）就是比较有名的一位。

到20世纪前期，这种观念已经发展出了新的维度，即美国不是仅仅独一无二，就像所有国家都有其独特性和特殊性一样，而是在其他国家的历史道路之外。换言之，其他国家的社会进步都遵循某种普遍的历史规律、模式或规范，而美国并不符合这个普遍模式。一个似乎特别能够证明这一论点的现象是：从19世纪中后期以来，社会主义在世界上的几乎所有主要发达国家中都获得了引人注目的发展，但美国却始终缺少影响广泛的社会主义运动和欧洲那种在国内政治生活中举足轻重的社会党或工党。"美国社会主义例外论"的问题由此产生并在学术界中引起了持久的兴趣和研究。

世界上一切国家的发展都遵循某种普遍模式的看法，是建立在

---

① Byron E. Shafer, *Is America Different? A New Look at American Exceptionalism*, p. vi.

社会进化论基础上的。从 18 世纪以来，知识界在近代生物学与地质学进化理论影响之下，把人类社会看成一个从低级向高级发展的进化过程，认为世界上不同民族的历史演进遵循相同的发展过程。但是，从 19 世纪末开始，古典进化论就受到其他学派和学者们的批评。随着人类学家们搜集的民族志资料越来越多，单线进化论的缺陷就变得越来越明显，因为仅凭一种简单的、普遍进步的单线框架无法解释复杂多变的各种文化。近半个世纪以来，不同人类学理论流派对单线进化论屡屡抨击，一些人类学家意识到不能仅用简单的发展阶段论来概括人类社会历史的实际复杂过程。①

诚然，古典进化论对早年马克思和恩格斯都产生过很大影响，马克思的社会发展理论也明显建基于社会进化论之上，但是未见其有明确的单线发展的观点。事实上，马克思曾多次反对把社会历史的发展规律等同为一种公式或图式的看法。在《给"祖国纪事"杂志编辑部的信》一文中，马克思谈到米海洛夫斯基对《资本论》的误解时说："他一定要把我关于西欧资本主义起源的历史概述彻底变成一般发展道路的历史哲学理论，一切民族，不管他们所处的历史环境如何，都注定要走这条道路，——以便最后都达到在保证社会劳动生产力极高度发展的同时又保证人类最全面地发展的这样一种经济形态。但是，我要请他原谅。（他这样做，会给我过多的荣誉，同时也会给我过多的侮辱。）"②

由马克思的上述论述可知，不能简单机械地理解社会发展的规律问题，而是要深入地去研究这些所谓"例外"现象中的各种复杂联系，再试图从中寻找规律性。如果说美国社会主义的发展轨迹是"例外的"，那么西欧社会主义在二战以后的发展趋势却越来越像美国了，这又该如何理解？一种普遍模式及其违反这种思路显然无法解释。于是，美国经验中那些真正不同于国际模式的元素，而

---

① 参见周大鸣编著《人类学导论》，云南大学出版社 2007 年版，第 35 页。
② 《马克思恩格斯文集》第 3 卷，人民出版社 2009 年版，第 466 页。

不是仅仅由于某种特殊的组合而与众不同，才应该是关注的焦点。

从这种意义上说，"美国社会主义例外论"核心问题的提出并非虚假的和无意义的。对它进行认真的研究，不但不会否定社会发展规律的存在，反而有助于加深对美国乃至世界社会主义运动发展规律的认识。然而在 20 世纪 20 年代后期，共产国际曾对洛夫斯通等人所谓右倾的"美国例外论"展开过批判。国内有学者后来指出，共产国际的做法缺乏事实依据，尽管洛夫斯通等人的确在思想和组织路线上有严重错误。① 由于受共产国际和苏联理论的影响，在改革开放之前的很长时期内，关于"美国没有社会主义"的看法在国内曾屡遭批判，被视为资产阶级史学家的无稽之谈和逃避历史唯物主义社会发展规律的错误理论，被排除在严肃的学术研究领域之外。近年来，伴随着国内美国研究的逐渐深入，这一沉寂局面才逐步得以打破，一些学者开始日益关注这一问题了。

由于美国学界对一般发展模式的质疑，"美国例外论"的第二种维度逐渐淡出。近几十年来，出于现实需要，这个概念又发展出了第三种维度。第三种发展维度可以视为对美国社会独有的特征集群的强调，以及美国独特的组织社会生活主要领域的方式的关注。换言之，这种方法探求美国主要社会部门的独特之处，涉及政治、经济、文化、宗教、教育和公共政策等领域。从本质上讲，这种"美国例外论"寻求的是在某些更大的方面不同于其他国家的"美国模式"，而不是暗示其他国家遵循某种单一的选择。②

第三种维度既可以从更大的、综合的角度分析一个特定的社会，又可以在分析中分离出独特性的因素，同时不预先规定这种调查和解释努力的结果。这就是说，所讨论的领域其实不是"例外"，而可以是某种规律的特殊表现。一如美国学者所言："如果研究者找到合适的比较对象，就会发现美国并没有什么不同；如果

---

① 参见肖庆平《共产国际反对美共洛夫斯顿派所谓"美国例外论"的斗争》，《国际共运史研究资料》总第 17 辑，人民出版社 1986 年版，第 95—115 页。

② Byron E. Shafer, *Is America Different? A New Look at American Exceptionalism*, p. viii.

找到了合适的时期，那么当美国进入这个时期时，它看起来就会一样；或者，当某国进入这个时期时，它看起来就会像美国一样。"①如此看来，"美国例外论"中仍然包含着某些值得进一步探究的课题。它天然地带有跨学科的特征，因此对很多领域的研究者仍然具有吸引力。

也许，对许多历史学家而言，"美国例外论"似乎是一个已经解决的问题。比如，英国历史学家 A. G. 霍普金斯（Hopkins）在其新著《美利坚帝国：一部全球史》和美国历史学家托马斯·本德（Thomas Bender）在《万国一邦：美国在世界历史上的作用》一书中所得到的结论一样，基本上都宣告了"美国例外论"的终结。也有学者明确指出，"美国例外论是一个历史偶然的、不可靠的想法"②。但是，"美国例外论"及其变体所衍生的问题并没有得到彻底地解决。正如李剑鸣教授所言："不论'美国例外论'是虚构还是真实，其持续的存在和深刻的影响乃是不争的'社会事实'。于是，在批判性地审视'美国例外论'时，问题的关键就不在于它在事实上是否站得住脚，而是它何以在美国历史上拥有如此之多的'信徒'。"③具体到"美国社会主义例外论"研究，依然有必要追问：如果说美国的社会条件不适合社会主义的发展，那为什么美国社会主义在 20 世纪以来的历史中出现过多次上升的势头？如果说美国资本主义终将被社会主义代替，那为什么美国社会主义一直都很微弱？如果说欧洲的阶级冲突曾经激烈到爆发革命的地步，那为什么美国似乎避开了无产阶级革命的洗礼？这些问题需要从马克思主义的角度正面给予解答。

本书主要讨论的是"美国社会主义例外论"，即关于"为什么美国没有社会主义"这一问题的研究。但是，本书的研究不是要回到那些传统的争论，也不是要否定前人的研究结论，而是在新研

① Byron E. Shafer, *Is America Different? A New Look at American Exceptionalism*, p. ix.
② Ian Tyrrell, *American Exceptionalism：A New History of an Old Idea*, p. 4.
③ 李剑鸣：《关于"美国例外论"的历史反思》，第 24 页。

究方法的启发之下，采用一种强调整体性和跨国互动的更大研究视角，重新思考"美国例外论"研究中那些对于探索历史发展规律有益的部分。后文中为了叙述方便，除非特别注明，凡提及"美国例外论"一般是指"美国社会主义例外论"。

二 "美国社会主义例外论"研究概述

马克思主义者认为，工业资本主义的兴起产生了无产阶级，阶级利益的形成，必然导致阶级行动，然后不可避免地推翻资产阶级国家。而且，资本主义国家的生产力越发达，就越会产生强大的社会主义运动。学界一般认为，美国在 19 世纪末期已经成为世界上最发达的资本主义国家。按照上述理论预期，欧洲的社会主义者普遍对美国社会主义抱有很大希望，19 世纪晚期和 20 世纪初一些著名的社会主义者，如德国的伯恩施坦、考茨基、倍倍尔，英国的海德门以及法国的拉法格等都表达过类似的看法。[1] 然而，与他们的希望和预测相反，像欧洲那样影响广泛的社会主义运动在美国却迟迟没有出现，并且 20 世纪的美国社会主义总体上是沿着日渐陷入低潮的方向演化的。正是这一似乎反常的现象激发了有关"美国社会主义例外论"的长久讨论。

事实上，美国的独特性很早就引起过马克思和恩格斯的注意。1851 年 8 月，恩格斯在写给魏德迈的信中说起美国的特殊情况，"过剩的人口很容易流入农业地区，国家正在不可避免地迅速而且日益加快地繁荣，因此他们认为资产阶级制度是美好的理想等等"[2]。1851 年 12 月，马克思在《路易·波拿巴的雾月十八日》一文中写道："像北美合众国那样；在那里，虽然已有阶级存在，但它们还没有固定下来，它们在不断的运动中不断变换自己的组成部分，并且彼此互换着自己的组成部分；在那里，现代的生产资料

---

① 参见 Seymour Martin Lipset and Gary Marks, *It Didn't Happen Here: Why Socialism Failed in the United States*, New York and London: W. W. Norton & Company, 2000, p. 17。
② 《马克思恩格斯全集》第 27 卷，人民出版社 1972 年版，第 592 页。

不仅不和停滞的人口过剩现象同时发生，反而弥补了头脑和人手方面的相对缺乏；最后，在那里，应该占有新世界的那种狂热而有活力的物质生产运动，没有给予人们时间或机会来结束旧的幽灵世界。"① 虽然他们已经看到这些现象，但是，当时并没有在理论上给予特别关注，毕竟他们研究的重点在欧洲。

此后几十年中，尽管在美国的德国社会主义者做了很多努力，但是一直没能吸引大批土生土长的美国人。1887 年，在《美国工人运动》一文中，恩格斯写道："美国的舆论几乎一致认为：美国没有欧洲式的工人阶级，因此，那种使欧洲社会分裂的工人和资本家之间的阶级斗争，在美利坚合众国不可能发生，所以社会主义是一种舶来品，决不能在美国的土壤上生根。"② 在分析过美国的最新形势之后，恩格斯认为："造成工人阶级和资本家阶级之间的鸿沟的原因，在美国和在欧洲都是一样的；填平这种鸿沟的手段也到处都相同。"③ 换言之，恩格斯认为，美国的工人运动发展并不例外，终将与欧洲的运动走上相同的方向。可是，后来事态的进展表明，美国的社会主义运动并没有按照预期的方向发展。当时，恩格斯曾在信中严厉地批评在美国的德国社会主义者。1893 年 12 月，恩格斯在写给左尔格的信中说，他们"大多数不是优秀的"，"绝不是德国党的真正代表"，等等，但同时也承认："不能否认，美国的情况的确也给工人政党的不断发展带来巨大和特殊的困难。"④

对于美国的难题，马克思和恩格斯曾经有过一些初步的思考，但是未能给予全面系统的研究，所以并没有从根本上解决。马克思曾指出，美国体现了"资产阶级社会的最现代的存在形式"⑤。但是，由于美国社会"不是在封建制度的基础上发展起来的"，"国

① 《马克思恩格斯选集》第 1 卷，人民出版社 2012 年版，第 677 页。
② 《马克思恩格斯选集》第 4 卷，人民出版社 2012 年版，第 269—270 页。
③ 《马克思恩格斯选集》第 4 卷，第 271—272 页。
④ 《马克思恩格斯全集》第 39 卷，人民出版社 1974 年版，第 170 页。
⑤ 《马克思恩格斯选集》第 2 卷，人民出版社 2012 年版，第 704—705 页。

家和一切以往的国家形成不同，从一开始就从属于资产阶级社会……并且从来未能用某种自我目的掩饰起来；……资产阶级本身的对立仅仅表现为隐约不明的因素"①。于是，才产生了一些特殊现象。相比之下，恩格斯的回答更加系统一些，他从政治、文化和经济几个方面列举了美国的三个基本特点。首先，美国的两党制，支持第三党的选票都会成为废票；其次，外来移民把工人分成两派，移民本身又分成一些小派别，此外还有黑人；第三，保护关税制度和日益繁荣的国内市场使工人处于欧洲所没有的兴旺状态。②其中第二点，恩格斯认为特别重要。除此之外，恩格斯还在不同地方论及其他两个阻碍美国社会主义发展的因素。一个是前面提到过的，即过剩的人口很容易流入众多的农场，另一个是德国移民中存在的宗派主义，把马克思主义教条化，不认真学习该国的语言和了解当地的生活情况。在后续的研究中，马克思和恩格斯所列举的几点因素，将会被后辈学者们改头换面之后以不同的表述反复出现，下文将会述及。至于恩格斯所说的最后一点，后来的历史表明，土生土长的美国社会主义者并没有比德国移民做得好多少。

（一）国外学术界的相关研究

使"美国社会主义例外论"闻名世界的是德国学者维尔纳·桑巴特（Werner Sombart）。在他的学术生涯的早期阶段，桑巴特比较接近马克思主义。在德国的国家社会主义出现之前，桑巴特被看作马克思在学术界的拥护者，他甚至一度自称是一位"坚定的马克思主义者"。③他至少仔细地研究过马克思的理论，并在其著作《现代资本主义》第三卷的导言中对马克思明确地表达了钦佩和感谢。对于桑巴特解读马克思理论方面的贡献，恩格斯曾经热情地称赞道，"韦尔纳·桑巴特对于马克思体系的轮廓，总的说来做

---

① 《马克思恩格斯全集》第46卷上，人民出版社1979年版，第4页。
② 《马克思恩格斯全集》第39卷，人民出版社1974年版，第170—171页。
③ 参见 Abram L. Harris, "Sombart and German (National) Socialism", *Journal of Political Economy*, Vol. 50, No. 6, 1942, p. 807.

了出色的描述。第一次由一位德国大学教授，做到了在马克思的著作中大体上看出马克思真正说的是什么"①。1896 年，桑巴特出版了一本小书《19 世纪的社会主义和社会运动》。这本书一出版就获得了巨大反响，五年内被翻译为 11 种文字，仅德文版就出了 4 个版本。在这本书里，桑巴特回顾了各种各样的社会主义思想家的观点，尤其是马克思的思想，而且还研究了英、法、德三国工人运动的历史和传播。1905 年在该书的德文第 5 版中，他又添加了前述三国社会主义运动的详细发展资料，以及其他 11 个国家社会主义运动的粗略情况。在书中，桑巴特的主要研究结论是，社会主义运动是不可避免的，这场运动已经采取了唯一可能的形式。② 这一版本影响更大，后来被翻译为包括日语在内的 17 种语言。

这时候，美国的异常现象引起了桑巴特的注意。在桑巴特看来，美国拥有世界上最发达的资本主义，美国的工人阶级理应成为最激进的社会主义运动的支持者，可是相对于西欧各国风起云涌的社会主义运动，美国既没有影响巨大的社会主义政党，也没有形成无产阶级意识并信奉社会主义的工人阶级，总之，这是一个没有社会主义的国家。其原因何在？ 这个问题激起了他"最强烈的兴趣"，他认为，"对于社会理论家和社会立法者来说，没有什么比认识这个现象的根源更重要的了"③。于是，他写了一系列集中关注美国的文章，发表在那个时代最有影响的社会科学杂志《社会科学与社会政策文丛》上面。值得一提的是，马克斯·韦伯正是这份杂志的编辑之一，两人在 1904 年就已熟识。

1906 年，桑巴特将《文丛》上发表的几篇同主题的文章汇集成一本书，这就是迄今为止影响广泛的著作《为什么美国没有社

---

① ［德］恩格斯：《〈资本论〉第三册增补》，《资本论》第 3 卷，人民出版社 2004 年版，第 1012 页。

② 参见 Daniel Bell, "American Exceptionalism Revisited：The Role of Civil Society", *The Public Interest*, Vol. 95, No. 38, 1989, p. 43。

③ ［德］W. 桑巴特：《为什么美国没有社会主义》，赖海榕译，社会科学文献出版社 2003 年版，第 28—29 页。

会主义》。这本书以德文出版后,又陆续被译成多种文字。《为什么美国没有社会主义》不仅成为研究美国社会主义运动的名著,而且还为一般的社会运动研究提供了广泛的启示,甚至有关社会稳定的理论都是直接从这部著作所涉及的主题发展而来。① 由于这本书的影响,"美国社会主义例外论"开始广为人知,并有了一个通俗的提法,即"为什么美国没有社会主义?"。

对于这个问题,桑巴特在书中做出的解释主要包括以下几点:第一,美国工人基本认同美国的资本主义;第二,美国工人认同美国的政治制度;第三,美国的两党制能有效抑制第三党的崛起;第四,美国工人阶级较高的生活水平消解了潜在的激进倾向;第五,美国社会良好的社会流动性为工人阶级提供了向上层流动的机会;第六,美国拥有广阔的边疆,为工人阶级提供了广泛的发展机会,起到缓解社会矛盾的安全阀作用。

桑巴特的分析奠定了后续研究的基础,并为后人所称道。尤其是,他所采用的比较方法,还有所得出的几个重要结论,迄今为止在"美国社会主义例外论"的传统研究中都占有核心地位。但是,他所提出的另外一些论点和不太严谨的论证也广受诟病。② 在全书的结尾,桑巴特得出了这样的结论:"所有这些迄今为止阻碍了社会主义在美国发展的因素都将消失或转向它们的反面,其结果是,在下一代人那里,社会主义在美国很有可能发生最迅速的发展。"③ 这一积极乐观的总结与全书的大部分论证相抵牾,颇令后人费解。丹尼尔·贝尔对此有一种解释,他认为,桑巴特"就像一位真正的学者,他不能容忍仅凭一点眼前的现实就否定理论"④。

① 参见赖海榕《资本主义起源与社会主义研究的界碑:关于桑巴特及其〈为什么美国没有社会主义〉的述评》,载于《马克思主义与现实》2001 年第 4 期,第 81 页。

② 参见许宝友《从桑巴特到李普塞特的美国社会主义例外论》,载于《科学社会主义》2005 年第 1 期。

③ 〔德〕W. 桑巴特:《为什么美国没有社会主义》,第 214 页。

④ Daniel Bell, "American Exceptionalism Revisited: The Role of Civil Society", p. 44.

对于"桑巴特之问",当时的马克思主义者很快就有了回应。马克思和恩格斯逝世以后,卡尔·考茨基被认为是第二国际的头号理论权威,享有无比的声望。1906 年,考茨基发表了《美国工人》一文。这篇文章并非仅仅为了回应桑巴特,同时也是俄国 1905 年革命的产物。[①] 因为这次革命发生在资本主义发展最落后的欧洲国家,而最发达的工业国美国的社会主义运动却持续相对衰弱。这是一个明显背离理论的事实,马克思主义者必须提出历史唯物主义的分析。在文章中,考茨基对俄国、英国和美国的资本主义发展特点进行了比较分析,研究了这些特点分别对该国工人运动的影响。考茨基认为,资本家和无产者来自国外的程度差异,是美国无产阶级相对虚弱和俄国无产阶级相对强大的最重要的原因之一。[②] 另外一个原因是,俄国无产阶级充满了更多"革命浪漫主义",而大多数美国工人仍然追随着"健康的现实政治",这种观念使他们只应付最紧迫的和最实际的事情。最后,考茨基通过数据分析认为,美国无产阶级正在贫困化。所以在全文末尾提出,美国社会主义运动在下一代人那里甚至更早的时候就会兴盛,或许美国无产阶级能在欧洲之前夺取政治和经济权力,建设一个社会主义社会。[③] 显然,他的结论已被史实所推翻,但他对美国社会主义运动微弱原因的分析方法仍然非常有启发意义。

在 1906 年,俄国著名的马克思主义理论家普列汉诺夫也介入了"美国社会主义例外论"的争论。他为此写了一篇长文,发表于莫斯科的《当代生活》杂志(*Sovremennaya Zhizn*)。他一开篇就对桑巴特的研究大为赞赏,理由是尽管桑巴特站在资产阶级学者的立场上,但这并没有妨碍他成功地运用了马克思主义方法来研究社

① 参见 Daniel Gaido, "'The American Worker' and the Theory of Permanent Revolution: Karl Kautsky on Werner Sombart's Why Is There Socialism in the United States?", *Historical Materialism*, 11: 4 (2003), p. 87。

② Karl Kautsky, "The American Worker", p. 38.

③ Karl Kautsky, "The American Worker", p. 74.

会问题。他否定了种族属性与美国社会主义微弱之间的关联。为什么德国人在德国非常倾向于社会主义,而在北美却很少呢?事实上,他们的种族并没有改变。很明显,我们不应该关注这个或那个种族的属性,而应该关注北美社会生活的特殊性。接着,普列汉诺夫逐一讨论了桑巴特提出的解释。普列汉诺夫认为,美国存在大量自由土地这一因素将越来越失去解释力。随着时间的推移,自由土地的范围越来越小,而资本主义的巨大发展却加剧了北美社会特有的矛盾。因此,阻碍美国社会主义发展的原因,越来越多地被消除,甚至转化为其反面。所以,桑巴特才会认为,在不久的将来,社会主义将在北美蓬勃发展。

总体上看,普列汉诺夫接受了桑巴特和考茨基的大部分分析。因为他们通过考察美国工人阶级的社会和经济状况解释了其思想状况,即阶级意识,这明显是马克思主义的分析方法。他还夸赞桑巴特是"当代经济科学最著名的代表之一"①。他的文章基本上没有创见,也几乎没有质疑桑巴特的主要观点,尽管与考茨基的推理存在某些微小分歧。他显然完全赞同桑巴特关于资产阶级对美国工人的"客观"剥削程度的直截了当的主张。他认为,这是符合严格的马克思主义的。与此同时,尽管普列汉诺夫坚信美国无产阶级的地位注定(从狭义的经济角度来看)最终会恶化,但他并没有把美国资本主义环境中的缓和因素减到最少。即使像桑巴特所说的那样,美国是"迦南,资本主义的应许之地",但长期的社会流动性、根深蒂固的民主政治制度以及旧时被剥削的城市工人"奔向自由"和西部新土地的可能性都是确定的现实。普列汉诺夫承认,由于种种原因,美国社会主义并没有像预想的那样朝着直截了当的方向发展,美国社会具有不同于欧洲国家的特点也是事实,但这并不能使它免于受规律支配的历史进程的影响。换言之,虽然资本主

---

① Samuel H. Baron, *Plekhanov in Russian History and Soviet Historiography*, Pittsburgh: University of Pittsburgh Press, 1995, p. 141.

义制度下的美国社会可能会有一些特殊之处，但这可能会推迟，而肯定不能排除社会主义在美国的最终胜利。①

此后近一个世纪中，不断有学者旧话重提，纷纷发表自己的见解。一方面，这个问题是美国历史学家有关本国独特品质的争议的重要来源。另一方面，美国的社会主义者也想知道他们难以发动群众的原因。同时，欧洲人也对这个强邻又爱又恨，更想知道美国独特的政治和经济表现的根源。所以，每隔几十年，就有一些学者把这个问题翻腾出来品评一番。迄今为止，这个问题似乎已经变成一项可以无穷无尽地争论下去的"谜题"。

仅在美国学术界，从弗里德里克·特纳的"边疆学派"、路易斯·哈兹的"新保守主义学派"、约翰·康芒斯和塞利格·帕尔曼的"威斯康星学派"，以及进步学派的戴维·香农、约翰·拉斯莱特和新左派的詹姆斯·温斯坦，一直到利昂·萨姆松、迈克尔·哈林顿、丹尼尔·贝尔、塞缪尔·亨廷顿和西摩·李普塞特等等，都对这一问题有过深入研究。可以说，几乎每一本研究美国激进主义和工人运动的著作，都曾或明或暗地提出过对该问题的解释。所以，要想穷尽已有的相关研究似乎是不可能的任务。总体而言，他们对"美国没有社会主义"的解释基本包括以下方面：美国的民主制和两党制、缺乏封建主义传统、自由主义和美国主义、边疆的安全阀作用、较好的阶级流动性、中产阶级占多数、美国发达的市民社会、丰裕与繁荣、工人缺少阶级意识和工人的个人主义、社会主义政党和主流工会的分裂、统治阶级的镇压，以及移民和宗教原因等等。这些学者的结论不一定都能令人信服，也有许多反对意见。② 但是，他们的研究本身，特别是所采用的角度和方法是值得思考和借鉴的。

经过一百多年的争论，"为什么美国没有社会主义"这一问题

---

① Samuel H. Baron, *Plekhanov in Russian History and Soviet Historiography*, p.144.
② 详细争议请见 Eric Foner, "Why Is There no Socialism in the United States?", *History Workshop*, Vol.17, No.1, 1984, pp.61-72。

的相关研究成果极为丰富，学者们几乎已经穷尽所有可能的解释，以至于后来者"鲜有创见"。① 因此，总结性的研究开始盛行起来了。

2000 年，李普塞特和他的学生美国北卡罗来纳大学教师盖瑞·马克斯合著了一本新书，即《这里没有发生：为什么美国的社会主义失败了》一书。这本书回顾了此前学者们的相关论述，"通过此番审视，希望不仅提出一种美国社会主义失败原因的政治社会学解释，而且能够更深入地理解美国社会和政治制度"②。他们认为，美国社会主义者失败在三个方面：第一，他们没能保持一个强大而稳定的社会主义政党；第二，与其他说英语的社会不同的是，他们未能创建一个同主流工会联合起来的、独立自主的工党；第三，他们没有赢得主要政党之一的地位。为了解释这一失败，他们利用历史比较分析的研究方法，在国际层面上，将美国与其他社会做了对比，在国内层面上，分别从个人层次、城市层次和各州层次上作了考察，甚至作了时间跨度上的比较。考虑到逐一考察业已提出的所有解释不太可能，所以，他们只重点评估了那些自认为最有说服力的观点。最后，他们提出，美国的价值观念、政治结构、异质的工人阶级和分裂的政党与工会这四大因素的交互影响导致了社会主义者在美国的失败。而另外一些解释，例如白人男性较早获得普选权、联邦制、立法机关的影响和政府的镇压，看似很有道理，却经不起他们的仔细推敲。③

虽然这本书视野广阔，对问题的探讨较为深入，但是，这绝对不意味着毫无争议和问题的终结。近几年来，新的研究依然连绵不绝，但基本上仍属于总结性研究的模式，创新多来自研究方法上的

---

① Seymour Martin Lipset and Gary Marks, *It Didn't Happen Here：Why Socialism Failed in the United States*, p. 10.

② Seymour Martin Lipset and Gary Marks, *It Didn't Happen Here：Why Socialism Failed in the United States*, p. 10.

③ Seymour Martin Lipset and Gary Marks, *It Didn't Happen Here：Why Socialism Failed in the United States*, pp. 264-268.

局部调整。传统的研究多依靠与欧洲的比较，特别是与西欧国家进行比较，后来扩大到与英联邦国家如英国、加拿大、澳大利亚等进行比较，比较的范围逐步扩展，讨论的范围、层次逐步细化和深入。

2007 年，英国伦敦政治经济学院教授罗宾·阿彻（Robin Archer）出版了《为什么美国没有工党》一书。该书认为，19 世纪 90 年代的美国与同为新世界的澳大利亚具有最多的相似之处。澳大利亚工会在 1891 年组建了工党，而同期的美国劳联（AFL）却在为是否组建工党争论不休。通过美国与澳大利亚的比较，阿彻教授发现，关于"美国社会主义例外论"的许多传统解释很难成立。他认为是镇压、宗教和宗派主义影响了美国的工人运动，而不是种族分裂与经济状况影响的结果。他的研究表明，19 世纪末，澳大利亚的经济繁荣水平高于美国，从而排除了一种长久以来的看法，即美国的经济矛盾不足难以促进工党的建立。他还指出，正是广泛存在的政府镇压使得美国有别于澳大利亚，抑制了非熟练工人和半熟练工人工会的扩张。他的研究和李普塞特等学者的结论形成了鲜明的对比，因此他坚持认为，这些结论"颠覆了有关美国例外论的许多传统看法"[①]。虽然如此，他的研究也招致了诸多批评。纵观美国工人运动的历史，美国工会组织一向与民主党关系密切，而阿彻教授对此予以忽视。在讨论美国的时候，作者重点关注工业化的北方和中西部各州，而忽视了南方。对于同时期达到鼎盛的平民党，他只是略有述及。因此，批评者认为，阿彻教授的结论有失于偏颇之嫌。

（二）国内学术界的相关研究

迄今为止，国内学术界在"为什么美国没有社会主义"问题上缺乏比较系统、深入的研究，尚没有全面讨论该问题的专著。

---

① Robin Archer, *Why Is There No Labor Party in the United States*, Princeton: Princeton University Press, 2007, p. 243.

除了将桑巴特的名著《为什么美国没有社会主义》翻译出版，相关文献不是很多。国内学者的论述散见于一些有关美国政治、历史、文化方面的著作与博士论文中，这些作品至多只是辟出专章进行讨论，最终仍然是为了阐明全书主题的需要。还有为数不多的几篇文章，基本停留在介绍和述评的阶段，没有超出国外学术界讨论的范围。下面按照时间顺序分为两个阶段，即重新提出问题与分学科讨论阶段，将改革开放以来国内的相关研究简要介绍一下。

第一阶段，重新提出问题阶段。改革开放以来，随着国际形势的变化和各个学科的蓬勃发展，有关美国的研究也逐步深入，学者们往往发现，"为什么美国没有社会主义"或者"为什么美国缺乏强大的工人阶级政党"已经成为无法回避的问题，必须给予科学的解释，而不能用简单否定或一概斥责代替严肃的论证。

老一辈美国史学家陆镜生先生的专著《美国社会主义运动史》属于这一领域中早期的研究，该书于 1986 年由天津人民出版社出版。在书中，陆镜生先生比较系统、全面、详尽地论述了美国社会主义运动的历史进程，时间的跨度从 19 世纪 50 年代初至 20 世纪 10 年代末，即从科学社会主义开始传播到美国共产党成立为止这一重要历史时期。该书的一个突出特点就是，在全书的最后一章"美国社会主义运动史学述评"中，作者介绍了各个主要史学流派对于"美国社会主义运动为什么没能取得成功"这一问题的观点和争论。但是，作者并没有提出自己的综合分析，只是给予"美国社会主义例外论"彻底的否定和坚决的批判。他认为，美国并没有处于资本主义的普遍规律之外，社会主义运动能否成功取决于主客观条件是否成熟。他特别强调，美国社会主义运动未能取得成功与美国社会主义注定失败，是两个不同的概念。作者还对未来的研究提出了殷切希望，相信"只要坚持按照马克思主义的基本原理，深入了解美国社会主义运动的历史事实，进行长期的研究，总是能够找到比较科学的答案的"①。由于这本书话题的范围所限，并未引起学界对于"美国社会主义例外论"的广泛注意。

1997 年，清华大学教授秦晖发表了《公平竞争与社会主义——"桑巴特问题"引发的讨论》一文，专门讨论"美国社会主义例外论"问题。该文一经发表，引发了较多的关注，尤其是得到网络媒体的频频转载。此后，秦晖教授又先后发表了《不患寡而患不公——关于"为什么美国没有社会主义"的讨论》与《寓平等于自由之中——评李普塞特新著〈美国例外论〉》两篇文章，继续展开他的论述。在这些文章中，作者对西方学界对于"美国社会主义例外论"的研究进行了简要回顾与评述。作者谈到了该问题中存在的一些争议，并提出了自己的看法，比如批评那些强调统治者的镇压是问题根源的看法，指出"烤牛肉与苹果馅饼"这种物质替代说的缺陷以及否定文化决定论等等。在作者看来，正是美国那种"相对的起点平等、规则公平的自由竞争气氛"，才是社会主义者看好美国和社会主义在美国碰壁两种现象的基本原因。② 但是，作者的这一结论并非基于对美国社会主义运动的内外环境的历史考察之上，而是对桑巴特、哈斯班兹、哈林顿、李普塞特等人观点的归纳总结的结果。这样，他就忽视了一些相反意见，比如如何解释美国社会主义运动在 1912 年之前迅速崛起的事实。而且从文章论证的重点来看，作者的目的不在于寻找这一特殊现象的根源，也不在于解释现实与理论的冲突问题，而在于提出他所主张的"在起点平等的基础上建立公平的竞争规则"。无论如何，这些文章引起了国内学者们对"美国社会主义例外论"的关注，使一个尘封已久的老话题重新进入国内学界的视野，此后有关讨论逐渐多了起来。

第二阶段，分学科讨论阶段。参与讨论的学者们来自美国研

---

① 陆镜生：《美国社会主义运动史》，天津人民出版社 1986 年版，第 424 页。

② 参见秦晖《公平竞争与社会主义——"桑巴特问题"与"美国例外论"引发的讨论》，《战略与管理》1997 年第 6 期，第 93 页。

究、世界社会主义研究、工运史等政治学和历史学的分支领域，他们的讨论基本上都是由各自学科范围内重要问题延伸而来。这些研究成果各有侧重，也取得了一定程度的进展。

1999年，商务印书馆出版了中国社会科学院美国研究所研究员李道揆先生的《美国政府与美国政治》一书，其中政党一章中的第四小节讨论了美国何以未出现强大的工人阶级政党问题。作者从美国工人阶级的状况、统治阶级的政策、工人阶级政党的状况几个方面展开了论述。在作者看来，美国工人阶级和劳动人民之所以没有接受马克思主义，原因主要有：美国工业化过程中劳动力不足，工人经过斗争往往能获得处境的改善；美国资本主义过渡到帝国主义阶段以后，通过资本输出和外贸从海外取得了巨大超额利润，从而可以收买工人阶级的上层，把工人运动纳入改良主义轨道；资产阶级的价值观为广大美国人所接受；"二战"以后工人阶级的构成发生变化，白领阶层和中产阶级成为工人阶级的主体，这些人的思想更倾向于资产阶级意识形态。关于统治阶级政策，他认为，镇压和改良双管齐下的政策削弱了社会主义政党。他还分析了工人阶级政党自身的问题，比如来自拉萨尔分子、第二国际和无政府工团主义的种种不良影响以及"左"倾宗派主义的干扰。现在看来，作者的分析总体上沿用了国外研究中的传统视角，但是，他对美国的帝国主义扩张和统治阶级的政策的讨论，突破了自由主义学者的讨论范围。

南京师范大学钱满素教授于2006年出版的《美国自由主义的历史变迁》一书认为，美国拒绝社会主义的原因很多，大致不外乎以下八点：阶级的流动性；种族、族裔的认同对阶级阵线的干扰；中产阶级占多数；自由主义思想的深入人心，使美国面对社会主义表现出明显的保守态度；美国的独立宣言承认革命的权利，美国宪法保障表达和结社自由；美国的制度提供了一定的纠正空间；美国历史上进行过社会主义社区的试验，如傅立叶式法郎吉等，在小范围内试验失败的理论很难对大众再有说服力；美国得天独厚的地理条件和自然资源，再加上成功的经济，使工人阶级有可能分享利益。① 同年，中国社会科学院美国研究所周琪研究员主编的《意识形态与美国外交》出版了。该书的第七章第一节重点讨论"美国为什么没有社会主义"问题，作者回顾了欧洲社会主义者、美国社会主义者、自由主义者和中国学者的不同解释。在结尾处提出一个重要的问题，即"为什么美国历史上对制度的批判是通过进步主义运动，而不是像欧洲那样是通过社会主义运动来进行的"②。

　　同样值得关注的是，一批与美国社会主义运动有关的博士学位论文相继问世，其中一部分已经出版成书。青岛大学丁金光于2003年出版了《白劳德评传》，该书一反过去对白劳德大加批判的传统，给予了白劳德比较全面、客观的重新评价。书中也涉及"美国社会主义例外论"的部分研究，作者认为，"社会主义代替资本主义是一个长期的曲折的过程，尤其是像美国这样经济高度发达的资本主义国家，进行社会主义革命的条件尚不成熟。因此，共产党人只能采取渐进的、改良的政策，开展合法的斗争，促使政府采取有利于人民的政策，在资本主义社会里不断增长社会主义因素"③。2005年，华东师范大学历史系刘疆完成了博士学位论文《为何星火难以燎原：美国共产主义运动研究（1919—1947年）》。该文通过对美国共产主义运动的研究，力图揭示共产主义在美国难以发展得更深层根源。华中师范大学丁淑杰的《美国共产党的社会主义理论与实践》出版于2006年，作者对美国社会主义运动曲折发展的状况进行分析之后认为，这里既有外因的作用，又有内因的作用，是多种因素综合作用的结果。经过进一步分析，他把美国社会主义运动衰微的原因归结为，美共没有把马克思列宁

　　① 钱满素：《美国自由主义的历史变迁》，生活·读书·新知三联书店2006年版，第136—139页。

　　② 周琪主编：《意识形态与美国外交》，上海人民出版社2006年版，第433页。

　　③ 丁金光：《白劳德评传》，甘肃人民出版社2003年版，第137页。

主义的基本原理与美国的具体实际、时代特征结合起来。2009 年，中央编译局许宝友研究员的博士学位论文《迈克尔·哈林顿的生平及社会主义思想研究》也含有相当多的有关内容。不仅涉及美国社会主义运动，而且还介绍了哈林顿对"美国社会主义例外论"的思考。哈林顿认为，美国存在无形的群众运动，即社会民主主义传统，由于历史原因，这种传统从来没有以自己的名字出现过。简言之，"美国资本主义是资本主义的社会主义形式"。许宝友指出，以"美国社会主义例外论"来否定美国的社会主义运动是走极端，同样，以所谓的资本主义和社会主义的普遍规律来否定美国历史发展的特殊性也不是科学的态度。

此外，还有数篇涉及美国社会主义运动和"美国社会主义例外论"的论文，可谓见仁见智，各有千秋。1999 年，中国社会科学院世界历史研究所研究员刘军比较系统地介绍了这一研究课题，论述了研究中的一些争议性问题，以及指出"美国社会主义例外论"提出的一系列需要我国学术界回答的重要问题。[①] 2000 年，郭更新、丁淑杰的文章主要论述了百年间美国社会主义运动存在三个明显的起伏阶段，并在此基础上对美国社会主义运动的衰落提出了一些有启发性的解释。[②] 中央编译局赖海榕研究员于 2001 年发表了论文，重点介绍了桑巴特的学术生涯、主要作品及其思想演变，并对其名著《为什么美国没有社会主义》进行了评述。[③] 丁淑杰还于 2003 年从内因和外因两方面对美国社会主义运动的兴衰进行了综合分析。[④] 2005 年，中央编译局许宝友研究员使该研究又向前迈进了一步。在其论文中，作者除了全面介绍了问题的来龙去脉，还

① 刘军:《"美国例外论"和工运史研究》,《世界历史》1999 年第 5 期。

② 郭更新、丁淑杰:《二十世纪美国社会主义的潮起潮落》,《当代世界与社会主义》2000 年第 3 期。

③ 赖海榕:《资本主义起源与社会主义研究的界碑——关于桑巴特及其〈为什么美国没有社会主义?〉的评述》,《马克思主义与现实》2001 年第 4 期。

④ 丁淑杰:《美国社会主义运动曲折发展的原因分析》,《华中师范大学学报》(人文社会科学版) 2003 年第 1 期。

指出了该研究的重要意义，以及提出他对此课题的一些看法。① 同年，刘军研究员又在《北大史学》第 11 期上发表了《桑巴特命题的联想》一文，作者对这一命题的回答是，很多社会主义因素已经内化在今天的资本主义社会中了。2010 年，清华大学的赵可金和山东潍坊教育学院的刘明智共同发表文章认为，美国分散的自由竞争的经济结构、中产阶级居于主导地位的社会结构、多元化的文化结构以及移民社会的传统共同导致的刚性结构，是美国缺乏社会主义的主要原因。因此，只要这一刚性结构没有发生根本性的改变，社会主义就无法在美国兴起。②

　　除了以上重点介绍的研究成果，国内还有一些提及"美国社会主义例外论"的著作，但是，基本上都只介绍了各种观点，没有进一步的研究内容，比如袁铎于中国社会科学出版社 2008 年出版的著作《非意识形态化思潮研究》，还有刘瑜 2009 年上海三联书店出版的《民主的细节：美国当代政治观察随笔》等等，在此就不逐一列举了。总之，国内的研究已经逐步深入，取得了不小的进展。相信随着参与讨论的研究者越来越多，该项研究将更倾向于往跨学科的综合研究方向发展。到那时，真理会愈辩愈明。

三　传统研究中存在的争议

　　毋庸讳言，"美国社会主义例外论"带有一种否定社会主义普遍性规律的潜在倾向。本书并不同意这种隐含观点。在许多论者那里，由美国的特殊现象出发，对简单化了的"一般发展道路的历史哲学理论"提出疑问，固然有一定的积极意义，但进而否定历史发展规律就显然是从一个极端走向另一个极端了。尽管每个社会经历的具体过程可以不同，但从宏观上看，从低级到高级，总的发

---

　　① 许宝友：《从桑巴特到李普塞特的美国社会主义例外论——国外名家论社会主义（四）》，《科学社会主义》2005 年第 1 期。
　　② 赵可金、刘明智：《结构刚性与制度约束——试论美国社会主义的"生命力"问题》，《当代世界与社会主义》2010 年第 3 期。

展趋势和一般特征是不能否定的。英国著名学者 A. F. 查尔默斯
（Chalmers）在《科学究竟是什么》一书中对否证主义的局限性进
行剖析之后指出，"大多数科学理论都有其问题，并且与某个或另
外一个公认的观察结果相冲突。这样，按照精致否证主义的观点可
以允许面临显见否证的理论进行修改，甚至可以不顾否证，怀着问
题在将来会得到解决的希望坚持这些理论"①。

　　本书认为，历史发展规律是客观存在的，所谓的"例外"现
象不仅不足以否证历史规律的存在，而且正是历史规律作用下的结
果，只有从对历史和社会过程的具体分析入手，才能得出正确的
认识。

　　首先，无论是历史经验还是个体经验都告诉我们一个基本事
实，即人类行动的可能性并不是无限的，它们不得不常常受制于人
们存在的环境。正因此，人们很早就猜想这里面存在着某些制约性
的力量。黑格尔认为："在历史里面，人类行动除掉产生它们目的
在取得的那种结果——除掉他们直接知道欲望的那种结果之外，通
常又产生一种附加的结果。"② 有些时候，人类行动甚至会导致反
制自身的结果。换句话说，事情的结果常常偏离或背离人们行为的
动机。黑格尔断定这背后隐藏着某种力量，这种力量不同于任何人
或群体的意图，他将其归为"绝对理念"。马克思和恩格斯继承并
发展了黑格尔思想中辩证、系统的历史观，提出了历史唯物主义，
认为社会结构内部因素的矛盾运动推动了社会的变迁。这些理论都
是人类试图认识自身活动的过程中所获得的有价值的成果，并不是
一套教条主义的先验原则或固定的图式。

　　其次，社会历史发展规律在现实生活中往往表现为统计学意义
上的规律。这些规律并不是一系列等待人们发现的数学公式，而是
随着不同的社会历史条件不断变异的发展趋势。康德指出，在历史

――――――――――

　　① ［英］A. F. 查尔默斯：《科学究竟是什么》，鲁旭东译，商务印书馆 2007 年版，
第 127 页。

　　② ［德］黑格尔：《历史哲学》，王造时译，上海书店出版社 2001 年版，第 27 页。

局部看不出有规律的东西，但从整体上看，长期的统计资料就会表现出某种稳定性。① 恩格斯在《致瓦·博尔吉乌斯》中提到："我们所研究的领域越是远离经济，越是接近于纯粹抽象的意识形态，我们就越是发现它在自己的发展中表现为偶然现象，它的曲线就越是曲折。如果您划出曲线的中轴线，您就会发现，所考察的时期越长，所考察的范围越广，这个轴线就越是接近经济发展的轴线。"② 这句话其实也包含着相似的思想，即历史发展规律实际上是有关社会变迁的统计学规律。中国古人认为，冬雷震震夏雨雪是不可能的天象，但是，现代人即使遇见这样罕见的天气也不会否定春夏秋冬的规律。同样的道理，虽然社会发展规律不同于自然规律，也不能要求历史规律在一切细节方面和观察结果相吻合，更不能因为局部和微观上的不吻合而否认整体和宏观规律的存在。

再次，由规律性认识所组成的理论往往是对现实的抽象，并非一劳永逸，一经发现就不需要再发展了。遇到困难问题时更需要发展理论并运用它去解释现实世界的新情况，科学往往正是由此而获得前进的。历史发展规律是通过人类的自觉活动形成、产生过程才得以实现的，较之于自然规律具有更大的复杂性。人类对天气的预测常常出错，但是没有人会怀疑天气的变化毕竟还是有一定规律可循的。那么，同一态度不是也应该适用于对人类历史发展规律性的探索吗？我们没有理由把这个问题长久摒弃于我们的视野之外，而是要正视和发展理论去求得对这一问题的答案。

在一个世纪的探讨过程中，"美国社会主义例外论"研究中出现了诸多争议。

第一，核心问题的提法从"为什么美国没有社会主义"到"为什么美国有社会主义"再到"为什么美国的社会主义失败了"一路变化。在有些学者的研究思路里面，这个问题甚至具有了更广

---

① 参见［德］康德《历史理性批判文集》，何兆武译，商务印书馆1990年版，第1页。
② 《马克思恩格斯选集》第4卷，第650页。

泛的形式。比如美国著名历史学家埃里克·方纳提出，为什么发达国家都没有向社会主义转变？他还认为，问题应该进一步变为：为什么美国的社会主义兴起又衰落了？究竟是美国在社会主义发展上落后于欧洲，还是在社会主义衰落上领先于欧洲？①这一过程既体现了现实的变化和认识的深化，又显示了学界在讨论这个问题的时候，还存在着界定不清楚、相互矛盾的问题。

第二，当谈论"美国社会主义例外论"的同一问题时，学者们在"社会主义"概念的界定上往往各说各话。在社会主义运动史上，社会主义这个概念本身的内涵本来就是一直演变着的，不同历史时期的学者和社会主义者都有各自不同的理解，从"美国社会主义例外论"研究的历程中可以发现，研究所涉及的社会主义概念的内涵也一直在变化。桑巴特所谓的"社会主义"是接近于19世纪末20世纪初德国社会民主党意义上的社会主义，而后来的美国学者讨论中的"社会主义"，有时是指"现实社会主义"，有时又是指"民主社会主义"。这就提示我们，探讨"社会主义"的本质对于认清"美国社会主义例外论"尤为重要。反过来，对"例外论"的研究，也会对深入认识社会主义的本质大有益处。

第三，"美国社会主义例外论"的研究还存在研究方法方面的争议。已有的研究较多采用了比较与历史分析的方法，这些研究都有独到之处，但是相对忽视了世界体系对美国国内社会的影响，因而忽视了外部（跨国）因素的重要性。近代以来的世界是一个普遍联系的整体，不同国家之间存在着越来越广泛的相互影响和相互依赖。美国并不是孤立、封闭、绝缘的独立世界，而是与其他国家彼此之间存在着程度不等的相互影响。美国社会主义运动的潮起潮落，与世界体系的演变、世界社会主义运动的实践以及重大事件发生的时机密切相关。上文所提及的那些跨国比较研究，其结论往往

---

① 参见刘军《"美国例外论"和工运史研究》，《世界历史》1999年第5期，第29页。

因比较对象的不同而出现较大差异。究其原因，一种可能的解释是，这些比较对象都缺乏美国崛起为世界头号强国的经历，在两次世界大战中所受到的影响和结果有天壤之别，国内政治形势转变的时机各不相同。同一个体系内部的两个国家纵使可比性再强，也可能会因为在体系内部的时间、空间和功能以及相互依赖的程度不同而出现相异的发展结果。马克思 1847 年在《哲学的贫困》一书中写道："单凭运动、顺序和时间的唯一逻辑公式怎能向我们说明一切关系在其中同时存在而又互相依存的社会机体呢？"[1] 后来又指出："极为相似的事变发生在不同的历史环境中就引起了完全不同的结果。"[2] 这里面包含着的整体、系统的方法观，也同样适用于全球社会。因此，应该将"美国社会主义例外论"置于世界社会体系发展进程的广阔背景下加以审视。

　　一个有价值的问题最初并不一定是一个科学的问题，有时候只是一条模糊的思考进路；众多的争议和不太严谨的提法也许表明该问题的研究还处于发展阶段，然而其中可能潜藏着一个巨大的问题群和理论群。事实上，科学史上的许多重大进步就是源于一些争议性的问题，有些问题今天看来甚至有些荒谬，但成就了具有决定意义的新理论，比如"日心说"之于"地心说"，就是如此。理论之树得以常青的动力来自对经典理论的超越，这意味着一种社会进步。从某种意义上说，世界各地不断涌现出"例外论"和"特殊论"的现象正说明，目前还缺乏有助于全面理解和解释这些历史现象的理论，或者说，现有理论存在认识上的不足甚至误区，已经滞后于飞速发展的社会现实，需要进一步的发展。如果哥白尼理论在提出之后还需要花一个世纪的继续探索才能获得重要的成果，为什么当代马克思主义者努力发展历史唯物主义以便使之获得重要成果就不是科学的呢？[3] 正是基于这样一

---

① 《马克思恩格斯选集》第 1 卷，第 223 页。
② 《马克思恩格斯文集》第 3 卷，第 466 页。
③ ［英］A. F. 查尔默斯：《科学究竟是什么》，第 175 页。

种认识，后文着力从经典马克思主义的理论视角出发，探讨美国例外现象的可能解释途径。

四 本书的研究思路、方法和结构

从整体上看，国内外学者的研究已经相当丰富。这些著作都围绕美国缺乏社会主义这一独特现象而展开，所提出的主要决定因素近乎涉及美国国内生活的方方面面。粗略地归纳一下，这些因素可以分为三个大类，即政治、经济和文化三个领域。还有一种分类，将各种原因分为美国社会主义运动的内部因素与外部因素。美国历史学家埃里克·方纳指出，所有业已提出的解释，即无论是内部原因和外部原因，还是社会的、意识形态的、经济的和文化的原因，都具有某种说服力，然而也同样存在缺陷。也不能像凉拌沙拉一样把它们简单地混合在一起，这样的答案不会令人满意。① 先不论这些解释正确与否，仅仅把比较有说服力的影响因素放在一起观察就会发现，各个因素之间本身就处于密切的相互影响之中。另外，如同阿彻教授等人的研究所展示的那样，当与美国比较的对象发生变化的时候，一些本来看似挺有说服力的因素就会失去解释力。更何况，这些争议本身又制造了更多的争议。② 众多的争议使得"美国社会主义例外论"似乎变成永无止境且见仁见智的话题。

科学史上许多曾经争执不下的问题，最后都终结于研究者视野的变换。从局部看似乎正确甚至无解的问题，放在更大的视角下或者说整体的背景下，立刻就能看出先前看法的谬误或者不足。后世学者的争议基本上没有太多地超出马克思和恩格斯当年所开创的研究思路，即都是试图从美国国内社会不同于其他国家的特点出发。这就启发我们，需要思考从全球和世界体系的高度研究这一问题的必要性。

---

① 参见 Eric Foner, "Why is there no Socialism in the United States?", p. 76.

② 参见 Eric Foner, "Why is there no Socialism in the United States?".

　　虽然既有研究并不缺乏国际视野，多国比较的著作已然成为主流，但是却恰恰忽视了全球整体或世界体系的影响。从整体的角度来看，美国作为全球资本主义经济体系的一个重要组成部分，全球体系的变动不可能不会波及美国国内社会。再者，那些美国例外论者所谓的美国"独特之处"，如果离开世界经济体系的支撑，就会变得毫无意义。因为这些"独特之处"，之所以具有了历史上未曾显现的作用，根本原因在于资本主义的全球扩张。比如"广阔的边疆"这个特点，桑巴特就认为起到了"安全阀"的作用。可是，如果没有资本主义的全球扩张，压力从何而来？没有压力，"安全阀"的作用又从何说起？再比如说"移民社会"，没有资本主义的扩张，持续的大规模移民根本不会出现。简单地说，民族国家本身并不足以构成其历史发展演变的背景，那些看起来似乎独一无二的国家特性，如果放在更大的时空中进行考察，往往呈现出原本被忽视的意义和线索。

　　事实上，美国并非完全"没有社会主义"。作为资本主义世界经济体系的一个重要组成部分，美国社会毫无例外地产生了生产的社会化和生产资料私人所有制之间的矛盾，产生了资产阶级与工人阶级的阶级斗争。所以，也毫不例外地出现了社会主义运动。"桑巴特之问"提出之际，美国社会主义正在飞速发展。学界公认，美国社会主义运动的顶峰出现在 1912 年。这些后来的发展显然没有进入桑巴特的观察视野。虽则如此，美国的社会主义运动的确呈现出一些看似迥异于欧洲的特点，即作为世界上最发达的资本主义国家却没有出现欧洲意义上的影响广泛的社会主义运动，"美国社会主义例外论"正是在这个意义上成为一个有研究价值的问题。因此，所谓"美国例外"问题正确的表述应该是，美国虽然有过社会主义，但却未能发展成欧洲那样的大规模群众性运动，反而很快呈衰落之势。表面上看，似乎违背了马克思主义的理论预期。但是，美国社会主义只是一种几乎遍及全球的历史进程的地方版本而已，其特殊表现在全球不平衡发展的背景下，必定有其特殊原因。

最明显不过的是，在全球化时代，一些以前被视为美国"独有的"现象今天已经变成大多数国家普遍存在的"常规"。究其实质，这种看似反常的现象非但没有违背马克思主义理论，反而是历史发展规律于特定历史时空下在局部上的具体表现。

通过以上的分析，本书认为，应该将美国社会主义置于世界社会主义运动在全球背景下的发展演变总体潮流中，也就是将美国社会主义放在全球视野下加以考察，这样才能更全面、系统和深刻地理解美国的现象。这样说包含三层意思。

首先，现有研究的重点几乎都放在关注美国与其他国家的特殊性上面，相对忽略了另一部分历史事实，即美国与这些国家之间也存在共同性。如果转换一下比较研究的视角，将研究重心转移到对不同社会共同性的考察上面，找出产生这些共同性的根源，就会形成对美国例外现象更全面的理解。也许换一个角度思考，会更清楚地看到既有研究的局限，从而有望获得全新的认识，至少能够起到辅助性的作用，使问题的解释更有说服力。罗荣渠教授在转述西方现代化理论和人类学的观点时提出过，"社会主义运动是落后国家采取非资本主义方式向现代工业社会过渡的特殊方式"①，这个看法在本书看来是具有启发性的。如果按照近代各国工业化的程度将主要国家分为发达和不发达两类，"一战"之后发达国家的社会主义运动都转向改良主义，而社会主义革命成功的国家都属于不发达世界。如果他的观点成立，那么美国的特殊现象将可能获得更合理的解释。

其次，随着生产力的发展，一些影响社会变迁的因素的作用也在不断变化。例如，一般而言，地理环境会影响社会变迁的速度和形式，但是技术越发达，生产力水平越高，地理环境的作用就会变得越来越小。所以，上文提到过的边疆的安全阀作用也会随着时间

---

① 罗荣渠：《现代化新论——世界与中国的现代化进程》（增订版），商务印书馆2004年版，第80页。

的推移呈递减效应（包括海外边疆的提法）。国际交往因素在全球化时代的社会变迁中具有重要作用，并且随着生产力的发展具有愈来愈大的影响。冷战后世界各国将重心转移到发展经济方面，资本主义取得了长足的发展。由于物质的极大丰富、教育的普及和文化水平的提高，人们的价值观已从传统的重物质取向转变为重动机、重意义的"后物质主义"价值取向。同时，以阶级为基础的政治两极化向以价值为基础的政治多元化转变，导致了传统政治与政党格局的变化和新政党的产生。这一切促使人们倒向以伦理为向度的社会主义。有人认为，美国的特殊现象只是这一逻辑的预演。如果此说成立，则"美国例外"就变得不那么例外，而当代世界社会主义运动中普遍出现的伦理化和社会主义衰退倾向，也就绝不是偶然现象。由此，对"美国例外"的研究有可能获得更为广泛的普遍意义。

再次，不能预先假定美国的现象是某些固定因素持续作用的结果。可以肯定的是，像美国没有强大社会主义运动这样的大事件绝对不是单一因素所导致的结果。黑格尔就曾经反对过那种用单一原因解释历史的方法，他认为，把历史描绘成阿拉伯式的图案画，让大花朵长在纤细的茎上，虽然很巧妙，然而是非常肤浅的解释。列宁曾在《黑格尔〈逻辑学〉一书摘要》中对这个思想表示赞赏，他认为，那些"小原因"事实上只是一种导因，只是一种外部刺激，正如黑格尔所说，"事件的内在精神完全可以不需要它"[1]。而且，任何因素都不是固定不变的，一种历史现象的形成很难说就是有限的几个因素长期存在而导致的。更何况不能排除一些外部事件的影响，比如思想的跨国流动。同样不能排除美国的现象是众多因素动态作用的结果这种可能。因此，研究者不应该把重点只放在辨析到底是哪些因素真正起了作用，而更应该关注到底是什么原因促成了这一现象的持续。

---

① 参见《列宁全集》第55卷，人民出版社1990年版，第134页。

如果我们逐一考察那些假说，会发现每一种说法或多或少都有值得商榷之处。其中有些因素已经随着时代的变迁发生了变化，比如上面提到的边疆的减压阀作用。有些并非绝对不可变更，比如两党制。有些因素看似挺有道理，比如美国缺少封建主义、白人男性较早获得普选权、美国主义替代了社会主义，这些说法本质上是指，美国无产阶级已经获得甚至超越了欧洲社会主义者为之奋斗的目标，所以社会主义对他们缺乏吸引力。可是，我们不能忽视黑人群众从整体上而言并没有被美国社会主义所吸引这一事实。美国工会中长期存在种族主义，有的工会只有白人才能参加，虽然社会主义运动后期一些黑人被吸纳进工会，有些甚至加入共产党，但是为什么黑人这个受奴役而贫穷的部分作为一个整体没有广泛参加社会主义运动？这些生活悲苦无告、备受欺压的城市黑人群众，生活于理应使他们趋于激进的社会环境里。然而事实上，直到 20 世纪 60 年代的民权运动中，他们在政治上仍然是消极的。

一些研究除了涉及社会主义政党外部因素的讨论，比如统治阶级的残酷镇压等，还强调社会主义政党内部因素的作用，诸如宗派主义、组织分裂、指导思想错误、策略失当，等等。从美国社会主义运动的历史中可以看出，不能完全否认这些因素的影响。但是这些因素在其他国家社会主义运动史上或多或少也曾经出现过，欧洲社会主义运动史上统治阶级的镇压并不比美国仁慈，指导思想正确但是运动的结果失败或者指导思想错误但是运动却最终成功的例子也是存在的，并没有影响到这些国家社会主义运动最终兴盛的事实。美国同时期的政治生活中，不仅仅是社会主义政党发生重大分裂，共和党内也曾发生反叛运动。因此，美国社会主义运动没有成功的根本原因不能仅仅归之于某些表面的、暂时的因素，它们可能隐藏于更深层次的美国社会乃至全球整体的政治、经济、文化结构之中。

先不论学者们业已提出的那些解释正确与否，仅仅把比较有说服力的影响因素放在一起，进一步观察就会发现，这些因素本身之

间就处于密切的相互影响之中。比如美国社会主义运动内部的分裂
与工人阶级的异质性、阶级的流动性有很大关系，可是后两者又与
美国的价值观和经济的繁荣等因素有关，而价值观和经济繁荣一定
程度上也会促使社会主义运动的分裂，如此推导下去，整个因果链
纠缠在一起，互有重叠，模糊不清，更不要说把其他变量再加进
来。可以看出，这些因素其实内在地交织在一起，相互影响、相互
关联、相互交叉，涉及政治、经济和文化三个领域，呈现一种明显
的系统特征。这好比说，社会主义者在美国的土壤中播下了社会主
义的种子，却没有长成参天大树，我们不仅要考察种子，还要从土
壤、气候和成长过程中查找问题的根源。人类社会正是这样一个普
遍联系的系统，这个系统又可以进一步分为多个子系统。这些子系
统内部存在不同的社会过程。与其孤立地观察某几个有限的影响因
素，不如从整体的角度进行分析。人类社会有矛盾有冲突，就会相
应地有调节有控制。从这种调节控制的角度来看，社会历史的发展
过程可以认为是一种调控过程。① 从这种视角探讨美国资本主义和
社会主义的关系，以及社会主义运动的兴衰，可望得出更科学、全
面的认识。

　　总之，要对所谓"美国例外"现象的原因做出全面而合理的
解释，就需要从美国社会系统的变迁入手，对美国社会主义运动发
生发展的具体历史条件进行综合分析。通过将美国社会主义置于全
球史背景下，考察美国与其他国家的共性、交流和相互影响，在马
克思主义立场上重新阐释美国社会主义异乎寻常弱小的根本原因，
这就是本书最核心的研究思路。

　　在研究方法上，本书以马克思主义基本原理为指导，以辩证唯
物主义为基本方法，认真、细致地考察美国社会变迁的历史过程。
恩格斯在《反杜林论》中曾指出，"原则不是研究的出发点，而是
它的最终结果；这些原则不是被应用于自然界和人类历史，而是从

---

① 　吴必康主编：《美英现代社会调控机制》，人民出版社 2002 年版，第 25 页。

它们中抽象出来的;不是自然界和人类去适应原则,而是原则只有在适合自然界和历史的情况下才是正确的"①。因此,在写作过程中,除了充分地占有材料之外,尽量采用第一手资料,并比较不同历史学家对于同一事件的描述,力求论从史出,史论结合。而且,在有需要的地方,尽可能地采用经济史学家的有关数据资料,把观点建立在更坚实的基础之上,以避免从观念到观念的空谈。

本书并不排斥其他的一些研究方法,从本质上说,这些研究方法完全符合马克思主义的基本原理。虽然马克思主义经典作家们没有具体、明确地提出和论述,但是在他们的著作中实际上也包含这些方法的运用。具体说来,本书还采用了以下研究方法。

一是系统分析法。这种分析方法来源于系统科学,它从系统的视角考察和研究整个客观世界,即将整个分析对象视为由互相联系、互相制约、互相依赖的若干组成部分结合在一起而形成的具有一定运动规律的有机整体。系统观念认为,整体总是大于个体的总和,而且系统运行的结果可能与组成部分的目的大相径庭。这种方法适合于对复杂问题从整体上进行综合分析,从而避免了那种从局部出发抽离出几个有限因素作为重大历史事件原因的研究思路。因此,这种方法正好可以用于对本书核心问题的分析。可以说,这是本书一以贯之的分析视角,无论是对于世界体系的分析,还是对于美国社会的考察,都没有脱离这一基本框架。

二是层次分析法。这种方法广泛地应用于国际关系学界的许多研究项目当中,是一种行之有效的科学研究方法。1959年,美国学者肯尼斯·沃尔兹在其著作《人、国家与战争》中首次系统地采用了层次分析法,主要用于探讨战争发生的原因。后来层次分析法经过政治学家戴维·辛格等人的进一步发展,分析的层次越来越系统,也越来越精细。这些层次从宏观到微观依次是:世界系统、国际关系、国内社会、国家政府、决策者角色、决策

① 《马克思恩格斯选集》第3卷,人民出版社2012年版,第410页。

者个人。这种方法使相关研究更加具体、分析更加细致，因果关系更加明确。不过，宏观层次和微观层次的分析各有其优缺点。宏观层次的分析最能从整体上发现研究对象的一般性规律，而微观层次的分析注重个体而忽略整体，不利于发现共性。因此，研究者应该根据需要选择分析的层次。① 本书将这种视角引入"美国社会主义例外论"的分析，主要从社会主义运动、帝国构建和世界体系三个层次上展开分析。通过这些分析，目的是确定美国社会主义运动在全球历史发展中的定位，以探求美国社会主义运动衰落的深层次根源。

三是历史比较分析法。这种方法是通过对同一国家不同历史阶段或相同历史阶段但是不同国家的社会现象进行比较和分析，以揭示社会现象的动因和社会发展规律。对于相似的事情却引起不同的结果这种现象，马克思认为："如果把这些演变中的每一个都分别加以研究，然后再把它们加以比较，我们就会很容易地找到理解这种现象的钥匙；但是，使用一般历史哲学理论这一把万能钥匙，那是永远达不到这种目的的，这种历史哲学理论的最大长处就在于它是超历史的。"② 与他的看法相吻合，"美国社会主义例外论"的相关研究中非常普遍地使用了历史比较分析法。相对而言，历史比较分析法更关注宏观历史的变化趋势，具有一定的效力，也有其缺陷，前面已经有所述及。如果在适当的范围内使用，其作用还是非常明显的。本书主要是在美国与欧洲国家社会主义运动兴起的条件、时机，以及美国社会主义运动在兴起和发展过程中国内条件的变化等方面进行比较，力图阐明美国社会主义运动衰落在目前条件下的必然性。

本书除了结束语，可以分为七个部分。导言部分包括核心概念的起源和流变、国内外学术界相关研究概况、本书的研究思路与研

---

① 参见秦亚青《权力·制度·文化：国际关系理论与方法研究文集》，北京大学出版社 2005 年版，第 243—255 页。

② 《马克思恩格斯文集》第 3 卷，第 466 页。

究方法。第一章概述了美国社会主义在不同时期的重要史实及其基本特征,重点指出美国工人运动与社会主义的疏离和改良主义的主导地位,是后文进一步论述的基础。第二章以宏观视野论述了世界历史的形成、资本主义世界体系的发展趋势以及社会主义在全球传播过程中的不平衡发展,并比较了美国和欧洲社会主义发展的不同历史条件,美国社会主义与欧洲相比虽然出现较大变化,但并非例外。第三章考察了美国资本主义转型时期的改革逻辑,这是美国社会主义走上改良主义道路的历史背景,也是美国民众认同既有秩序的根本原因。第四章考察了美国进步主义时期的社会控制及其国内影响,论述了这一机制对于社会主义运动的弱化作用,这一点是美国统治阶级获取文化领导权的关键。第五章论证了美国的"隐形帝国"本质,进一步解释了美国统治阶级如何获取工人阶级的文化领导权,并对帝国构建对于社会主义的抑制作用进行了分析,揭示了其作用的内在过程。第六章从全球视野考察了社会主义兴衰的世界体系根源,还追溯了近现代世界历史上不断出现"例外论"这种现象背后的具体原因。在各章论述的基础上,最终得出了全书的结论:美国社会主义运动与西欧相比,表面上似乎是一个"例外",实质上反映出 20 世纪发达资本主义地区社会主义运动的某种普遍性趋势,只不过是同一规律在不同历史时空中的不同表现,而例外论则是"欧洲中心论"和以"民族国家"为核心的叙事方式所造成的必然结果。

最后,有必要说明一下本书涉及的两个重要概念。本书所指的社会主义是在最一般意义上使用这个概念,包括世界社会主义史上的所有社会主义流派。这种界定并不存在孰优孰劣、孰对孰错等暗示,仅仅是为了讨论"美国社会主义例外论"这一特定主题的需要。另外,本书中所采用的"社会控制"这一概念,早在 20 世纪初就已经在美国问世了。需要指出的是,今天的"社会控制"概念容易让人理解为国家或精英对于社会的控制,其本源含义则不然。这个概念在问世之初,完全是"民主的社会控制",反对居于统治地位的"寄生阶层的控制"。① 本书提到这个概念时旨在考察其诞生前后的时代背景和社会意识，因此更多地倾向于在本源含义上使用它。所谓的"社会控制"，是指由社会对个体行为施加干预以保证基本社会秩序的过程。

---

① 参见［美］托马斯·本德《万国一邦：美国在世界历史上的地位》，孙琇译，中信出版社 2019 年版，第 316 页。

第一章　美国社会主义的
历史与特点

　　维尔纳·桑巴特在 1906 年提出的著名问题"为什么美国没有社会主义",激发了好几代研究者的兴趣、思考和讨论。桑巴特一开始就给问题作了限定:他并不是指美国根本没有社会主义,而是指相对欧洲而言,美国没有那种大规模的、"真正有着马克思主义特征的社会主义"①。这句话意味着:他要讨论的是美国特殊现象的主要方面,并不等于否认美国也存在社会主义,尽管这里的社会主义比起欧洲来,在深度和广度上都要弱小得多。国内的美国史学界老一辈学者张友伦、陆镜生等在美国社会主义史领域早有丰富著述。然而,后来的人们往往凭借简单的理解,要么把美国社会主义视为老生常谈,要么视为无足轻重。这两种态度,实际上都妨碍了对美国社会主义的深入了解。

　　考虑到并非所有读者都熟悉美国社会主义的历史,因此很有必要简要叙述一下相关史实,以作为后续讨论的基础。本章要考察的是迄今为止美国社会主义的历史,时间跨度大致从 18 世纪末一直到当下为止。按照时间顺序,可以分为三个部分:早期社会主义、南北战争后到一战结束的社会主义和美共建立以后的社会主义。以下对这三个时期依次进行考察,并期望发现进一步探究的线索。

---

① ［德］W. 桑巴特:《为什么美国没有社会主义》,第 32 页。

第一节　起源与传播：从 18 世纪末
到内战前的社会主义

马克思和恩格斯终生都对美国有着浓厚的兴趣，马克思曾一度想要移民美国创办报纸。他们对这个国家也有相当深入的了解，恩格斯还曾亲赴美国实地考察。马克思早在自己思想的形成过程中，就曾谈到他对美国社会主义的理解。1847 年，他在与卡尔·海因岑（Karl Heinzen）论战时提出："社会主义和共产主义不起源于德国而起源于英国、法国和北美。"① 请注意，此时是在他和恩格斯撰写《共产党宣言》之前。很明显，马克思写下这句话时还没有提出科学社会主义。在这里，当马克思说社会主义和共产主义起源于美国时，他所指的是美国早期社会主义的哪些具体政治发展？

美国早期社会主义的历史，大致介于从 18 世纪末到第一国际解散之前的时期。由于美国早期社会主义者的活动存在的时间、空间和具体主张有一定的重叠，并且由于思想的代际传播和人员的空间流动，相继对后来的历史产生了一定的影响，我们按照其出现的时间顺序，将美国早期社会主义者的活动区分为三种主要社会主义潮流：宗教共产主义、世俗社群主义和移民社会主义。这样区分并不一定是最恰当的，仅仅是为了叙述的方便。

一　宗教共产主义

按照恩格斯的说法，近代以来的早期共产主义是"禁欲主义的、斯巴达式的共产主义"②，它是伴随着早期资本主义经济条件下无产阶级的不成熟而产生的。美国也是如此。在这里，最初的社

---

① 《马克思恩格斯全集》第 4 卷，人民出版社 1958 年版，第 334 页。
② 《马克思恩格斯选集》第 3 卷，人民出版社 2012 年版，第 393 页。

会主义是在美国早期的领土扩展和初步工业化的背景下起步的，其形式是简单粗陋的、带有神秘宗教色彩的，以抵御工业化的侵害和对平等的朴素追求为特色。

从18世纪末到19世纪中叶，数以千计的美国人加入了宗教共产主义团体。这里所谓的宗教是指基督教。美国本土的两大主流宗教共产主义派系是震颤派（Shaker）和完美派（Perfectionist）。到19世纪50年代为止，美国共有18个震颤派聚居地，每一个团体至少有150名成员，多则达到600多人。而完美派社区的数量和规模相对较小，其中位于纽约州奥奈达市（Oneida）的一个较大的社区人数最多的时候也只有几百名支持者。① 根据初版于1875年的《美国的共产主义团体》一书的记载，除两大主流派系之外，还有不少规模不等的宗教共产主义社团，例如阿马纳公会（Amana Society）、和谐公会（Harmony Society）、分离主义者公会（Separatist Society）、曙光公社（Aurora Commune）和圣地公社（Bethel Commune）等等。② 限于篇幅，本书只能简单介绍震颤派和完美派的历史，以求管中窥豹。

震颤派的全名是"基督复临信徒联合会"（The United Society of Believers in Christ's Second Appearing），系源于18世纪英格兰西北部的基督教新教激进派别。由于这个派别分化自更早的贵格派（Quakers），且以信徒在宗教仪式中时常狂喜至全身战栗而得名，最初被称为"震颤贵格派"（Shaking Quakers），后来简称为"震颤派"。该派创始人为英国人安·李（Ann Lee）。1736年，安·李出生于曼彻斯特一个贫民家庭。1774年，安·李率领9名信徒移居美国纽约州的沃特弗利特（Watervliet），开始传道活动。

震颤派的主张可称为独身共产主义，即男女分开、财物共有和

---

① 参见 Albert Fried ed., *Socialism in America: From the Shakers to the Third International*, New York: Columbia Press, 1992, p.4。

② Charles Nordhoff, *The Communistic Societies in the United States*, New York: Hillary House Publishers, 1961.

平等互助。该派强调一切从全体利益出发，废除婚姻与家庭，衣着器物则以简朴、洁净和实用为美，拒绝一切繁饰与个性。在震颤派聚居地，一般由 30 名男女信徒组成一个大"家庭"，至少两个大"家庭"才能组成一个社区。信众之间直呼其名以示平等，统一穿着制服风格的衣服以去差别。每个"家庭"住在同一栋大房子里，但是大门、楼梯和房间都男女有别。震颤派社区以农业为主要生产方式，也作为他们的生活基础。只有在农闲时节，男信徒从事各种贸易与手工业，而女信徒则纺线、织布、缝纫和制作商品。

从 1820 年到 1860 年是震颤派的极盛时期。在此期间，震颤派很快从东部的新英格兰和纽约扩展到中西部的俄亥俄、肯塔基和印第安纳州。震颤派的信条简单易懂，强调集体利益和财产共享，所有人无论种族、性别、长幼和阶层均一视同仁，无论从道义角度还是从解决生计的角度都颇具感召力，加上震颤派的礼拜仪式形式多样又一反传统，诸如众人转圈跳舞、大唱万言诗、与圣灵直接沟通等，在当时尚处于农业社会而且种族阶层差异巨大的美国，有着相当的吸引力。几十年的兴盛期中，震颤派社会还发展出一套独特的建筑、艺术和音乐文化。其中以家具设计与制作技艺最为知名，震颤派家具独有的朴素极简之美至今依然拥有大量爱好者。

到了 19 世纪 50 年代，随着规模的扩大和美国社会的变迁，震颤派社区出现了一系列危机。首先，由于实行独身禁欲主义，禁止信徒生育，必须通过不断领养儿童才能维持社区人口的稳定。然而，这种风俗不仅未能扩大反而削弱了社区，因为导致了不稳定。[1] 未成年人的比重越来越高，意味着社区的负担也越来越大。这一问题在美国内战以后越发明显，社区的其他方面也开始出现一系列危机。最主要的根源之一是，美国内战后经济状况发生了重大变化，资本主义日益占据主导地位，震颤派社区的传统生产根本无

---

[1] Stephen J. Paterwic, *The A to Z of Shakers*, UK: The Scarecrow Press, 2009, p. xxviii.

法与工业生产竞争。美国开放的西部使他们失去了原有的市场，社区的财政收入迅速下降。一旦繁荣不再，不诚实和无能的财产托管人就不断被爆出经济丑闻，火灾也频频降临。除此之外，中坚分子陆续辞世，年轻成员开始逃离，越来越难吸纳新的成年皈依者，有关教义的争论和对未来的焦虑弥漫开来。[1] 这一切都清楚地显示出震颤派已经陷入了严重的危机。

此后震颤派一路衰落。从 19 世纪 70 年代到 20 世纪 50 年代，几乎每十年就至少有一个震颤派社区消失，1900—1922 年更是社区关闭的高峰时期。只有两个社区由于环境的原因，侥幸存活了下来，它们是坎特伯雷（Canterbury）和萨巴斯代湖（Sabbathday Lake）。1992 年，前者的最后一个信徒去世。目前，唯有后者仍然维持着震颤派生活，不过也已经名存实亡了。

如果说震颤派最初起源于英国，那完美派则是美国土生土长的宗教派别，其成员几乎全是美国人。[2] 完美派相信，耶稣已经在公元 70 年回到人间，因此，人们得以靠自己实现耶稣的千禧王国，可以在此世而非仅在天堂享受完美的生活。前文提到的奥奈达是首个也是最有名的完美派社区，创建于 1848 年。奥奈达社区成员数量在 30 年后达到了历史的顶峰，有 300 多人。除此之外，在康涅狄格州的沃林福德（Wallingford）、新泽西州的纽瓦克（Newark）和佛蒙特州的帕特尼（Putney）与剑桥（Cambridge）等地也有较小的完美派村落。完美派的创始人为约翰·汉弗莱·诺伊斯（John Humphrey Noyes），毕业于达特茅斯学院，最初的专业是法律，后转为神学。为了成为一名传教士，年轻的诺伊斯后来进了耶鲁大学神学院学习。正是在纽黑文，他在一位牧师的影响下形成了自己关于救赎之道的新观点，他称其为“完美主义”。随着时间推移，他

---

[1] Stephen J. Paterwic, *The A to Z of Shakers*, UK：The Scarecrow Press, 2009, p. xxxi.

[2] Charles Nordhoff, *The Communistic Societies in the United States*, New York：Hillary House Publishers, 1961, p. 259.

慢慢地在自己周围聚集起一小群信徒，这个小团体到 1847 年已经拥有大约 40 名成员，大部分是新英格兰的农民。1846 年左右，他们在帕特尼开始了谨慎的宗教共产主义实验。但是，这群人怪异的生活方式激起了当地居民极大的敌意，人们围攻并驱逐了他们。1848 年春，诺伊斯与信徒们在纽约州麦迪逊县的奥奈达以 2000 美元的价格买下 40 亩土地，踏上践行理想的道路。

完美派的核心教义是，私人占有是一种罪恶，只有分享上帝赐予的所有幸福且不带嫉妒和过失，才能获致完美。他们的具体做法可以简单概括为混合婚姻（complex marriage）、相互批评、节育和优生。所谓混合婚姻，是指社区中的每一位成员原则上是每一位异性的配偶，即诺伊斯所谓的“自由恋爱”（free love）。为了达到道德上的完美，必须进行长期持续的相互批评，每一位成员都要在大会上接受整个社区的批评。为了控制社区内的生育，要求每一位男性实施特定的避孕措施以避免不必要的怀孕，如若失败就会受到公开谴责。最后，为了创造更多完美的儿童，社区于 1869 年成立了一个委员会，负责挑选精神和道德品质符合标准的男女进行优生实验。在这项计划中，先后诞生了 58 名儿童，其中有 9 名是诺伊斯的孩子。在奥奈达社区中，男性和女性在形式上是平等的，所有成员轮流承担不同内容的劳动，不过一些专业性更强的工作如财务管理倾向于由专人担任。社区设有“儿童室”，12 岁以下的儿童由集体抚养，生身父母每周只能看望孩子一两次。

奥奈达社区并没有维持太久，其衰落与诺伊斯有直接的关系。首先，诺伊斯认为，完美的领导已经没有嫉妒和过失，所以，他常常不接受批评意见。其次，他认为，教主的地位意味着，他对社区内 14 岁以上的女孩拥有传授性经验的优先权。再次，诺伊斯后来试图将社区的领导权交给他的一个儿子，而这个儿子是一个无神论者，也没有公认的领导才能。这些做法最终引发了强烈的不满，信徒们在 1879 年经过投票放弃了混合婚姻，很多成员随后恢复了传统婚姻形式，奥奈达社区由此开始解体。但是，由于不愿放弃社区积累下的大量财富与业已成熟的产业以及占有的市场，所以，大多数成员于 1881 年组建了一家公司，名为"奥奈达社区有限公司"（The Oneida Community Limited），按照员工股份持有制方案运营管理。这家公司一直持续到 2004 年，而社区的最后一位创始成员死于 1950 年。

通过以上两项个案可知，宗教共产主义实验开启了通过公有制改革资本主义之先河。这些宗教共产主义派别无论在理论还是实践方面虽然互有差异，但是仍然存在相同之处，即都披着宗教的外衣，依靠千禧年的信仰赋予他们极度的自信，将未来的期望强行带入现实生活。先知带领下的集体生活赋予他们安全感，以对抗社会急剧变迁所带来的无序状态。他们是激进的，因为宗教共产主义社区完全抛开了传统的教堂，试图通过理性实践创造美好的现世生活。同时他们又是保守的，因为共同财产和共同劳动并不是一种创新，在古代社会中就曾是常见秩序。他们是为了应对新的资本主义生产方式的冲击，才本能地诉诸经验，求助于这种古老的传统，成为旧时代的回声。

美国日益加速的工业化和市场经济的全面统治，注定了小规模农业生产的悲剧命运。传统农业社会逐渐解体，宗教共产主义社区的孤岛日益为世俗化的海洋所淹没，越来越多的美国人不再把传统宗教视为救赎之道。宗教共产主义最终失败了。下一种社会主义，是在工业化加速扩展的背景之上发展起来的世俗社群主义。

二 世俗社群主义

随着世俗化进程的推进，一些美国人越来越关注现世幸福，而不是虚无缥缈的天国生活。他们长期目睹贫者的悲苦和富者的骄奢，见证两者之间的冲突日益尖锐。他们反复经历繁荣与危机，翘首期盼千禧王国，迎来的却是一再失望。对现存社会的反思促使他们行动起来，不再坐等上帝的恩赐。

率先行动的主要是知识分子和专业人士，他们认为，资本主义的本质是人们受苦的根源，并据此向个人主义幸福观发起挑战，试图通过组织合作社区的方式来创建理想社会。在这样的社区中，生活经过理性的计划，而不是取决于不确定的自由市场；人与人之间不再有地位高低，阶级差异不复存在；所有社会活动将会有机地结合在一起，没有人压迫人和人剥削人，所有成员都是友爱的家人。这种世俗的共产主义社区在美国主要包括两大派别，一种是罗伯特·欧文（Robert Owen）的追随者，另一种是沙尔·傅立叶（Charles Fourier）的信徒。

罗伯特·欧文是著名的英国慈善家和制造商，1771年出生于威尔士的一个工人阶级家庭。欧文年纪轻轻已经成为英国一流的纺织厂经营者。在一次商务旅行中，他遇见了未来的妻子黛儿小姐。由于黛儿的引荐，欧文参观了她的父亲在苏格兰新拉纳克（New Lanarck）的棉纺厂，后来与合伙人一起以30万美元的价格买下了这家工厂。稍后，欧文与黛儿完婚并搬到了新拉纳克居住。1800年伊始，欧文正式就任新拉纳克工厂的负责人。从那时起，他开始关注并思考当地的社会问题。他以新拉纳克作为起点，实践自己的社会改革梦想。1813年以后，欧文连续发表著作和文章，阐述自己的思想。欧文的观点是以好友兼生意伙伴杰里米·边沁（Jeremy Bentham）的理论为基础，即人类社会的目标是实现最大多数人的最大幸福。[①] 他认为，生存的主要与必然目标是追求幸福，但是幸福不能单独获得，因此，人真正的利益是使得全人类内心平和而幸福。他相信，一个人的性格是环境的产物，不好的环境导致罪恶，而好的环境培育好人。今天的人们生活在导致自私、伪善、仇恨和战争的环境中，要想建设一个新世界，首先应该改变环境，以培养拥有良善性格的个人。而要实现这一改变，普遍与义务的教育、丰富的物质财富和有保障的就业是必要的条件。

---

① Harry W. Laidler, *History of Socialism*, London: Routledge & Kegan Paul, 1968, p. 88.

1816 年前后，欧文第一次听说安·李的事迹以及她领导的宗教运动，更加坚定了自己的信念，即共产主义社区能够解决经济和社会问题。19 世纪 20 年代，欧文的思想又进了一步，认为需要建立一种新社会制度，商品生产者在这种制度下同时又是生产工具的拥有者。于是，他大力倡导成立新型社区，由劳动者自己管理日常生活。在这些社区中，私有产权将被废除，资本家和工人、生产者和消费者之间的区别将荡然无存。欧文先后在曼彻斯特、英格兰和苏格兰实验这些想法，然而事情进展并不顺利。经过一番曲折之后，他把目光投向美国，因为他认为这是一片未经封建传统浸染的新大陆。

1825 年初，欧文动身前往美国，在那里受到了隆重的欢迎。他两次受邀以社会主义为主题在美国众议院发表演说，宣讲这种"新社会制度"。第一次演讲是在 1825 年 2 月 25 日，受时任美国众议院议长亨利·克莱（Henry Clay）邀请。第二次于 3 月 7 日，受候任总统约翰·昆西·亚当斯（John Quincy Adams）邀请。时任美国总统詹姆斯·门罗（James Monroe）、各部部长与两院议员都倾听了欧文的宏论。随后，他的言论频频出现在美国媒体，一些报纸还登载了他即将创建模范社区的消息。

欧文在美国创建的第一个社区是位于印第安纳的"新和谐公社"，占地 3 万英亩。当年夏天，近千人从全美各地赶来，其中不乏名流雅士，例如费城自然科学院主席威廉·麦克卢尔（William Maclure）、经济学家和博物学家约书亚·沃伦（Josiah Warren）、昆虫学家托马斯·萨伊（Thomas Say）、著名荷兰化学家和地质学家杰拉德·特罗斯特（Gerard Troost）以及欧文的两个儿子。[①]

从 1826 年到 1827 年，除了新和谐公社，另有 18 个欧文主义社区在纽约州、俄亥俄州和印第安纳州先后建成。但是到 1828 年，

---

① Philip S. Foner, *History of the Labor Movement in the United States*, Vol. 1, New York: International Publisher, 1982, p. 173.

这场运动就偃旗息鼓了。主要原因是这些社区既没有详细计划，又缺乏有能力的领导人。同时，一些先前积极加入的人在得知必须参加社区劳动之后纷纷离开。欧文不得不撤出所有资金，并以低廉的价格将农场与房舍出售给工人们。尽管如此，欧文推动社会变革的热情并没有减损。多年之后，他于 1845 年又重返美国，在纽约市组织召开"世界大会"，宣传使所有人受益的新社会秩序，然而，除了 8 天会议之后发表一纸决议，应者寥寥。

尽管欧文的模范社区在美国失败了，但是，追随者们继续传播他的理想，这些努力为傅立叶主义的流行铺平了道路。傅立叶主义与欧文主义最基本的分歧在于，前者主张保留个人产权，而后者主张废除。另外，傅立叶对工业主义深恶痛绝，主张人类社会回到农业和手工业经济状态，而欧文相信，只要社会组织得当，工业发展就会促进社会进步。傅立叶本人终其一生并未到过美国，他的思想主要是通过阿尔伯特·布里斯班（Albert Brisbane）传播到美国。

布里斯班生于 1809 年，是纽约州一位富裕农场主的儿子。他在欧洲接受了全部的教育，并广泛游历学习。在此期间，他先是接触到圣西门的著作，将自己的大部分时间和金钱用在宣传圣西门的思想。后来，他又读到傅立叶的著作，立刻就被深深地吸引住了。1832 年，他前往巴黎跟随傅立叶学习，详细研究了后者的思想体系。两年之后，布里斯班返回美国，致力于传播傅立叶主义。1840 年，他出版了自己的第一本书《人的社会命运，或工业的联合与重组》（*Social Destiny of Man, or Association and Reorganization of Industry*）。在这本书的前半部分，作者介绍了傅立叶的思想，而在后半部分，主要论述的是社会主义制度如何适应美国的社会条件。①

这本书引起了著名记者霍拉斯·格里利（Horace Greeley）的注意，这位未来的政治领袖在前往波士顿的旅程中一口气读完全书，回到纽约时立即成为工业联合的热情鼓吹者。他的理解是这样

---

① Philip S. Foner, *History of the Labor Movement in the United States*, Vol. 1, p. 174.

的:"我所谓的'联合会'(Association)是指一种社会秩序,它将代替当前的镇区(Township),由成百上千的人组成,这些人按照兴趣和行业联合起来,为了保证每个人获得以下各项保障:1)一座体面又宽敞的房屋;2)完整又全面的教育;3)安定的生活;4)劳动的机会;5)公平的报酬;6)愉快的社会关系;7)知识和技能的提升。"①

1841年,格里利创办了全美第一家全国性报纸《纽约论坛报》,并为布里斯班开辟了专栏,宣传傅立叶主义。布里斯班在这份报纸上直陈当代社会的弊病,并逐一指出傅立叶主义如何能够消除这些问题。虽然后来美国傅立叶主义运动创办了自己的报纸《法郎吉报》《先驱》和《社会改革家》,但是都没有超过《纽约论坛报》上的这些文章的社会影响,因为后者的读者群是全国范围的。得益于大众媒体的助力,加上布里斯班逻辑简明的论证,傅立叶主义在美国的追随者很快就达数千人。1844年4月4日,傅立叶主义的支持者们在纽约市的克林顿大厅(Clinton Hall)召开全国大会。社会改革家乔治·瑞普利(George Ripley)当选为主席,格里利、布里斯班和查理·德纳(Charles A. Dana)当选为副主席。大会主张以"法郎吉"(Phalanx)作为组织形式,以解决社会问题。会上还成立了全国联合会同盟,《法郎吉报》成为该运动的机关报。

在此前后约十年间,40多个傅立叶主义社区在伊利诺伊州和马萨诸塞州等地建立起来。这样的社区被称为"法郎吉",成员来自社会各个阶层,而工人阶级占据相当大的比例。

第一个法郎吉西尔韦尼亚(Sylvania)建成于1843年,位于宾夕法尼亚州西部。它的创始成员是一群来自纽约和奥尔巴尼的修理工,建设资金来自工人自己。西尔韦尼亚只维持了很短时间,1844年就宣告失败。原因并不复杂,首先,很难获取社区运转所需资

---

① Harry W. Laidler, *History of Socialism*, p. 101.

金；其次，地处偏僻荒野，住宅相当简陋，气候恶劣，生活毫无舒适可言；最后，社区制造的产品不易获得市场。

事实上，美国的法郎吉大多数在成立之后第一年就破产了，还有一些也在数年之内失败了。只有北美法郎吉（North American Phalanx）勉强维持了 12 年，而最著名的布鲁克农场（Brook Farm）则仅存在了 6 年。两者都因为一场意外的大火导致元气大伤，无奈解散。其他法郎吉的失败原因不一而足，但总结起来看，最根本的原因是未能获取足够的资金，其次是成员来自各个阶层的不同行业，很多人并不懂农业，内部意见分歧过多，社区无法很好地适应作为大环境的美国市场机制，最后往往因为内部资源、奖金和权力等根本问题引发激烈冲突而解体。历史一再证明，不顾外部条件的制约，奠基于理性创造原则之上的孤立实验很难成功。

与宗教共产主义社区相比，世俗共产主义社区内部更不稳定，存在时间更短。究其原因，宗教共产主义社区容易获得大量皈依者的捐赠，而且其成员具有强烈的奉献精神，内部意见分歧较少。而世俗的共产主义社区一旦没有募集到足够的资金，就很难维持运转；其成员鱼龙混杂，内部意见纷争频发，且大多是冲着更幸福的现世生活而来，这些人在社区内外交困时往往一走了之。

关于空想社会主义，恩格斯评论说："不成熟的理论，是同不成熟的资本主义生产状况、不成熟的阶级状况相适应的。解决社会问题的办法还隐藏在不发达的经济关系中，所以只有从头脑中产生出来。社会所表现出来的只是疾病，消除这些疾病是思维着的理性的任务。于是，就需要发明一套新的更完善的社会制度，并且通过宣传，可能时通过典型示范，从外面强加于社会。这种新的社会制度是一开始就注定要成为空想的，它越是制定得详尽周密，就越是要陷入纯粹的幻想。"[①] 上述一度流行于美国的世俗社群主义也是如此。虽然欧文主义者提出了一种新制度目标，但是，他们寄希望

_____

① 《马克思恩格斯选集》第 3 卷，第 780—781 页。

于统治精英的善良和财富精英的慷慨，对普通民众则是一副居高临下的教育者姿态。傅立叶主义者如出一辙，以为只要贯彻了大师的原则，那么一切社会问题自然会迎刃而解，其优越性必然会吸引越来越多的社区采用这些原则，从而最终替换掉现存的政治经济结构。这种从头脑里构建出的、尽可能完美的、用以拯救罪恶现实的社会改造方案，从欧洲移植到美国，也是同样要归于失败的。随着这些公有制社区的消失，他们的实践也就只能封存在美国人的记忆中，越来越成为遥远的历史了。

三 移民社会主义

在前面，我们已经回顾了美国的乌托邦社会主义试验。从历史上看，这些都为科学社会主义做了某种程度上的准备。在写于1845—1846 年间的《德意志意识形态》中，当德国"真正的社会主义者"卡尔·格律恩说美国人是一群平庸的人，必须向德国人学习社会主义时，马克思嘲讽他："特别是当他们（指美国人）从1829 年起就有了自己的并于1830 年遭到其经济学家库伯反对的社会民主主义学派以后，更应如此。"① 因此，接下来看看其他社会主义者在美国的实践。

美国的第一次工人运动诞生于 19 世纪 20 年代末。当时争取十小时工作制等抗议活动开始增多，工人骚乱暴动在北部和中西部逐渐蔓延。在纽约，关键人物是英国移民罗伯特·戴尔·欧文（Robert Dale Owen），他是罗伯特·欧文的儿子，倡导为所有孩子建立寄宿学校的激进制度。另外一位领导人是托马斯·斯基德莫尔（Thomas Skidmore），他曾是一名教师兼机械师，他提出了一项雄心勃勃的计划，提议没收所有个人和私人财产，并将其平等地重新分配给所有男性家长。1829 年 4 月 23 日，纽约工人党（Working Men's Party）诞生于一次工人的集会上，成为美国的第一个工人政

---

① 《马克思恩格斯全集》第 3 卷，人民出版社 1960 年版，第 577 页。

党。在那一年的投票中，该党大多数候选人每人都赢得了 6000 多张选票，表现强劲，似乎有望取得更大的成功。① 但在接下来的两年里，该党内讧不断，又分裂为三个独立的政党，再没有取得任何成功，最终于 1831 年彻底死亡。

在《道德化的批评和批评化的道德》一文中，马克思是把早期美国社会主义者与"最彻底的共和主义者，即英国的'平均主义者'、法国的巴贝夫和邦纳罗蒂等"② 并列在一起看待的。此外，马克思还提及："工人们在英国以宪章派为名、在北美以民族改良派为名分别形成政党，其战斗口号根本不是以共和制代替君主制，而是以工人阶级的统治代替资产阶级的统治。"③ 从这个角度看，当马克思说社会主义和共产主义起源于美国时，他所指的似乎包括美国土地改革派的发展。

1844 年，一小群技术工人在纽约成立了全国改革协会（National Reform Association），其机关报名为《青年美国》（Young America）。其主要领导人乔治·亨利·埃文斯（George Henry Evans）1805 年出生于英国，15 岁时随父亲和兄弟移民到美国，此后不久就成为伊萨卡印刷厂的学徒。他参加了杰克逊时代工人运动的许多改革活动，包括工人党、银行运动、全国工会和全国改革协会。埃文斯认为，解决工人阶级苦难问题的关键是向定居者免费开放公共土地，而不是通过拍卖将其出售给垄断的土地投机者。废除土地垄断将使剩余工人更容易在土地上定居下来。过剩劳动力供给的压抑效应将从市场上消除，工资将上涨，工人将获得其产品的全部价值。全国改革协会因宗旨是无偿地分给每一个劳动者一块土地，所以还被马克思和恩格斯称为"全国土地改革派"或"北美土地改革派"。

---

① Sean Wilentz, *Chants democratic*: *New York City and the Rise of the American Working Class, 1788-1850*, New York: Oxford University Press, 2004, p. 199.

② 《马克思恩格斯全集》第 4 卷，人民出版社 1958 年版，第 334 页。

③ 《马克思恩格斯全集》第 4 卷，人民出版社 1958 年版，第 336—337 页。

需要指出的是，1837 年大恐慌后，在美国重新出现的新劳工组织，几乎普遍把土地改革作为他们的基本要求之一。到 1845 年 9 月，土地改革组织已经蔓延到其他几个州，并被《论坛报》吹捧为当时最重要的劳工运动。① 列宁也曾指出，"土地问题当时也被美国的社会运动的进程本身提到首位"②。许多德国手工业侨民参加了这一土地改革运动。19 世纪 40 年代后半期，全国改革协会宣传土地改革，反对种植场奴隶主和土地投机分子，并提出实行十小时工作制、废除奴隶制、取消常备军等民主要求。

马克思和恩格斯完全承认美国土地改革运动的历史合理性，但明确拒绝将土地改革派的主张等同于共产主义。他对这个问题的看法清楚地展示在反驳赫尔曼·克利盖（Hermann Kriege）错误观点的《反克利盖通告》中。克利盖是一个年轻的费尔巴哈共产主义者，在德国多次因参与社会主义活动而遭到迫害。1845 年年初结识了恩格斯，并经恩格斯认识了住在布鲁塞尔的马克思。同年，他打算迁居美国，在途经伦敦时加入了正义者同盟，到达美国后很快就融入了埃文斯的圈子。克利盖还仿照正义者同盟的模式建立了一个人数不多的有关土地的秘密团体"德意志青年美国协会"（Deutsche Jung‐Amerika Gemeinde），不久后改名为"社会改革协会"（Sozialreformassoziation），成为全国改革协会的附属机构。③ 社会改革协会吸引了数百名德国人参加会议，并在费城、纽瓦克、圣路易斯、辛辛那提、巴尔的摩和密尔沃基等城市建立了分会。④ 克利盖在纽约出版了一份名为《人民论坛报》的周报并担任主笔，"算是德国共产主义在纽约的著作界代表"⑤。克利盖以"共产主义"的

---

① Sean Wilentz, *Chants democratic: New York City and the Rise of the American Working Class, 1788-1850*, p. 340.

② 《列宁全集》第 10 卷，人民出版社 1987 年版，第 50 页。

③ 参见 Sean Wilentz, *Chants democratic: New York City and the Rise of the American Working Class, 1788-1850*, p. 354。

④ 参见 Samuel Bernstein, *The First International in America*, New York: Sentry Press, 1965, p. 9。

⑤ 《马克思恩格斯全集》第 4 卷，人民出版社 1958 年版，第 3 页。

名义鼓吹"爱的社会主义"，并把全国改革协会的观点说成是实现社会主义的基础。

此时，马克思正致力于批判当时流行的形形色色假社会主义，清除社会主义运动中的一切伦理和情感倾向，使其完全建立在科学和阶级斗争的基础上，反克利盖事件成为马克思主义形成过程中较有代表性的事件。为了与克利盖的所谓共产主义划清界限，布鲁塞尔共产主义通讯委员会于 1846 年 5 月 11 日召开会议，以八位成员中仅一人反对的结果通过了马克思和恩格斯起草的《反克利盖通告》。马克思和恩格斯指出，克利盖观点的实质，"无非是把一切人变成私有者而已。这种梦想就像梦想把一切人变成帝王和教皇一样，既无法实现，也不是共产主义的"①。克利盖收到《反克利盖通告》后，在他主编的《人民论坛报》6 月的报纸上分两期发表了这一文件，接着在 6—7 月的三期报纸上，发表了三篇反批评性质的信件和文章。② 1847 年，恩格斯在《共产主义原理》中回答共产主义者如何对待现有的其他政党时如此说道："在实行民主宪法的美国，共产主义者必须支持愿意用这个宪法去反对资产阶级、并利用它来为无产阶级谋利益的政党，即全国土地改革派。"③ 马克思和恩格斯在《共产党宣言》里还提到："看过第二章之后，就可以了解共产党人同已经形成的工人政党的关系，因而也就可以了解他们同英国宪章派和北美土地改革派的关系。"④ 马克思和恩格斯的态度表明，美国土地改革派可以被视为英国宪章派一样的社会主义者，但绝不是他们在那一时期所说的共产主义者。

内战前这个时期，美国工人运动存在的时间都不长，且都与移民有着千丝万缕的联系。诚如美国历史学家所言，"早期具有国际

---

① 《马克思恩格斯全集》第 4 卷，人民出版社 1958 年版，第 12 页。
② 陈力丹：《共产主义通讯委员会反克利盖事件》，《马克思主义新闻观百科全书》，中国人民大学出版社 2018 年版，第 600 页。
③ 《马克思恩格斯选集》第 1 卷，第 311 页。
④ 《马克思恩格斯选集》第 1 卷，第 434 页。

视野的美国劳工组织是短命的，它们的起源似乎都是移民"①。尤其是，德国激进分子在他们的祖国和美国之间不断往返，为欧洲的共产主义和民主运动提供了相当大的资金支持。此外，他们还在马克思主义的传播方面起到了非常重要的作用。

19世纪五六十年代，在欧洲社会主义各个派别间的较量中，马克思派的科学社会主义在工人运动中逐渐占据了主要地位，其影响愈益扩大，并已超出它的原生地——西欧，向世界上的其他地区扩展。美国作为正在迅猛发展中的资本主义国度，也必然地受到来自大洋彼岸的马克思学说的影响。马克思主义开始了在这片土地上的曲折历程。美国历史学家保罗·布尔（Paul Buhle）认为，"事实证明，马克思主义来到美国并不是一个单独的事件，而是一个更大、更复杂的过程的一部分"②。

在19世纪四十年代末以后的几十年间，马克思和恩格斯一直密切关注着美国的经济和政治发展，并经常就那里发生的重大事件发表意见。不仅如此，随着美国资本主义的迅猛发展，他们两人也越来越将美国社会主义列为世界社会主义队伍中的重要部分，寄予热切的期望。1848年《共产党宣言》问世后，马克思和恩格斯希望此书能在美国流传，但当时不利的条件使他们未能如愿。在1848年革命失败后，在反动势力卷土重来的境况下，马克思和恩格斯的著作在欧洲传播十分困难，此时争取在美国出版对他们就很重要了。例如，马克思曾应迁居美国的前天主教神父、1848年革命的参加者爱德华·科赫（Edward Koch）之约，将《共产党宣言》的20份德文本和一份英译本寄给他，委托他印成小册子在美国发行（后来未能成功）；马克思的名著《路易·波拿巴的雾月十八日》也是在好友约瑟夫·魏德迈（Joseph Weydemeyer）的艰难努力下，才得以首次在纽约出版。

---

① Samuel Bernstein, *The First International in America*, p. 8.

② Paul Buhle, *Marxism in the United States：A History of American Left*, New York：Verso, 2013, p. 10.

1848 年 11 月，两位著名的美国记者，同时也是傅立叶主义者的阿尔伯特·布里斯班与查理·德纳，到德国科隆拜访了时任《新莱茵报》主笔的马克思，后者的卓越才华与雄健文风给他们留下了深刻印象。1851 年 8 月，德纳给已经流亡伦敦的马克思写信，诚邀他作为欧洲通讯员为《纽约每日论坛报》撰稿。当时的马克思生活困顿，每篇一英镑的稿酬不啻雪中送炭，于是欣然接受。

从 1852 年起，马克思为《纽约论坛报》每周提供两篇稿件。由于马克思忙于研究经济学，且对英文写作的把握还不够，所以最初的稿件是由恩格斯执笔的。后来则由马克思提供德文稿，再由恩格斯译为英文。这种状况一直持续到 1853 年 1 月，马克思开始尝试直接用英文撰稿，恩格斯在信中写道："请接受我的祝贺。英文不但写得好，而且很出色。"① 马克思与《纽约论坛报》的这一合作持续了将近十年，提交了近五百篇文章。但是，与《纽约论坛报》的合作并不顺利。德纳常常把马克思的文章作为社论发表，却不使用他的名字，或者随意删改他的文章，只把"无关紧要的短评"以马克思的名义发表。报社还因为马克思经常不能按时交稿，并曾以终止供稿相威胁而对他心生怨怼。这种合作当然让马克思十分愤怒，在友人的通信中毫不客气地评价自己的雇主德纳"十分庸俗"，而格里利是"坐在扶手椅里的白头翁"。1861 年，改组后的《纽约论坛报》与马克思在美国内战的立场上再起冲突，双方的合作终于结束了。

这种合作关系，对于处在贫困中的马克思来说，首先是为了缓解家庭的生计问题，所写的也大都是对时事的评论。但是，如马克思传记的著名作者弗兰茨·梅林（Franz Mehring）所说，马克思"忠于自己的信念，把借以糊口的文笔生涯也变成了崇高的事业。由于他在写作论文时经过深入刻苦的研究，他就使这些论文具有了

---

① 《马克思恩格斯全集》第 28 卷，人民出版社 1973 年版，第 252 页。

不朽的价值"①。这就是说,马克思通过这些即时的文字,也争取到了在美国宣传他的社会主义理论信念和主张的机会。除了《纽约论坛报》,马克思和恩格斯还在一些其他美国报刊上发表过文章。例如,波士顿出版的《新英格兰报》、纽约的《体操报》等德文报纸和纽约的《民主派》、华盛顿的《全国工人保护者》等英文报纸。由于这些文章主要是时事评论,而且很多篇章必须经过报社编辑的把关,尽管马克思和恩格斯仍然尽可能地阐发了自己的社会主义主张,然而,美国人真正接受到的马克思主义很难说没有打折扣。

另一条在美国传播马克思主义的社会主义的渠道,是来自西欧的移民,其中德国人占了大部分。1848 年革命失败后,一批德国革命者为了免遭政府迫害和解决生计,先后逃亡到美国,成为最早的一批马克思主义的传播者。马克思这样回忆道:"在 1848 年革命失败后,大陆上工人阶级所有的党组织和党的机关报刊都被暴力的铁腕所摧毁,工人阶级最先进的子弟在绝望中逃亡到大西洋彼岸的共和国去。"② 柯尔 (G. D. H. Cole) 曾指出,在 1871—1895 年之间,前来美国的所有外国移民中,有四分之一以上是德国移民,他们的人数之多可以使其在主要定居地区建立起独树一帜的社会主义运动,且与德国本土的社会主义运动保持密切联系。③ 在他们中间,约瑟夫·魏德迈和弗里德里希·阿道夫·左尔格 (Friedrich Adolph Sorge) 是不可多得的活动家和组织者。他们与马克思和恩格斯联系密切,对马克思的主张有着独到的理解,一直致力于传播和捍卫马克思主义。

魏德迈是普鲁士炮兵、共产主义同盟的成员,参加过 1848 年革命。他主张工人团结,人类平等,反对奴隶制,反对一切资本主

---

① 参见 [德] 梅林《马克思传》,樊集译,生活·读书·新知三联书店 1965 年版,第 301 页。

② 《马克思恩格斯选集》第 3 卷,第 7 页。

③ 参见 [英] G. D. H. 柯尔《社会主义思想史》第 3 卷下册,何慕李译,商务印书馆 1986 年版,第 255 页。

义政党，是马克思和恩格斯的老朋友。1851 年，魏德迈厌倦了在瑞士的失业流亡生活，并希望为妻子和孩子谋生，于是决定移民到美国。1852 年 6 月，魏德迈与志同道合的朋友共同创建了无产者联盟（Proletariarbund），这是美国的第一个马克思主义组织。翌年，在魏德迈的努力之下，美国工人同盟（Amerikanische Arbeiterbund）在纽约宣告成立，并通过了魏德迈起草的《告美国工人书》。该同盟旨在建立独立的工人政党，并为工会提供支持，积极宣传马克思主义。稍后，同盟在新泽西、俄亥俄和宾夕法尼亚州成立了德语支部，在华盛顿成立了英语支部。但是，这个同盟不到一年就衰落下去了，因为大部分追随者将注意力转移到日渐兴起的工会运动上去了。[①] 1857 年，大恐慌导致了失业者的大规模示威，左尔格等人发起成立了纽约共产主义者俱乐部（Kommunist Klub），魏德迈是其中的创始成员。美国内战爆发后，他的工作因为参加北方联邦军而一度中断。战后，魏德迈继续传播马克思主义，为工人运动四处奔走，还担任了《新时代报》主编。不幸的是，1866 年的一场霍乱夺去了他的生命。

魏德迈之后，左尔格成了马克思主义在美国的重要传播者。1828 年，左尔格出生于德国萨克森州，参加过 1848 年的革命，并在巴登战役中与恩格斯并肩作战。像成千上万因革命失败而逃亡的人一样，左尔格辗转瑞士、低地国家和英国。在英国，他遇到了马克思，后于 1852 年抵达纽约。1867 年 6 月，左尔格写信给马克思，表达了想要建立第一国际美国支部的愿望，得到了马克思的热情回应，从此开启了双方之间长达 16 年的定期书信往来。1868 年 7 月，第一国际总委员会授权左尔格以它的名义行事。[②] 此后，左尔格实际上成为马克思主义在美国的代言人，也是美国工人运动史的先驱学者。

① Harry W. Laidler, *History of Socialism*, p. 577.
② Samuel Bernstein, *The First International in America*, p. 27.

第二节 兴盛与危机：从内战到"一战" 结束的社会主义

对于土生土长的美国人而言，社会主义基本上是外来事物。虽然约瑟夫·魏德迈等德国移民为传播马克思主义做了大量工作，但是，其影响仅限于德国移民内部，并未在美国社会中广泛传播。等到工业化和城市化蓬勃发展的镀金时代，现代意义上的社会主义运动才开始在美国社会逐渐发展壮大。

从镀金时代到第一次世界大战结束，美国社会主义运动走过了半个世纪的风雨历程。这一时期，美国工人运动风起云涌、起伏跌宕，社会主义运动逐渐由小变大，再走向衰落，是整个美国社会主义发展过程中最关键的时期。虽然美国社会主义者在这一时期取得了不菲的成绩，但是，科学社会主义并未成为美国工人运动的指导思想，社会主义政党与主要工会之间始终存在隔阂。不仅如此，社会主义运动发展缓慢，一再分裂。同时，无论是在社会主义政党还是主流工会内部，改良主义思想的影响力都越来越大。一些坚定的社会主义者屡屡受挫，产生了悲观情绪。

一 第一国际时期

第一国际美国支部的创建，可以看作美国现代社会主义运动的真正开端。内战结束后，工人运动开始复苏。左尔格等人创建的纽约共产主义者俱乐部得到了恢复，但剩下只有不到 20 人了。[①]1867 年 10 月，俱乐部成员投票同意加入第一国际，成为其第一个美国支部，仍保留原来的名称。当时，纽约还有一个德国工人总工

---

① Timothy Messer-Kruse, *The Yankee International: Marxism and the American Reform Tradition, 1848-1876*, Chapel Hill: The Unversity of North Carolina Press, 1998, p. 73.

会（General German Workingmen's Association），由一大批拉萨尔主义者组成。为了争取这股力量，左尔格和齐格弗里德·迈耶（Siegfried Meyer）做了大量工作，传播马克思主义。1868年，共产主义者俱乐部和德国工人总工会合并组成了一个短暂的纽约及其近郊社会党（Social Party）①。但是，在当年秋天地方选举受挫后，该党就解散了。

　　当时美国最大的工人组织是全国劳工联合会（National Labor Union）。全国劳工联合会成立于1866年8月，其模糊的目标是用合作企业取代资本主义。该组织的领导人是巴尔的摩制铁工人威廉·H. 西尔维斯（William H. Sylvis），他是争取八小时工作日运动的积极分子。根据历史学家的估计，其会员人数从最低到最高可能有6万—80万之多。但是，很少有人积极参与该组织的活动，而且绝大多数联合会成员对组织的活动知之甚少。② 从1867年起，第一国际就与联合会有了联系，双方还互相邀请对方派代表参加各自的会议。1869年，联合会派代表前往瑞士巴塞尔参加国际工人协会会议，这是全国劳工联合会第一次试图与第一国际建立正式联系。1869年2月，在社会党解散后重组的德国工人总工会加入了联合会，成为其地方第5分会。③

　　就在两大组织建立了越来越多的联系，立场日益接近之际，西尔维斯于1869年7月英年早逝。1870年，全国劳工联合会内部的意识形态分歧不断加剧，其农村成员热衷于绿背纸币运动，对组建工会不太感兴趣，而城市成员恰恰相反。当年，在辛辛那提大会之后，联合会逐渐与绿背党合流，并倾向于第三党政治。1872年，

---

　　① 有学者认为，1868年由左尔格和纽约共产主义俱乐部的其他成员组成的社会党是美国第一个马克思主义政党，这在某种程度上是正确的。但是这个党从来没有作为一个政党发挥作用，且它只持续了几个月，很快在1869年初就与全国劳工联盟合并。参见 Oakley C. Johnson, *Marxism in United States history before the Russian Revolution* (1876-1917), New York: Humanities Press, 1974, p. 18。

　　② Robert E. Weir, *Workers in America: A Historical Encyclopedia*, Oxford: ABC-CLIO, 2013, p. 519.

　　③ Samuel Bernstein, *The First International in America*, p. 31.

全国自由联盟更名为全国劳工改革党（National Labor Reform Party），并提名伊利诺伊州法官戴维·戴维斯（David Davis）为总统候选人，此人在最后一刻退出了竞选。全国劳工联合会在 1872 年 9 月举行了最后一次代表大会，只有 7 名代表出席，这个一度相当庞大的政治团体崩溃了。可见，这个工人组织过于松散，并没有稳固的工人阶级基础。

1869 年 12 月，重组后的德国工人总工会又加入第一国际，此后称为国际工人协会美国第一支部。① 第一支部大约有 50 名会员，由左尔格任书记。② 1870 年 6 月，约 100 名法裔美国人在纽约建立了第二支部。不久，捷克工人协会又建立了另一个支部。1870 年 12 月 1 日，几个美国支部联合起来，成立了北美中央委员会，左尔格任书记。中央委员会成立后的工作是有成效的，北美支部进入了快速发展时期。到 1871 年 12 月，支部的数目已增至约 35 个，分布的地方包括纽约、芝加哥、旧金山、新奥尔良、纽瓦克、斯普林菲尔德、华盛顿和威廉斯堡等城市，其中六个是由土生美国人组成的，其余的都是外国出生的人组成的。③ 据莫里斯·希尔奎特的估计，会员总数最多时有约 5000 人。④ 为了吸引人们对争取八小时工作日的关注，纽约市还在 1871 年 9 月组织了一次有 2000 多人参加的示威游行。

1872 年，第一国际海牙代表大会后，国际总委员会迁往纽约，左尔格当选为总委员会委员和总书记。左尔格在一切问题上都支持马克思和恩格斯，除增加会费这个小问题之外。⑤ 左尔格坚决维护马克思主义原则，可是无法改变内部严重的宗派情绪，因为在美国的第一国际可以说是一个各国移民的庇护中心。马克思主义者、拉

---

① Samuel Bernstein, *The First International in America*, p. 31.
② 陆镜生：《美国社会主义运动史》，第 95 页。
③ Samuel Bernstein, *The First International in America*, p. 65.
④ ［美］希尔奎特：《美国社会主义史》，朱立人译，商务印书馆 1974 年版，第 162 页。
⑤ Samuel Bernstein, *The First International in America*, p. 159.

萨尔主义者、社群主义者、无政府主义者、唯心主义者、女权主义者和土地改革者汇聚在一起，从而使其成为一个矛盾大于一致的组织。北美中央委员会内部主要骨干多是德国移民，加之社会改良派纷纷加入其中，常常发表与第一国际原则相悖的意见。因此，在随后的四年中，委员会内部陷入有关路线和策略的重重纷争。内部存在的所有分歧中，根深蒂固的马克思主义正统观念与土生土长美国激进分子的共和理想之间的深刻意识形态鸿沟是无法逾越的。面对这种情形，委员会的领导人（主要是左尔格）极度担心本土激进改革者压倒移民社会主义者的前景，因此，他们驱逐了第一国际美国支部的大部分土生成员。

1871 年 7 月，北美中央委员会发生了公开的分裂。简单地说，第十二支部不承认中央委员会的领导，出现了第一支部与第十二支部相互对峙的局面。① 同年 12 月，对立双方分别成立了各自的委员会，即以第一支部为主的临时联合会委员会，又称第一委员会，和以第十二支部为核心的联合会委员会，又称第二委员会。总委员会在调解未果后，决定暂时开除第十二支部。在恢复团结的希望完全破灭后，总委员会于 1872 年 5 月宣布，以第一支部为核心的委员会为国际在美国的唯一领导机关。两个月后，第一委员会在纽约召开北美联合会的代表大会。第二委员会也几乎同时召开了分裂的代表大会，成立了国际工人协会美国联合会。第一国际在美国的组织正式分裂。

1873 年经济危机爆发后，北美联合会成为工人运动的组织核心，领导了失业工人的斗争，发动了 1874 年 1 月的纽约汤普金斯广场示威游行。同年 4 月，北美联合会在费城召开了第二次代表大会，拉萨尔派不同意大会关于政治行动的决议，并脱离了联合会，5 月成立了北美社会民主党（Social Democratic Party of North Ameri-

---

① 详情请参见张友伦《第一国际美国各支部的建立和分裂》，《国际共运史研究资料》1985 年第 3 辑，第 71—73 页。

ca）。发生严重分裂以后，北美联合会进一步衰落了。1875年2月，支部总数减少到18个，其中5个名存实亡，其他13个支部共有会员231人，几乎所有会员都不是土生美国人。①

从整个欧洲的情况看，此时由于无政府主义在欧洲一些国家如西班牙、意大利和比利时等地取得了支配性地位，第一国际内部分歧不断加剧。纽约总委员会虽然维持着形式上的运转，但脱离了欧洲革命的中心，已经失去了对整个国际工人运动的领导作用。加之总委员会领导层出现矛盾，左尔格辞去总书记职务。1876年7月18日，总委员会在费城召开会议，第一国际宣告解散。19世纪80年代，左尔格依然坚持开展活动，但是并没有赢得大量支持者。此后，他埋头写作工人运动史，逐渐淡出了美国社会主义运动的舞台。

第一国际美国支部虽然对社会主义传播起了重要作用，但是未能获得很大的成就。其中原因主要有：一是缺乏强大的工人运动基础。虽然第一国际努力同全国劳工联合会加强联系，但是直至后者瓦解也未能加入国际，因此第一国际在美国的活动未能获得工会运动的有力支持。二是美国支部及其后继者存在宗派主义，严重脱离了土生美国工人的活动。它的活动从一开始就局限于外国移民工人当中，它的领导人都不是美国土生土长的，它的中央机构一直没有一份英文机关报，后期连一个能用英语开展活动的支部都没有。三是社会改良的思想在组织内部连绵不绝，导致组织不断分裂。如果没有强有力的集中，就无力同日益集中化的大公司作斗争。而实际上有些支部不太尊重北美联合会委员会的领导，更倾向于自治原则，强调支部和成员要有最大的自由。一言以蔽之，第一国际在美国的活动没能成功实现美国化。

二　社会主义劳工党时期

1876年第一国际解散以后，北美联合会、北美社会民主党和

---

① 陆镜生：《美国社会主义运动史》，第123页。

伊利诺斯州工人党联合成立美国工人党（Workingmen's Party of the United States）。这个党只存续了一年多一点时间，从 1876 年 7 月到 1877 年 12 月。该党的党纲明确反映了马克思主义思想的主导地位，美国著名劳工史专家菲利普·方纳（Philip S. Foner）将其称为"美洲第一个马克思主义政党"，并认为，"在它短暂的存在过程中，它做出了几项重要贡献"[①]。它在美国历史上第一次招募、宣传并提名了第一位黑人社会主义者。在 1877 年 7 月美国历史上第一次全国性的罢工中，该党发挥了重要的作用。它还对现代美国劳工运动的建立和形成做出了重大贡献。

由于在工会和政治行动问题上的分歧，美国工人党内部形成了三派：马克思主义派、拉萨尔派和芝加哥集团。随着 1877 年大罢工的失败，拉萨尔派在该党内逐渐占据优势。拉萨尔派主张采取政治行动，依靠选票箱来解决工人的问题，他们得到了土生美国人党员的支持，因为后者对美国民主制抱有很大信心。党内还在是否同绿背纸币党联合的问题上产生分歧，裂痕越来越大。1877 年，美国工人党改名为社会主义劳工党（Socialist Labor Party）。原来的纲领被修改，妨碍立即进行政治行动的内容一概删除，党的指导原则变成了"科学是兵工厂，理性是武器，选票是弹药"[②]。1879 年之后经济进入繁荣期，劳工党的选票迅速下降，党员人数锐减，一些党的领袖人物出现了悲观失望的情绪。

1880 年劳工党内出现分裂，其中一派主张放弃选举、工会组织和经济斗争，转而进行武装斗争，这部分人就成为美国无政府主义思潮的开端。这种思潮的蔓延有其国际背景，无政府主义者大都是因受本国政府迫害而来到美国的移民，往往处于绝望的心理状

[①]　Philip S. Foner, *The Workingmen's Party of the United States：A History of the First Marxist Party in the Americas*, Minneapolis：MEP Publications, 1984, p. 7.

[②]　Philip S. Foner, *The Workingmen's Party of the United States：A History of the First Marxist Party in the Americas*, p. 104.

态，容易以暴力和恐怖手段来解决冲突。① 尽管为数不少的无政府主义者相对而言倾向和平，以实现新社会秩序为目标，但是，从1886 年的秣市暴动以后，无政府主义对于中产阶级来说一直是恐怖主义的代名词，人们对于激进无政府主义的原则和方法颇为不满。因此，无政府主义作为一种思潮在美国渐渐失去了市场，在麦金莱总统遇刺以前就已经开始衰退了。

19 世纪 80 年代以后，社会主义劳工党虽然积极参与了许多行业工会和城市中央工会的组织建立过程，但是始终没能对当时的主要工会组织劳动骑士团和劳工联合会产生多少影响，甚至与劳联上层产生越来越多的矛盾。劳动骑士团成立于 1869 年，起初是一个秘密的小型互助社团，直到 1881 年才公开活动。骑士团对所有工人开放，不分肤色、种族、行业、有技术或无技术的工人均可加入，大多数成员都是土生土长的美国人。骑士团不赞同罢工，不主张阶级斗争，然而在 1885—1886 年间取得几次罢工胜利之后，声望大增，开始迅速发展。在 1886 年的鼎盛时期，骑士团声称有703000 名成员（前一年为 104000 名）。② 1886 年秣市事件之后，劳动骑士团一蹶不振，逐渐失去了影响力。

在劳动骑士团走向衰落之时，另一个工会组织却日渐崛起，它就是美国劳工联合会（American Federation of Labor）。劳联成立于1886 年，在随后的半个世纪中对美国工人运动具有重大影响。它的创立者塞缪尔·龚帕斯（Samuel Gompers）担任劳联主席长达约四十年之久，为劳联烙上了重重的个人印记。龚帕斯是生于伦敦的犹太人，童年时移居美国，在长期的工会运动实践中逐渐走到了历史的前台。历史学家认为，塞缪尔·龚帕斯所坚持的 "纯粹而简单" 的工会主义并没有什么激进之处。③ 他认为，工人应该接受现

---

① 参见刘绪贻、杨生茂总主编《美国通史》第 3 卷，第 260 页。

② Robin Archer, *Why is there no labor party in the United States?*, Princeton：Princeton University Press，2007，p. 14.

③ Stuart Bruce Kaufman, *Samuel Gompers and the origins of the American Federation of Labor, 1848-1896*, Westport：Greenwood Press，1973，p. xi.

行经济体系，在这个体系内以改善自身经济状况为目的，以渐进为手段，为缩减工时和提高工资这样的短期内可望实现的目标而斗争。因此，劳联放弃了代表一切工人的观点，主张按行业组织熟练工人工会，而将非技术工人拒之门外。它注重争取工人的实际利益，虽然采取罢工和联合抵制这类传统工运武器进行斗争，但是提倡阶级合作，经常与政府配合。劳联反对另建劳工政党，只要有利于自己，随时选择同盟，从不考虑党派招牌，因为这样才能更有获胜的可能，不会因为对任何一个政党效忠而造成组织分裂。

在 19 世纪的最后十年间，丹尼尔·德里昂（Daniel De Leon）是美国社会主义运动中的重要人物。美国历史学家甚至认为，德里昂可以说是"塑造了美国 1890 年代社会主义发展道路最重要的人"①。他于 1874 年移民美国，出身社会上层，曾是哥伦比亚大学的国际法讲师，深受马克思主义影响。1890 年，德里昂加入了内部分裂后不久的社会主义劳工党，担任该党机关报《人民报》主编，并很快就成为党内领袖。他具有雄辩的口才和坚毅的性格，是劳工党内的理论家和政策制定者。他主张联合所有工人，反对阶级合作，反对改良主义，毫不妥协地反对资本主义，从组织上加强党的纪律和集中，他还用英语宣传马克思主义，试图唤起工人的阶级意识。在德里昂的领导下，社会主义劳工党回到了公开的马克思主义立场，并在 1890 年左右达到了顶峰。德里昂对劳工党的改造标志着拉萨尔主义影响状况的转变。

很明显，劳联与社会主义劳工党的路线很难合拍，产生冲突也就在所难免了。在 1890 年劳联代表大会上，劳联与劳工党公开决裂。在这种情况下，德里昂放弃了继续争取劳联，转而争取已经走向衰落的劳动骑士团，无奈效果不佳。到 1895 年，劳动骑士团与劳工党也渐行渐远。美国历史学家评论道："德里昂和他的同志们

---

① Howard H. Quint, *The Forging of American Socialism*：*Origins of Modern Movement*，Columbia：University of South Carolina Press，1953，p. 142.

没有意识到的是，普通的美国工薪阶层不能仅仅依靠千禧年的希望生活，即使他可能对合作共同体表示同情。革命并不会立刻到来，与此同时，工人们要求缩短工作时间，提高工资，改善工作条件，而德莱昂对这些工会目标几乎不屑一顾。"①

由于"打入内部"的策略失败，德里昂又推行"双重工会"（dual-unionism）政策，即劳工党从劳联组织中退出，在各工业部门重新组织与劳联对立的工会。这种政策企图从外部同劳联进行斗争，但是实际上使劳工党与工人运动日益脱节。不仅如此，社会主义劳工党对平民党运动没有采取统一战线的方针，没能争取这股反对垄断资本主义的重要力量。尽管社会主义劳工党的一些支部与平民党进行了短暂的联合，可是劳工党的全国领导却对平民党运动持反对的态度。1893 年，社会主义劳工党甚至修改党章，禁止与平民党合作，德里昂更是直接将平民党运动斥之为"骗子运动"。事实上，平民党 1892 年奥马哈大会上提出的纲领中就包括一些工人的诉求，纽约城和纽约州的平民党还提出了社会主义的口号。平民党运动衰落以后，其左翼中许多人后来加入了社会党。

德里昂成为社会主义劳工党的主要领导人以后，他所推行的党与工会关系的一系列政策和举措引起党内斗争迭起，内讧不断，导致劳工党此后又发生两次重大分裂。第一次发生于 1895 年，纽约城的犹太人党员因反对双重工会政策退出社会主义劳工党。第二次是 1899 年以希尔奎特为首的反对派同样因为反对双重工会政策，与劳工党的全国执行委员会决裂，甚至另立中央。两个社会主义劳工党，都声称自己是久经考验的真正的马克思主义者，于是出现了两套领导机构，甚至连党的机关报《人民》周报（Volkszeitung）都出现了两个版本。② 两派争持不下，只好诉诸法院，法庭判决德

---

① Howard H. Quint, *The Forging of American Socialism: Origins of Mordern Movement*, 1953, p. 152.

② Howard H. Quint, *The Forging of American Socialism: Origins of Mordern Movement*, 1953, p. 337.

里昂派的全国执行委员会为唯一合法，希尔奎特派便与社会民主党合并。德里昂派不仅继续坚持双重工会政策，而且又规定党员不得在单纯工会或劳工组织中任职，删除了纲领中的当前要求。

这一系列措施使得社会主义劳工党既孤立于美国工会运动之外，又脱离了工人群众，劳工党终于无可挽回地走向了衰落。需要指出，社会主义劳工党的党员主要是德国移民，土生美国人极少，力量主要集中在纽约，只有个别党员会说英语，而且党内存在宗派主义倾向。1890 年之前党员人数只有大约 1500 人，到 1898 年增至约 6000 人，而到 1905 年只剩下 1400 名，所以没能在美国工人当中产生多大影响。①

1898 年，另一个社会主义政党社会民主党（Social Democratic Party）在尤金·维·德布斯（Eugene Victor Debs）和维克托·伯杰（Victor Berger）的共同领导下成立。德布斯这样的美国出生的社会主义者，尽管深受马克思主义影响，与丹尼尔·德里昂这样的移民社会主义者并不一样。他们认为，革命的马克思主义过于激进，而对选举政治抱有信心。毫不意外，原劳工党中的大多数拉萨尔主义者迅速转而效忠于新成立的社会民主党。社会民主党是1901 年成立的美国社会党的前身。

马克思和恩格斯一直把美国社会主义视为国际社会主义工人运动的重要组成部分。对于这一阶段德国移民在美国开展的工作，马克思和恩格斯一直密切关注。在他们晚年的著作中和与美国人的通信中，经常出现相关讨论。尽管他们对美国工人运动所取得的成绩异常欣喜，但是对德国移民的工作基本上持批评态度。例如，恩格斯 1886 年 11 月在写给左尔格的信中，对美国工人运动大加赞赏，"美国的运动正处于我们在 1848 年以前所处的那种阶段上……不同的是，在美国，这一切目前将进展得无比迅速；运动开展不过八个

---

① 陆镜生：《美国社会主义运动史》，第 292—293 页。

月，就能在选举中取得那样的成绩，这简直是闻所未闻的"①。在同一封信中，他却对德国移民如此评论："德国人一点不懂得把他们的理论变成推动美国群众的杠杆；他们大部分连自己也不懂得这种理论，而用学理主义和教条主义的态度去对待它，认为只要把它背得烂熟，就足以满足一切需要。对他们来说，这是教条，而不是行动的指南。此外，他们原则上是不学英语的。"② 一个月后，恩格斯在给威士涅威茨基夫人的信中，语气似乎更为严厉："那里的许多德国人犯了一个严重的错误，他们在面临一个强大而出色的、但不是由他们自己创造出来的运动时，竟企图把他们那一套从外国输入的、常常是没有弄懂的理论变成一种'唯一能救世的教条'，并且同任何不接受这种教条的运动保持遥远的距离。"③ 为什么会这样呢？

根据恩格斯写于 1887 年的《美国工人运动》一文中的分析，美国工人运动当时主要有三大派别：第一，亨利·乔治（Henry George）领导的"单一税"运动；第二，劳动骑士团；第三，社会主义劳工党。恩格斯指出，亨利·乔治要求的是不触动现在的社会生产方式，实质上与李嘉图学派中的极端派观点一致。劳动骑士团是美国工人阶级所创立的第一个全国性的组织，当然也是最强有力的，但却不是社会主义性质的，只是为实现共同的愿望而联合起来。劳动骑士团起初没有明确的纲领，后来转向了平民党的改良主义纲领。最后一个社会主义劳工党是"完全站在我们立场上的、美国唯一的工人组织"④，却几乎全是使用本国语言的德国移民，大多数人都不太懂当地通用的语言，而且还是美国工人运动中的少数。由此可见，美国工人运动的主体是非马克思主义的，大部分还未接受社会主义思想，更不要说站在科学社会主义立场上。可想而

① 《马克思恩格斯选集》第 4 卷，第 584 页。
② 《马克思恩格斯选集》第 4 卷，第 583 页。
③ 《马克思恩格斯选集》第 4 卷，第 586 页。
④ 《马克思恩格斯给美国人的信》，人民出版社 1958 年版，第 210 页。

知，恩格斯对于工人运动发展的必然性是坚信不疑的。所以，他才
不断流露出对德国移民的失望情绪。

当然，恩格斯在思考美国问题的时候，也多次提到美国人轻理
论而重实践的特点。1886 年，恩格斯在给左尔格的信中提到："美
国人由于各种显而易见的历史原因在所有理论问题上都远远落后，
他们虽然没有接受欧洲中世纪的制度，但是接受了大量中世纪的传
统、宗教、英国的普通（封建）法、迷信、降神术，总之，接受
了过去对做生意并不直接有害而现在对愚化群众则非常有用的各种
荒唐的东西。"① 同年在给威士涅威茨基夫人的信中又提到："特别
是对于像美国人这样一个如此重视实践而轻视理论的民族来说，别
的道路是没有的。……希望美国人一开始行动就完全了解在比较老
的工业国家里制定出来的理论，那是可望而不可即的。"② 1888 年
8 月，恩格斯赴美国和加拿大实地考察一个月后，在回国途中写
道："每一个新的改进方案，会纯粹从它的实际利益出发马上进行
实验，这个方案一旦被认为是好的，差不多第二天就会立即付诸实
行。在美国，一切都应该是新的，一切都应该是合理的，一切都应
该是实际的，因此，一切都跟我们不同。"③ 这段描述很容易让我
们回想起空想社会主义的社区实验，情况的确如此。

如果说经历过空想社会主义实验的失败，当时的美国人对社会
主义已经变得灰心失望，显然并不符合事实。最典型的证据是，
1888 年爱德华·贝拉米（Edward Bellamy）的小说《回顾》出版
后美国人的反应。在小说中，一位波士顿青年从 1887 年沉睡到了
2000 年，醒来后他发现，理想的社会主义已经在美国建立。该书
一经出版，立刻风靡全美，随后轰动欧洲。这部乌托邦小说令贝拉
米蜚声世界，更对美国社会产生过巨大影响。重点在于，这部小说
主张通过和平改革的方式实现社会主义而不是其他道路。改进后的

① 《马克思恩格斯选集》第 4 卷，第 584—585 页。
② 《马克思恩格斯选集》第 4 卷，第 586 页。
③ 《马克思恩格斯全集》第 21 卷，人民出版社 1965 年版，第 534 页。

拉萨尔主义也出现在爱德华·贝拉米的小说中。

由此可见,在这一时期的美国社会主义中,和平改良仍然占据着主导地位。大多美国人并非一概反对社会主义,相当多的人只是不能接受暴力革命的方式。有必要指出的是,在资本主义向社会主义转变方式的问题上,马克思主义并不一律主张暴力革命。对于这一点,马克思在 1872 年 9 月阿姆斯特丹群众大会上的演说中做了清楚的阐述:"工人总有一天必须夺取政权……但是,我从来没有断言,为了达到这一目的,到处都应该采取同样的手段。我们知道,必须考虑到各国的制度、风俗和传统;我们也不否认,有些国家,像美国、英国——如果我对你们的制度有更好的了解,也许还可以加上荷兰——工人可能用和平手段达到自己的目的。但是,即使如此,我们也必须承认,在大陆上的大多数国家中,暴力应当是我们革命的杠杆;为了最终地建立劳动的统治,总有一天正是必须采取暴力。"① 然而,当时德国移民所宣传的社会主义理论,正是强调仅仅通过暴力革命推翻资产阶级统治的版本。明白马克思主义在这个问题上的基本立场,就能理解恩格斯晚年为何屡屡批评德国移民在美国社会主义运动中的教条主义,也就能理解为什么科学社会主义较早进入美国却未能获得成功。

三 美国社会党时期

1901 年,由尤金·德布斯(Eugene V. Debs)领导的社会民主党和莫里斯·希尔奎特(Morris Hillquit)为首的社会主义劳工党合并组成社会党(Socialist Party),党员人数将近一万,成为美国最大的左派组织。这个党以德国社会民主党为榜样,借鉴卡尔·马克思的理论,但往往更多地借鉴德国社会民主党的创始人费迪南德·拉萨尔。②

① 《马克思恩格斯全集》第 18 卷,人民出版社 1964 年版,第 179 页。

② Jack Ross, *The Socialist Party of America: A Complete History*, Nebraska: Potomac Book, 2015, p. xvii.

社会党成立之后，发展速度很快。在社会党的成立大会上，参会的多数代表是年轻人，并且至少五分之四的代表是土生美国人。其缴费党员人数 1904 年为 20763 人，1908 年为 41751 人，1911 年为 84716 人，到 1912 年时，达到了历史最高的 118045 人。[①] 1907年，社会党已在 39 个州设立了组织机构，翌年，其成员增加到40000 名，地方组织达 3000 个，其机关刊物《诉诸理性》发行量达 350000 份。而且，在社会党党员中，土生美国人已达到 70%。[②]这表明美国社会主义运动已经从原来的限于移民转入本土美国人之中。

在一战前，社会党赢得了越来越多的支持。从 1902 年到 1912年，美国社会主义运动迎来了它的"黄金时代"。[③] 德布斯成为美国最著名的社会主义领袖，曾多次参加总统竞选。在 1900 年的大选中，德布斯仅获得了不到 10 万张选票，而在 1912 年的大选中获得了将近百万张选票，占选票总数的 6%。此外，两名社会党人成为美国国会议员，56 人当选市长，在 17 个州立法机构中获得了 33个席位，近千名社会党候选人赢得了市政议会选举的胜利。[④] 社会党赢得了城市移民群体的广泛支持，其中主要是德国人和犹太人，还吸引了南方和西部的许多新教农民。社会党 1913 年出版的报纸有 323 种，总发行量达 200 万份。[⑤] 因此，许多历史学家将 1912 年前后视为美国社会主义运动的顶峰，这种盛况可谓空前，在以后的美国历史上也再未重现。

然而，宗派主义一直是世界社会主义运动的痼疾。彼时的欧洲

[①] Jack Ross, *The Socialist Party of America*：*A Complete History*，p. 142.

[②] William L. Oneill, *The Progressive Years*：*America Comes of Age*，New York：New York University Press，1975，p. 65.

[③] Daniel Bell, *Marxian Socialism in the United States*，Princeton：Princeton University Press，1967，p. 55.

[④] ［美］凯伦·帕斯托雷洛：《进步派：行动主义和美国社会改革，1893—1917》，张慧娟译，社会科学文献出版社 2022 年版，第 126 页。

[⑤] ［美］迈克尔·埃默里等：《美国新闻史：大众传播媒介解释史》，展江、殷文主译，新华出版社 2001 年版，第 247 页。

社会主义政党内部大致都先后出现了左、中、右三派，美国社会党也不例外。社会党成立之初，党内就在进行改革还是进行革命等问题上产生分歧，形成了左、中、右三派。社会党领袖是尤金·德布斯，其中左派的主要领导人是路易斯·弗莱纳（Louis C. Fraina），中派的主要领导人是莫里斯·希尔奎特，而右派的主要领导人是维克托·伯杰。

三派之间争吵不断，革命还是改良、战争还是和平、对工会政策和对中产阶级的态度等，都会成为党内斗争的导火索。左派和中派都认为，当有组织的工人阶级在竞选中获胜而获得政府的控制权时，就能实现社会主义了，因此革命并不一定意味着暴力和流血。两派只是在对待中产阶级的态度等问题上存在相反的观点。右派的维克托·伯杰素有"美国的伯恩施坦"之称，他主张在资本主义制度下进行社会主义改良，这些改良会把美国社会逐渐引向社会主义。他认为，如果通过暴力革命实现社会主义，将会是大灾难，只会导致"凯撒的专政"。有时，同一个词在不同派别那里意味着不同的事情。例如"革命"这个词，对于右派仅仅意味着社会制度发生深刻的、根本性的改变，与渐进的改革并不矛盾，而对于左派则意味着夺取政权的方式和结果。[①] 后来，由于中派和右派的立场比较接近，中派很快就接受了右派的绝大部分观点，只在某些枝节问题上存在不同意见，在党内斗争中常常共同进退，所以两派几乎合流了。

今天看来，社会党总体上是一个改良主义的党，党内三派都在一定程度上接受了改良主义的思想，差别只是多少不同而已。1905年，世界产业工人联合会成立，右派、中派同左派在对待这个产业工会组织的态度上产生分歧，从而进一步加剧了党内斗争。1908年社会党代表大会之后，右派和中派基本控制了党内的领导权。党内矛盾终于在 1912 年因为罢免威廉·海伍德党内职务一事而爆发，

---

① Theodore Draper, *The Roots of American Communism*, pp. 27-28.

数千党员陆续退党，社会党发生第一次分裂。

第一次世界大战爆发后，美国社会党内部在战争的问题上发生了分歧。一些党员公开支持协约国，而另一些则支持德国。尽管一些著名的党员如厄普顿·辛克莱、杰克·伦敦、查尔斯·爱德华·罗素等都支持战争，还有个别人如约翰·斯帕戈走到另一个极端，不过大部分社会党党员坚持反战，社会党全国执行委员会一再发表宣言，重申党的"反战立场不变"。美国参战以后，民众的爱国热情高涨，一些坚决支持参战的党员退出了社会党，另外一些党员的反战立场有所后退。1918 年，由于德国发动了对苏俄的进攻，多数社会党人改变了反战立场。但是，美国政府已经开始了对社会党和反战人士的镇压。

众所周知，美国是一个移民国家，在一战前 25 年间大部分到达美国的移民分别来自各参战国。很多美国人相信，新移民仍对母国怀有相当的忠诚，因此终日惶恐，担心来自内部的威胁。1917 年 6 月国会通过了《惩治间谍活动法》，表面上看该法案旨在打击间谍活动，但是它规定对故意编造谣言帮助敌人、煽动武装部队叛乱或企图妨碍征兵和征兵工作的人，可以判处最高 20 年监禁或 1 万美元罚款，并授权邮政总长可以拒绝收寄任何具有煽动性的邮件。随后不久，《美国社会党人》被禁止邮寄，另两份社会党的主要刊物《群众》和《密尔沃基导报》被直接禁止。接着，世界产联的办事处遭到袭击，工会领导人被逮捕，其他约 100 人受到审讯、判刑和监禁。1918 年 5 月，国会通过了《惩治叛乱法》，进一步扩大镇压的力度和范围。在千余起根据这两部法律而提出的公诉案中，最著名的要数德布斯和伯杰的案件。德布斯由于发表了一篇反战演说，被判处 10 年监禁。伯杰是在报上发表社论，认为参战是资本家的阴谋诡计，于是也遭到 20 年监禁的处罚。伯杰还被两度选为国会议员，可是国会拒绝承认选举结果。这段时期，许多党员被审讯和判刑，包括社会党总书记申克，社会党全国总部遭到洗劫，地方党组织总部也被不同程度袭击或破坏。另外，社会党的反战让公众把社会党人与叛国者联系起来，严重损害了它的形象。总而言之，一战期间的镇压使社会党遭到了比较沉重的打击与破坏。但镇压并没有摧毁社会党，使社会党衰落的直接原因是党内的分裂行动。

1917年1月，大约20位社会党左派在纽约布鲁克林区开会，目的是讨论出一个左派行动纲领，以便将美国社会主义运动中的激进力量组织起来。因为此时的左派虚弱而混乱，基本没有能力组织有效的行动。① 参加会议的除了美国左派弗莱纳等人，还有俄国流亡人士托洛茨基、布哈林以及日本移民片山潜等人。会议上，托洛茨基和布哈林展开了漫长而激烈的争论。布哈林主张左派从社会党中分裂出来，另外组建政党。托洛茨基坚持让左派留在社会党内，并创办独立的机关报，以宣传左派立场。这场争论最后以托洛茨基在投票中胜出而告终。

俄国十月革命的胜利极大地鼓舞了世界各国的共产主义者。特别是1919年3月第三国际成立后，共产主义风暴开始在欧洲许多国家蔓延。一些欧洲国家如匈牙利、奥地利、保加利亚、德国和意大利等先后爆发了革命，这场风暴自然也波及美国，直接或间接地引起了各种反应。社会党的力量迅速壮大，社会党左派更是增强了信心。紧随其后，美国工人运动也呈现上升态势。美国历史学家指出，1919年是美国历史上罢工人数最多的一年，共有超过400万工人参加了3600起罢工。② 在有些罢工和示威过程中，工人们还一度喊出了建立苏维埃共和国的口号。没有直接的证据表明这些罢工由社会主义者发动，但是企业主们却寝食难安，大造舆论，认定工人罢工意味着革命的威胁。几起重要的罢工严重威胁到当地的秩序，包括西雅图造船工人罢工、劳伦斯纺织工人罢工、波士顿警察

① Theodore Draper, *The Roots of American Communism*, New Brunswick: Transaction Publishers, 2003, p. 81.
② ［美］沃尔特·拉菲伯等：《美国世纪：一个超级大国的崛起与兴盛》，黄磷译，海南出版社2008年版，第108页。

罢工等。

不过，十月革命对美国社会主义运动的影响并不都是积极的，正是它引发了社会党内部的严重分裂。工人运动的高涨让左派相信美国资本主义已濒临崩溃边缘、整个国家正处于革命的前夜，主张按照暴力革命路线改造社会党。右派则完全不同意左派的判断，两派因此争执不下。美国历史学家认为："引发左派和右派分裂的不在于是否支持革命，而在于这次革命是一场发生于值得团结的遥远国度的民主革命，还是一场美国工人应该效仿的工人阶级夺权行动。"①

从 1919 年春季开始，党内越来越多的地方组织表态支持左派路线。就连左派要求社会党退出第二国际加入第三国际的动议，也在党内投票中以压倒性的优势获得通过。在这种明显有利的态势下，左派开启夺取党内领导权的行动，而右派和中派也采取措施针锋相对。在 3 月举行的新一届全国执行委员会选举中，左派赢得了总共 15 个席位中的 12 席。右派不愿接受选举结果，提出疑问和谴责。左派只好寻求德高望重的领袖德布斯的支持，但他拒绝在内部斗争中表态："我对派系斗争毫无兴趣，不想把精力消耗在这上面……我只能与资本家斗争，而不是自己的同志。"② 而且 4 月以后，他就进了监狱服刑。

关键时刻，希尔奎特在报纸上发表文章，直截了当地主张进行党内清洗，他写道："两个内部一致而和谐的社会主义小党，要比一个泥足巨人一般被内部纷争撕裂的虚弱大党好上一百倍。行动的时刻即将来临，让我们清除障碍吧！"③ 他的文章面世三天后的 5 月 24 日，在社会党全国执行委员会上，右派首先将追随左派的密

---

① Jacob A. Zumoff, *The Communist International and US Communism*, *1919-1929*, Leiden：Koninklijke Brill, 2014, p. 34.

② Jacob A. Zumoff, *The Communist International and US Communism*, *1919-1929*, p. 36.

③ Theodore Draper, *The Roots of American Communism*, pp. 157-158.

歇根社会党整个驱逐出党，随后清除了七个左派外语联盟，共计
26000 多名党员遭到清洗。① 此外，委员会还决定 8 月 30 日在芝加
哥召开一次全国紧急会议，重新举行选举。由此可见，此时美国社
会党实际上仍然掌控在右派手中，十月革命并没有真正改变社会党
领导层的力量对比。

1919 年 6 月 21 日，社会党左派全国代表大会在纽约召开，来
自 20 个州的 94 名代表齐聚一堂。实际上，这次大会是未来大部分
美共领导人的第一次集体亮相。在立即成立共产党还是夺取社会党
的领导权问题上，参会代表产生分歧。多数代表否决了前者，而支
持后者。支持前者的外语联盟和密歇根集团等大约 1/3 的代表退出
了大会。留下的大约 2/3 继续开会，并最终决定：如果老社会党的
全国紧急会议如期举行，左派将努力赢得控制权，将其改造为共产
主义政党；如果大会未能举行，或左派未能获胜，那么就将于 9 月
1 日在芝加哥举行自己的大会，以组建真正纯粹的共产党。也就是
说，无论结果如何都将诞生一个共产党。

8 月 30 日，社会党全国紧急会议在芝加哥机械工人大厦如期
举行。然而，右派控制的资格审查委员会拒绝那些留在社会党内的
左派代表出席会议。左派打算强行参会，但是，他们的行动计划提
前泄露了。右派做好了准备，并叫来警察，将左派驱赶出会场。此
时即使党内仍有与左派保持一致的代表，也已是少数派，紧急会议
以右派胜利告终。清除了"障碍"的美国社会党并没有走向兴盛，
在组织上的一系列大分裂之后，从此一路衰落下去。党员人数从
1919 年 1 月的 109589 人锐减到 7 月的 39750 人。② 希尔奎特得偿
所愿，他收获了一个人数足够少的社会党，只是后来的历史表明，
小社会党远非他所期望的那么"一致而和谐"。

8 月 31 日傍晚，被禁止参会的来自 21 个州的 82 名左派代表

---

① Theodore Draper, *The Roots of American Communism*, p. 158.

② Guenter Lewy, *The Cause that Failed: Communism in American Political Life*,
Oxford: Oxford University Press, 1990, p. 5.

回到机械工人大厦，这些人原来主张留在社会党内继续斗争。代表们在约翰·里德（John Reed）和本杰明·基特洛（Benjamin Gitlow）等人的领导下，模仿布尔什维克党成立了美国共产主义劳工党，总部设在克利夫兰市克拉克大街 3207 号。阿尔弗雷德·瓦根克内希特（Alfred Wagenknecht）当选为执行书记。不过，新党的名字直到 9 月 2 日才最终确定下来。

9 月 1 日正午，密歇根社会党和外语联盟共 128 名代表齐聚俄语联盟的总部（代表们称之为"斯莫尔尼宫"），这些人原本支持立即脱离社会党。他们在查尔斯·鲁登堡（Charles E. Ruthenberg）等人领导下，成立了美国共产党，总部设在芝加哥蓝岛大街 1219 号，机关报为《共产党人》。鲁登堡担任全国书记，弗莱纳任国际书记和党报主编。两党都坚持马克思列宁主义，忠于俄国十月革命精神，接受共产国际的领导。回头来看，正是十月革命引发了社会党内的致命分裂。比较 1917 年年初社会党左派会议中托洛茨基的主张与十月革命后的事态发展，这一点就变得更为明显。正如美共主席鲁登堡后来所说："正是十月革命创建了美国共产主义运动。"①

四　美国社会党为何衰落

美国史学界的不同学派对于社会党衰落的原因说法众多，② 这里并不准备逐一介绍。如果这样做的话，势必陷入大量的细节争论之中。这些争议在很大程度上源于看待问题的角度有所不同，而不是源于史实，因为有关这一段历史的基本事实是清楚的。因此，下文根据这些基本事实并针对一些重要的观点展开讨论。

虽然组织分裂直接导致了美国社会党的衰落，但是这只是表面现象和事态演变的结果。事实上，美国同时期发生重大分裂的不只

---

① Theodore Draper, *The Roots of American Communism*, p. 97.
② 具体的纷争过程，可参阅陆镜生《美国社会主义运动史》，第 403—424 页。

是社会主义政党，比如 1884 年共和党内的反叛运动就在美国政治生活中掀起了轩然大波；1893 年危机中，克利夫兰的极端政策使民主党内久已存在的分歧演变成了公开的分裂；1910 年共和党内"造反派"与塔夫脱总统的不和，酿成了中期选举时惨败的后果。由此看来，社会党分裂的原因潜藏在更深层次的社会政治、经济、文化结构演变之中。我们的任务正是要探究现象背后隐藏的规律，只有这样才能解决现实发展与理论预期之间的背离，才能回答桑巴特的诘问，否则只会离问题的实质越来越远。

社会党组织分裂的根源其实早已埋下。美国社会主义运动起步较晚，在经验和思想方面缺乏欧洲那种长期自然积累的过程。然而，由于大批欧洲移民的到来，以及国际经济关系的日益紧密，美国的运动却直接继承了欧洲那些花样繁多的社会主义思想流派。美国社会党成立以后，一直向各种自称为社会主义者的集团和个人敞开大门。因此，这个阵营的成分极其复杂，从极端激进主义者、女权主义者，到基督教社会主义者。党内出现了各种色彩的政治派别，对社会主义的理解也各式各样。社会党的组织结构比较松弛，党章规定各个州的党组织实行自治，这样就削弱了中央机关的控制。每一个州的党组织各行其是，中央很少甚至根本不发出什么指示（只有在要打击左翼势力的时候，才有例外），全国性的党纪几乎等于零。① 党的全国性出版物都由私人经办，各自按照自己的理解解释社会主义。1904 年社会党通过的新纲领宣称，要维护美国建国时所阐明的自由和人民主权思想，保证每个人的思想自由和行动自由。在这种情况下，社会党就像一个社会主义超级市场，各个派别的意见分歧与内部冲突从一开始就展现无遗。从另一个角度来看，这种思想混乱和组织松散恰恰反映了社会由传统进入现代的一个基本特征，即社会结构的复杂化和社会观

————————
① ［美］威廉·福斯特：《美国共产党史》，梅豪士译，世界知识出版社 1957 年版，第 104 页。

念的多元化。

　　有论者指出，美国社会主义运动的失败是由于指导思想的错误。这种观点不能说完全没有道理，但是却脱离了美国的实际情况。美国社会基本上是一个"观点的自由市场"，各种思想和学说层出不穷，一种外来的新思想要想取得越来越多的认同，必须经得起实践检验。所以，要想轻易地改变美国公众的观念，并实现最大限度的思想统一，几乎是不可能的。在这方面，社会主义劳工党的德里昂就是很好的例证。他强调党内的纪律和党内的统一，可是过分集中的政策却引发了党内的严重不满，最终也难以为继。而且，任何社会运动的成功都是一个复杂的社会过程，同样的指导思想在不同的国家里取得成功和失败的例子都存在。在社会运动开始之初，对于任何思想都很难判定是正确还是错误，所谓正确或错误的指导思想只是运动尘埃落定人们盖棺论定罢了。纵观人类历史，指导思想正确但是运动失败，或者指导思想错误然而运动却最终成功的例子也是存在的。另外，即使是对同一个指导思想，不同的人由于具体条件的差异也会产生各种理解。社会党的左翼领导人德布斯是在狱中读了《共产党宣言》才成为社会主义者的，受马克思主义的影响很大，但是传统上他不被认为是马克思主义者，理由是他对美国民主制仍有信心，坚持走和平过渡的道路。[①] 中派领导人希尔奎特是考茨基的信徒，最后也走上了改良主义的道路。右翼领导人伯杰更是公开支持伯恩施坦主义。总之，这种争论指导思想对错的做法，只会纠缠在意识形态纷争之中，对考察社会党衰落的原因没有实际意义。

　　社会党内部思想很难统一，却能够将想法各异的人们联合起来，完全是当时的社会历史条件决定的。进步时代初期，人们对大公司的肆意妄为普遍不满，对各种社会问题忧心忡忡，希望找到表达抗议和获得保障的途径。新成立的社会党满足了这种需求，提供

――――――――――

　　① 参见陆镜生《美国社会主义运动史》，第 324 页。

了抗争的舞台。再者，由于传统社会结构的解体，出现了社会阶层的多元分化，人们实际上已经形成了各种利益群体。社会党内五花八门的利益集团整体上看似乎都对资本主义的旧秩序不满，然而各个派别与集团的具体利益诉求并不完全一致。比如党内的前平民主义者更关注农民问题，妇女社会主义者更关注女权运动的发展，而对于基督教社会主义者，社会主义意味着上帝允诺的实现。这些不同背景的社会主义者汇聚到社会党的大旗下，很多情况下社会主义只是他们实现自身目标的一条可能途径。当妇女选举权运动的领袖苏珊·安东尼（Susan B. Anthony）在听德布斯的演讲时，曾经简短地交换过意见。她大笑着说："给我们选举权，我们就会给你社会主义。"德布斯回敬道："给我们社会主义，我们就会给你选举权。"① 当他们存在共同的目标时，往往会团结起来，结成暂时的联盟；而当他们的目标不一致时，分道扬镳就是很自然的事情。

随着进步主义改革在社会各个层面逐步展开，原来维持社会党内联合的基础遭到削弱甚至完全消失，有一种"釜底抽薪"的负面效果。进步主义者要求政府运用立法手段来消除贫困的根源，规定最低生活标准，提供社会保障，实行公共保障计划等，这些要求正是现代福利国家思想的萌芽。进步派将这些措施称为"预防性社会工程"，可见削弱激进运动的势头是他们的重要目标，因为他们很清楚，"经济的发展，必须为改善更多的社会成员的生活而创造条件，国家必须使工业的进步服务于社会的整体改善，否则，那些生活困苦的人们将用危害整个社会利益的手段来满足自己的生活需求"② 。在某种程度上，正是这些社会改革措施一步一步地扭转了令统治阶级恐惧的革命趋势。

首先，利益代言人和表达途径的多元化削弱了社会主义运动的

---

① ［美］霍华德·津恩：《美国人民的历史》，第288页。
② 李剑鸣：《大转折的年代：美国进步主义运动研究》，第178页。

群众基础。美国内战以后，由于大规模移民的持续到来，许多慈善团体与机构纷纷资助设立志愿者组织，包括医院、学校、兄弟会、教堂、文化机构、安置所等，以帮助那些立足未稳的新移民。还有许多互助性的组织，由志愿者设立，给那些有需要的人提供必要支持，特别是老人、体弱多病者、孤儿或其他经济未自立的群体。这些社会团体提供重要的服务、失业保险、健康保险、道德教育，甚至还为生活中的一些群体聚会提供支持。这种热潮一直持续到20世纪初。进步主义时期成立的很多社会团体，一方面帮助穷人，一方面宣传社会改革。这些团体以解决特定的社会问题为己任，在社会正义运动、女权运动、禁酒运动、自然资源保护等社会运动中异常活跃。大多数人加入这些团体的目的是获得就业、教育方面的帮助，以及互相扶持。社会团体是多元社会下的一种利益表达渠道，通过有组织的集体行动，能够有效影响公共政策的制定过程和执行过程，从而达到维护成员利益的目标。

其次，重要目标的实现，使许多反抗运动失去了动力和凝聚力，大大减少了社会主义的同路人。平民党运动和妇女争取选举权运动的衰落都是很好的例证。虽然平民党运动的激进性质颇有争议，但是平民党形成了对美国资本主义最大的挑战却是事实。在此后的美国历史中，农民再也没有像当时那样强有力地组织到一起，也再未出现如此规模的反体系力量。在1896年大选中，平民党经不住诱惑，与民主党结成联盟。平民党上层认为，融入民主党至少能够部分实现平民党的要求。事实上，这挽救了民主党，却毁灭了平民党。平民党的失败固然与美国两党制的制约有很大关系，但是更重要的原因是工业化和城市化的扩大以及经济形势的好转。往日曾开展格兰其运动的那些地区，定居的人越来越多、出现了许多就近的城镇市场、铁路系统的建立都越来越有利于农产品的销售，而且选举当年小麦价格回升，小麦带的农场主转向共和党。选举结果表明，工业化的东北部已经扩大了它的影响范围，控制了传统的农业地区。这次大选是美国历史上首次大肆动用金钱造势以争取选民的典范，共和党花费了 700 万美元竞选经费，而民主党只花费了 30 万美元，企业界和新闻界都被发动起来支持麦金莱。保守派不惜血本将麦金莱推上总统宝座，极力攻击布赖恩，这实质上反映了工业体制和农业体制之间的对决。

持续近 30 年的农民运动衰落了，但平民主义思想却对美国政治产生了深远的影响。保罗·塔格特认为，平民党运动的遗产包括两个方面：第一，组建美国两党制体系之外的第三党努力几乎成功，是后来的两党制重组的重要因素，这改变了美国政治的整个议程，在罗斯福新政中，利用政党来代表支持者的全新联盟和意识形态立场的做法达到顶峰；第二，建立了一种与当前流行的政治文化相适应的政治氛围。平民主义中日渐减弱的激进主义，为支持激进变革而对革命的让步都成功地迎合了美国政治的内容。[1] 换句话说，统治集团已经从平民党的衰落中摸索出了对付反抗运动的法门，即吸收他们的部分主张，在次要问题上让步，以化解统治危机，维持社会稳定。

另一个例子是妇女选举权运动。从 19 世纪上半叶开始，美国妇女就为了争取选举权而斗争。她们为此召开全国女权大会，成立了美国妇女选举权协会，四处奔走呼号，举行游行示威，一直没有取得多大进展。19 世纪末，一些州开始陆续赋予妇女选举权或部分选举权，但是全国性的妇女选举权立法并不乐观。在不断地抗议过程中，她们中的许多人成为激进分子、社会主义者和无政府主义者。1920 年，宪法第十九条修正案生效，它宣布各州不得以性别为由拒绝给予任何人选举权。争取选举权运动大功告成了，可是美国妇女的处境并没有因此而得到改善，争取社会平等的运动却归于沉寂了。总之，这一时期，由于社会不平等而对资本主义持批评态度的社会群体不断涌现，然而却在持续的改革进程中先后趋于瓦解

---

[1] ［英］保罗·塔格特：《民粹主义》，袁明旭译，吉林人民出版社 2005 年版，第 49 页。

或消沉。

再次，改革成果的不断取得，导致改良主义在党内的影响越来越大。第二国际的思想分化对美国社会党产生了较大影响，伯恩施坦的著作《进化的社会主义》①早在1899年就在美国出版了，并受到伯杰等人的大力宣传。但是理论终归是灰色的，生活之树常青，现实的发展往往更具有说服力。社会党成立之初，就有一部分代表强烈反对将当前要求列入党纲，这些人被称为"不可能派"。他们受德里昂理论的影响，认为工人阶级不可能从资产阶级那里争取到实质利益，在纲领中列入当前要求只会将工人运动引入歧路，阻碍社会主义的实现。而可能派认为，美国没有立即过渡到社会主义的前景，单纯空谈社会主义的最终胜利对工人阶级缺乏吸引力，提出当前要求可以吸引工人为新的社会制度而奋斗。随着一系列改革成果的获得，谁的影响更大不言自明。然而造化弄人，十月革命胜利之后，左派受到很大鼓舞，坚持暴力革命的立场更加坚定。威廉·福斯特认为："左派要使社会党成为工人阶级的战斗的政党，而右派却要使党成为小资产阶级的改良主义的政党。这样不相容的两派最后分为不同的政党，乃是无可避免的事。"②

社会党失去的最大支持是大多数工人对社会主义事业的冷漠。虽然社会党最终走上了改良主义的道路，但是在成立之初，党内的改良主义倾向大大弱于工人运动中的情况。由于美国社会党和主流工会之间联系并不紧密，所以后者的改良主义倾向起初并没有显著地影响到前者。不过根据李普塞特和盖瑞·马克斯的研究，在与工会有密切联系的地方党组织中，改良主义倾向最强，比如在密尔沃基（Milwaukee）、明尼阿波利斯（Minneapolis）和斯克耐克塔迪（Schenectady）。这些例子表明，改良主义和工会的联系在两个方向上产生了因果性影响：党内的改良主义者更支持

① 即他的主要著作《社会主义的前提和社会民主党的任务》的英译本。
② ［美］威廉·福斯特：《美国共产党史》，第165页。

地方党组织团结工会的想法,而与工会的关系增强了当地党组织的改良主义。① 事实上,美国工人运动中的改良主义思想很早就有了。美国的工会运动开始于社会主义运动之前,18 世纪末美国就出现了早期的工会,到 19 世纪上半叶,美国工人成立了多个劳工组织,为十小时工作日、扩大选举权、成立公立学校、反对国家银行等目标而奋斗。当时的大部分奋斗目标在杰克逊民主时代基本得到实现,因此工人们倾向于通过工会而不是政党来实现基本诉求。内战后的工人运动以争取短期内可实现的经济利益为主。经济萧条时,工运往往兴盛,而经济繁荣时,工人的不满消退,工运也陷入低潮。② 进步主义时期,工人运动中改良主义之所以发展壮大,从劳联的演变过程中可以窥见一些端倪。

劳联成立之初是一个激进的工人组织,不仅它的纲领中含有阶级斗争和推翻资本主义制度的思想,而且它的队伍中也有不少的社会主义者。劳联主席龚帕斯学习过马克思的著作,并且努力学习德文,以直接阅读马克思的原著,他还多次声称自己是社会主义者。③ 早期的劳联遇到过一系列的困境,其中最严重的困难是缺少经费,经过一系列艰苦的努力,劳联终于站稳脚跟并发展壮大。起初由于力量弱小,劳联还能接纳黑人、女工这些非熟练工人。到后期为了保护熟练工人的利益,劳联就对非熟练工人关上了大门。1890 年,龚帕斯宣称自己与社会主义者的分歧只不过是"方法"上的不同。随着劳联与社会主义劳工党之间的斗争加剧,龚帕斯开始公开反对社会主义者。在一次同社会主义者的辩论中,龚帕斯说,"纯粹而简单的工会,是工资劳动者取得当前利益和实际改善以实现最终解放的天然组织。"从此,"纯粹工会主义"就成为劳联宗旨的著名表述。龚帕斯一生致力于使劳联成为一个"合法"

---

① Seymour Martin Lipset and Gary Marks, *It Didn't Happen Here*:*Why Socialism Failed in the United States*, p. 201.

② 参见钱满素《美国自由主义的历史变迁》,第 117 页。

③ 参见张友伦、陆镜生《美国工人运动史》,第 424—431 页。

社会团体，得到主流社会的承认和尊重。为此，他带领劳联大搞阶级合作，反对罢工，主动配合政府与资本家。从 19 世纪 80 年代后期到整个 90 年代，劳联成员数的增长速度一直很缓慢，但很稳定，到了 1900 年，成员数达到了 50 万。此后成员数量迅速增长，到"一战"结束的时候达到了约 400 万。① 在龚帕斯的领导下，劳联在很多年里都是工人运动的主角。龚帕斯在自己的美国经历影响下，逐渐抛弃了早年的社会主义倾向，慢慢形成其对于解决劳工问题的比较保守的观点。②

　　为什么劳联在美国工人运动中长期占据中心地位并发展壮大？如果撇开意识形态的纷争，仅仅将劳联视为改革资本主义的一股社会力量，这些事实也许表明，其策略在一定程度上适应了美国的实际发展状况。表 1-1③ 显示了 1900 年美国的职业分布，从事非农职业的男性中，有 30% 的人从事白领工作，此外还有 39% 是熟练工业和半熟练蓝领工人。收入较高的工人即熟练工人和一部分半熟练工人，容易满足于现状，只是工人中的一小部分，他们因此被称为"工人贵族"。但是他们并非在利益上与其余工人相对立，这些人不过是在生产力增长和生活水平提高中以自己的熟练技能首先得益的那一部分工人，随着经济的发展，其余工人不断地上升到这一部分中来，而不是每况愈下，落入赤贫。如果改良不是一种收效微薄的短期行为，而是可行性和收益都很大的长期活动，从中便会合乎逻辑地生长出改良主义。④ 另外一个简单的解释是，集中所有力量为了消灭资本主义而革命，或在现存体系之内为了改善生活条件而斗争，后者明显要容易和现实得多。中外历史一再表明，暴力革

---

　　① ［美］斯坦利·L. 恩格尔曼、罗伯特·E. 高尔曼主编：《剑桥美国经济史》第 2 卷，高德步等译，中国人民大学出版社 2008 年版，第 171 页。

　　② ［美］J. 布卢姆等合著：《美国的历程》下册第一分册，第 62 页。

　　③ ［美］斯坦利·L. 恩格尔曼、罗伯特·E. 高尔曼主编：《剑桥美国经济史》第 2 卷，第 155 页。

　　④ 张光明：《布尔什维克主义与社会民主主义的历史分野》，中央编译出版社 1999 年版，第 19、24 页。

命往往是在改革道路无法走通的情况下，成为被压迫者最后的抗争手段。因此，与其说是龚帕斯以一己之力改变了劳联，不如说是社会现实改变了劳联和龚帕斯。劳联的转变从局部上证明了，社会运动在实践过程中必然与具体的历史环境相适应，发生不以人的意志为转移的变化。劳工组织的这种政治独立性与社会游离心态的丧失，为政府、企业与劳工三方的合作与制约创造了前提。这一点对资本主义的历史命运发生了至关重要的影响。进步主义改革正是在这样一种大的社会框架中展开的。①

表 1-1		1900 年的职业分布		(单位:%)
职业类型		男性	女性	总体
白领	专业技术人员	3.4 {5.8}	8.2 {10.1}	4.3
	管理人员	6.8 {11.7}	1.4 {1.7}	5.8
	职员/销售人员	7.4 {12.7}	8.3 {10.2}	7.5
蓝领	熟练工人	12.6 {21.6}	1.4 {1.7}	10.5
	半熟练工人	10.4 {17.8}	23.8 {29.3}	12.8
	不熟练工人	14.7 {25.2}	2.6 {3.2}	12.5
服务业		3.1 {5.3}	28.7 {35.4}	9.0
农民		23.0	5.8	19.8
农场劳工		18.7	13.1	17.6

注: {} 是占非农业工作的百分比。

资料来源: Calculated from on Bureau of the Census, *Historical Statistics*, Series D–182 to D–215, 139。

最后，需要提及一点，政府镇压并不是社会主义运动失败的根本原因。一战及战后初期美国政府的镇压的确使社会主义运动受到严重削弱，但是有证据显示，一战前一些欧洲国家对社会主义者镇

———————

① 李剑鸣：《大转折的年代：美国进步主义运动研究》，第 104 页。

压的程度远远超过了美国，① 而这些国家的社会主义运动并没有因此而衰落。典型的例子如德国的"反社会党人非常法"实施时期（1878—1890 年），社会民主党在国会选举中获得的选票反而不断增长。威尔逊总统 1919 年时曾说过："要使人们不为申冤平反闹事，唯一的办法是消除冤案。对这类问题连讨论一番都不愿意，那只会造成不满，从而纵容了我们国内的那些极端分子，他们正是要竭力制造混乱，以便挑动政府采取对策进行反击和镇压。革命的种子就是镇压。"② 显然，他并不糊涂。然而，正是这位熟读自由主义经典著作的学者总统，签署了镇压社会党人的《惩治间谍活动法》和《惩治叛乱法》，坐视臭名昭著的"帕尔默大搜捕"不理。难道统治者不担心肆意镇压反而会促使社会主义越来越强大吗？这里的关键是公众的态度。欧洲那些愈压愈强的社会主义政党，拥有广泛的民众支持，因此恩格斯才能满怀信心地写道："社会民主党击溃了俾斯麦，并在 11 年的斗争后粉碎了反社会党人法，这个党如同滚滚洪流，正在冲毁所有的堤坝，淹没城市和乡村，直到最反动的万第，这个党现在已处于这样的地位，它几乎能像数学那样准确地规定它取得政权的时间了。"③ 而美国社会主义运动所缺少的正是这个。

因此，上面问题的合理解答只能是，社会党在此之前已经失去了大部分公众的支持，社会主义已经失去了赖以存在的群众基础，而与此同时美国国家机器却变得日益强大，社会舆论和观念的大环境为统治阶级的镇压提供了有利条件。实现这一大转变的原因正是我们应该在后文中思考的重点。

---

① 参见 Seymour Martin Lipset and Gary Marks, *It Didn't Happen Here：Why Socialism Failed in the United States*, p. 260。

② ［美］塞缪尔·埃利奥特·莫里森等：《美利坚共和国的成长》下卷，第505 页。

③ 《马克思恩格斯文集》第 4 卷，第 428 页。

第三节　复兴与低迷：美共建立
以后的社会主义

1919 年夏天，美国社会主义运动四分五裂。在大规模的镇压中，一个拥有 10 多万名成员的组织分成了两三个部分，两年后总共只拥有不到 4 万名成员，美国社会主义运动的主体遭到严重削弱。从那以后，一切都在走下坡路。社会党变成了一个极其弱小的政治实体。① 原本统一的社会主义运动分散为众多党派，除共产党和社会党之外，还有一些社会主义者自称工党或农工党（Famer-Labor Party）。

然而，这一时期，社会主义观念对美国大众仍具有吸引力。20世纪 20 年代末至 30 年代，美国的社会主义者和共产主义者确实有了更大的影响力，这种情况与欧洲类似。特别是在大萧条时期，美国工人越来越不满，当时的立法改革在一定程度上就是为了减少更多左翼团体对美国工人的影响。这样看来，在某种程度上，社会主义者对立法产生了间接的影响，甚至富兰克林·D. 罗斯福（Franklin D. Roosevelt）因为其新政改革而被一些美国人指责为社会主义者或同情社会主义者。当大萧条袭来，且法西斯主义出现在地平线上时，美国社会主义的衰落得到了短暂的遏制。②

"二战"结束以后，由于东西方两大阵营的对垒，"铁幕"落下。20 世纪 50 年代，美国历史很快来到了另一个"红色恐慌"时期。特别是在麦卡锡主义时期，包括社会主义者在内的左翼团体处境越来越艰难。直到 20 世纪 60 年代，随着新左派运动的兴起，美

---

① Albert Fried ed., *Socialism in America*：*From the Shakers to the Third International*, New York：Columbia Press, 1992, p. 14.

② Albert Fried ed., *Socialism in America*：*From the Shakers to the Third International*, p. 14.

国的社会主义者才重新出现。但是，美国社会主义再也没有回到
20 世纪初期那种蓬勃发展的状态。

一　美国共产党

最早的美国共产党人大多是在 19 世纪末的十多年间出生的一
代人，基本上都曾是美国社会党党员。也就是说，美共直接源于美
国社会党。1919 年，美国社会党中的左翼激进分子创建了自己的
组织。最初从社会党中分离出来的两个共产主义组织的纲领都是以
共产国际的纲领为基础，接受共产国际的领导。美国共产主义运动
起步后的第一年，就面临两大艰难处境：外部镇压和内部分裂。这
双重危机指向了同一个结果，即美共的力量很难发展壮大。这种困
境此后不断困扰着美共，使其一直未能积聚起有效对抗统治集团的
足够实力。

1919 年，前所未有的罢工浪潮引发了美国历史上的第一次
"红色恐慌"。受十月革命的影响，当时美国国内的革命情绪的确
在上升，只不过被极度夸大了。根据美国历史学家西奥多·德雷珀
（Theodore Draper）的推算，两大共产党建党初期的注册党员人数
比较可靠的范围是 25000—40000 人。[1] 这个人数在美国全部人口
中只占极小的比例。虽然早期的共产党人提倡大规模罢工，但基本
上很少有人与有组织的工人运动建立联系或拥有实践知识。德雷珀
指出，此时的美共与工会会员之间联系很少，在工会领导层更没有
什么影响力。[2] 平心而论，许多社会冲突都有深刻的历史及现实原
因，是长期积累的结果，不都是革命行为。可是在那种情势下，几
乎没有人愿意做出认真合理的分析，普通群众更容易被狂热的情绪
所引导。已经深陷"红色恐慌"的美国政府和大多数民众，此时
毫不犹豫地相信，一定是共产党煽动了这些罢工，革命的烈火已经

---

① Theodore Draper, *The Roots of American Communism*, New Brunswick：Transaction Publishers, 2003, pp. 188-190.

② Theodore Draper, *The Roots of American Communism*, p. 198.

引燃，必须"挽救美国"。今天看来，世界性的革命风暴、密集的罢工浪潮和接连不断的炸弹袭击，继而引发社会心理的巨大恐慌，丝毫都不奇怪。就这样，"红色恐慌"不断蔓延深化，最终发展为一场席卷全美的噩梦。

从1919年10月开始，野心勃勃的司法部长米切尔·帕尔默（Mitchell Palmer）悍然采取迫害措施，矛头直指"红色激进分子"。克利夫兰警察逮捕了共产主义劳工党的领导人，纽约警察袭击了纪念十月革命的群众大会，而这些行动只不过是大规模镇压的前奏。① 1920年1月2日，帕尔默命令全国23个州30多个城市的数百名警探集体出动，抓捕目标锁定两个共产党。② 此次行动中有4000多人被捕，驱逐数百名俄籍侨民，这就是臭名昭著的"帕尔默大搜捕"。到1920年2月，几乎所有共产党的领导人都被投入监狱，组织机构遭到严重破坏，两个党被迫关闭全国总部，大部分组织活动转入地下。在地下活动期间，美共失去了大部分支持者。

除了政府镇压，内部分裂也困扰着美共。纵观美共的建立过程，语言联盟都是历次分裂的主导因素。移民构成了早期美国共产主义运动的主体，其中许多人原来属于美国社会党的语言联盟，包括芬兰人、俄罗斯人、波兰人、乌克兰人和匈牙利人。这些团体在整个20世纪20年代都面临着本土主义者的强烈敌意。美国共产主义运动由于内部成分不同，特别是外来移民占据主导地位，无法克服运动早期的多次内部分裂。

早期的两个共产主义组织在建党时不是没有考虑过合并问题，而是在领导权问题上无法达成共识。共产主义劳工党起初极力要求两党合并，但是共产党认为，对方是机会主义者，还容易低估外国出生的工人在美国阶级斗争中的作用，而自己的党员更有革命性，

---

① ［美］威廉·福斯特：《美国共产党史》，第184页。

② M. J. Heale, *American Anticommunism：Combating the Enemy Within（1830-1970）*, Baltimore：The Johns Hopkins University Press, 1990, p. 72.

因此建议对方以党员和支部的身份加入共产党。① 这明显不是平等的联合，双方不欢而散。1919 年 12 月 9 日，美国社会主义劳工党领导人亨利·库恩（Henry Kuhn）在给驻共产国际代表鲍里斯·莱因斯坦（Boris Reinstein）的一封信中写道："出现两个共产主义组织，很大程度上是因为领导权的争夺；别的分歧很小。"② 提起建党时的分裂，德雷珀如此评论："这次分裂明显是不必要的，在美国共产主义运动中，鲜有其他事情能比它留下更深和更持久的影响。因为这次分裂是多年以后所有分裂和宗派主义的预演和原型。"③

实际上，美国政府的镇压并不足以令两党捐弃前嫌，真正起作用的是来自共产国际的命令。1920 年 1 月，季诺维也夫曾致信两党，指出组织分裂极大地损害了美国共产主义运动，导致革命力量分散、机构重叠、实际工作的隔阂、派系斗争中无谓的争吵和精力的浪费。因此，要求两党立即合并。④ 在共产国际的强力干预下，美国共产主义运动内部派别才勉强联合起来，于 1921 年 5 月组建了统一的共产党。1921 年，统一后的共产党成立了一个公开的政治组织——工人党（Workers Party），这个名称一直使用到 1929 年。

这一时期，原本统一的社会主义运动分裂为众多党派，除了共产党和社会党之外，还有一些社会主义者自称工党或农工党（Famer-Labor Party）。1921 年以后，共产国际转向了统一战线策略，美共开始积极寻求在美国劳工联合会内部施加影响的途径，执行一种通常被称为"打入内部"的策略，其想法是通过积极分子渗透以改变劳联。1921 年，厄尔·白劳德（Earl R. Browder）成为美共工会教育联盟（Trade Union Educational League）的组织者。工会教育联盟是一个合法组织，致力于"打入内部"政策，说服工人

---

① ［美］威廉·福斯特：《美国共产党史》，第 186—187 页。

② Jacob A. Zumoff, *The Communist International and US Communism*, *1919 - 1929*, p. 41.

③ Theodore Draper, *The Roots of American Communism*, p. 169.

④ Jacob A. Zumoff, *The Communist International and US Communism*, *1919 - 1929*, p. 44.

相信产业工会优于行业工会，它确实团结了许多传统的工会会员。白劳德还开始编辑工会教育联盟的杂志《劳动先驱报》(*Labor Herald*)。在这个过程中，劳联努力消除其下属机构中的共产主义影响，工会领导无情地攻击工会教育联盟，将合并工会的努力描述为共产党人攫取权力的行为。而美共也出现了一些战术失误，到 20 世纪 20 年代末，工会教育联盟作为一个组织已经基本解散。美共另一项主要工作，即形成一个左翼的农民—劳工运动，由于同样的内部和外部原因而失败，未能对 1924 年由拉·福莱特领导的进步党运动产生影响。美共最终推出了自己的候选人来反对进步党。总体而言，在 20 世纪 20 年代的大部分时间里，美共做出了种种努力，但是效果并不理想。

　　美国共产主义运动的前十年间，美共内部的理论纷争一直有增无减，争议的内容随着形势的演进而发生变化。其中最著名的一个争论就是所谓的"美国例外论"。根据詹姆斯·P. 坎农 (James P. Cannon) 的回忆，当时部分美共成员看到 20 世纪 20 年代美国资本主义不断扩张的势头，他们认为，美国已经成为领先的资本主义工业强国，就像英国进入"维多利亚时代"之后出现的强盛景象一样，因此美国短期内不会出现经济危机，美国的工人阶级也不会激进化，然后从这个角度得出了"美国例外论"理论。[1] 既然美国早已超过英国成为世界上最大的工业强国，但其资本主义还没有陷入垂死阶段，这对美共党员来说是一个悖论。1929 年，美共总书记杰伊·洛夫斯通 (Jay Lovestone) 在莫斯科向共产国际汇报，美国无产阶级对革命没有兴趣，美国没有明显的革命形势。斯大林的回应是要求他结束这种"美国例外主义的异端邪说"[2]。就这样，

　　① James P. Cannon, *The First Ten Years of American Communism*, *Report of a Participant*, New York: Lyle Stuart, 1962, p. 213.

　　② Terrence McCoy, "How Joseph Stalin Invented 'American Exceptionalism'", *Atlantic*, March 15, 2012, https://www.theatlantic.com/politics/archive/2012/03/how-joseph-stalin-invented-american-exceptionalism/254534/.

"美国例外论"这个概念正式诞生了。

1929 年，美共认为，劳联已无可救药时，在共产国际的命令下，组织了一个新的独立工会联盟，即工会统一联盟（Trade Union Unity League），并在其支持下建立了自己的工会。工会统一联盟是为了把无组织和无技术的工人组织起来，以填补世界产业工人联盟（IWW）崩溃和劳联对无技术工人的排斥所造成的真空地带。但是，在许多行业中成立的新共产主义工会在组织或罢工方面几乎没有取得任何实质性的成功。同年 6 月，由于受到斯大林的批评，仅仅担任总书记两年多的洛夫斯通在共产国际的压力下被美共开除出党。美共之所以屈从于莫斯科，因为他们没有其他选择。① 透过这一事件，共产国际对美共的绝对权力可见一斑。

1928 年，共产国际第六次代表大会制定了"第三时期"路线。新路线的核心内容是，工人运动中的改良主义者将成为工人阶级最大的敌人和叛徒，而且世界即将出现对帝国主义战争、经济萧条和无产阶级革命的新形势。1929 年 10 月，美国爆发严重经济危机。经济繁荣的结束往往预示着一个社会矛盾激化的时期。这似乎不仅证实了斯大林的先见之明，也证实了马克思主义理论的正确性。在美国共产主义者中，一种信念迅速形成：失业者将变得激进，激进的阶级斗争将开始，革命的条件将会出现。②

1930 年，根据斯大林的指示，白劳德成为美共总书记。两年后，当威廉·Z. 福斯特（William Z. Foster）心脏病发作时，他又成为美共主席，并在此后的 15 年中一直担任这个职位。在白劳德的领导下，共产党人在大萧条的早期非常活跃，特别是在城市地区。他们建立了施粥所，领导了房租罢工，创建了失业委员会来要求救济，这些工作都是应对大萧条所迫切需要的基层措施。失业委

---

① A. James McAdams, *Vanguard of the Revolution：The Global Idea of the Communist Party*, Princeton：Princeton University Press, 2017, p. 231.

② *The Cambridge History of Communism*, Vol. II, Cambridge：Cambridge University Press, Norman Naimark, Silvio Pous and Sophie Quinn-Jude eds., 2017, p. 643.

员会试图动员失业工人加入工会和政治压力团体,而房租罢工旨在反对驱逐并迫使业主降低利率。美共还组织了被劳联忽视的团体,包括黑人工人、妇女和非技术工人,并与数千名致力于产业工会主义的激进工人建立了联系。

在 20 世纪 30 年代,工人运动仍然是美共最重要的工作内容。1934 年,也就是工会统一联盟正式解散的那一年,共产党人已经占领了许多具有战略意义的汽车、橡胶、肉类加工、纺织和钢铁工厂,并在建立一种更适合非洲裔美国人、妇女和大规模生产工人组织的新型共产主义工会方面取得了重要进展,培养了一批合格的领导干部,为日后产业工会联合会(Congress of Industrial Organizations,CIO,简称产联)的建立奠定了基础。1935 年,当煤矿工人联合会的约翰·刘易斯(John L. Lewis)与劳联的领导层分道扬镳并创建了产业工会联合会时,立即求助于经验丰富的共产党人。他虽然不是共产主义者,但他目睹了共产党人的组织能力,并钦佩他们对于美好未来的不懈奋斗。当时,美共宣布愿意参加人民阵线,在国外反对法西斯主义,并在国内组织工人运动。其人民阵线思想与支持产业工会主义、反法西斯主义、新政改革等社会进步力量的方向一致。正是共产党人在产联中获得的影响力,为他们在与罗斯福和新政相关的政治联盟中提供了合作基础。

共产党人还在产联主要分支机构的形成中发挥了至关重要的作用,如汽车工人联合会、电力工人联合会、国际码头工人和仓库工人联合会以及包装工人联合会。他们在这些工会中担任各种重要的领导职务。美共在组织钢铁和汽车工业工会方面发挥了至关重要的作用,而且在可能是美国历史上最重要的罢工即 1937 年密歇根州弗林特市的静坐罢工中,发挥了关键作用,那次罢工迫使通用汽车公司承认了美国汽车工人联合会。虽然共产党员只占产联成员的1%左右,但到第二次世界大战结束时,他们在 14 个工会中发挥了决定性的影响,估计有 140 万会员,另有 150 万工人属于亲共和中间阵营领导的工会（约 620 万 CIO 成员）。① 许多有影响力的产联工会成员都是积极的左翼分子，他们从未加入过共产党，但在大多数问题上同情共产党的立场。

20 世纪 20 年代末至 30 年代，美国的社会主义者和共产主义者确实有了更大的影响力，这种情况与欧洲有些类似。例如，与欧洲共产党一样，美共在 20 世纪 30 年代中期由于美国工会力量的增长以及其领导人对希特勒的好战意图和西班牙法西斯主义兴起的早期警告而获得了高涨的人气。② 1932 年威廉·福斯特参加总统竞选，得到了许多著名美国作家和知识分子的支持。但与社会党人诺曼·托马斯获得的选票相比，影响就相形见绌了。美国历史学家写道："当大萧条袭来，且法西斯主义出现在地平线上时，美国社会主义的衰落得到了短暂的遏制。"③

1935 年 8 月，共产国际第七次代表大会提出了"人民阵线"的新路线，美共借这个契机开始推行"美国化"政策。美共改变了对美国社会党的敌视态度，开始强调与其团结一致。1936 年，美共对大选的态度标志着实际上放弃传统路线和口号的战略性转变。当社会党的资深党员放弃自己的政党转而支持罗斯福时，共产党也宣布事实上支持罗斯福，这是美国历史上马克思主义组织第一次采取这样的立场。当然，这种战略调整在很大程度上与共产国际提出的要求相吻合。通过支持罗斯福总统，美共对部分知识分子和工会意见产生了更大影响。④ 从更广泛的意义上说，美共已经转向了一个强调左翼的中左翼联盟。美共掌握的媒体也反映出重新定位的倾向。例如，《共产党人》月刊长期以来一直是一副教条的自我

① Robert H. Zieger, *The CIO, 1935 - 1955*, Chapel Hill: The University of North Carolina Press, 1995, p. 254.

② A. James McAdams, *Vanguard of the Revolution: The Global Idea of the Communist Party*, Princeton: Princeton University Press, 2017, p. 244.

③ Albert Fried ed., *Socialism in America: From the Shakers to the Third International*, p. 14.

④ Silvio Pons, *The Global Revolution: A History of International Communism 1917 - 1991*, Oxford: Oxford University Press, 2014, p. 123.

辩护面孔，此时也开始主张某种类似于社会民主的立场。美共意识到，为了在美国工人阶级中取得事业进展，他们不仅要改变革命信息的形式，还要改变信息的内容。

这一时期，美国共产党一直在工会、工作场所和政府政策中争取种族平等。它对移民的支持政策在移民群体中赢得了大批追随者。同时，美国共产党通常以积极捍卫非洲裔美国工人的经济和公民权利而闻名。此后，美共的民族自决主张为围绕明确的种族问题进行动员提供了可能性，使美共在 20 世纪 30 年代的美国南方建立了组织的前哨，其参与失业和穷人救济等活动增强了在非洲裔美国人社区的地位，并吸引了一些非裔美国人加入该党。美共还设法吸引了大量知识分子，其中许多是犹太人。据估计，在 20 世纪 30 年代和 40 年代，大约一半的党员由犹太人组成，其中许多人具有东欧社会主义背景，他们被共产主义所吸引，以突破他们的边缘地位。[①]

美国共产党从成立之后，就从社会党吸引了许多社会主义者加入其中。不过，在地下活动期间，共产党失去了原来社会党的大部分左翼支持者，包括绝大多数在美国出生的和老一辈的支持者。1922 年，该党的一项调查发现，在其 5000—6000 名党员中，只有大约 500 人是土生土长的，而且只有 5% 的党员积极参与工会工作。根据美国历史学家詹姆斯·温斯坦（James Weinstein）的说法，"1925 年之后，随着老社会党的解体和工农运动的崩溃，共产党成为美国激进主义的中坚力量"[②]。不过，共产党取代社会党成为美国左翼主导力量的漫长过程直到 1938 年左右才完成，但 1935 年就跨过了一个关键的门槛：共产党员在缴纳会费的人数上超过了社会党人。人们普遍认为，直到 1932 年，共产党的持证党员仍在四位

---

① Guenter Lewy, *The Cause that Failed: Communism in American Political life*, pp. 294, 295.

② James Weinstein, *The Decline of Socialism in America 1912 - 1925*, New York: Monthly Review Press, 1967, p. xi.

数，1935 年上升到 2.5 万左右，1939 年达到顶峰，在 8 万—10 万
之间。① 总体而言，在 20 世纪 30 年代后期，从基层中脱颖而出的
美国共产党领导人，以他们的无畏和奉献赢得了普遍的认可，在美
国生活的许多领域获得了非常广泛的追随者。

　　然而，即使在美国共产主义历史上最有利的时期，绝大多数美
国人依然没有对资本主义制度彻底失望。部分美国工人确实越来越
不满，但是"失业者渴望的是工作，而不是革命"②。当时的立法
改革在一定程度上就是为了削弱更多左翼团体对美国工人的影响。
甚至富兰克林·D. 罗斯福（Franklin D. Roosevelt）因为其新政改
革而被一些美国人指责为社会主义者或同情社会主义者。虽然新政
并没有结束经济萧条，但其改革措施得到了美国民众的广泛认可。
毫无疑问，罗斯福新政改革对激进革命起到了釜底抽薪的作用，最
终避免了社会冲突不断加剧的前景。也可以反过来看，社会主义者
在某种意义上对政府立法产生了间接的影响，为美国社会进步做出
了很大贡献。美共在这一段时期取得的成就至少表明，资本主义危
机期间，革命力量确实会发展壮大，但发展空间的大小和壮大程度
的多少取决于统治阶级调整利益分配的能力。

　　1939 年，由于《苏德互不侵犯条约》的签订，美共突然放弃
了人民阵线、与西方政府的联盟和与资产阶级机构的合作，改变了
其早期反法西斯、亲罗斯福的立场，宣布对此时的欧洲帝国主义战
争保持中立。从 1939 年到 1941 年，共产党人参与了美国国防相关
行业的大规模罢工，让统治阶级加剧了对美国国家安全遭到破坏的
担忧。美共事实上的反战立场，使保守派获得了期待已久的合法镇
压机会。而且，共产党人无情地攻击那些坚持反希特勒阵线的人，
引发一些党员的不解和抗议，令昔日的同情者感到震惊，使曾经亲
近的群体日益疏远，再度激发了美国社会对共产主义运动作为苏联

---

① Jack Ross, *The Socialist Party of America：A Complete History*, p. 364.
② *The Cambridge History of Communism*, Vol. II, Cambridge：Cambridge University
Press, Norman Naimark, Silvio Pous and Sophie Quinn-Jude eds., 2017, p. 643.

棋子的旧恐惧。保守派不仅利用公众的这种恐惧来抨击新政改革，而且那些反对共产党的人趁机在一切场合大肆破坏共产党的正面形象。总体而言，这个条约立即成为美共内部分裂的根源，并再次将美共推回到美国社会的边缘。①

然而，当希特勒在 1941 年撕毁协议入侵苏联时，美共再度转变立场。美共领导人坚决反对纳粹，恢复了昔日人民阵线式的合作，并全力配合战争相关的生产，大力推动不罢工的承诺，并主张将不罢工承诺延长至战后时期。但事实证明，在大多数工人阶级中重建信任是很难的。政党路线的突然转变对党员及其在 CIO 中的盟友产生了特别重大的影响。② 此时，美共这些立场在政治上并没有损害到产联，也没有损害到产联在战争期间成员数量的急剧增长。然而，特别是在汽车工业，美共的促进生产政策后来在冷战的头几年为反共的工会分子提供了口实。

美共的政策路线是否主要听从莫斯科的指示，或者美国共产主义运动是否是一个相对独立的政治运动，目前仍然是美国历史学家感兴趣的问题。即使是过去依靠苏联支持得以生存的美共，正是战争为其影响力的增加创造了条件，尽管莫斯科在接下来的几年里向美国投入了大量资源，但这种影响力随后逐渐减弱。③ 有一段时间，白劳德一直强调党的长期目标必须服从于战时的团结。1943年 11 月底，罗斯福、丘吉尔和斯大林在德黑兰会晤后，白劳德呼吁在战后时期也要进行阶级合作和民族团结。他支持罗斯福第三次连任，并坚持共产主义和资本主义是相容的，希望实现战后美苏联盟的前景，认为美共可以按照更适合美国政治体系结构的方式发展。尽管受到季米特洛夫的警告，白劳德依然坚持自己的道路，他

---

① A. James McAdams, *Vanguard of the Revolution*: *The Global Idea of the Communist Party*, Princeton: Princeton University Press, 2017, p. 244.

② Robert H. Zieger, *The CIO, 1935-1955*, p. 257.

③ Silvio Pons, *The Global Revolution*: *A History of International Communism 1917-1991*, p. 143.

相信这遵循了德黑兰三巨头所表达的"原则"。①

为了使美共成为合法政治的一部分，白劳德试图根据美国的现实情况调整组织。1944 年 5 月 20—22 日，在纽约召开的第十次代表大会上，白劳德提议解散美共，代之以共产主义政治协会（Communist Political Association）。这个新团体的章程序言中承诺该协会将"遵循科学社会主义、马克思主义的原则"，但在其他方面强调其民主性质。② 白劳德在大会上称呼代表们"女士们、先生们"，而不是传统上的"同志们"。

1945 年 4 月，俄国人通过法国共产党二把手雅克·杜克洛（Jacques Duclos）发表的一篇批评文章《论美国共产党的解体》，表达了莫斯科对白劳德及其阶级合作路线的不满，谴责白劳德是"修正主义者"。③ 1945 年，白劳德被迫辞去党主席一职，福斯特重新担任这一职务。同年，被严重削弱的美国共产党重建了党组织。1946 年，白劳德被美国共产党开除。1949 年，他与资本主义的战略合作政策被谴责为对共产主义理想的歪曲，并被称为"白劳德主义"。无论如何，美共在路线政策上的摇摆不定，不仅严重损害了党的信誉，而且导致自身进退失据，引发党内相当大的混乱。

战争的结束与美苏关系的变化引发了一系列后果，东西方两大阵营对垒，"铁幕"落下，在美国则引发了第二次红色恐慌和麦卡锡主义盛行。即使在第二次红色恐慌之前，反共情绪在美国政府机构内就已经累积高涨。1938 年，众议院非美活动特别委员会对产联和新政机构展开了调查，称其涉嫌共产主义渗透。1939 年的《哈奇法案》禁止有共产主义嫌疑的人担任联邦政府的工作。1940 年的《史密斯法案》将参加主张推翻美国政府的组织定为刑事犯

---

① Silvio Pons, *The Global Revolution：A History of International Communism 1917 -1991*，p. 139.

② Guenter Lewy, *The Cause that Failed：Communism in American Political Life*，The Cause that Failed：Communism in American Political Life, p. 70.

③ Guenter Lewy, *The Cause that Failed：Communism in American Political Life*，p. 74.

罪。战后，工会受到了更严格的审查。1947 年的《塔夫脱—哈特利法案》要求工会官员签署效忠誓言，宣称他们不是共产主义者。美国人已经对美共的独立性持怀疑态度，认为白劳德的下台是共产党被外国势力统治的另一个证据。特别是在麦卡锡主义时期，包括社会主义者在内的左翼团体处境越来越艰难。反共主义成为冷战期间工会主义的重要组成部分，美共开始了急剧衰落的过程。

1948 年，美共领导层响应来自苏联的指示，通过向友好的工会领导人施压来支持亨利·华莱士的第三次总统竞选。[①] 华莱士是前商务部长，也是杜鲁门外交政策的有力批评者，几乎没有得到普通民众的支持。美共支持亨利·华莱士主要是为了疏远支持哈里·杜鲁门的民主党和自由工会，但其对工会领导的施压把一些以前的坚定支持者和他们的工会赶出了左翼，导致与产联的关系迅速恶化。1948 年的选举之后，产联开始在政策上急剧向右转，发动了一场针对共产党人的驱逐运动，严重削弱了共产党人在工人运动中的影响力。1949 年之后，产联领导层决定从组织中清除共产党人，并明确地与杜鲁门政府和正在形成的反共逆流为伍，接受美共职位的个人面临着被产联开除的危险。到 1950 年，产联已经驱逐了 11 个工会，占其会员总数的 17%—20%。将美共领导的工会逐出产联对美国工人运动产生了巨大影响，使产联与民主党的政治同盟更加牢固，降低了产联作为独立政治声音的影响力。而美共被完全排挤出主流工人运动，失去了参与和影响美国政治生活的重要渠道。1955 年，产联与劳联合并，美国工人运动的战斗性总体上削弱了。

美共与主流工人运动之间的疏离乃至决裂还有更深层次的原因。第二次世界大战结束至 20 世纪 60 年代，除了个别年份，美国经济的总体表现令世界瞩目。特别是 20 世纪 50 年代，美国经济再现扩张高潮，这种趋势一直持续到 1960 年。[②] 在这种背景下，红

---

① Robert H. Zieger, *The CIO, 1935-1955*, p. 270.

② [美] 乔纳森·休斯、路易斯·凯恩：《美国经济史》，杨宇光等译，格致出版社、上海人民出版社 2013 年版，第 595 页。

色恐慌和大规模政治镇压重新上演，以及同期国际共产主义运动的波动影响，诸多不利因素不断削弱美共。从 1945 年到 1952 年，国会委员会就所谓的颠覆活动调查进行了 84 次听证会，涉及 1350 万美国人。五分之一的工人被迫宣誓效忠，大约 15000 名联邦和私营雇员被解雇，不计其数的人被列入黑名单。1956 年苏共二十大之后，美共党内产生了强烈的幻灭感，党员人数持续下降。后来的波匈事件更是雪上加霜。到 1958 年，该党的党员人数从 1939 年的最高点下降到约 3000 人，差不多在两年内失去了四分之三的党员。① 直到 20 世纪 60 年代，随着新左派运动的兴起，美国的共产主义运动才略有回升。但是，美国社会主义运动整体上再也没有回到 20 世纪初期那种蓬勃发展的状态。

1984 年，美共主席格斯·霍尔（Gus Hall）正式宣布了美国共产主义的独立道路。在后来的几年里，随着美共领导人格斯·霍尔支持 1991 年反对米哈伊尔·戈尔巴乔夫（Mikhail Gorbachev），美共分裂为民主改革者和强硬派。此后，美共几乎沦落为一个俱乐部。尽管近年来力量有所回升，美共已经不再是美国左派中最有影响的政治力量。目前，共产主义在美国是合法的，但运动整体规模很小，在有组织的劳工中存在感较弱。

二　美国社会党

20 世纪 20 年代，当社会主义者试图重建运动时，他们面临着三个紧迫的挑战：选举政治、资产阶级改革和意识形态之争。投入选举政治的社会主义者看到共和党和民主党采纳了他们许多较为温和的观点。面对城市社会主义的实践，党内中坚分子也产生诸多分歧，许多人开始怀疑社会主义能否在一个城市出现，还有一些人认为，城市改革只是伪装成社会主义的资产阶级改革。温和社会主义

---

① Harvey Klehr and John Earl Haynes, *The American Communist Movement*: *Storming Heaven Itself*, New York: Twayne Publishers, 1992, p. 157.

和自由主义之间的界限越来越模糊，这种趋势进一步助长了内部分歧。

尽管在强大的舆论压力下，尤金·维克多·德布斯这名美国历史上最著名的囚犯于1921年获释，但由于几年监狱生活的折磨，他的健康受到极大损害，已经无力带领社会党前进。希尔奎特成为该党的主要领导人，他在被共产党人批评几次之后，成为强烈的反共主义者，在1923年写了一篇正式谴责列宁主义的文章《从马克思到列宁》。

1924年的总统竞选充分体现了社会党的进退失据，许多社会主义者支持进步党候选人老罗伯特·拉福莱特（Robert LaFollette），因为他强烈支持劳工和商业监管。但拉福莱特算不上一个真正的社会主义者，他还得到了美国劳工联合会的支持。卡尔文·柯立芝（Calvin Coolidge）在这场竞争中获得了令人印象深刻的54%选票，而拉福莱特的得票率总体上令人失望，但以历史标准来看，仍然取得了令人敬畏的4831706票，占总票数的16.6%。[1] 受挫的普遍情绪蔓延开来，越来越多寻求更全面变革的社会主义者被吸引到美国共产党，而社会党的人数却在减少。1926年10月20日，在美国人心目中享有崇高声誉的社会党领导人德布斯去世了。社会党进入了一段低潮时期。

在社会党低落消沉之际，诺曼·托马斯（Norman Thomas）成为社会党的领袖。1928年，也就是他第一次竞选总统的那一年，该党的成员仅剩大约8000人。到1929年大萧条肆虐美国时，共产党比社会党更引人注目。在他的领导下，20世纪30年代初，社会党曾出现短暂复苏。托马斯通过公开演讲制造新闻效应，并且强烈呼吁自由主义者共同成立独立政治行动联盟。托马斯在1932年的总统竞选中获得了884885张选票，略高于总票数的2%，鼓动起了规模前所未有的校园政治，并广泛吸引了各行各业的美国人。他通

---

[1] Jack Ross, *The Socialist Party of America: A Complete History*, p. 279.

过无休无止的巡回演讲、宴会和广播演说，赢得了人们对他近乎英雄般的崇拜。这次竞选是诺曼·托马斯作为社会党领袖连续六次竞选的高潮。[1] 同时随着美国进入大萧条，社会主义者的处境趋于向好。因为工人领袖接受了社会党的观念，并认为共产主义过于激进。到 1932 年，党员人数增加了一倍。可以说，社会党在 20 世纪 30 年代初取得了一定的成功，而诺曼·托马斯几乎凭一己之力重振了社会党。

然而好景不长，在备受鼓舞之际，社会党再次陷入内外交困之中。外部最大的不利因素是富兰克林·罗斯福推行的新政，因为新政在社会保障和失业补偿等项目中采用了温和的社会主义理念，削弱了社会党的影响力。社会主义工会的领导人纷纷支持罗斯福 1936 年的连任竞选，甚至在此之前，托马斯的几个最有希望的支持者已经弃他而去。社会党根本无法与富兰克林·罗斯福在工人阶级选民中的人气竞争，加上产业工会联合会（CIO）的兴起，到 20 世纪 30 年代末，有前途的年轻社会主义者要么开始转向新政政治，要么完全投身到产联的产业工会主义。此外，资深社会主义者厄普顿·辛克莱在 1934 年的加州州长竞选中，作为民主党候选人获得了近 90 万张选票。他的"终结加州贫困"运动赢得了大批追随者，在他发表的宣言中，提出了一种与爱德华·贝拉米极其相似的国家经济转型建议，似乎是另一条可供选择的道路。更不要说，共产党进入了人民阵线时期，倾向于在大学和青年运动中招募最有前途的积极分子，或者夺取组织的控制权。

与此同时，社会党还受到内部意识形态分歧的困扰。在 1932 年大选之前，社会党内就出现了六个不同的派别。[2] 这些派系都不是相互排斥的，而且个人经常涉足不止一个派别。1934 年，社会党内的代际斗争随着两大派系的摊牌而正式开始，对立双方是老卫

---

[1] Jack Ross, *The Socialist Party of America：A Complete History*，pp. 307-308.

[2] Jack Ross, *The Socialist Party of America：A Complete History*，p. 317.

士（Old Guard，即更接近正统马克思主义者）与激进青年（Militants，一股由年轻的社会主义者、密尔沃基人以及其他渴望打破纽约社会主义者对领导权垄断的人组成的异质力量）。派系斗争使社会党再次走向衰落。托马斯 1936 年的竞选，只赢得了不到 1932 年一半的选票。在那年五月召开的克利夫兰全国大会之后，严重不满的老卫士作为一个集团退出了社会党，成立了社会民主联盟（*Social Democratic Federation*）。该联盟立即投身于美国工党，并间接支持罗斯福的连任。社会党的力量主要在于老党员，随着老卫士的离去，社会党的一些最宝贵的机构资源也随之消失：兰德学院、《新领袖》和纽约广播电台。

因此，社会党经历了极端的高潮和低谷，似乎有望恢复其鼎盛时期的实力，但面对日益强大的新政改革和共产党等外部因素，以及内部激烈的派系斗争，社会党的暂时复苏最终还是以失败告终。1928 年，在经济大萧条初期，该党的平均党员人数为 7793 人，1932 年增至 16863 人，1934 年达到两次世界大战期间的峰值 20951人。1934 年 5 月，底特律代表大会后爆发的自相残杀导致人数急剧下降到 1936 年的平均 11922 人，1937 年进一步下降到 6488人。① 美国历史学家指出："社会党从 1936 年开始逐渐消失。随着党内成员纷纷离开，加入新政联盟，社会党在很大程度上变得无关紧要。"② 到 1941 年，只有一小部分社会党成员留在托马斯身边。此后，由于社会党提不出任何积极的措施，处于持续衰退之中。

第二次世界大战和反法西斯斗争，以及战后的红色恐慌，这些因素加在一起，戏剧性地重新调整了美国左翼的政治生活。尤其是"二战"结束后，社会党在第二次红色恐慌中遭到削弱。而且，许多社会党人在冷战期间成为狂热的反共分子。在 20 世纪 50 年代，

---

① 所有社会党党员的统计数据来自于 http：//www. marxisthistory. org/subject/usa/eam/spamembership. html。

② Jake Altman, *Socialism Before Sanders：The 1930s Moment from Romance to Revisionism*, Cham：Palgrave Macmillan, 2019, p. 4.

工会越来越多地接受商业工会主义，并与各种左翼意识形态划清界限。不少社会党人在重重打击下不可避免地产生了幻灭感。总体上看，社会主义的影响力还是下降了，尤其是在有组织的劳工中。此时，社会党的成员大多是老年人，面对着严重削弱的共产党留下的真空，以及民权和裁军运动带来的新转机。20 世纪 50 年代末，托洛茨基曾经的好友马克斯·沙赫特曼（Max Shachtman）的追随者接管了社会党，该党的性质随后发生了深刻的变化。社会党最后一次参加大选是 1956 年，该党候选人达林顿·霍普斯（Darlington Hoopes）在 6 个州只获得了 2121 张选票。

在 20 世纪 60 年代，新左派反主流文化开始走向历史舞台中央，老左派社会主义者只能退居幕后。面对新左派，社会党迅速右倾。社会党领导人的立场作为个人可能不尽一致，但整体上倾向于支持美国的军事行动，还强烈反对平权法案，坚定不移地支持以色列。今天看来，新左派出现以后，美国社会党就不再是美国激进主义的重要载体。

不过，社会党领导人迈克尔·哈林顿（Michael Harrington）依然通过他的《另一个美国》（1960）启发了时任美国总统林登·贝恩斯·约翰逊（Lyndon Baines Johnson）向贫困宣战，并为民主党自由主义者提供了政策分析的借鉴。社会主义原则在 1961—1968 年间的"新边疆"和"伟大社会"计划中得到了一定程度的贯彻，此后理想主义逐渐消退。这一时期，社会主义已经不是作为一场强大的运动而存在，更多的是作为一套理想而存在。虽然一些工会仍然继续支持社会主义集体主义原则，但"社会主义"一词开始带有负面含义，美国人此后常常避免直接使用该词，一般会用"进步"等更温和的标签来代替。

1972 年，社会党又经历了一次分裂，变成三个独立且高度分散的组织。第一个是美国社会民主党（Social Democrats USA），它与民主党的右翼一致；第二个是美国民主社会主义者（Democratic Socialists of America），最初称为民主社会主义组织委员会（Democratic Socialist Organizing Committee)，认同民主党的左翼；第三个是激进左派的美国社会党（Socialist Party USA）。这些团体成员都在 20 世纪 70 年代后稳步下降，甚至急剧下降，美国社会党完全不复存在。

由于美国民主社会主义者目前已经发展成为美国最大的社会主义组织，所以有必要简略述及。在社会党转型前不久，迈克尔·哈林顿对该党的右转感到失望，辞去了该党联合主席的职务。1973年 3 月，他完全从 SDUSA 辞职，然后成立了民主社会主义组织委员会。1982 年，该委员会与新美国运动（New American Movement）合并后建立了美国民主社会主义者（DSA），后者是新左派知识分子的组织。一直到 2014 年秋天，DSA 的成员仅为 6500 人。即使在2016 年 11 月初，其成员数量也只有 8500 人左右。然而到了 2017年 7 月，DSA 已拥有 2.4 万名会员。① 2018 年，这个数字已猛增至3.7 万人。截至 2019 年 11 月，该组织已拥有超过 5.6 万名成员。另外，DSA 的新成员大都是年轻人，2019 年 DSA 全国大会与会成员的平均年龄仅有 27 岁。② 美国民主社会主义者的迅猛发展表明，在美国人至少在年轻人中，"社会主义" 这个词已不再带有污名的意味，美国人对社会主义的看法正在发生微妙的变化。至于这种令社会主义者振奋的态势能否继续发展壮大，仍然需要留待时间回答。

第四节　美国社会主义的基本特点

一般认为，19 世纪末是美国从自由资本主义向垄断资本主义

---

① Gary Dorrien, *American Democratic Socialism*：*History*，*Politics*，*Religion*，*and Theory*，New Haven：Yale University Press，2021，pp. 563，564.

② 请参见陈迹《从 "桑德斯现象" 解析 "民主社会主义" 在美国的兴起与困境》，《当代世界与社会主义》2020 年第 3 期，第 121 页。

过渡的时期。美国的工业生产逐渐超过英国而雄踞世界首位，美国资本主义率先进入一个新的发展阶段。由于美国的社会主义运动刚刚兴起，各种自称为社会主义者的集团和个人都加入进来。这些人对于社会主义的实质以及实现道路等关键问题，有着各自不同的理解。在这种背景下，新生的社会主义运动表现出十足的美国特色。概括说来，美国社会主义运动的基本特征包括以下方面。

第一个特点是很多社会主义者带有严重的教条主义倾向。现代社会主义在美国不是内生的，而是外来的思想。虽然 19 世纪上半叶空想社会主义者在北美进行过社会主义实验，不过因为实验很快就失败了，并未在社会上产生多大影响。内战后社会主义思想随着德国移民来到美国时，必然存在"社会主义美国化"的问题。换句话说，社会主义要想在美国开花结果，必须根据当地的具体政治经济社会条件做一些调整，发生适应性的改变。对于这一点，20 世纪世界社会主义运动在各国的发展已经充分证实了，不需要再做过多的证明。因此，不难理解那些坚定而教条的马克思主义者为何在美国屡屡碰壁，甚至产生悲观失望的情绪。他们将社会主义运动在欧洲取得的经验原样不动地照搬到美国的运动中来，坚信胜利必然属于他们，可是在接连失败的冰冷现实面前，意志消沉、放弃理想。佐尔格就是一个鲜明的例子，马克思、恩格斯在世时曾多次提醒佐尔格不要用僵死的教条看待美国的运动，否则就只能成为"纯粹的宗派"和"外国人"。但是，佐尔格没有接受这些劝告，并且为自己的错误辩解。① 晚年的佐尔格从社会主义运动中消失了，在他于 19 世纪 80 年代写给马克思恩格斯的信中，常常失望地谈到德裔美国社会主义者对土生美国工人的宗派主义态度，使社会主义政党在美国处于孤立状态，因此认为在美国建立社会主义政党难以取得成功。②

① 张友伦、陆镜生：《美国工人运动史》，天津人民出版社 1993 年版，第 244 页。
② 陆镜生：《美国社会主义运动史》，第 190 页。

  同样在 80 年代，爱德华·贝拉米的长篇小说《回顾：2000 年至 1887 年》却在美国流行一时，为社会主义赢得了巨大声誉。在这本出版于 1888 年的畅销小说中，作者描写了一位生活于 1887 年的年轻人，经过催眠直到 2000 年方才苏醒过来，却目睹了一个按照社会主义原则组织起来的崭新世界。整篇小说的文笔轻松愉快，故事的情节别出心裁，加上一个美妙的新世界，轻而易举地拨动了美国人的心弦。小说出版之后，短短几年仅在美国就销售了 50 多万册，还被译成了多国文字，成为 19 世纪最伟大的著作之一。该书直接导致了全国范围内一百多家 "国家主义者俱乐部" 的成立，这成为国家主义运动的开端，并为后来的进步主义改革提供了养料。后来到 90 年代，德里昂虽然强烈反对贝拉米的政治 "策略错误"，但是依然盛赞《回顾》在 "人类进步事业" 上取得的巨大成就。《堪萨斯社会主义报》的编辑 J. A. 维兰德写道："《回顾》使社会主义通俗化、变得饶有趣味，使成千上万的人开始沿着全新的道路思考。" 德布斯评论道："他做出了卓越的成绩，因为他给普通而实用、平庸而麻木的人们展示了一幅实际的社会主义生动画面。"[1] 甚至社会民主党 1898 年大会通过了一项决议，认为贝拉米为美国社会主义做出了最显著的成绩。贝拉米主张社会主义的实现不是依靠无产阶级革命，而是通过和平过渡，因此他的思想有时被归为空想社会主义。

  无论如何，贝拉米的国家主义与科学社会主义存在很大不同，但是，他的思想在美国社会中获得巨大反响，这个事实颇值得深思。贝拉米之所以用 "国家主义" 而回避 "社会主义" 一词，他自己解释说，"同社会主义相比，国家主义是一个解说，它并不意味着反对或排斥社会主义，而是使社会主义精确起来，其所以必要，是由于历史上在社会主义一词上面形成了一片含糊的和有争议

---

[1] Howard H. Quint, *The Forging of American Socialism*: *Origins of the Modern Movement*, 1953, p. 73.

的含义"①。他在另外的地方提到，"在我所表达的观点的激进性方面，我似乎超过了社会主义者。不过，社会主义这个词是我从来未能感兴趣的词。这个词对一般美国人来说，有石油气味，它使人联想到红旗和所有形式的性的新奇，对上帝和宗教的亵渎的口气。不管德国的和法国的改良派怎样称呼自己，社会主义对于要在美国取得胜利的党来说，并不是一个好名字"②。贝拉米的成功说明一种思想在传播过程中所采取的传播策略不同，传播的效果也会有很大不同。更重要的是，《回顾》出版于秣市事件之后，美国人对激进主义的恐惧正值高潮，贝拉米的空想社会主义没有暴力革命的内容，这迎合了当时大部分美国人的心理。正是因为《回顾》的热销，美国社会主义逐渐从移民转入本土居民当中。

　　第二个特点是美国社会主义表现出明显的改良主义倾向。在传统左派的话语中，辨别改良主义思想的基本依据是对现存社会的态度以及是否使用革命实现社会变革的目的。不管是第一国际时期的第一和第二委员会之争，全国劳工同盟转向金融改革论而与绿背纸币党合流；还是社会主义劳工党时期的拉萨尔派坐大，德里昂派与希尔奎特派之争，以及劳动骑士团反对阶级斗争，劳联的纯粹工会主义；抑或社会党时期的渐进社会主义理论盛行，劳联的进一步保守化，都可以看到转向改良主义的趋势。在当时的发达资本主义国家中，改良主义并不只是发生在一两个国家，而是不同程度地出现在资本主义世界。20世纪以来，在由欧美工业化国家组成的资本主义中心地区，社会主义运动总的趋势是日益合法化和改良主义化。③ 考虑到第二国际时期欧洲社会主义运动的转变过程，以及对美国社会主义运动的影响，美国的这种趋势就很难说是一种偶然。可以说，美国社会主义运动的改良主义化不仅仅是美国社会内在特点的反映，更是资本主义发展的普遍规律的反映。

① ［美］希尔奎特：《美国社会主义史》，第269页。
② 转引自陆镜生《美国社会主义运动史》，第248页。
③ 张光明：《布尔什维主义与社会民主主义的历史分野》，第212页。

第三个特点是美国工人群体的异质化。由于存在辽阔的边疆，每一个健康的美国人不需要太多开销，只要稍具一点农业知识就可以成为一名独立的农场主，于是避免了成为受资本剥削的劳工。因此，来自土生美国人的劳工数量很少；并且由于资本和市场增长速度极快，对劳工的需求很大，工资也较高。这样，移民就充当了劳工的主体。① 先期到来的移民比后期的更有优势，那些报酬低、没人干的脏活累活就由源源不断的新移民承担。移民的来源、宗教、种族、性别甚至到达美国的先后等差异，造就了一个多样性的工人阶级。这在工会组织形成的关键时期 19 世纪 90 年代里塑造了美国劳联，劳联后来排斥非熟练工人的政策又反过来强化了工人之间的差别。工人的异质化妨碍了工人阶级意识的形成，阻碍了社会主义在工人群体中得到广泛的认同。所以美国工人没能团结一致，而是分裂为不同的利益集团。

第四个特点是美国历史上的主流工会组织在大部分时间里都没有与社会主义运动密切结合在一起。在欧洲（除了英国），社会主义运动与工人运动是基本一致的，社会主义者往往将工人阶级视为自己的天然同盟军，工人运动是社会主义运动力量的重要来源、基础和支撑。然而美国的情况却有很大不同，许多社会主义者和工会领导人曾努力消除这种分裂状况，但是他们从未成功，美国的主流工会同社会主义运动始终存在隔阂。这主要表现在第一国际美国支部与全国劳工同盟的分离，社会主义劳工党同劳动骑士团和劳联的分离，以及社会党与劳联的分离等。可以说，美国社会主义运动的最大弱点之一就是脱离工人群众，特别是与主流工会之间的分裂，甚至马克思和恩格斯在世时也曾强调过美国的这一特点。社会主义政党与工会的分裂削弱了党的群众基础，同时也极大地影响到了党的政策，决定了党的行动。毫无疑问，缺乏支持者的政党在一个地域辽阔、人口众多的国度里很

① Karl Kautsky, *The American Worker*, pp. 32−33.

难有所作为。

第五个特点是社会主义运动内部的宗派主义。正统的马克思主义者始终为实现最终目的而奋斗，他们坚信这是历史发展的必然结果，不过在实现这个目的的过程中如何选择当前手段或道路并没有统一标准，那么就不可避免地出现了意见分歧，这是产生宗派主义的重要原因。1887 年 1 月，恩格斯写道，"美国的运动，我认为正是目前从大洋的这一边看得最清楚。在当地，个人之间的纠纷和地方上的争论必然要使运动大为失色。真正能够阻碍运动向前发展的唯一的东西，就是这些分歧的加剧并从而导致宗派的形成。在某种程度上说，这种情形将是不可避免的，但是越少越好"①。改良主义思潮在美国社会主义运动内部的出现，进一步加剧了这种分歧。当宗派斗争不可调和，组织就会分裂。丹尼尔·贝尔写道，"在社会党内部，几乎没有哪一年不发生一些事件，这些事件使党面临分裂的威胁，并且迫使党在这些一致或破裂的问题上花费大量的时间"②。

回顾一下前文，就会看到内部分裂一直贯穿美国社会主义运动的始终。美国工人党的分裂产生了社会主义劳工党，后者的分裂引发了社会党的诞生，而美国社会党的分裂又导致了美国共产党的成立。工人运动内部的分裂也时有发生，比如劳动骑士团 1887 年以后的分裂，1897 年西部矿工联合会与劳联的分裂，以及世界产联的 1906 年和 1908 年两次分裂等等。

仅仅通过以上这些美国社会主义运动特征的归纳，也能看出其内在的先天不足，即严重的宗派主义和教条主义倾向，脱离群众且一再分裂等。看到这些，人们可能产生的第一反应就是，需要反思美国社会主义运动自身存在的问题。或者，也可以简单地把分裂的责任推到改良主义者头上。美国学者在对社会党的研究中就分为意

---

① 《马克思恩格斯选集》第 4 卷，第 587—588 页。

② Daniel Bell, *Marxian Socialism in the United States*, pp. 9-10.

见几乎相反的两派：占主流的一派认为，社会党过于偏向意识形态、宗派主义，由派系控制；另一派则认为，社会党过于偏向改良主义。① 这两派学者的观点都可以从史实中找到根据。如果认为这些就是美国社会主义运动衰落的根本原因，未免过于简单化和表面化，而且这样并无助于探究社会主义运动发展的规律。因为在世界各国社会主义的历史上，几乎每一个政党都要经历内部的斗争、分裂和统一以实现自身的发展。在各国社会主义运动的初期，由于缺乏斗争经验，出现思想混乱、内部分裂等现象一点都不罕见。其实，此处的矛盾就像一枚硬币的两面，完全可以统一起来。美国新左派史学家詹姆士·温斯坦谈及社会党内拒绝改良的左派被右派清洗出党时直言："右翼制造了分裂，但却是左翼奉行的政策使分裂不可避免。"② 所以，真正值得思考的问题是，为什么美国社会主义者一再发生分裂而不是日益集中？

　　社会主义运动从来都是多数人的事业，只有取得大多数人民的支持才能走向胜利。反过来，如果不能积聚起足够的力量，就很难取得阶段性的成功，这又会影响运动参与者的热情和信心。1864年，国际工人协会诞生后，马克思在制定其《成立宣言》和《国际工人协会章程》中，对无产阶级力量的集中和团结的重要性作出过清楚的阐述："工人的一个成功因素就是他们的人数；但是只有当工人通过组织而联合起来并获得知识的指导时，人数才能起举足轻重的作用。过去的经验证明：忽视在各国工人间应当存在的兄弟团结，忽视那应该鼓励他们在解放斗争中坚定地并肩作战的兄弟团结，就会使他们受到惩罚，——使他们分散的努力遭到共同的失败。"③ 他还曾指出："为达到这个伟大目标所做的一切努力至今没有收到效果，是由于每个国家里各个不同劳动部门的工人彼此间不

---

　　① Seymour Martin Lipset and Gary Marks, *It Didn't Happen Here: Why Socialism Failed in the United States*, p. 192.
　　② 转引自陆镜生《美国社会主义运动史》，第422—423页。
　　③ 《马克思恩格斯文集》第3卷，人民出版社2009年版，第13—14页。

够团结。"①

我们不能忘记，美国社会党曾一度锐气十足。根据威廉·福斯特的说法，到 1912 年，社会党的发展达到了顶点，党员有 12 万人；社会党的活动扩大到许多新的领域，包括各大学社会主义者协会的成立、社会主义青年联盟的成立、争取牧师、争取妇女；社会党在选举中也获得了巨大的成就，1912 年，有 1039 名党员担任了选任官职，在总统选举中共获得 897011 票；社会党还创办了强有力的出版物，1912 年共有 323 种定期出版物。② 霍华德·津恩也指出，1910 年，维克多·伯杰作为第一位社会主义议员进入议会；1911 年，在 340 个市镇中，73 名社会主义者被选举为市长，另有 1200 名社会主义者成为低级官员。报界称这一现象为"社会主义大潮的勃兴"。③ 社会党在 1912 年之前不断发展壮大的事实至少表明，美国社会主义运动曾经显示过良好的前景。按照许多"例外论"者的观点，美国特殊的社会条件根本不适合社会主义的成长，可是为什么社会党自成立以后能够不断发展壮大，甚至到 1912 年左右还能达到影响力惊人的程度？显然，在这一点上，"美国社会主义例外论"的传统解释并不是很有说服力。

然而问题在于，这种蓬勃发展的前景不久就消失了。而且，即使是在美国社会主义运动最兴盛的年代，其社会主义者和支持者的数量在美国社会总人口中也只占一小部分。换句话说，社会主义运动在美国一直微波不兴，这是一个不争的事实。有必要指出，许多支持或同情社会主义的美国人并没有直接参与社会主义政党的活动，而是积极投身于同期其他一些争取社会公平和正义的斗争中去，比如平民党运动。这一部分的人数可能远大于社会主义政党的党员数量，他们是潜在的社会主义者，或者至少是社会主义者的同盟军。这股潜在力量的走向，在很大程度上决定着社会主义运动的

---

① 《马克思恩格斯文集》第 3 卷，人民出版社 2009 年版，第 226 页。
② ［美］威廉·福斯特：《美国共产党史》，第 116—117 页。
③ ［美］霍华德·津恩：《美国人民的历史》，第 297 页。

壮大或衰微，因为他们是运动的基础和源泉。社会主义要想在美国形成大规模的运动，取决于广大工人阶级的积极、主动参与，因为工人阶级始终是社会主义运动的主体。广大潜在的社会主义者为什么没有转化为现实的社会主义者？即便是在美国社会出现严重危机之时，美国大部分民众也未选择社会主义，这种现象值得深入思考。那么，如何激发工人阶级的阶级意识，才能使其由"自在阶级"转变为"自为阶级"，这一点很关键。

由此可见，对"美国社会主义例外论"的讨论实质上可以转化为另一个问题，即美国工人阶级的主体为什么没有积极投身于社会主义运动。到底是哪些原因销蚀了美国工人阶级的阶级意识，削弱了美国工人阶级对社会主义的兴趣和推翻资本主义的强烈要求？沿着这一思路，本书需要着重考察美国社会主义运动发展趋势转变的深层原因。由于进步主义时期是美国社会主义发展的关键阶段，因此后文分析的重心将更多地聚焦这一时期。

第二章　世界社会主义的时空分异

由于美国工业大发展的时期晚于欧洲（主要指西欧），因此其社会主义全面兴起的时期也晚于欧洲。在美国社会主义迎来历史上的全盛时期之际，欧洲社会主义整体上已经开始转向改良主义。尽管革命的力量依然存在于欧洲各国，但是此后的发展趋势是逐渐走向衰微，而改良主义的队伍却日益壮大。在美国社会主义发展的巅峰时期，美国工人的主体也是改良主义的。即使是美共建立之后的大部分时间，社会主义政党也多次参与大选，且不乏与罗斯福政府之间的合作。这说明，美国社会主义除了发展规模异常弱小之外，其发展轨迹与欧洲社会主义大同小异。如果从全球视野出发，我们将会更好地理解，作为一种全球现象的社会主义在跨国传播过程中，随着时代和地域的不同，产生了哪些变化，但同时又保持了哪些共性。

第一节　资本主义的世界扩张与社会主义的全球传播

一　什么是社会主义运动

"社会主义"一词源自拉丁文中的"socius"（即"同伴"、"同伙"）。"社会主义"既是指一种政治理论和思潮，又是指一种政治经济体制。无论在哪种意义上，"社会主义"旨在保障社会成员在社会和经济方面的公正与平等。尽管社会主义的经典作家们在理论方面存在种种分歧，但是绝大多数流派始终有一个共同之处，即必须用集体所有制形式来取代私有制，特别是生产资料私有制。经典马克思主义认为，社会主义应该是"这样一个联合体，在那里，每个人的自由发展是一切人的自由发展的条件"①。根据这一表述，社会主义所采取的一切措施都是为了每一个人的利益，而不仅仅是为了少数富人或者特权者的利益。从最纯粹的理论意义上而言，为了确保在社会成员中公平分配财富和收益，社会主义强调生产资料的社会化。这一点正是社会主义的根本特征。

自其诞生以来，这个概念的含义就随着历史的发展而演进。"社会主义"首次出现于1803年的意大利文出版物中，当时的含义与后来的毫不相干。② 现代意义上的"社会主义"一词出现于19世纪二三十年代，其含义主要体现在欧文、圣西门和傅立叶等人的著作中，其原意是指以集体主义而非个人主义为基础、以大众的而非少数人的幸福和福利为目标的人类事务的管理制度。到了40年代中后期，人们逐渐开始有区别地使用社会主义和共产主义两个概念，前者侧重于和平的社会改造，而后者偏重于通过无产阶级革命废除私有制。关于这一点，恩格斯曾明确提到，"在1847年，社会主义是资产阶级的运动，而共产主义则是工人阶级的运动。当时，社会主义，至少在大陆上，是'上流社会的'，而共产主义却恰恰相反"③。可见，在当时的语境中，社会主义的含义与今天一般的理解仍有很大不同。

19世纪中期以后，随着西方工业革命的发展，工人阶级迅速崛起，愈益成为谁也无法忽视的社会力量。马克思主义从对资本主义的经济分析中引导出关于工人阶级的阶级地位与历史使命的理

① 《马克思恩格斯选集》第1卷，第422页。
② 参见［英］G. D. H. 柯尔《社会主义思想史》第1卷，何瑞丰译，商务印书馆1977年版，第7页。
③ 《马克思恩格斯选集》第1卷，第385页。

论，从而逐步上升为工人阶级斗争的主要指导学说。在产业革命和马克思主义的有力互动下，欧洲社会主义形成了大规模的群众性政治运动。到了 19 世纪末期，在马克思主义者当中，"社会主义"和"共产主义"这两个概念并没有严格区别，前者几乎代替了后者。[①] 而且，在那一时期，马克思主义的社会主义在欧洲大陆上几乎成为"现代社会主义"的同义语。一直到第一次世界大战之后，马克思主义的社会主义流派内部对社会主义的理解才产生了重大分野。

众所周知，世界社会主义运动中一直都存在各种各样的思潮和流派。它们在社会主义的本质、理论依据、实现途径等等问题上的分歧往往是根本性的，这就使得人们无法给社会主义下一个统一的、明确的定义。例如，仅在 19 世纪中期，流行的社会主义（其中也包括共产主义）就有空想的社会主义、封建的社会主义、小资产阶级的社会主义、无政府主义的社会主义、改良的社会主义、布朗基主义的社会主义、马克思恩格斯的科学社会主义，等等。不同的流派对社会主义持有不同的理解是很自然的事情，而且不同的群体囿于历史经验、经济状况和认识水平等差异对社会主义有不同的主张更是毫不奇怪。

时至今日，关于社会主义的定义到底有多少种，"还没有看到确切的统计数字，大体上总在 500 种以上"[②]。《社会主义思想史》的作者柯尔开篇就提到，给社会主义下明确的定义是不可能的。英国著名史学家唐纳德·萨松在《欧洲社会主义百年史》中曾指出，"社会主义'究竟'是什么，还是一个备受争议的问题"[③]。无论如何，要梳理清楚有关"社会主义"概念的分歧，将远远超出一

---

① 参见黄宗良等主编《世界社会主义史论》，北京大学出版社 2004 年版，第 4 页。

② 高放主编：《当代世界社会主义概论》，中国人民大学出版社 1989 年版，第 2 页。

③ ［英］唐纳德·萨松：《欧洲社会主义百年史》上册，姜辉等译，社会科学文献出版社 2008 年版，第 9 页。

篇文章所能承载的内容。但是,关注不同时期人们对于"社会主义"一词的不同理解,对于本书所探讨的问题具有至关重要的意义。

桑巴特问题提出于 1906 年,在布尔什维主义与民主社会主义的大分野产生之前。据此可以认为,桑巴特问题所涉及的"社会主义"是指"现代社会主义",即马克思主义的社会主义。但是,即使在这样的情况下,也不能完全忽视当时的其他社会主义流派,例如,布朗基主义、蒲鲁东主义、无政府主义等等。另外,在马克思主义的社会主义学派内部,关于社会主义的基本问题仍有着不同的理解。

再来看看社会运动这个概念。

作为一种社会历史现象,社会运动发端于 18 世纪后期的西欧,在 19 世纪早期的西欧和北美获得广泛的发展。到 19 世纪中期以后,社会运动的变化趋缓,却持续扩展到整个西方世界。20 世纪 60 年代以来,发达国家的社会运动表现出不同于以往的特征,于是一些学者称之为新社会运动。

一如社会科学中的许多重要概念,"社会运动"这个术语同样混杂了太多的歧义,学者们对它的认识也存在很多差异。较早使用"社会运动"这一术语的学者是德国社会学家洛伦茨·冯·斯坦(Lorenz von Stein)。1850 年,他在其著作《1789 年至今的法国社会运动史》中使用了"社会运动"一词,这个概念起初是指全体工人阶级获得自我意识和权力的持续过程。几乎同一个时期,马克思和恩格斯也在相近的意义上使用这个概念,他们说,"过去的一切运动都是少数人的或者为少数人谋利益的运动。无产阶级的运动是绝大多数人的、为绝大多数人谋利益的独立的运动"[①]。到 19 世纪末期,"社会运动"所指涉的主体已经从工人阶级扩展到了农民、妇女、宗教人士及其他各种抗争团体。按照美国著名学者查尔

---

① 《马克思恩格斯选集》第 1 卷,第 411 页。

斯·蒂利的理解，社会运动是一种独特的大众政治手段，是斗争政治的特殊形式。不过他还认为，没有人拥有"社会运动"这一术语的所有权，不论是社会运动的分析者、批评者，还是社会运动的参与者，都可以按照自己的想法使用该术语。①

经过以上两个概念的讨论，我们就可以理解为社会主义运动下统一定义之难。由于"社会主义运动"这个概念由两个本身尚不精确的概念组成，所以更不可能得到十分明确的界定。这样说并不意味着，我们不能或者不应该在具体的研究中做出主观的选择。精确的定义是科学研究所必需，但是由于社会实践和历史现实的复杂性，人们有时很难找到一个适用于广泛目的的明确定义。换个角度看，也许这正是研究领域和视角进一步深化和发展的反映。

无论如何，绝不能根据一家之言而否定世界社会主义运动中存在过众多流派这一事实，这种态度显然是非历史和非学术的。因此，不能根据某一种确定的社会主义的定义来判断，哪些运动算得上社会主义运动，哪些又算不上。那么，在探讨"为什么美国没有社会主义"问题时，如果不考虑到问题的这种复杂性，一定要以某种关于社会主义的确定原则为出发点，不仅不利于核心问题的探讨，反而有可能导致以偏概全，甚至陷入细节争论之中。因此，可取的态度也许是，把当时所有自称主张社会主义的社会运动都纳入研究的视野。与其在定义问题上争论不休，不如从一个最基本的简单事实出发，即：与欧洲19世纪晚期的情况相比，美国不存在以任何一种社会主义为旗帜的大规模群众性运动。在这个比较的意义上理解桑巴特问题的含义，可能是更加有益的。

理解这一点，我们就可以勉强为社会主义运动下一个定义。在最宽泛的意义上，社会主义运动应该包括所有主张通过社会主义方式纠正资本主义制度产生的种种社会弊病的群众性抗争行动。就本

① 参见［美］查尔斯·蒂利《社会运动，1768—2004》，胡位钧译，上海人民出版社2009年版，第9页。

书的研究对象和研究时期而言，社会主义运动，是指 19 世纪后期在西欧兴起的主张通过生产资料社会化来消除资本主义工业化导致的社会弊病的大众性集体抗争行动。

社会主义运动是西欧社会的产物，之所以陆续出现在世界上其余的地区，完全是资本主义全球扩张的结果。按照马克思的观点，由于生产的社会化突破国家的疆域，扩大到了世界范围，使得资源和劳动力的利用日益国际化，推动了"世界市场"的形成。各个国家和地区先后卷入以相互影响、相互依赖为特征的世界市场，人类社会真正转向了世界历史的发展进程。经过第二次工业革命的巨大推动，这一进程到 19 世纪晚期已经进入高潮，彻底改变了人类历史发展的基本结构，并使世界历史最终形成。在世界体系的整体化发展的趋势下，社会主义运动才能伴随着资本主义的全球扩张而迈出西欧的狭小天地，席卷世界上大多数国家和地区。

二　世界历史①的形成与社会主义的全球传播

19 世纪末之前，美国与欧洲最明显的不同之处在于拥有广袤而肥沃的边疆。1890 年，美国联邦人口统计局宣布，边疆已告终结。此时，美国的工业化已经基本完成，成为世界首屈一指的强大经济体。同年出版的《海权论》是一个象征，表达了美国人控制世界的雄心。这一切也许仅仅是巧合，但是今天几乎已经无人否认，在那个世纪的最后阶段诞生了一个与众不同的美国。如果将历史的视野扩大和延长，明显可以看到一个巨大的转折，它对于现代美国的形成具有重大的意义。更具深意的是，1890 年之后的历史

---

①　马克思的"世界历史"概念源于黑格尔，但是这种继承是批判性的。他保留了历史是一个合理的可理解的过程这一思想内核，否定了对于历史的抽象思辨，认为只能从人类的生产实践出发认识和理解历史，旨在使历史研究成为科学。同时，他将这种新方法应用于对当时的资本主义社会的分析和研究之中。他的"世界历史"概念是相对于"民族历史"而言，他认为"民族历史"向"世界历史"的转变是物质生产发展的结果。马克思在《德意志意识形态》《共产党宣言》和《资本论》等重要著作中都有关于"历史向世界历史转变"的具体论述。需要指出，马克思的"世界历史"概念本身就含有将世界作为一个相互联系的整体加以考察的思想。

表明，这一转折对于全球的历史进程同样意义非凡。

从 19 世纪末起，美国就接连遭受城市化、工业化以及大规模移民三重冲击，其中，大规模移民也许是最重要的。[①] 这些移民的来源复杂，动机各异。大多数移民都不太适应家乡原有的社会生产组织方式，是社会竞争的失败者，有一句移民的口头禅——"公爵们是不会移民的"[②]，道出了几多无奈与辛酸。他们来到"新世界"不是为了追求个人自由，更多是为了追求经济机遇。许多人打算发财之后，就打道回府。这一时期移民的来源不同于以往，除了英国、爱尔兰、加拿大、德国、斯堪的纳维亚、瑞士和荷兰，新移民更多来自奥匈帝国、意大利、俄国、希腊、罗马尼亚和土耳其。

移民来源的扩大是工业资本主义全球扩张的自然结果。新技术的应用，新交通和通信手段的问世，更便捷、快速地把更廉价的商品带到更遥远、偏僻的角落。这种力量十分强大，传统的小生产者根本无法与之抗衡，纷纷败下阵来，因为过去的本地生产、本地销售的方式已经没有什么优势可言了。工业比较集中的城市对劳动力的巨大需求，随之而来的对食品的大量供应，刺激了农村地区大地主的土地兼并行为，传统上自给自足的小农经济开始走向衰落。与此同时，城市里的小手艺人、农村的农民和小地主不同程度地陷入了经济困境。生存的巨大压力，迫使人们背井离乡，寻找有报酬的工作，以补贴家用。暂时移居他乡，寻找生活的转机，是这股大潮的一种符合逻辑的延伸。事实上，美国并不是移民们唯一的目的地，还有很多人动身前往加拿大、澳大利亚、新西兰、阿根廷和巴西等国。相比之下，只是美国的迅猛发展更加引人注意而已，成为众多打算移民的欧洲人的希望之地。

人不仅是技术、知识和观念的载体，而且是生产和生活方式的

---

① ［美］汉娜·阿伦特：《论革命》，陈周旺译，译林出版社 2007 年版，第 44 页。
② 邓蜀生：《世代悲欢美国梦》，中国社会科学出版社 2001 年版，第 106 页。

载体。人类交往规模和范围的扩大，必然带来生产组织方式的扩散。这个过程相当漫长，可以追溯到更早的 15 世纪的地理大发现。按照马克思的观点，正是由于 15 世纪新航路的开辟，冒险家和征服者们开始以武力和贸易手段将美洲、非洲和亚洲逐渐变为殖民地。商业和工业有了巨大的发展，大量新产品的输入和金银的流通完全改变了不同阶级之间的相互联系，并且无情地打击了封建土地所有者和劳动者。与此同时，对殖民地的贸易推动资本主义不断地从源发地向外开拓扩展，世界各地之间彼此隔绝的状态得以打破。由于生产的社会化突破国家的疆域，扩大到了世界范围，使得资源和劳动力的利用日益国际化，推动了"世界市场"的形成。各个国家和地区先后卷入以相互影响、相互依赖为特征的世界市场，人类社会真正转向了世界历史的发展进程。经过第二次工业革命的巨大推动，这一进程到 19 世纪晚期已经进入高潮，彻底改变了人类历史发展的基本结构，并使世界历史最终形成。①

人员和观念的全球流动，只是世界历史形成的一个侧影。继之而起的是孤立发展的民族历史的终结，一个紧密联系、相互影响、相互依赖、相互制约的世界体系的诞生。在这个体系之中，各个民族国家先前独自发展的历史逻辑或被打断，或被替代，或被修正，总之变化已经不可避免。由于地区间生产力发展的不平衡，必然导致国际分工的进一步深化，这种结果又意味着世界体系内的每一个组成部分都现实地依赖于其他部分。随着国际分工和相互依赖程度的加深，世界体系至少出现了以下几个明显的趋势。

首先是整体化，或称一体化。市场扩张的根本动力是资本的扩张。资本的扩张不断地把全球每一个空间都整合到生产过程之中，只有这样才能维持生产的连续性。闭关自守已经不再可能，除非想要自取灭亡。起初资本、技术、商品和劳动力的流动并不能畅通无阻，世界市场的形成一直伴随着发达工业化国家对广大落后国家和

① 参见张光明《布尔什维克主义与社会民主主义的历史分野》，第 2 页。

地区的扩张和控制。资本主义工业国所用的手段当然包括暴力，不过很多时候也还要披上世界和平的外衣，打着考察、探险、合作开发等等华美的旗帜。19世纪末20世纪初，亚洲、非洲和拉美的广大区域先后被强行纳入了世界市场。民族国家的主权尽管依然有效，但已呈衰落之势。各种观念和思潮悄无声息地超越疆界，更具有隐蔽性，少有力量能够抵御这种渗透和融合。民族国家衰弱的主权，意味着对经济、文化交流的控制力不断减弱，强势文化在观念市场上一路高奏凯歌。资本主义所到之处，传统文化哀声渐起。伴随着资本主义的传播，社会主义也如影随形，成为世界各地反抗运动的有力武器。总之，世界的一体化，成了任何地区和民族都无法抗拒的历史趋势。

其次是等级化。由于生产力发展水平的差异导致世界范围的劳动分工，不同国家和地区在世界体系中相互依赖的方式和地位既不相同也不平衡。根据世界体系论鼻祖沃勒斯坦的看法，在世界资本主义经济体系中，各国分别处于中心、半边缘和边缘的地位，分别承担不同的经济角色，这种体系是造成全球经济发展不平衡的根本原因。不管学者们持何种分析视角，不同国家在世界体系中具有不同的权力是不争的事实。世界政治体系中权力的等级化，又进一步加强了各个国家对经济、文化交流的控制力的不平衡，弱势文化很难在强势国家广泛传播。即使勉力为之，也很难得到大范围的认同。这种等级化并不是静态的，随着综合国力的变化，国家的地位也会随之浮动。处于上升期的国家民族自信心和自豪感空前高涨，对于外来文化和思潮的抵抗力也会有所增强。这一时期世界体系最引人注目的变动，也许应该是美国的迅速崛起。

再次是地区化，或称本地化。在历史的长期发展中，每个地方的物质、文化生产方式和人们之间的交往方式是长期自然选择的结果，因而不能不各具特色。尽管现在已经同样被整合进同一个世界体系，但不同国家和地区拥有不同历史文化传统、不同地理环境和社会结构，处于不同经济发展阶段以及在国际体系中的不同权力地位。因此，当来自外部的另一种组织方式、制度或观念在一体化的作用下传播到本地时，都必须经历调整、改造或变化，才能落地生根。因此相同的运动和思潮在世界各地传播的过程中，无一例外地表现出迥异的发展样态。社会主义由西欧传播到其他国家，也需要经过本地化过程，因为把任何一个国家的经验全盘照搬到其他国家，都是不可能的。

世界体系的这三种发展维度在逻辑上次第继起，相互联系，是一而三、三而一的关系。社会主义在全球的传播过程与世界体系的三种发展维度息息相关：正是在世界体系的整体化发展的趋势下，社会主义运动才能伴随着资本主义的全球扩张而迈出西欧的狭小天地，席卷世界上大多数国家和地区；等级化的发展趋势又造就了社会主义运动在不同国家具有不同的烈度和广度；而第三种趋势催生了形形色色具有各国特色的社会主义。

作为资本主义世界经济体系的一个重要组成部分，美国社会毫无例外地产生了生产的社会化和生产资料私人所有制之间的矛盾，产生了资产阶级与工人阶级的阶级斗争，因此，也毫不例外地出现了社会主义运动。虽然美国与西欧国家都拥有发达的资本主义，社会经济结构相近，但美国的社会主义运动的确呈现出一些看似迥异于欧洲的特点。无论是其规模、烈度、发展趋势，还是社会主义政党与工人运动结合的程度，都与当时的社会主义者们的期望相左。桑巴特问题的实质是指，为什么美国缺乏欧洲那种大规模的社会主义运动和在政治生活中拥有重大影响的社会主义政党。很明显，这个问题是在与欧洲特别是西欧相比较的基础上才有意义的。在欧洲出现大规模的社会主义运动之前，这个问题的提出是根本没有价值的。因为在世界市场形成、历史成为世界史之前，各个地区相互隔绝，遵循着各自独特的发展逻辑。只有在世界出现"整体化发展的前提下，社会主义才能超出西方资本主义地区的地域界限，成为真正的世界性的思潮"①。

因此，要回答这个问题，我们必须先弄清楚西欧何以产生社会主义运动，换句话说，美国与西欧产生社会主义运动的历史条件有什么不同？

第二节　美国与西欧社会主义
运动历史条件的比较

社会主义是因为资本主义社会的弊病而兴起，这一点上美国和欧洲没有两样。但是，同样的事情在不同的历史条件下，很可能会出现不同的结果。马克思曾指出，"极为相似的事变发生在不同的历史环境中就引起了完全不同的结果。如果把这些演变中的每一个都分别加以研究，然后再把它们加以比较，我们就会很容易地找到理解这种现象的钥匙"②。因此，下文将从比较的视角切入讨论，对美国与西欧社会主义运动的历史条件进行对比，以揭示这种"例外"表象下的普遍性。

一　西欧社会主义运动兴起的历史条件

欧洲社会主义产生的历史依据存在于资本主义工业化的大规模发展之中。资本主义是一种人类社会组织生产、分配和交换的生产方式，它以私人占有生产资料为特征，旨在追求高额利润。相对于封建主义，资本主义是一种进步，是历史理性的胜利。但是在其诞生之初，资本主义就表现出嗜血的本性，所到之处怨声四起。欧洲历史上著名的"圈地运动"（Enclosure Movement）就是以农民的血肉和尸骨堆出来农业资本主义的大发展。这种情况在英、德、

---

① 张光明：《布尔什维克主义与社会民主主义的历史分野》，第 3 页。
② 《马克思恩格斯文集》第 3 卷，人民出版社 2009 年版，第 466 页。

法、荷、丹等国都曾先后出现过，其中尤以英国的圈地运动最为有名。英国的圈地运动从 15 世纪晚期一直延续到了 18 世纪末，其间充斥着大量"羊吃人"的悲惨故事，莫尔在《乌托邦》（1516 年）中曾对这一现象进行了辛辣的讽刺。也正因为如此，马克思写下了广为传颂的名句，"资本来到世间，从头到脚，每个毛孔都滴着血和肮脏的东西"①。

资本主义在其幼年期，冷酷无情地计算利益，肆无忌惮地剥削工人，不择手段扩大市场，丧心病狂追逐利润，置普罗大众于悲苦无告之境而无丝毫怜悯之心。越来越频繁的经济危机，大大削弱了工人们的谈判地位，他们的妻子和孩子也越来越多地出去工作，城市中的临时工、下等工和无根基工人的数量和比例也上升了，这些人还不断沦为罪犯。名义上的较高工资，常常因为实物交易和雇主的欺诈伎俩而减少。他们的居住环境也让人触目惊心，当时对这种情景的描述多到让人熟视无睹，如果今天的人们看到肯定会恶心呕吐。尽管贫民窟在历史上一直都有，但是工业革命使其成倍增加了。② 劳动时间长，健康状况恶劣，营养不良，疾病流行，事故频发，劳动阶级的凄惨处境令有良知的知识分子为之动容，即使是自由主义的坚定倡导者如约翰·穆勒也对下层民众的贫苦和不幸表达了深深的同情。

在今天看来，19 世纪前期的资本主义还处于不成熟的阶段。这种不成熟表现在诸多方面。

第一，资产阶级和资本主义生产关系立足未稳。

在这个世纪的前 15 年，法国和英国为了争夺欧洲霸权造成严重的战祸，法国的封锁和英国的反封锁措施轮番斗法，拿破仑的军人专制耗尽了法国的力量，其他各国的经济都不同程度受到损害。1815 年之后维也纳体系的建立，开始了近一个世纪的所谓均势的

---

① 《马克思恩格斯选集》第 2 卷，第 297 页。
② 参见［英］波斯坦等主编《剑桥欧洲经济史》第 7 卷，经济科学出版社 2004 年版，第 196 页。

"黄金"时期。但是维也纳会议试图以"正统原则"恢复被摧毁的封建王朝，以"补偿原则"来协调各君主国的利益范围。此后的很长时间里，各国的资产阶级还在和封建势力或斗争或勾结。在这"最持久的和平"时期，资本主义得以蓬勃发展壮大。直到 19 世纪末 20 世纪初，欧洲的君主专制国家才完全被现代意义上的民族国家所取代。

第二，社会系统缺乏成熟的调控机制。

每一种社会形态一旦确立，就具有了一定程度的稳定性。这种稳定性来自社会系统内部的自调节、自平衡和自修复机制。而在 19 世纪的欧洲，资产阶级革命摧毁了封建主义的生产方式，也就破坏了原有的社会调节机制，但是新的调控系统还未成熟。工业革命引发了社会的急剧变迁和人们生活方式的彻底改变，也带来了诸多社会问题：犯罪、自杀、贫穷、失业和饥馑，以及日益激烈的阶级对立。原本可以有效调节人们行为、维护社会秩序的道德规范，已经失去了调节功能。此时离现代资本主义社会保障体系的建立还时日尚早，所以当时的欧洲各大城市都充斥着流离失所、饥寒交迫的流浪者。资本主义所到之处，整个社会道德沦丧，人人以他人为敌，社会冲突此起彼伏。

第三，生产力发展不足，未能积累起解决社会问题的足够物质和精神资源。

首先，很多社会问题的解决需要集举国之力方可奏效，非个人或小团体所能企及。19 世纪的自由主义坚持自由放任，主张限制政府的权力，相信"管得最少的政府是最好的政府"。这虽然适合当时资本主义发展的需要，却无力解决尖锐的阶级矛盾。在这种情况下，当时的一些社会精英、慈善家和改良主义者不甘独善其身，试图通过个人的努力寻找解决问题的途径。如前所述，19 世纪初的英国制造商罗伯特·欧文为了缓和工业化所带来的影响，通过自己在苏格兰新兰纳克的纺织厂中改善工作条件，还建立了英国全国大团结工会。此后，他远赴美国，试图建立一些小规模的乌托邦公社，其中最有名的是 1825 年在印第安纳州的新和谐公社。为了改造社会的梦想，他付出了大量的时间和财产。但是，这些试验都因为社员之间的各种矛盾和最终财力不支而失败。后来建立在傅立叶思想基础上的几个公社，比如马萨诸塞州的布鲁克农场（1841—1846），也因为类似的原因最终解散了。

其次，教育水平低下。解决社会问题除了需要大量的物质资源和国民财富积累之外，还需要一定的文化、观念等精神资源，即公民文化积淀，简言之就是国民素质。虽然当时一些著名的学者如孔德、斯宾塞、涂尔干、韦伯等都强调过教育的社会作用，但是欧洲的教育大众化已经是 20 世纪以后的事情了。现在，人们已经认识到，教育特别是高等教育具有社会控制的功能，既可以缓冲失业压力，又可以促进就业，而且具有"拆除炸弹引信"的功效。因为成千上万失业的青年正处在高危险年龄，常常是社会骚乱的主要参与者，如果不进课堂，就会成为"社会炸药"。另外，教育不足还常常与社会贫困问题联系在一起。反观 19 世纪早期的欧洲教育，还是稀缺资源甚至社会特权，远离社会大众。

最后，当时对于社会运行机制的认识还极其不足。其主要表现之一是，社会学方面的研究还处于孕育和起步阶段。19 世纪中叶前后，急剧的社会变迁引发了大量社会问题，剧烈的社会冲突和阶级矛盾催生了革命的潜流，社会动荡不安，危机四伏。这一切迫使人们探求问题的症结，寻求解决之道，于是社会学应运而生了。社会学是日趋激化的资本主义社会各种矛盾的产物，也伴随着资本主义社会调节手段的丰富而发展。不过直到 19 世纪末，社会学作为一门新学科还未得到社会的承认，作为一门独立的学科还未与哲学、政治学以及其他社会科学之间形成明确的区分。①

正是当时的历史条件决定了，早期资本主义体制无法有效地解

---

① 参见［美］兰德尔·科林斯、迈克尔·马科夫斯基《发现社会之旅——西方社会学思想述评》，李霞译，中华书局 2006 年版，第 20 页。

决社会冲突，缓解资产阶级和工人阶级之间的矛盾。由于劳动生产率相对低下，加之技术改造的动力不足，资本家们为了尽可能多地获得利润，不是在相对剩余价值方面下功夫，而是尽可能地增大劳动强度、延长劳动时间、降低工资，甚至不惜巧取豪夺，残酷剥削工人们的剩余价值。这种近乎残忍的剥削方式导致贫富差距不断拉大，最终造成无产阶级的贫困化，社会分裂为两大阶级。无路可退的工人阶级终于奋起抗争，却遭到资产阶级的暴力镇压。很明显，暴力只会催化更大规模的反抗，于是社会的剧烈冲突逐步升级。

1848 年革命沉重地打击了欧洲的封建秩序，资本主义取得更有利的发展条件，工人阶级队伍也随之发展壮大。频繁发作的经济危机使资本主义国家失业人数剧增，阶级矛盾愈演愈烈。这一时期的资本主义以自由放任为原则，所有权与管理权合一，资本家既没有能力也没有动力改善劳工阶级的处境，因为让利于劳动阶级的做法在残酷的竞争中无异于自杀。这样的私人资本主义，"缺少来自社会方面的有意识的管理和控制——这些条件是需要在生产力和社会体制、社会道德的进步中才能逐步获得的"[①]。

既然资产阶级及其意识形态无法提出解决矛盾的方案，那么，这样的方案就一定会以与资产阶级对立的形式，由它之外的政治力量提出来。正是在这样的时代背景下，社会主义作为对社会矛盾的反映，作为劳苦大众的代言人而出现了。[②] 社会主义思想、理论和学说是伴随着资本主义的发展而逐步形成的，作为消除资本主义弊端的思潮、运动和制度而发展壮大。在资本主义幼年期，人们针对当时的社会弊病提出了种种理论主张，圣西门的"实业主义"、傅立叶的"和谐主义"、欧文的"理性社会"被后人称为三大空想社会主义学说。马克思主义的创始人对其时代局限性也有详尽的分析，恩格斯在《社会主义从空想到科学的发展》中指出，"不成熟

[①]　张光明：《社会主义由西方到东方的演进》，云南人民出版社 2005 年版，第5页。

[②]　张光明：《社会主义由西方到东方的演进》，第7页。

的理论，是同不成熟的资本主义生产状况、不成熟的阶级状况相适应的。解决社会问题的办法还隐藏在不发达的经济关系中，所以只有从头脑中产生出来。社会所表现出来的只是弊病，消除这些弊病是思维着的理性的任务。于是，就需要发明一套新的更完善的社会制度，并且通过宣传，可能时通过典型示范，从外面强加于社会。这种新的社会制度是一开始就注定要成为空想的，它越是制定得详尽周密，就越是要陷入纯粹的幻想"①。这些思想虽然被理论界贴上"乌托邦"的标签，但是的确为社会主义学说奠定了理论的开端，闪耀着人类改造现实的思想光辉。

社会主义最初阶段之所以能不断发展壮大，很大程度上来自它对资本主义基于道义上的批判。随着资本主义的不断发展，社会主义理论也逐渐完善。马克思、恩格斯在唯物史观的指导下，使社会主义超越了道德批判的阶段。基于对资本主义制度深刻的剖析，他们从人们的基本生活需要出发，详细考察人类社会组织生产、分配和交换的整个过程，严密地论证了社会主义代替资本主义的必然性，从而把社会主义理论建立在科学的基础上。

下面再来看看美国 19 世纪末 20 世纪初的情况。

二　美国社会主义运动兴起的历史条件

19 世纪下半叶，美国经历了一个史无前例高速发展的工业化过程。特别是 1890 年至第一次世界大战结束这段时期，史称进步主义时期。学者们喜欢称其为"大转折的年代"，这种大转折表现为由自由资本主义向私人垄断资本主义、由农业社会向工业社会、由以农村为重心的发展向以城市为重心的发展、由大陆扩张向海外扩张、由完全自由放任向社会控制、由小政府向大政府、由近代美国向现代美国的大转变。这一次转变和美国历史上由前资本主义向自由资本主义的转变有很大不同，即不是通过独立战争和内战那样

① 《马克思恩格斯全集》第 25 卷，人民出版社 2001 年版，第 210 页。

的革命手段，而是通过渐进改革的方式，使经济发展、科技革命和社会急剧转型所带来的社会冲突得到缓解，使资本主义的生命得到延续，并得以迈向一个更高的发展阶段。

这一时期，美国的发展速度和广度堪称资本主义世界发展史上的一大奇迹。1878 年，马克思说，"在英国需要整整数百年才能实现的那些变化，在这里只有几年就发生了"①。1886 年，恩格斯则评论道，"大西洋彼岸事变的发展至少要比欧洲快一倍"②。1915年，列宁曾指出，"无论就 19 世纪末 20 世纪初资本主义的发展速度来说，或者就已经达到的资本主义发展的高度来说，无论就根据十分多样化的自然条件而使用最新科学技术的土地面积的广大来说，或者就人民群众的政治自由和文化水平来说，美国都是举世无匹的。这个国家在很多方面都是我们资产阶级文明的榜样和理想"③。1906 年，德国学者桑巴特分析了美国如此迅速积累资本的原因，他着重强调了美国丰饶的自然资源和技术发达的优势更适合于用征服世界的手段发展资本主义，以及良好的运输条件和广阔的市场更适合资本主义的扩张。④

然而，空前繁荣的背后却是巨大的社会危机。如此迅猛的发展，特别是工业化、城市化和大量移民的涌入带来了诸多的社会问题。这些问题包括经济集中与垄断、贫富分化、政治腐败、环境污染、食品安全等，最令美国人惴惴不安的是劳工运动和阶级冲突所造成的革命前景。19 世纪 70 年代的经济萧条发生了美国历史上波及范围最广、过程最暴力的劳资对立。经济危机的恶化终于导致 1877 年、1886 年、1892 年以及频发于 1893—1895 年间的劳工暴动。⑤ 仅 1881—

① 《马克思恩格斯全集》第 34 卷，第 334 页。
② 《马克思恩格斯全集》第 21 卷，第 296 页。
③ 《列宁全集》第 22 卷，人民出版社 1990 年版，第 1 页。
④ 参见 [德] W. 桑巴特《为什么美国没有社会主义》，社会科学文献出版社 2003 年版，第 1—2 页。
⑤ [美] 沃尔特·拉菲伯等：《美国世纪：一个超级大国的崛起与兴盛》，黄磷译，海南出版社 2008 年版，第 6 页。

1886 年间，罢工就有 3000 多次，参加的工人达 100 多万。其中包括 1884—1886 年铁路工人的罢工，1886 年 5 月芝加哥 8 万多人参加的争取 8 小时工作日的罢工及紧接着的秣市广场暴动。1893 年，美国的煤矿工人进行罢工。1899 年和 1902 年矿工又发动了新的罢工。① 社会主义政党开始兴起，世界产业工人联盟等组织，号召人们推翻资本主义制度，美国资本主义制度受到了前所未有的挑战。1886 年，恩格斯在写给左尔格的信中说："美国的运动正处于我们在 1848 年以前所处的那种阶段上……不同的是，在美国，这一切将进行得无比迅速；运动开展不过 8 个月，就能在选举中取得那样的成绩，这简直是闻所未闻的。"② 据此可以认为，美国社会主义运动的兴起落后于欧洲约半个世纪之久。

从根本上说，这些社会问题的出现是因为美国融入了一个正在形成的世界经济体系，是对资本主义全球传播的反映。资本持续地追求尽可能多的利润，这一点是资本主义的原动力，是资本主义社会"冲突"与"缓和"的总根源，是揭开资本主义生命延续至今的全部秘密的钥匙。早期资本主义残酷地追求利润，置劳动阶级于悲惨境地而不顾，一旦贫富分化超过社会的耐受极限，尤其到了经济危机期间就会引发剧烈的阶级冲突。当冲突已经威胁到利润的实现时，对社会稳定的强烈需求就会占据上风，这迫使资本家调整追求利润的方式。因为，在社会激烈动荡的情况下，生产根本无法进行，何谈实现资本的增殖，革命更是资本家最不愿意看到的前景。在以 1873 年危机为开端延至 1895 年的"大衰退"期间，频繁的危机迫使资本家实行一系列改良措施。1892 年，恩格斯对此有过精彩的论述，他指出，因为过去那种传统的剥削方式已经不合算了，大资本家有比打小算盘更重要的事情，所以主动实行了很多改良

---

① ［法］米歇尔·博德：《资本主义史 1500—1980》，吴艾美等译，东方出版社 1986 年版，第 163 页。

② 《马克思恩格斯选集》第 4 卷，第 584 页。

措施。①

19 世纪末 20 世纪初，西方主要资本主义国家先后开始由自由资本主义向私人垄断资本主义过渡。旧的社会控制机制逐渐失灵，新的社会关系和社会矛盾也日益显现出来。从那时到现在的一百多年间，资本主义国家一直在探索如何有效地调节资本主义的社会关系和控制社会矛盾，其中一个基本发展趋势是逐渐强化和在调整中优化国家干预。② 只不过美国后来者居上，成为资本主义史上后发赶超的典型。与半个世纪前的欧洲相比较，进步主义时期的美国资本主义已经发展到一个新阶段。

首先，进步主义时期的改革者已经认识到了自由放任的自由资本主义的弊端。美国没有封建传统的羁绊，一开始就是纯粹的资本主义。经过 19 世纪下半叶的飞速发展，美国已经成为资本主义世界的领头羊。资本的日益集中，大工业的权势熏天，令许多美国人认识到完全自由放任的危害。面对垄断资本主义对民主的侵蚀，所有的美国人都试图控制他们个人的生活，一些人还试图控制政府管理的方式。人们开始放弃小政府或有限政府的信念，认为政府应该帮助管制经济，约束大企业的为所欲为，为普通人提供一定的保护。随着工会运动的发展，人们发现，政府对罢工的镇压只会激起劳工的更激烈的反抗，形成恶性循环。进入 20 世纪以后，工人的某些基本权利得到美国政府的承认，新的劳工政策逐步形成。工会作为一支重要的政治力量，被政府结合到政治过程之中。政府也开始站在相对独立的立场上出面调解劳资纠纷，并逐渐实现了对劳资纠纷干预的制度化。1903 年联邦建立商务与劳工部，加强了对劳工事务的管理。1913 年改建单独的劳工部，"以促进、推动和发展美国工资劳动者的福利，改进其工作条件，并增进其报酬丰厚的工作机会"③。

---

① 参见《马克思恩格斯选集》第 1 卷，第 66—67 页。
② 吴必康主编：《美英现代社会调控机制》，第 7 页。
③ 转引自李剑鸣《大转折的年代：美国进步主义运动研究》，天津教育出版社 1992 年版，第 198 页。

　　其次，美国人已经初步具备了社会控制的思想资源。具体而言，这段时期社会学的崛起奠定了社会控制的思想基础。社会学始创于欧洲，却兴盛于 19 世纪末 20 世纪初的美国。社会学的勃兴适应了时代的需求，与美国当时所面临的大量社会问题有直接的关系。19 世纪末，斯宾塞的社会进化论学说在美国极为盛行。这种学说认为，社会和自然界一样，也是一个物竞天择的角斗场，是通过适者生存的法则而进化。社会达尔文主义在经济上主张自由放任，法律上信奉惯例，政治上提倡不干预主义。对于社会达尔文主义的批判，在 20 世纪 80 年代就开始了。莱斯特·沃德等人以斗士的姿态改造了斯宾塞机械而消极的进化论，指出无视创造性进化过程中的精神作用是斯宾塞的最大失误。沃德认为竞争和垄断应当让位给自觉的协作，并且在任何情况下都必须由政府计划，建立一个"有目的"的社会，而教育与科学是这种计划的工具。按照《美国遗产丛书》编者的观点，沃德是美国现代福利国家的先知。[①] 1901年，爱德华·罗斯（Edward A. Ross）出版了《社会控制》一书，他阐述了社会控制的必要性、可能性和具体控制手段，把社会控制作为维护正常社会秩序的基础，促使美国社会在社会稳定与个人自由之间达成平衡。[②] 当时的美国总统西奥多·罗斯福成为罗斯最有影响力的政治家朋友，他称赞这本书是一本令人印象深刻的著作，从那时起他读了罗斯所有的著作。[③]

　　最后，这一时期的美国已经崛起为世界大国，并通过一系列的海外扩张逐步迈向世界经济体系的顶端。如果仅从国内角度观察美国社会的种种变化，往往会忽视国外市场对国内繁荣与稳定的重要影响。因为每个国家在国际体系中的权力是不平等的，这意味着帝

---

　　① 贾春增主编：《外国社会学史》，中国人民大学出版社 2000 年版，第 188 页。
　　② 参见 [美] 爱德华·A. 罗斯《社会控制》译者序言，秦志勇、毛永政译，华夏出版社 1989 年版。
　　③ Roodenburg H., Spierenburg P. ed., *Social control in Europe*, Columbus：The Ohio State University Press, 2004, p. 4.

国主义国家对海外市场的控制力和控制范围的差异。这种差异又会带来不同的海外收益积累，进而不同程度地影响到国内的秩序。所以对于"美国社会主义例外论"研究而言，美国海外扩张和迅速崛起绝对不是可有可无的背景，忽略这一重要维度不可能得出比较全面的结论。而这正是既有研究的盲点——大多数"美国社会主义例外论"的支持者有意无意地忽略掉了一个重要事实，即美国的帝国构建对国内社会具有重大影响。美国著名的黑人学者W. E. B. 杜波依斯曾于1915年在《大西洋月刊》上撰文指出，资本主义制度的狡猾之处在于，它试图将剥削者和被剥削者联合起来，为爆炸性的阶级冲突制造一个安全阀："现在已不再仅仅是豪商巨富或者贵族式的垄断集团，甚至也已不再是整个剥削阶级在掠夺世界了，这种掠夺现在是由整个的国家，一个由联合起来的资本家与劳动者组成的新的民主国家来进行了。"① 虽然他们的观点主要是针对欧洲国家的帝国主义，但是也符合这段时间美国的情况。

美国政府之所以对经济和社会诸多领域进行干预，社会各个阶层之所以积极参与改革进程，主要原因是不可抗拒的客观条件成熟了。拥有先进的生产力和相对丰裕的国民财富积累，是进行社会控制的物质基础，中产阶级的壮大是进行有效社会控制的阶级基础，这一时期涌现的新思想为社会控制做好了思想准备。美国的资本主义已经发展到一个新的阶段，具有了相当程度的自我修补与自我调控能力。美国进步主义时期的社会控制开创了资本主义自我完善、自我调节的范例，开启了20世纪30年代富兰克林·罗斯福总统推行"新政"的先声。这一切表明，美国的资本主义对于生产力发展尚有较大的容纳空间，通过社会控制消除社会冲突的可用资源远未耗尽。因此，进步主义时期的美国社会主义运动始终难成气候，经过一系列组织上的分裂，社会主义政党的党员人数锐减，社会主义运动走向衰落。

---

① ［美］霍华德·津恩：《美国人民的历史》，第306页。

通过以上比较分析可以清楚地看到，社会主义运动在美国和西欧兴起的历史条件已经有很大不同。

首先，两者兴起于资本主义的不同发展阶段。西欧社会主义运动兴起于资本主义发展的早期阶段，由于缺乏有效的社会控制机制，出现了众多社会问题，引发了尖锐的社会冲突，社会主义运动作为消除资本主义弊病的群众性集体努力而大规模发展。美国社会主义运动的兴起晚于西欧大约半个世纪，而此时资本主义世界体系内部已经出现了一个重大转型，即由完全自由放任转向了某种程度上的社会控制。恩格斯在1892年曾经正确地指出，"阶级斗争在英国这里也是在大工业的发展时期比较激烈，而恰好是在英国工业无可争辩地在世界上占据统治地位的时候沉寂下去的。在德国，1850年以来的大工业的发展也是和社会主义运动的高涨同时出现的，美国的情况大概也不会有什么两样"①。美国社会主义运动的兴起一如恩格斯的预测，但是他没有来得及看到美国进步主义时期的改革措施，及其一定程度上对社会冲突的缓解。

其次，美国依靠后发优势，得以大量借鉴西欧比较成熟的社会控制手段。20世纪的历史表明，正是这种新的社会控制机制，改变了无产阶级贫困化和社会分裂为两大阶级的发展趋势。美国在工业时代所面临的种种社会冲突，是资本主义制度发展的必然后果，而进步主义运动就是对这些矛盾的社会性应答。进步主义运动的一个主要目标，就是建立适应资本主义工业时代的社会控制系统。②在进步主义时期，以进步派为核心的社会各阶层推动了一系列很有远见的改革，其中的很多观念与措施来自其他国家的实践经验。这种社会治理经验的跨国交流必然会对后发国家的社会主义运动产生一定的影响，忽略这些外部影响而只强调美国内部的社会特点，其实反映出一种隔绝孤立、封闭自足的历史观。

---

① 《马克思恩格斯选集》第4卷，第632页。
② 李剑鸣：《大转折的年代：美国进步主义运动研究》，第307页。

　　再次，美国的迅速崛起和海外扩张有利于缓解国内矛盾。这一时期，美国跃升为世界大国并向世界经济体系顶端迈进，其海外收益可以弥补利润率的下降趋势，允许资本家给工人们提供更多的福利。更为重要的是，资本主义生产获得了稳定的原材料供给地和制成品销售市场。为了保护这些海外利益，企业家又需要大规模的军事力量提供保护。而大规模的军备不仅能拉动内需，而且还能提高就业率。这样，劳资双方都能获益。劳动阶层的富裕意味着国内购买力的提高，这又有助于进一步的繁荣。

　　总之，美国社会主义运动的兴起滞后于西欧国家约半个世纪，而且进行社会控制的条件相对比较成熟，第一次世界大战爆发后，美国又进一步强化了国家的控制机制，而此时的欧洲已经被一战拖入混乱的深渊。因此，美国社会主义运动在刚刚兴起的阶段就开始走向衰微，而且这一进程远远走在了欧洲国家的前面。正是这样，在世界体系内不平衡发展的逻辑下，美国社会主义兴起时机的滞后与新社会控制机制的形成，加上美国向世界经济体系的顶端跃升等几种变化趋势的叠加作用导致了美国社会主义运动的微弱，呈现出与西欧明显不同的发展态势。后文还要着重在这几个方面详加论证。

第三节　世界社会主义运动的双向发展

一　考茨基的启示

　　1906 年，考茨基发表了《美国工人》一文，对美国和俄国的历史与社会主义运动进行了研究，以回答桑巴特提出的尖锐问题：为什么美国没有社会主义？考茨基认为，在当时世界上资本主义占主导地位的一系列国家中，没有任何国家把资本主义生产方式的各个方面发展到相同程度。其中有两个特别的国家，互相形成极端情况，资本主义生产方式的构成要素之一在这两个国家中都异常强大，这种强大已经超越其发展水平所应有的程度，即美国的资产阶级和俄国的无产阶级。美国资本的专制是其他任何国家都不能比拟的，与之相反，俄国无产阶级的反抗程度则远胜于其他国家。而德国介于这两个极端之间，它的经济接近于美国模式，政治则接近于俄国。在考茨基看来，美国和俄国就昭示着德国的未来，它将具有半美半俄的特征。对美国和俄国的研究越多就越能理解这两个国家，也会更清楚德国的未来。他还特别强调，如果仅仅把美国或者俄国作为单独的范例，只会令人误入歧途。很明显，考茨基展示了一幅资本主义世界历史发展的光谱图。如果再加入其他资本主义国家，或许这幅图将会更细腻更完整。

考茨基指出，俄国在当时的资本主义世界大国中是最落后的，如果不考虑资本家的组织程度，仅限于工人阶级的反抗程度，认为俄国无产阶级将会昭示着德国的未来，当然是一件奇怪的事情。这种看法似乎违背了唯物主义的历史观念，因为根据历史唯物主义，经济的发展构成了政治的基础。"但是，这仅仅与我们的对手和批评者所谴责我们的那种历史唯物主义相矛盾，他们把这种历史唯物主义理解为简易的模型，而不是研究的方法。"①

考茨基进一步解释了这一看似反常情况出现的原因。他认为，俄国的大部分资本家来自外国，相对更加虚弱，而工人来自本土，所以很容易团结一致对抗资本家，无产阶级的强大超过了国家工业发展水平所应具有的程度；相反，美国相当大一部分工业工人来自世界各地，工人之间缺乏凝聚力，而资本家却完全来自本土，且几乎完全集中于工业资本的利益范围内，所以资本家更强，工人更弱，他们的强弱都超过了国家工业发展水平所应具有的程度。值得注意的是，从他的论述中，看不出丝毫的经济决定论和单线历史发展观的影子。基于这一分析，考茨基认为，资本家和无产者来自国外的程度差异，是美国无产阶级相对虚弱和俄国无产阶级相对强大

---

① Karl Kautsky, *The American Worker*, p. 16.

的最重要的原因之一。①

　　但是，考茨基认为这绝不是唯一的原因。另外一个原因是，俄国无产阶级充满了更多"革命浪漫主义"，而大多数美国工人仍然追随着"健康的现实政治"，这种观念使他们只应付最紧迫的和最实际的事情。观念的分野不是源于不同民族特点，而是源于两个国家不同的意识形态发展状况。在这里，考茨基强调了观念对于历史发展的重要意义，通过比较分析美国、英国、俄国的资本主义，他清楚地阐明了经济发展水平、知识分子、阶级意识与历史发展之间的不同层次关系。

　　由于俄国资产阶级力量相对薄弱，资本主义处于较低的发展水平，利润远非丰厚，财富积累还处于初级阶段，资本家本身倾向于节俭的生活，没有太多闲暇消费文化与娱乐。而且资本主要来自国外，外国资本家倾向于消费本国的文化、艺术和娱乐等，而不是消费俄国的文化产品。因为资本家的影响力只限于他们消费剩余价值的阶层，所以在俄国生产的剩余价值只能提高外来资本家对于本国的影响。正是因为这样，俄国的大多数知识分子比任何其他国家的知识分子生活水平更低，更多地独立于资本，更深地理解无产阶级，更强烈地反对资产阶级，更忠诚于自己的事业。俄国的资本主义在专制的框架中发展，无产阶级在重重障碍和疯狂的政治环境中，学会了仇恨与反抗。知识分子阶层和他们的处境相似，把革命与反抗意识传递给他们。无产阶级以前模糊感觉和怀疑过的东西，变得越来越清楚，越来越明确，改良没有出路，只有革命才能重建秩序。

　　相反，美国的资本主义高度发达，资本家积累了大量财富，除了用于个人挥霍，他们还养活了庞大的非生产性劳动者。而且美国是资本主义世界最自由的国家，美国人早已享有欧洲人经过残酷斗争才获得的政治和社会权利。在美国，知识分子起着联系无产阶级

---

① Karl Kautsky, *The American Worker*, p. 38.

和资产阶级的作用，许多无产阶级还进入了政治、新闻和法律专业领域，拥有广阔的致富机会，不难脱离赤贫进入社会上升通道。美国知识分子被富裕的生活所吸引，满怀着发财致富的梦想。他们没有传递给工人阶级有关启蒙的信息，即使他们明白些什么，也会小心翼翼地隐藏起来。因此，美国社会非常不利于工人阶级形成坚定的阶级意识，更不要说产生改变整个社会的伟大目标。工人们更多地追求"实用的"目标，即在现存体制内短期可以获得的利益。至此，考茨基指出，正是因为缺乏"革命浪漫主义"和现实政治观念的流行，美国工人运动的政策在强度和方向上一直反复无常。① 接下来，考茨基通过数据分析认为美国无产阶级正在贫困化，所以在全文末尾提出，美国社会主义运动在下一代人那里甚至更早的时候就会兴盛，或许美国无产阶级能在欧洲之前夺取政治和经济权力，建设一个社会主义社会。②

　　在该文发表的时候，美国的改革与转型刚刚开始不久，许多社会控制的措施与效果也许并未进入考茨基的视线。虽然他的结论已被史实所推翻，但他对美国社会主义运动微弱原因的分析仍然非常有启发意义。通过对俄国和美国这两个世界社会主义运动中极端案例的比较分析，考茨基实际上指出了运动中的两种发展趋势。19世纪末20世纪初，世界社会主义运动发生了重大分化，这一分化以最典型的形式在这两个国家反映了出来。俄国的运动以革命为取向，美国的运动以改良为取向。不过，俄国也有改良派，美国也有革命派。社会主义运动的分化是一个复杂渐进的过程，一部分人逐渐转向了改良主义，也有一部分人逐渐转向激进革命，前者如希尔奎特，后者如德布斯。可以说，社会主义运动内部同时存在两个相反的社会过程：一个是转向激进主义的过程，另一个是转向改良主义的过程。这两个过程综合在一起表现为社会主义运动内部宗派的

---

① Karl Kautsky, *The American Worker*, p. 43.

② Karl Kautsky, *The American Worker*, p. 74.

斗争，如果运动内部转向革命的力量增多，则运动更激进；如果转向改良的力量增多，则运动趋于温和；如果宗派斗争不可调和，则运动就会发生分裂。

二　革命与改良之争

要说清楚美国社会主义运动分裂的深层次原因，还要涉及世界社会主义运动的两条道路之争。虽然这个问题已为国内学者阐述清楚①，但是为了阐明本书的基本观点，这里有必要简要复述一下。今天看来，把暴力革命视作资本主义通往社会主义唯一道路，和把和平渐进的议会道路视为实现社会主义唯一道路的观点一样，正是"我们的对手和批评者所谴责我们的那种历史唯物主义"。要全面地、准确地理解马克思主义的暴力革命论，必须同时理解马克思主义的和平过渡论。事实上，马恩和列宁在关于向社会主义过渡的问题上，都肯定了暴力革命和和平过渡两种可能性。②　1872 年，马克思在《关于海牙代表大会》一文中指出：

> 工人总有一天必须夺取政权，以便建立一个新的劳动组织；他们如果不愿意像轻视和摒弃政治的早期基督徒那样，永远失去自己在尘世的天国，就应该推翻维护旧制度的旧政治。但是，我从来没有断言，为了达到这一目的，到处都应该采取同样的手段。我们知道，必须考虑到各国的制度、风俗和传统；我们也不否认，有些国家，像美国和英国，——如果我对你们的制度有更好的了解，也许还可以加上荷兰，——工人可

---

① 可参阅朱本源《暴力革命是无产阶级革命的普遍规律吗？——马克思恩格斯的暴力革命论与和平过渡论初探》，载于《陕西师大学报》（哲学社会科学版）1981 年第 2 期；孙代尧《从暴力革命到"和平过渡"——马克思恩格斯革命策略思想演进之探讨》，载于《武汉大学学报》（人文科学版）2007 年第 6 期。下文主要参考了他们的研究成果。

② 朱本源：《暴力革命是无产阶级革命的普遍规律吗？——马克思恩格斯的暴力革命论与和平过渡论初探》，载于《陕西师大学报》（哲学社会科学版）1981 年第 2 期，第 5 页。

能用和平手段达到自己的目的。但是，即使如此，我们也必须承认，在大陆上的大多数国家中，暴力应当是我们革命的杠杆，为了最终建立劳动的统治，总有一天正是必须采取暴力。①

恩格斯在《1891年社会民主党纲领草案批判》中写道："可以设想，在人民代议机关把一切权力集中在自己手里、只要取得大多数人民的支持就能够按照宪法随意办事的国家里，旧社会可能和平地长入新社会，比如在法国和美国那样的民主共和国，在英国那样的君主国……。但是在德国，政府几乎有无上的权力，帝国国会及其他一切代议机关毫无实权，因此，在德国宣布某种类似的做法，而且在没有任何必要的情况下宣布这种做法，就是揭去专制制度的遮羞布，自己去遮盖那赤裸裸的东西。"②

列宁1916年在《论面目全非的马克思主义和"帝国主义经济主义"》一文中说："一切民族都将走向社会主义，这是不可避免的，但是一切民族的走法却不会完全一样，在民主的这种或那种形式上，在无产阶级专政的这种或那种形态上，在社会生活各方面的社会主义改造的速度上，每个民族都会有自己的特点。再没有比为了'历史唯物主义'而一律用浅灰色给自己描绘这方面的未来，在理论上更贫乏，在实践上更可笑的了。"③

马克思和恩格斯关于暴力革命是唯一出路的思想形成于19世纪40年代。在当时社会财富的积累不足，市场经济和社会组织不太完备，没有民主的专制制度或半专制制度条件下，资本主义自我调整能力很差，经济危机的破坏性非常严重，加之资本家阶级尽可能地压低工资、延长劳动时间以获取利润，于是阶级矛盾日益激化，工人运动此起彼伏。正是根据这些前提，马恩才得出资本主义

---

① 《马克思恩格斯全集》第18卷，人民出版社1964年版，第179页。
② 《马克思恩格斯文集》第4卷，人民出版社2009年版，第414页。
③ 《列宁全集》第28卷，人民出版社1990年版，第163页。

即将灭亡，暴力革命不可避免的结论。恩格斯在 1845 年曾预言英国在 1847 年经济危机后要爆发暴力革命，后来危机的预言实现了，而暴力革命的预言却没有实现。恩格斯老年的时候还坦率地谈起这件事，他说青年时之所以作出革命的预言，原因是当时"英国面临着一场按一切迹象看来只有用暴力才能解决的危机"①。可见，恩格斯得出英国暴力革命不可避免的结论，完全是根据英国当时的历史条件做出的。

19 世纪 50 年代以后，资本主义经济逐渐走向普遍繁荣，资本主义生产关系表现出一定程度的"适应性"。到六七十年代，欧洲资本主义除保持稳定与繁荣之外，出现了由自由放任向垄断发展的趋势，自我调整能力有所增强。同时，欧洲国家的议会民主制也得到了不同程度的发展，一些国家的无产阶级政党在合法的议会斗争中取得一定的进展。在新的历史条件下，马克思和恩格斯把暴力革命作为唯一策略的思想进行了相应的调整，他们将暴力革命与和平过渡并列提出，并明确强调像英美这样的国家有可能实现和平过渡。但是，即使在议会民主权利很大的国家，和平过渡也仅仅是一种可能性，其前提是资产阶级不敢破坏议会民主制，否则，一旦资产阶级破坏宪法、实行独裁和恢复专制，那么无产阶级只能进行暴力革命。所以在当时大多数欧洲大陆国家中，行政权力高于议会权力，议会民主只是一种装饰，暴力夺取政权仍然是无产阶级"革命的杠杆"。

到了 19 世纪末期，欧洲的政治、经济和社会历史条件又发生了许多新变化。第二次科技革命推动了生产力的巨大发展，资产阶级民主制度不断改善，社会控制水平已经大大提高，经济的繁荣允许资本家对工人的要求做出部分让步，资本家的剥削手段也更隐蔽、更高明了，一些国家的政府开始出面和平协调劳资冲突。特别是在 1890 年大选中，德国社会民主党一跃而成为国会第一大党，

---

① 《马克思恩格斯文集》第 1 卷，人民出版社 2009 年版，第 371 页。

大选的胜利导致了俾斯麦政府下台和"反社会党人非常法"的废除。恩格斯在 1895 年称赞德国工人"给了世界各国的同志们一件新的武器——最锐利的武器中的一件武器，向他们表明了应该怎样使用普选权"①。另外，科技的进步促进了武器装备的改进，现代化通信手段和交通工具使军队调动灵活而迅速，这都有利于统治者而不利于无产阶级的武装起义。

在这样的历史背景下，恩格斯对革命斗争的策略作了重大改变。1890 年，恩格斯写道："应当努力暂时用合法的斗争手段应对局面。不仅我们这样做，凡是工人享有某种法定的活动自由的所有国家里的所有工人政党也都在这样做，原因很简单，那就是用这种办法收效最大。但是这必须以对方也在法律范围内活动为前提。"② 到了 1895 年，恩格斯更进一步指出："我们是'革命者'、'颠覆者'，但是我们用合法手段却比用不合法手段和用颠覆的办法获得的成就多得多。那些自称为秩序党的党派，却在他们自己所造成的合法状态下走向崩溃。……可是我们在这种合法性下却长得身强力壮，容光焕发，简直是一副长生不老的样子。只要我们不糊涂到任凭这些党派把我们骗入巷战，那么他们最后只有一条出路：自己去破坏这个致命的合法性。"③ 这里很清楚，恩格斯晚年的确形成了"和平过渡论"，但是并没有把和平过渡绝对化或上升为走向社会主义的普遍规律，也并没有排除掉统治阶级发动武装进攻，迫使无产阶级进行暴力革命的可能。

由此可见，马克思和恩格斯在人生中的不同时期，有关无产阶级革命形式的观点有所变化，这并不是因为他们的理论旨趣发生了改变，而是他们根据变化了的社会历史条件做出不同的结论而已。暴力革命不可避免与和平过渡的可能性表面上看相互矛盾，实际上其内在原理是一致的，即缺乏实质上的民主制情况下，人民要实现

---

① 《马克思恩格斯选集》第 4 卷，第 388 页。
② 《马克思恩格斯选集》第 4 卷，第 285 页。
③ 《马克思恩格斯选集》第 4 卷，第 396—397 页。

自身的权利诉求，除了暴力革命别无他途；而当议会权力举足轻重的时候，人民可以通过合法途径争取权利，完全没有必要抛头颅洒热血，和平过渡就成为最优的选择了。所以，无论是暴力革命，还是和平过渡，只是可能的手段之一，将任何一种道路视为绝对和唯一的手段都是非马克思主义的，或者说教条主义的观点。

介绍完马克思和恩格斯有关革命道路的理论演变之后，再回到"为什么美国没有社会主义"的问题上来，我们就不难理解，这个问题本身就隐含着对马克思主义理论在一定程度上的误读。因为问题的提出所依据的马克思主义，是马克思和恩格斯在提出和平过渡论之前的观点。讨论这个问题的许多学者恰恰误解或忽视了这一点，抛开了资本主义已经发生深刻变化的前提，用静止的眼光对待马克思主义理论，这正是一种对马克思主义教条式的理解。不过，这个问题的提出又是有意义的。其意义在于，马克思主义者面对飞速变化的世界必须适时发展理论，以应对现实挑战并解决实际问题，否则理论就将变成僵死的教条，甚至成为最初所要反对的东西。

应该注意到，马克思、恩格斯的整个理论大厦是直接构筑在欧洲特别是西欧的具体历史条件和经验之上，因而也有其地域、空间和视野上的局限性。后世的一些马克思主义者却试图将马克思在具体历史条件下所得出的具体论断应用于一切时空之中，而一些马克思主义的批评者更是没有耐心领悟马克思深邃思想的要义，直接对准这些一时一地的论断展开异时异地的所谓实证检验，甚至把别人对于马克思的误读也算到了马克思的头上。马克思在世的时候就曾说过，"我只知道我自己不是马克思主义者"[①]，言语间透漏出些许无奈和自嘲，借用海涅的话就是，"我播下的是龙种，而收获的却是跳蚤"。恩格斯为此多次强调，"我们的理论不是教条，是发展着的理论"，是"对包含着一连串互相衔接的阶段的发展过程的阐

---

① 《马克思恩格斯选集》第 4 卷，第 599 页。

明",如果"把它当作现成的公式,按照它来裁剪各种历史事实,那它就会转变为自己的对立物","历史过程中的决定性因素归根到底是现实生活的生产和再生产",所以"必须重新研究全部历史,必须详细研究各种社会形态存在的条件","不结合这些事实和过程去加以阐明,就没有任何理论价值和实际价值"①。可见,马克思主义的创始人们对于后世可能的误解是有相当清醒的认识的。他们在世的时候,资本主义制度的大规模改良还没有完全展开,世界社会主义运动分化的趋势还没有迹象,因此对资本主义的生命力估计不足,对身后社会主义运动的曲折发展更不可能预知。加之他们研究的重心并不在美国,所以没有来得及很好地回答"美国没有社会主义"的问题。

今天的许多学者根据马克思在《资本论》第一卷序言中关于"工业较发达的国家向工业较不发达的国家所显示的,只是后者未来的景象"的论述,得出结论说,美国历史的实际进程已经违背了马克思的预言,因为随着美国工业化的发展,并没有出现欧洲那样规模的社会主义运动。更有一些对马克思主义不甚了解的人,常常以此问题作为马克思主义被证伪的论据之一。殊不知,这种观点正是把马克思主义理论"当作现成的公式"了。一方面,持这种观点的人忽视了这一论断的前提。单就这句话而言,细心的读者注意一下上下文就会发现,马克思显然是指英国和德国之间,前者是后者未来的景象。撇开这句话的具体语境不论,马克思主义经典作家所谓的资本主义越发达越可能向社会主义转变的观点,是有其历史条件的。换言之,如果得出这一理论预期的历史前提发生了重大改变,那么结论自然就应跟着调整。另一方面,笼统地说美国历史的 20 世纪发展违背了马克思主义理论的预期,是有点把问题过于简单化了。因为,至少就目前的事实来看,西欧各国 20 世纪下半叶社会主义运动的衰落越来越像美

---

① 《马克思恩格斯选集》第 4 卷,第 582—603 页。

国了。也就是说，这里存在一个转换视角的问题。如果我们不再受已有研究的束缚，对所有的史实进行另外一种角度的思考，即为什么美国社会主义运动在勃然兴起的阶段就迅速走向了衰落，那么美国的现象就不仅不是"例外"，而是同一规律作用下在不同历史时空中的不同表现。

第三章 "进步主义时期" 美国
资本主义的转型

从 1890 年至 1920 年这段时间，美国史学界一般称为"进步主义时期"。这段时期，美国的公共生活经历了重大变化，这些变化影响了 20 世纪其余时间美国的国内议程。从内容上看，这次转变具体表现为由自由资本主义向私人垄断资本主义、由农业社会向工业社会、由传统社会进入现代社会、由以农村为重心的发展向以城市为重心的发展、由大陆扩张向海外扩张、由完全自由放任向社会控制、由小政府向大政府、由近代美国向现代美国的大转变。从方式上看，这次转变和美国历史上由前资本主义向自由资本主义的转变有很大不同，即不是通过独立战争和内战那样的革命手段，而是通过渐进改革的方式，使经济发展、科技革命和社会急剧转型所带来的社会冲突得到缓解，使资本主义的生命得到延续，并得以迈向一个更高的发展阶段。

从这个意义上说，19 世纪末 20 世纪初的美国社会正处于一个转型时期。这种深刻而全面的变动带来了诸多严重的社会问题，资本主义内在矛盾所导致的恶果更加明显，政治腐败无孔不入，阶级冲突渐趋激烈，贫富分化触目惊心，社会道德败坏沉沦，整个国家动荡不宁，美国资本主义制度的自身存在面临着前所未有的挑战。整个社会都不满现状，各行各业的人们纷纷寻求变革之道。建立一套适应工业文明的政治、经济和社会的新秩序成为美国改革派的当务之急，几乎每一个社会阶层都卷入了改革的洪流。正是在这种背景下，社会主义运动开始兴起，并开始了美国化的进程。为什么进步主义运动与社会主义运动的勃兴恰恰发生在同一时期？为什么美国的资本主义制度没有经历革命而是走向改革？为什么支持改革的人数占大多数而不是少数？这正是本章所要探讨的问题。

第一节 镀金时代的繁荣与危机

一 内战后美国经济的高速发展

美国内战（1861—1865），以消灭奴隶制而告终。对于后来的历史而言，这是具有决定性意义的一步，是美国向前发展所必不可少的一环。内战的主要成就，广义上而言是政治性的。[①] 社会价值观念和政治原则的重建为经济发展铺平了道路。扫除奴隶制这一障碍，美国开始由分散隔绝的传统社会向一体化发展的现代社会转变，全国性的国内市场逐步建立，并且与正在形成的世界经济体系越来越紧密地联系在一起。

内战之后，美国不仅迅速地实现了工业化，而且迎来了一个工业大发展的时期。一般认为，工业化源于生产技术的发展与变革。由于内战后工农业生产中劳动力的匮乏，劳动力的成本较高，所以资本家不得不采用节省劳动力、降低成本的新技术。并且，美国的工业发展虽然晚于英、法等欧洲国家，却可以直接引进别国的生产技术，并在此基础上加以改进。在 19 世纪后期，落后于英国和法国技术的美国技术，突然获得大发展，并以电灯、打字机、电话、热离子管（这使得无线电通讯成为可能）、农具以及三样革命性进展——电、汽车和飞机——改变了世界。所有这些新发明、新产品和新进展，都出现在内战后的 40 年。[②]

---

① 参见［美］巴林顿·摩尔《民主与专制的社会起源》，拓夫等译，华夏出版社1987 年版，第 123 页。

② ［美］沃尔特·拉菲伯等：《美国世纪：一个超级大国的崛起与兴盛》，第 4 页。

19 世纪末,推动生产力迅速发展的另一个重大因素是美国运输和通讯事业的突飞猛进。铁路的建设消化了美国工业的大部分生产能力,持续推动其他工业部门的加速发展。一些学者认为,铁路是当时美国经济生活中最重要的原动力,这种观点有一定的道理。通讯事业的同步发展为工商业活动提供快速、准确的信息,不仅有利于资本周转的加速,有利于经营管理的决策和控制,而且有利于人员和商品的远距离流动。值得一提的是,通讯手段的变革还有利于政府对各种突发事件作出快速而周密的反应,可以迅速调集各种人力、物力和资源。

美国学者认为,英国之所以失去了在技术上的领先地位,主要是由于第二次工业革命中科学与教育所起的作用。美国在这场竞赛中,建立了广泛的教育体系,并且还拥有巨大的自然资源以及整合良好的国内市场。① 除此之外,联邦政府不仅注意引进国外先进技术,还通过专利制度来促进发明创造,以及新技术的应用和推广。这段时间,联邦政府签发的技术专利特许证逐年递增,仅 1880—1900 年间,签发的专利总数每年保持在 15000—25000 件。② 专利制度的实施使美国不仅跟上了国际先进技术发展的步伐,而且在众多领域迅速超越了欧洲国家。

这个时期是一个明显的由量变走向质变的过程。1860—1880 年间,美国的铁路里程增加了三倍,铁路的发展为商业性农业生产开辟了极为广阔的新天地,建立了全国性的制造品市场,极大地刺激和推动了采矿和钢铁工业的繁荣发展。③ 内战后的半个世纪中制造业的发展更为显著。在这个时期,美国人均收入和工业人均产出均超过了英国,成为制造业的领头羊。美国的出口产品类型已经从

① 参见 Gary Cross and Rick Szostak, *Technology and American Society: A History*, Englewood Cliffs: Prentice Hall, 1995, pp. 161–162。

② 刘绪贻、杨生茂总主编:《美国通史》第 3 卷,人民出版社 2002 年版,第 80 页。

③ 参见 [美] 埃里克·方纳《美国自由的故事》,王希译,商务印书馆 2002 年版,第 175 页。

以农产品为主转变为以工业制成品为主，这些出口产品对欧洲和其他国家的经济发展起到了重要作用。在美国的制造业中，企业的规模扩大了（1870—1890 年间每一企业的雇工数量翻了两番），生产动力发生了改变，耐用品制造业的重要性大大提高。① 巨大的工业增长推动美国迅速由农业国转变为工业国。到 20 世纪初，美国制造业的生产总量超过了英国、德国和法国三个国家的总和。②

迄今为止的人类历史表明，工业化都会伴随着城市化。③ 因为工业化的迅速发展，美国的城市化也进入了鼎盛时期。内战后的四十年间，美国的城镇魔术般地不断涌现。随着工业中心不断出现，人们也纷纷聚集到那里，美国城市的名单迅速扩大。在 1880—1900 年间，生活于城市的美国人从 28% 增长到了 40%。④ 历史学家如此描述这段时期的城市化进程："大城镇成为大都市，小城镇变成大城市，新城镇在荒无人烟的大地上蓦地建立起来。半个世纪中乡村人口翻了一番，城市人口则增长了 7 倍。居民人数超过 5 万的城镇由 16 个增加到了 109 个。中西部的大城市疯狂地膨胀。"⑤ 表 3-1 概括了 1880—1910 年美国城市的发展情况。此外，大城市不仅数量增多，而且变得更大。1860 年，人口超过 10 万的城市有 9 座，1910 年则增加到 50 座。1890 年，只有纽约、芝加哥和费城三个城市的居民人口超过 100 万，而到了 1910 年，费城人口达 150 万，芝加哥为 210 万，纽约为 500 万。⑥ 人口的自然增长和乡村居民向城市的迁移是城市人口扩大的一部分原因，但更重要的原因是

① ［美］斯坦利·L. 恩格尔曼、罗伯特·E. 高尔曼主编：《剑桥美国经济史》第 2 卷，第 278 页。

② ［美］埃里克·方纳：《美国自由的故事》，第 175 页。

③ 换句话说，工业化必然带来城市化，而人为的城市化却不一定会带来工业化。

④ Rodney P. Carlisle ed. , *The Age of Reform 1890-1920*, New York：Facts on File, 2009, p. 67.

⑤ ［美］理查德·霍夫斯达特：《改革时代：美国的新崛起》，俞敏洪、包凡一译，河北人民出版社 1989 年版，第 145 页。

⑥ ［美］沃尔特·拉菲伯等：《美国世纪：一个超级大国的崛起与兴盛》，第 36 页。

移民的大量涌入。

表 3-1　　　　　　　1880—1910 年的城市增长

年份	一体化的地区 2500 人及以上		一体化的地区 100000 人及以上		一体化的地区 1000000 人及以上	
	数量	占总人口 的百分比	数量	占总人口 的百分比	数量	占总人口 的百分比
1880	939	28.2	20	12.3	1	2.4
1890	1348	35.1	28	15.4	3	5.8
1900	1740	39.8	38	18.7	3	8.5
1910	2262	45.7	50	22.1	3	9.2

资料来源：*Historical Statistics*, derived from series Aa 31, 684, 686-689, 699-704. 经作者整理。

工业的大发展和城市的繁荣创造了广泛的就业机会，从而吸引了大批海外移民的到来。大多数移民比较年轻、单身而且比非移民贫穷，他们的主要动机是经济利益，为家庭的经济保障而奋斗。根据美国每年官方记录的移民数量，在美国经济高涨的时期移民数量增多，而在经济恐慌时期，移民潮就开始回落。在美国内战后的经济上升时期（1865—1873）、19 世纪 80 年代的经济高峰时期、从 19 世纪 90 年代到一战结束的持续繁荣时期，迁入移民的数量都呈上升趋势。移民潮的起伏大体上和经济走势的波动同步，这反映了 19 世纪晚期欧洲的艰苦条件和美国日益增多的机会是大规模移民的主要推动和拉动因素。20 世纪的前 14 年中，有 6 年进入美国的移民超过了 100 万人。[①] 在一战前的 25 年间，1800 万移民抵达美国，其中近 80% 来自意大利、俄罗斯、波兰、希腊及其他南欧和东欧国家。到 1917 年，每三个美国人中就有一个是移民

————————

① ［美］斯坦利·L. 恩格尔曼、罗伯特·E. 高尔曼主编：《剑桥美国经济史》第 2 卷，第 131—132 页。

或移民的孩子。① 图 3-1 显示了 1865 年到 1914 年迁入美国的移民增长情况。由于移民增长速度实在太快，美国在 1920 年左右出台了一系列限制移民的政策和法案。

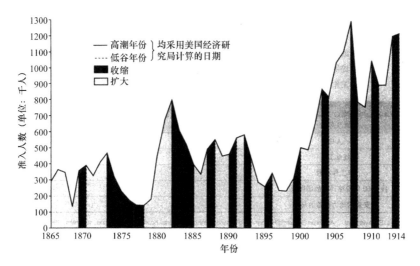

图 3-1 1865—1914 年美国移民潮

资料来源：*Historical Statistics*，series Ad 90；business cycle dates：A. F. Burns and W. C. Mitchell, *Measuring Business Cycles*, New York：National Bureau of Economic Research, 1947, p.78. 转引自［美］乔纳森·休斯、路易斯·P. 凯恩《美国经济史》（第 8 版），杨宇光等译，北京大学出版社 2013 年版，第 348 页。

南北战争之后到一战爆发这段时期，美国的发展速度和广度堪称世界资本主义发展史上的一大奇迹。1860 年，美国的工业产值在主要资本主义国家中居第 4 位，还不足英国的 1/2。到 1890 年，美国工业产值已跃居世界首位，占世界工业总产值的 1/3 弱，打破了英国工业的垄断地位。② 1878 年，马克思说，"在英国需要整整数百年才能实现的那些变化，在这里只有几年就发生了"③。1886

① ［美］沃尔特·拉菲伯等：《美国世纪：一个超级大国的崛起与兴盛》，第45 页。

② 刘绪贻、杨生茂总主编：《美国通史》第 3 卷，第 83—84 页。

③ 《马克思恩格斯文集》第 10 卷，人民出版社 2009 年版，第 427 页。

年，恩格斯则评论道，"大西洋彼岸事变的发展至少要比欧洲快一倍"①。1915 年，列宁指出："无论就 19 世纪末 20 世纪初资本主义的发展速度来说，或者就已经达到的资本主义发展的高度来说，无论就根据十分多样化的自然条件而使用最新科学技术的土地面积的广大来说，或者就人民群众的政治自由和文化水平来说，美国都是举世无匹的。这个国家在很多方面都是我们资产阶级文明的榜样和理想。"② 1906 年，德国学者桑巴特分析了美国如此迅速积累资本的原因，他着重强调了美国丰饶的自然资源和技术发达的优势更适合于用征服世界的手段发展资本主义，以及良好的运输条件和广阔的市场更适合资本主义的扩张。③ 国内学者黄安年教授在总结内战后美国经济迅速发展的基本经验时认为，美国长期稳定的政局、新老移民潮、工业农业交通运输业的协调发展、刺激经济发展的财政税收和贸易政策以及科学技术革命的巨大推动是主要原因。④

1930 年，苏联学者维·莫菲勒夫（V. Mofilev）在《共产党人》杂志上发表了《美国经济优势的来源》一文，对美国这一时期的反常现象提出一种系统的解释。⑤ 莫菲勒夫认为，单独用地理和物质上的优势并不能解释美国的高速经济发展。如果美国没有一系列有利的社会经济条件，即使是辽阔的大陆和无与匹敌的土地资源也不足以支撑美国迅速登上世界经济霸主的地位。他指出，美国资产阶级利用了有利的社会因素控制社会。与马克思和恩格斯一样，莫菲勒夫认为美国缺乏封建贵族对资产阶级来说是一种巨大的好处。并且，寄生阶级未能在南方以外的农村出现，导致了农业利润保持在较高水平，即使农产品价格维持在低位。因为急需劳动力开拓辽阔的荒野之地，加之佣仆和奴隶无法填补劳动力的需求和供

① 《马克思恩格斯全集》第 21 卷，人民出版社 1965 年版，第 296 页。
② 《列宁全集》第 27 卷，人民出版社 1990 年版，第 146 页。
③ 参见 [德] W. 桑巴特《为什么美国没有社会主义》，第 1—2 页。
④ 参见黄安年《美国的崛起》，中国社会科学出版社 1992 年版，第 362—372 页。
⑤ 参见 Harvey Klehr, *The Communist Experience in America*：*A Political and Social History*，New Brunswick：Transaction Publishers, 2010, pp. 49-50。

给之间的空缺，资本家不得不用高工资来吸引工人。可是，工人们迅速积累下足够的金钱，用以购买相对低廉的土地。逻辑的必然结果是，资本家只能继续用高工资吸引更多的工人。于是，资本家无法从劳工那里榨取大量的剩余价值，只能被迫寻求相对剩余价值。很显然，在高工资和劳动力缺乏的双重压力下，资本家被迫发展技术以开拓新的利润空间。

莫菲勒夫进一步分析下去。由于科学技术的快速和持续发展，生产力水平得到提高。同时，消费市场与生产的扩大同步发展。铁路的建设远远超过了任何欧洲国家，有助于商品流通，刺激经济增长。内部关税的缺乏和相对较高的外部关税不仅推动了工业的增长，而且为工业产品创造了市场。农产品的低价使得美国农民在外国市场竞争中处于优势地位。高收入加上低税赋意味着农民拥有高购买力。因为工人的报酬也较高，美国国内的有效需求大大超出了消化生产所必需的水平。至此，莫菲勒夫运用马克思主义理论为美国资本主义的高速增长提供了一种独特的解释。

由于这里的叙述过于简略，他的分析需要进一步的补充和完善。首先，关于高工资。根据《剑桥美国经济史》的说法，19世纪70年代早期全世界范围内的大萧条使得美国工人的实际工资在整个70年代中几乎都在下降，但是在19世纪余下的时间里，除了在1892年到1898年出现过停滞（和短暂下降）以外，实际工资一直在上升。美国内战前，普通劳工的实际工资比欧洲的要高得多，而到19世纪末，美国和欧洲之间的实际工资的差别逐渐缩小了。[①]在这里，实际工资的下降阶段和经济危机时期基本是吻合的，也是阶级冲突最激烈的时期。对于大多数美国工人而言，20世纪的头三十年中，实际工资也基本呈上升趋势。其次，关于劳动力的短缺。劳动力的短缺肯定不是一种常态，至少危机期间的高失业率就

---

① ［美］斯坦利·L. 恩格尔曼、罗伯特·E. 高尔曼主编：《剑桥美国经济史》第2卷，第161—162页。

是明证。不过，大批移民的涌入表明，在某些时期美国劳动力的短缺是不争的事实，否则工农业生产就很难消化，更不要说吸引大规模移民的持续加入。到进步主义时期后期，美国政府已经开始立法限制移民，表明劳动力的短缺已经得到部分缓解。所以，从长期来看，莫菲勒夫对于高工资和劳动力短缺的论述是基本正确的。实际上，这种分析视角为我们后续的讨论提供了一个很好的起点与参考。

关键问题是，既然美国经济发展如此迅速，工人又享有较高的报酬，那么社会冲突何以产生？

二 转型年代的社会危机

经过 30 年的高速发展，1890 年的美国已经完成了由农业国向工业国的转变。1894 年，美国的工业总产值超过了英国，成为世界第一大经济体。在新世纪的门槛前，山姆大叔更是通过美西战争耀武扬威地进入了世界舞台。到 1898 年，海外扩张的新边疆这种观念已经成为美国人幻想的重要内容。① 然而，空前繁荣的背后却是巨大的社会危机。经济迅猛的发展，特别是工业化、城市化和大量移民的涌入带来了诸多的社会问题。美国人习以为常的生活模式渐行渐远，所有的规则似乎都在变化。生产方式发生了很大的转变，政治与经济之间的平衡被打破了，社会原有的结构正在重组，公司之间与个人之间的竞争异常激烈，人与自然的关系也前所未有地紧张。这一时期的社会问题相互关联，错综复杂，粗略分类大致包括经济集中与垄断、贫富分化、阶级冲突、城市问题、政治腐败、种族矛盾、环境污染、食品安全等。

经济的集中和垄断组织的膨胀是首要问题。众所周知，市场经济的特征之一是自由竞争。可是 19 世纪后期无限制的自由竞争使

① David W. Noble, *The Progressive Mind*, *1890 - 1917*, Chicago: Rand McNally & Company, 1971, p. 22.

得企业间的价格战不可避免，因为小小的价格优势意味着市场份额的扩大。持续的价格竞争难分输赢，却导致整个行业的利润急剧下降，这样就给所有企业造成伤害。面对这种局面，企业开始试图通过协议的方式停止价格战。但是由于这些协议根本不具备法律效力，背叛协议的诱惑又非常大，因此这种努力难以持久，均以失败告终。制造商们又建立了结构更为紧密的组织——卡特尔。不料卡特尔的建立却吸引了更多竞争者进入行业，原因是卡特尔维持的高价。由于越来越多的竞争者加入，行业内所有企业的状况比以前更恶化了，所以这样的联盟不可避免地走向了解体。最终，同行业的制造商只得选择合并以应对激烈竞争。1882 年，美孚石油托拉斯（Standard Oil Trust）宣告成立。这是一种新型的企业组织形式，托拉斯的管理层有权在成员企业间分配产量。此后，为了获取稳定的利润和市场，其他一些行业也纷纷参照美孚石油托拉斯的形式来组织企业。到 19 世纪 90 年代后期，经历了 10 年萧条期的严酷价格战的行业纷纷卷入了大合并浪潮。[1] 截至 1900 年，经济集中化席卷了几乎所有的工业领域。工业生产越来越集中到少数的公司和托拉斯手中，它们不仅控制了生产和销售，而且能获得暴利。到 1904 年，1% 的公司生产了全部工业品的 38%。[2] 与此同时，大工业对资本的巨大需求，推动了华尔街的全国金融市场的集中化。高度垄断的金融资本拥有越来越大的经济权力，已经开始控制国家的经济命脉。

经济巨头们高举着"自由放任"的旗帜，为了牟取暴利而为所欲为。他们通过横向和纵向的联合形成垄断企业，企图控制经济领域的方方面面。大公司利用规模经济的优势控制销售市场，勾结运输企业，通过价格协议等手段不断挤压中小企业的生存空间。他

---

① ［美］斯坦利·L. 恩格尔曼、罗伯特·E. 高尔曼主编：《剑桥美国经济史》第 2 卷，第 307 页。

② ［美］沃尔特·拉菲伯等：《美国世纪：一个超级大国的崛起与兴盛》，第 35 页。

们使商品的价格失去了弹性，正常的经济运行机制遭到破坏，这种现象以前从未发生过。垄断组织的存在已经威胁到经济的健康发展，这与开放、竞争的市场经济信念背道而驰。不仅如此，他们为了生产需要肆意破坏自然资源。垄断组织对于森林、矿山等自然资源的掠夺性开发，严重破坏了生态环境。这种不受控制的经济发展方式导致了一个极其富有的垄断阶层，占有了极其庞大的社会财富。更令美国人担心的是，这些巨型企业已经有实力影响各个主要政党的活动，甚至可以影响联邦政府的决策过程。根据国内学者钱满素的说法，在世纪之交的短短15年中，陷入困境的美国总统曾三次求助于摩根集团来挽救国家，它们分别是：1893年，克利夫兰总统请求摩根帮助维持黄金储备；1902年，罗斯福总统延请摩根参与解决煤矿罢工；1907年的金融危机中，摩根干脆派人到白宫，提议由他出面拯救国家。[1] 这一时期的作家们都将批判的矛头对准了大公司，指责垄断组织破坏竞争、操纵市场、行贿舞弊、践踏民主与自由。在出版于1894年的《财富挑战国家》一书，作者一针见血地指出，自由与垄断不能共存。[2]

其次，社会分配不公和贫困化问题愈演愈烈。众所周知，托克维尔距此时半个多世纪前曾经观察到，因为缺乏与生俱来的特权，美国社会与欧洲相比处于相对公平的状态。到1876年为止，美国还是一个财富、地位和权力分配极为分散的国家。而随着史无前例的财富集中，越来越少的人享受到了经济发展的成果。根据普查局的一位统计学家1893年的估计，美国9%的富有家庭已占据了全国71%的巨额财富。[3] 另外，根据查尔斯·斯帕尔1896年的统计，1%的美国人拥有一半以上的国家财富，12%的人占有全国财富的

---

① 钱满素：《美国自由主义的历史变迁》，第67页。
② 参见［美］埃里克·方纳《美国自由的故事》，第177页。
③ Richard Hofstadter, *The Age of Reform: From Bryan to F. D. R.*, New York: Knopf, 1955, p. 136.

近90%。① 到 20 世纪初，其中 1% 的富豪们几乎掠夺了国民财富的 88%。② 财富的多寡客观上既会造成不平等的现实，也成为衡量人们幸福感的标准。过去那些受人尊敬的老绅士们正在失去昔日的威望，因为他们的财富和权力同那些新近出现的暴发户相比，简直不值一提。人们耳熟能详的是范德比尔特、哈里曼、古尔特、卡耐基、洛克菲勒和摩根这些为数极少的财富新贵们。另一方面，经济发展的成果并未惠及大多数美国人，广大农民、工人和新移民日益滑向贫困的泥潭。内战后，农场主们就越来越发现，他们旧日的美好时光已经不复存在，市场经济的力量无情地摆布他们。为了扩大利润，农场主们拼命地扩大种植，而工业化、国内和国际市场的不确定性让他们失去了昔日对生活的控制力。一旦市场波动或萧条，烟草和棉花等农作物的价格跌入谷底，他们就会负债累累。市场上的不公平竞争、大企业直接或间接的剥削、农产品在运输和储存上遭到垄断企业的限制等因素令农民们雪上加霜。随着工业化的推进，破产农民越来越多，一些失地农民沦为佃农，经济上陷入困境。③

19 世纪 80 年代，接踵而至的自然灾害让许多农民几乎颗粒无收。接连的打击加上乡村生活的单调乏味，导致一些农民自杀和精神崩溃，许多人离乡背井奔向城市，寻求生活的出路。然而，城市里的工人们日子也不好过，多数工人赚取的工资不足以养活自己，何况频繁的经济危机造成大量的失业。工人的工作条件恶劣，工作时间长，工作场所缺乏安全保障措施，事故频发。他们居住的环境破烂肮脏、拥挤不堪，排水、照明、卫生条件都很差，一旦疾病流行，死亡人数惊人。即使这样，还有源源不断的移民加入他们的队

---

① ［美］塞缪尔·埃利奥特·莫里森等：《美利坚共和国的成长》下卷，南开大学历史系美国史研究室译，天津人民出版社 1975 年版，第 351—352 页。

② Frank Freidel & Alan Brinkley, *America in the Twentieth Century*, New York: McGraw-Hill, Inc., 1982, p.9.

③ 参见刘绪贻、杨生茂总主编《美国通史》第 3 卷，第 268—275 页。

伍。这些移民大多是欧洲的穷人，有一些还是为了逃避迫害。来自南欧和东欧的移民更加贫穷，他们文化程度不高，缺乏专业技能，只能到矿山、铁路和血汗工厂里干苦力。土生的美国人被新美国人的生活条件——破旧的草房、可怕的拥挤、令人寒心的肮脏，以及异国的语言和宗教等，吓得目瞪口呆。①

第三，阶级冲突日益加剧。富者愈富，贫者愈贫，持续扩大的贫富差距导致美国社会的阶级分化愈演愈烈。埃里克·方纳认为，随着美国的发展进入一个成熟的工业经济阶段，“劳工问题”已经取代奴隶制成为公共生活中的最有影响的问题。② 这一时期的社会问题虽然都非一朝一夕所能解决，但最令美国人惴惴不安的是劳工运动和阶级冲突所带来的革命前景。内战结束仅仅两年后，一本美国杂志《民族》宣称道：“旧世界的最大邪恶——将社会分割成为不同的阶级，已经来到了美国。”③ 19 世纪 70 年代的经济萧条发生了美国历史上波及范围最广、过程最暴力的劳资对立。1893 年，美国发生了严重的经济衰退，这是历史上第一次对制造业的打击比对农业的打击更为严重的经济危机。经济危机的恶化终于导致 1877 年、1886 年、1892 年以及频发于 1893 年至 1895 年间的劳工暴动。④ 仅 1881—1886 年间，罢工就有 3000 多次，参加的工人达 100 多万。其中包括 1884—1886 年铁路工人的罢工，1886 年 5 月芝加哥 8 万多人参加的争取 8 小时工作日的罢工及紧接着的秣市广场暴动。1893 年，美国的煤矿工人进行罢工。1899 年和 1902 年矿工又发动了新的罢工。⑤

经济高速发展不可避免的结果之一，还有城市的治理问题。工业化、城市化及移民潮使得城市迅速膨胀，也带来了诸多治理难

①　[美] 理查德·霍夫斯达特：《改革时代：美国的新崛起》，第 148 页。
②　[美] 埃里克·方纳：《美国自由的故事》，第 178 页。
③　[美] 埃里克·方纳：《美国自由的故事》，第 177 页。
④　[美] 沃尔特·拉菲伯等：《美国世纪：一个超级大国的崛起与兴盛》，第 6 页。
⑤　[法] 米歇尔·博德：《资本主义史 1500—1980》，第 163 页。

题。居民人数的疯长给城市的基础设施、公共服务以及管理水平都带来了巨大的压力，尽管市政府也提供一些公共服务，但是毕竟难以承受蜂拥而至的国内外移民。住房、教育、交通、卫生、治安和消防等都成为很紧迫的问题，可是市政当局并不能有效地予以解决。当时很多城市政府的实权并不在以市长为首的行政部门的控制之下，而是在城市老板掌控下的立法部门之手。这些城市老板拉帮结派，通过党派机器进行幕后操纵。

于是，腐败之风趁势蔓延，本来就松散的市政机构管理也日趋混乱。由于没有正式而严密的相关法律法规，城市老板们就放肆地操纵市议会，公开出售特许权和承包合同，疯狂地在房地产和股票市场进行投机。这样的城市政府注定是腐败、低效和不负责任的。城市的规划和建设杂乱无章，得过且过、临时凑合的基础设施、公共服务远远满足不了城市快速发展的需要。各个城市的污染也相当严重，工厂的垃圾污水直接排进水源，空气中弥漫着各种工业废气。市政建设的弊端集中体现在大大小小的贫民窟里。穷人们居住在拥挤而破烂的简陋房间里，照明、取暖、通风、卫生设施都不合格。很多贫民窟既缺少排水系统，又没有垃圾处理设施。由于缺乏良好的公共卫生环境和医疗服务，流行病异常盛行，死亡率奇高。不仅如此，由于居住拥挤而杂乱，火灾也时常光顾。另外，社会冲突的尖锐化和贫困的蔓延导致城市里的犯罪率也开始剧增。总之，城市已然成为社会矛盾集中展现的"风暴中心"。①

这一时期的腐败问题相当猖獗。根据美国学者的研究，1880年至1930年是美国历史上政府最为腐败的时期。②"镀金时代"的党魁（或称政治老板）势力极其猖獗，他们通过政党机器控制各种选举和政府事务。政党候选人在大选中获胜之后，分配大小官职给那些帮助其获胜的人作为报答，不论这些人的品格和能力，这种

① 参见王旭《美国城市史》，中国社会科学出版社 2000 年版，第 120—126 页。
② 参见［美］爱德华·L.格莱泽、克劳迪娅·戈尔丁主编《腐败与改革：美国历史上的经验教训》，胡家勇、王兆斌译，商务印书馆 2012 年版，第 103—108 页。

制度被称为分赃制。一般认为,分赃制的发展在政治腐败问题中起了最重要的作用。① 党魁依靠分赃制拉拢党内骨干,而得到官职的人也会利用职权回报党魁。这一时期经济的高速发展为腐败的加剧提供了肥沃的土壤。大公司为了获得丰厚利润,不惜重金收买政客,安插亲信,左右选举和立法。政党及党魁需要用分赃任命和物质利益来鼓励那些忠诚工作的人,用手中的公共资源和自由裁量权答谢大公司的支持。而此时美国国内政策的自由放任主义为双方的这种"寻租"行为提供了舒适的温床。另外,城市化、移民潮又进一步推高了这种趋势。城市老板看清了移民的重要性,所以趁机兴风作浪。贫穷的新移民们没有能力到西部去购买土地,只能聚集在迅速崛起的大城市,他们无依无靠,四顾茫然。城市老板们操着熟悉的乡音,帮助新移民寻找住房和工作,争取社会福利,提供快速入籍的条件,这一切令语言不通、初来乍到的新移民们感激万分,唯一的回报只能是手中的选票。于是,城市老板们得以把持市政,在城市管理和建设中上下其手。

种族矛盾也无法忽视。南北战争以后,虽然奴隶制被废除了,但是获得解放的南部黑人的实际状况并没有好转。19 世纪末 20 世纪初在美国黑人历史上也是最糟糕的时期。工业的发展带给大多数美国人挑战和机遇,而带给黑人的主要是痛苦。绝大多数黑人在农业租赁制中越陷越深,受教育程度也很低。到 1900 年,只有大约 8000 个南部黑人孩子接受过中学教育。② 黑人们还被剥夺了政治和公民权利,工会不大愿意接纳黑人,雇主们也不愿雇用他们,除了最卑贱的工作之外。自"普莱西诉弗格森案"③ 以后,美国社会对黑人的歧视逐步加深。种族暴行也越发频繁,许多黑人被私刑处

---

① 参见周琪《美国的政治腐败和反腐败》,《美国研究》2004 年第 3 期;张宇燕、富景筠《美国历史上的腐败与反腐败》,《国际经济评论》2005 年第 3 期。

② [美]塞缪尔·埃利奥特·莫里森等:《美利坚共和国的成长》下卷,第355 页。

③ 美国最高法院判决种族隔离"合法化"的案件,该案的判决对美国社会的进程产生了重要的影响。

死。尽管美国黑人被强加给种族隔离制度和二等公民的身份，可是他们从来没有停止过抗争。

最后，环境污染与食品安全等民生问题日益突出。在工业化的过程中，大小企业的生产根本不考虑社会成本，人们以为自然资源不可穷尽，森林、矿物等资源被持续开采，并且由于不注意科学管理，往往造成资源的巨大浪费。同时，工业生产所产生的大量煤烟和有害气体，直接排入大气；工业污水和生活污水都直接排进湖泊与河流。这些行为给自然环境造成了巨大的破坏和污染，导致当地居民罹患各种与污染有关的疾病。除此之外，由于对食品、药品的生产缺乏监管，食品安全成为一个举国关注的问题。1906年，厄普顿·辛克莱的小说《屠场》发表以后取得了巨大的成功。这本书讲述了外来移民历经苦难成为社会主义者的故事，用序言作者杰克·伦敦的话说是"属于无产阶级的"。令作者始料不及的是，这本书之所以成为畅销书，并非因为美国公众关注工人们遭受到的剥削，而是因为书中有关加工病牛的详细描述。美国公众异常激愤，呼吁对肉类食品加强监管。富人们起初以为，搬到环境较好的地区或郊外居住，购买更贵、更安全的食品，就可以使自己和家人的健康免于危害。可是，事实证明，空气和水是不会嫌贫爱富的，有害的食品也会进入富人的口中。在社会大环境没有净化的前提下，没有人能够独"善"其身。

面对急剧变迁的社会和诸多的社会问题，很多美国人哀叹连天，他们昔日引以为豪的美国民主制度已经徒有其表。他们眼看着资本家收买政客，金钱支配政治，腐败充斥一切领域，本该代表民众利益的政府却沦为特殊利益集团的工具，农民和工人的抗议遭到了无情地镇压，社会开始出现阶级分化的趋势，美国政治体制面临着巨大的挑战。在这种情况下，美国社会到底何去何从成为高悬在各行各业美国人头上的"达摩克利斯之剑"。

第二节　追问社会弊病的解药

一　美国社会面对危机的反应

　　尽管学者们在美国进步主义时期及其前后的相关问题上的分歧和争议颇多，但是对于那个时代面对的各种社会问题的根源在认识上基本一致，即这些问题是由于工业资本主义和城市化带来的经济和社会剧烈变迁所导致的。从前面对于这一时期诸多社会矛盾的叙述中，也可以得出相似的结论。美国历史学家托马斯·本德认为："美国进步主义改革是一种几乎遍及全球的历史进程中的地方版本，这种全球历史进程是在智识和政治上对工业资本主义和城市化所做出的回应。"① 对于本书的主题来说，当时处于不同阶层的美国人如何反应才是重点。在一个复杂的社会里，不同阶层的美国人因为政治、经济和文化地位的差异，对社会危机的反应和态度千差万别。为了方便讨论，可以把当时美国社会应对危机的态度分为保守派、激进派和进步派三种。

　　保守派的立场是坚持自由放任，固守有限政府的信念，为两极分化的现状辩护。这种立场的思想基础是斯宾塞的社会达尔文主义。内战以后，特别是 19 世纪 70 年代，斯宾塞的思想在美国非常流行，可以说是主流意识形态。这种思想用达尔文的生物进化理论来解释人类社会，认为社会是不断进步的，但是社会的进步是一个自然过程，外力无法控制这种不可避免的进化步骤，任何改造社会的企图只能以失败告终；社会法则和自然法则一样，物竞天择，适者生存，政府对社会的演进过程进行干预是错误的；穷人和弱者是社会竞争的失败者，是社会进步的必然牺牲品，他们的贫穷和失败符合自然选择的铁律，只能证明他们在道德上的无能，面临困境时

---

① [美]托马斯·本德：《万国一邦：美国在世界历史上的地位》，第 311 页。

缺乏自立精神、意志力和勇气，因此不值得怜悯和救济。① 这种思想经过一些学者如约翰·菲斯克、威廉·格雷厄姆·萨姆纳等人的系统化阐述之后，在美国大行其道，并被推向极致。当时耶鲁大学的萨姆纳在美国思想界的名声如日中天，被公认为美国社会达尔文主义的代表人物，他的《被遗忘的人》被奉为经典。他认为，一切政治问题都是各种利益群体为了更大的利润而斗争，靠自由契约协调这些斗争比靠政府裁决也许更好一些。萨姆纳宣称，社会弊端的根源多半是"政治家、哲学家和教士的教条主义和私利，他们过去所做的事情正是社会主义者现在所要做的"，并进一步批评社会主义者"让富人和穷人互通有无消除贫困的一切计划"，反对关注那些"下流、懒惰、犯罪、抱怨、巴结和一无是处的人"②。

这种思想和美国人根深蒂固的以个人主义为核心的古典自由主义一拍即合，得到了大公司、垄断企业和工商界精英的支持。这些人认为，大公司代表了一种较为先进和复杂的生产组织形式，它比从前的生产方式更好地适应了时代的发展，因此效率更高。据他们说，当时工业界的成就都应归功于工业领袖或实业巨子们的创造发明的才能。从而得出结论，个人和公司应该尽可能少受法律的束缚和政府的干涉，否则无异于将社会拉回到先前的生产和发展水平上了。于是，希望避免政府管制的利益集团纷纷举起了放任主义的大旗，他们的主张归纳成一句话就是，政府的控制越少越好。1882年，斯宾塞造访美国，对美国人将竞争发展到不择手段的地步非常吃惊，他认为美国人民正在失去自由，并语重心长地告诫美国人，"我坚决主张，在保持公民之间的平等关系这一特殊范围内，政府的行动应当予以扩大和精心推敲"③。

激进派主要是社会主义者，他们的立场与保守派针锋相对。社

①　参见［美］埃里克·方纳《美国自由的故事》，第181—182页。
②　［美］梅里亚姆：《美国政治思想》，朱曾汶译，商务印书馆1984年版，第187—188页。
③　［美］梅里亚姆：《美国政治思想》，第192页。

会主义者深信资本主义已经濒临死亡，认为两大阶级的对立产生于生产资料或生产工具的私有制，只有改变剥削制度，人类才能获得最终的自由。一些美国的社会主义者认为，社会主义的经济和政治纲领是"高级个人主义"的必要基础，进一步而言，一个人要真正自由，就非享有经济上的权利和自由不可，而这种权利和自由只能来自社会主义制度。[1] 社会主义者对美国资本主义提出强烈批评，主张从根本上改变经济结构，既然美国社会问题的根源与欧洲相同，那么解决问题的出路也一样。

　　19 世纪 80 年代以后，社会主义劳工党虽然积极参与了许多行业工会和城市中央工会的组织建立过程，但是始终没能对当时的主要工会组织劳动骑士团和劳联产生多少影响，甚至与劳联上层产生越来越多的矛盾。此后，劳工党新领袖德里昂转而争取已经走向衰落的劳动骑士团，也以失败告终。1901 年成立的美国社会党，在一战前的这段时间赢得了越来越多的支持，成为美国最大的左派组织。社会党赢得了城市移民群体的广泛支持，其中主要是德国人和犹太人，还吸引了南方和西部的许多新教农民。社会主义者在地方和州政府赢得了 1000 多个职位，还得到了一些著名知识分子和妇女改革家的支持。[2] 虽然社会主义者在进步主义时代赢得了广泛支持，但是这些支持者在同时期人口总数里所占比例非常小。同时，社会党的实力虽有相当程度的增强，却从未对两大政党构成真正威胁。无论如何，社会主义者对美国社会的改变并非寸功未立。美国颇负盛名的政治学家查尔斯·爱德华·梅里亚姆就认为，虽然社会主义者的国家理论在任何时候任何地方都没有被广泛采用过，但是它却深刻地影响了美国政治思想的总进程。[3]

　　许多进步时期的改革者同意社会主义者的见解，认为这一时期

---

[1] ［美］梅里亚姆：《美国政治思想》，第 208 页。
[2] ［美］艾伦·布林克利：《美国史》，邵旭东译，海南出版社 2009 年版，第 620 页。
[3] ［美］梅里亚姆：《美国政治思想》，第 210 页。

美国社会的最大威胁来自企业联合和企业权力过分集中，但是大多数进步派主张在资本主义体系内部进行改革。要理解进步派的立场及其源流，还须从美国进步主义的先声——平民主义①说起。

从 19 世纪 70 年代起，陷入困境的农民们开始不断抗争，先后组织了格兰其、绿背纸币、农民联盟和平民主义等政治运动。平民主义者认为，美国社会正处于深刻的危机之中，传统的政党不能有所行动，那么只能由平民党来拯救美国了。平民主义者认识到，托拉斯与垄断是美国社会弊端中利害关系最大的问题，工业联合是大势所趋，而托拉斯则是不正当的联合，除非消灭托拉斯，才能使工业联合有利于大众。平民党人呼吁联邦政府对经济生活进行有力干预和积极立法，他们希望由联邦政府控制通货体制；开征累进所得税；规划设立国库分库；开办邮政储蓄银行；铁路、电报和电话实行公有和公营；禁止外国人占有土地和将非法保有的铁路占地收归国有；限制外来移民；工人实行八小时劳动日；禁止使用工人暗探；参议员由直接选举产生，实行澳大利亚式投票法，公民有创制权和复决权。② 这些要求反映出农民对于大公司和垄断企业的强烈不满，希望通过联邦政府的介入来达到政治平衡，以改善自身生活。2008 年获奖的《平民主义者的愿景》（*The Populist Vision*）的作者查尔斯·波斯特尔（Charles Postel）对平民主义进行了全新阐

---

① 平民主义在美国史学界引起了众多争议，学者们对平民主义的看法随着时代不同分歧甚多，相关争议可参阅［美］艾伦·布林克利《美国史》，海南出版社 2009 年版，第 571—572 页。进一步阅读可参阅 John D. Hicks, *The Populist Revolt*, Minneapolis：University of Minnesota Press, 1931；Richard Hofstadter, *The Age of Reform*, New York：Knopf, 1955, 中译本可见理查德·霍夫斯达特《改革时代：美国的新崛起》，俞敏洪、包凡一译，河北人民出版社 1989 年版；Norman Pollack, *The Populist Response to Industrial America*, Cambridge：Harvard University Press, 1962；Lawrence Goodwyn, *Democratic Promise：The Populist Movement in America*, New York：Oxford University Press, 1976；Margaret Canovan, *Populism*, New York：Harcourt Brace Jovanovich；Steven Hahn, *The Roots of Southern Populism*, New York：Oxford University Press, 1983；以及 Charles Postel, *The Populist Vision*, New York：Oxford University Press, 2007, 该书获得 2008 年度美国历史学会弗里德里克·J. 特纳美国史著作奖和代表美国史学界最高荣誉的班克罗夫特奖。

② ［美］塞缪尔·埃利奥特·莫里森等：《美利坚共和国的成长》下卷，第 218 页。

释，他认为平民主义者的反抗反映出现代资本主义不同发展道路之间的冲突。这种结论意味着存在多种可能，它是指现代社会不是一种必然，而是对现代世界想法各异的男女们共同塑造的结果。①

在1896年的大选中，民主党推选该党素有农民利益代言人之称的威廉·詹宁斯·布赖恩为总统候选人。布赖恩主张自由铸造银币，他的竞选演讲后来以"黄金十字架"而著称。对很多平民党人来说，"自由白银"已成为自由解放的象征，白银是对抗黄金的"人民币"，是被压迫、被剥削者的货币，可以使农民和国家若干地区免除债务。② 民主党的这一提名使平民党始料未及，因为平民党本来指望两大党均会推举保守派候选人，这样本党才能显示出代表的反对力量。可是民主党盗用了平民党的一些竞选主张，令平民党面临进退两难的处境：提出自己的候选人只会分摊反对票，而支持布赖恩则会失去其他更重要的立场。平民党内部不少人已经意识到与民主党结成不平衡联盟会丧失独立性，可是大多数人找不到其他更好的选择。平民党最终孤注一掷，选择与民主党联合，大选以失败告终。之后不出几个月，平民党就分崩离析了。

由于民主党吸收了平民主义的部分纲领和主张，平民主义慢慢消退了。虽然平民党运动失败了，但是绝不意味着平民主义思想在美国政治生活中的终结。它继续影响并渗入美国人的文化以及后来的进步主义运动之中。平民党的主张当时在整个东部是被看作与共产主义几乎不差分毫的，然而不出一个世代，这些要求就差不多条条都被全部或部分地纳入了法律规定。平民党成了其后半个世纪美国政治的温床。③ 李剑鸣教授认为，平民党运动最大的遗产就是平民主义，平民主义是美国第一份对资本主义实行改革的纲领，其基

---

① Charles Postel, *The Populist Vision*, New York: Oxford University Press, 2007, p. viii.

② [美]艾伦·布林克利：《美国史》，第573页。

③ [美]塞缪尔·埃利奥特·莫里森等：《美利坚共和国的成长》下卷，第218页。

本内容切中时弊，因而具有很强的生命力。①

在"镀金时代"，农民、工人和知识分子逐渐意识到，美国社会快速的工业化和城市化已导致诸多的社会弊病，财富集中与工业垄断已经剥夺了个体美国人的自主权，严重腐蚀了民主政府，造成社会激烈冲突，于是纷纷开始质疑占主流的放任主义和社会达尔文主义。从19世纪90年代开始，美国社会呼吁改革的涓涓细流终于慢慢汇聚成一股声势浩大的政治力量。新世纪到来之前，越来越多的美国人坚信，国家的命运前途未卜，为了挽救这一切，美国急需建立一套适应工业时代的新秩序，以遏止最为明显的不平等现象。到20世纪初，这股思潮日益壮大，逐渐获得了一个名称：进步主义。进步派通过出版著作、新闻媒体、政党组织、社会团体等途径表达自己的意见和主张，对自由放任和社会达尔文主义僵化而机械的观念提出挑战。他们认为，科学知识的进步使人们有了控制社会进化的可能，这种乐观进取的观念可谓前无古人。大多数进步主义改革者坚信进步思想，即相信社会应该不断进步，认为市场经济的"自然法则"和社会达尔文主义无法有效解决社会矛盾，不能提供社会发展所需的公平、正义和稳定秩序。流行多年的自由放任、适者生存和有限政府的信条遭到怀疑和批评，进步派通过一系列彼此相似但又各自独立的各种运动表明了自己的态度，即人类有目的地直接干预社会经济发展才是消除社会弊病的出路。

进步主义是一种范围广阔、内容复杂的社会现象。进步派的成员构成差别极大，来自社会的各个阶层。一些人来自知识界，比如约翰·杜威、赫伯特·大卫·克罗利、莱斯特·F. 沃德、爱德华·A. 罗斯等人；一些人来自政界，比如罗伯特·M. 拉福莱特、西奥多·罗斯福、伍德罗·威尔逊等人；另一些人来自企业界，比如汤姆·L. 约翰逊、塞缪尔·M. 琼斯、乔治·W. 帕金斯等人；

---

① 李剑鸣：《大转折的年代：美国进步主义运动研究》，天津教育出版社1992年版，第87页。

除了这些著名人士之外，还有许多不知名的农民、工人、移民、神学家和新闻工作者等等。进步派所致力解决的社会问题各式各样。有人要限制当时的大型工业集团，有人致力于揭露各种社会黑幕、政治腐败和社会不平等现象，有人关心家庭和社区的道德问题，有人投身于消除贫困问题，有人关注自然资源的保护和合理利用，有人注重政治效率和减少腐败，有人想赋予妇女等群体更多的权力，有人呼吁改善工人待遇、废除使用童工等等。进步派旨在恢复社会秩序的改革计划也让人眼花缭乱。一些人主张拆散托拉斯、取缔垄断和鼓励小企业，一些人建议市政管理工作现代化和非政治化，一些人指望通过妇女参政扩大改革的力量，另一些人认为戒酒是恢复社会秩序的一个重要步骤，还有人提出限制移民等等。许多史学家认为，不同的改革者对"进步"的概念有不同的理解，有些观念甚至表现出深刻的思想矛盾。这也许正是转折年代的时代特色的反映。这一时期社会急剧变化，人们的生活方式日新月异，新技术、新事物、新观念不断涌现。新旧交替的时代特征表现在每一个社会成员身上，必然体现为新旧观念的激烈碰撞，人们既怀念旧日美好时光，又向往未来幸福生活；既强调美国特色，又借鉴欧洲经验；既弘扬个人价值，又主张社会控制。

社会变迁和思潮碰撞必然导致人们在纷乱中不断调适，通过对各种可能的思考、实践和检验，寻求新平衡和新秩序。拿破仑·波拿巴曾经说过："有两种力量将人们联合起来——恐惧和利益。"大量社会问题导致的社会剧烈冲突和革命前景迫使每个社会阶层的人们行动起来，为了维护各自的利益，时而联合，时而分裂，组成一个又一个变动不居的利益集团，掀起了一波又一波争夺控制权的政治运动。总之，20世纪之初，支持改革的美国人空前增多，讨论改革已经蔚然成风。

二 社会改革路线图

面对众多的社会问题和普遍的不满情绪，美国知识分子当仁不让成为最为敏锐的一个群体。许多知识分子对经济社会发展中存在的不合理现象深有感触，进行了深入研究。许多知识分子除了猛烈抨击垄断公司带来的弊病，还纷纷为社会改造描绘路线图，其中某些理论引起了公众的广泛关注，并被付诸实践。

表面上看，大多数美国人对社会主义并不感兴趣。可是，他们却逐渐接受了一些带有社会主义性质的改革政策和措施。因为许多人慢慢认识到，除非采取集体行动，否则不足以抗衡越来越强大的垄断集团，更不要说解决当时的社会问题。这种集体主义观念正是由知识分子通过各种方式一点一滴地传播给大众。《美国政治思想》一书的作者梅里亚姆说："马克思的哲学深深地影响了全美国的政治活动和思想，他的影响是不能用称为社会主义党的政治运动的重要性来准确地衡量的，因为它更深刻的影响是在各斗争的集团的表面活动背后缓慢形成的经济和政治哲学的实质方面。"[①] 几个著名的例子有助于说明这种潜移默化的转变过程。

亨利·乔治的《进步与贫困》出版于 1879 年，在当时处于工业化门槛前后的国家中产生了很大影响，成为 19 世纪最重要的著作之一。这本书全面分析了资本主义的病症，并把经济危机、失业与贫困全部归因于土地垄断。基于这种判断，亨利·乔治认为只有使土地成为公有财产，才能消灭一切罪恶的根源。但是他并不主张没收私有土地，也反对赎买土地。他认为应该让土地所有者继续拥有土地，只是把地租变成交给国家的赋税，除此之外，一切税收都可以废除。这样地租就成为公共财政的主要来源，可以用来满足公众的需要，这就是有名的"单一税"的药方。

由于他强烈地反对垄断，攻击正统的政治经济学，对社会的动荡和痛苦挣扎的劳苦大众表示同情，所以他的理论风行一时。工资劳动者和社会改革者将他的主张积极付诸行动，全美发起了"单一税"运动。1886 年由劳动骑士团、绿背纸币党、社会主义劳工

---

① ［美］梅里亚姆：《美国政治思想》，第 272 页。

党等劳工组织和社会主义组织联合成立的纽约及其近郊独立劳工党（后来改名为统一劳工党）甚至提名乔治为纽约市长候选人。到1890年，美国全境成立了100余个单一税俱乐部。1893年危机之后，单一税运动的规模更有扩大之势。但是，乔治的改良主张与社会主义者变革整个制度的要求大相径庭。恩格斯于1887年曾经批评过他的理论："在亨利·乔治看来，人民群众被剥夺了土地，是人们分裂为富人和穷人的主要的、普遍的原因。但是从历史上看，这并不完全正确。……马克思认为，现代的阶级对抗和工人阶级的处境恶化，起因于工人阶级被剥夺一切生产资料，其中当然也包括土地。……亨利·乔治要求的是不触动现在的社会生产方式，这实质上就是李嘉图学派的资产阶级经济学家的极端派提出的东西，这些人也要求国家没收地租。"①

在竞选运动的过程中，亨利·乔治和社会主义者的分歧越来越大，终于失去了后者的支持。这种通过单一手段解决复杂问题的计划也存在明显的局限性，单一税运动后来不了了之了。李剑鸣认为，乔治的独特贡献不在于他提出了一个社会改革方案，而在于他第一个对美国社会的不平等现象进行了系统批判，为进步主义的兴起提供了养分。②

另一种影响较大的思想是爱德华·贝拉米的社会主义。他于1888年出版的小说《回顾》谴责了资本主义的竞争原则，主张实行国有化。在他描述的"乌托邦"里，合作取代了竞争，工商业实行了国有化，国家取代了一切大公司变成了唯一的垄断组织，产品和利润则由全体公民共同享有。无论社会成员劳动多寡，都能得到国家分配的相等数量的生活资料，而分配是通过遍布城乡方便、快捷的分配网络进行，因此商店、银行、货币等市场经济常见的环节都取消了。国家没有军队和监狱，行政部门同时也是生产管理系

---

① 《马克思恩格斯选集》第4卷，第273—274页。
② 李剑鸣：《大转折的年代：美国进步主义运动研究》，第76页。

统，官员的主要职责是指挥和督促生产。作者甚至展望各大洲实现社会主义之后，国际社会建立起了自由联邦同盟，最终过渡到全球政府，全世界都消除了贫富的差别。小说出版以后，不仅引起广泛兴趣，而且还激发了 27 个州的 162 家国家主义俱乐部的成立。他的朋友们创办了一份名叫《国家主义者》的杂志，以传播他的思想。

由于《回顾》在农村影响较大，平民党运动也深受贝拉米思想的影响。贝拉米在书中没有提到社会主义，他的俱乐部同样避免提及。这激怒了一位社会主义的支持者，这位坦率的作家写信质问贝拉米为何不承认这场运动就是社会主义运动。① 实际上，贝拉米在写《回顾》之前没有读过马克思恩格斯的著作，他的思想主要源自劳伦斯·格朗伦德的《合作共和国》一书，他的国家主义其实与英国费边主义相差无几。贝拉米认为，竞争资本主义可以渐进且和平地过渡到合作集体主义，这是资本主义发展过程自然进化的结果，因为工业集中的持续增长必然导致现行制度的最终灭亡。贝拉米主义者和马克思主义者最大的不同在于，他们反对阶级斗争，反对只考虑一个阶级的利益，反对为了穷人的利益而谴责富人。国家主义者主要来自中产阶级，所以追求社会改良是必然的结果。

1892 年，平民党胜利在望的前景吸引了大批国家主义者加入平民主义者的行列中，国家主义俱乐部实际上只剩下空壳。在国家主义的主要宣传刊物《国家主义者》和《新国家》相继停刊之后，贝拉米的健康也日益恶化。到 1896 年之后，国家主义运动随着平民党运动的衰落完全消失了。国家主义运动的意义在于，不仅在一定程度上推动了社会主义运动和进步主义改革，而且撼动了根深蒂固的自由放任主义。经过国家主义者的大力宣传，政府所有制

---

① Clarence B. Carson, *The Growth of America 1878–1928*, Phenix City: American Textbook Committee, 2001, p. 76.

（government ownership） 和政府调控的原则在一战之前成为特别受欢迎的解决美国经济社会弊病的方案。①

　　还有一种必须提及的是社会控制思想。社会控制思想也是美国社会危机的产物。刘易斯·科塞在《社会冲突的功能》一书导言中曾指出，美国社会学产生于社会学家改革社会的热情，而冲突是早期美国社会学著作的中心范畴。② "社会控制"③ 概念问世于1896年，由美国社会学家爱德华·A. 罗斯首先在一系列文章中使用。虽然罗斯本人认为这一概念的源头可以追溯到他之前的赫伯特·斯宾塞，但是后世学者一般都将罗斯看作社会控制理论的创始人。罗斯的社会控制理论其实并不复杂。1941年，美国学者霍林斯黑德（A. B. Hollingshead）将其脉络归纳如下：在人类事务中，存在一种自然秩序。这种秩序的基础是四种本能，即"同情心、友善、正义感和怨恨"。只要社会关系建立在一种简单的个人交往水平之上，以上四种人类天赋足以为人们提供和谐的秩序。然而，随着社会的演进，不带感情的、契约性的关系得到发展，因为人们

---

　　① Howard H. Quint, *The Forging of American Socialism*: *Origins of the Modern Movement*, 1953, p. 102.

　　② 参见［美］刘易斯·科塞《社会冲突的功能》，孙立平等译，华夏出版社1989年版，第3—4页。

　　③ "社会控制"一词从问世到现在，其含义经历了不断地变化。这个术语起初是社会学的一个核心概念，被社会学家们用来研究和分析整个社会。其最初的含义是指一个社会群体根据正当行为的价值和原则调节自身的能力。到二战前后，这个概念被屡屡重新定义，其含义逐渐发生了较大的变化与分歧，一些学者将其理解为社会化，而另一些将其理解为社会压制。今天，这个概念在西方学术界经常用来指称对越轨行为的一些组织化反应方式。"社会控制"已经成为社会学和政治学中关键的专业术语之一。1982年，罗伯特·迈耶（Robert F. Meier）在文章中总结出，人们主要在以下三个语境中使用这个概念：1）用来表述基本的社会进程或社会环境；2）用来表述保证规则得到遵守的机制；3）作为研究社会秩序的方法。（Robert F. Meier, "Perspectives on the Concept of Social Control", *Annual Review of Sociology*, Vol. 8 (1982), p. 35.）实际上，社会控制思想的流变枝节繁杂，近几十年来又产生了后结构主义的社会控制理论与后社会控制理论等等。英国学者马丁·因尼斯将社会控制的理论发展分为五大流派：符号互动学派、功能主义学派、马克思主义学派、后结构主义学派和后社会控制学派（参见 Martin Innes, *Understanding Social Control*: *Deviance, Crime and Social Order*, Maidenhead: Open University Press, 2003, pp. 17–28.）。总之，从罗斯提出社会控制概念至今，参与过相关讨论的西方学者不计其数，其理论脉络变化较大。

的社会本能削弱到了一定程度,私利代替了它们。在这个关键的转折点上,社会面临的问题是,如何贯彻这些被社会机制削弱了的道德义务,以控制自私的个体与他人的关系。所以,当"自然共同体"让位于"人为的、文明的社会",社会控制代替了人类本能的控制,起到调控人类行为和确保社会稳定与持续发展的作用。于是,社会的文明程度越高,社会对其成员施加控制的等级越高。其结果是,个人针对社会和社会针对个人的斗争。这种个人目的与社会目的的对立迫使社会通过人为手段控制个人。① 简言之,工业化和城市化使得自发的社会秩序走向解体,现代社会需要一种具有自我意识的、有意为之的控制政策,以维持和保证基本的社会秩序。

罗斯所提出的社会控制思想,代表着当时美国进步主义运动的理想。如何从社会冲突中清除暴力因素,把大规模阶级斗争的激流引入合理竞争的渠道,并限制在一定可控的范围之内,是进步主义者考虑的主要问题之一。他既想保留资本主义大企业的高效率,又想尽可能消除其危害社会公平的后果,建立一种良性的社会控制机制,这种兼顾效率与公平的想法不能不说是一种美好的愿望。罗斯的传记作者希恩·麦克马洪(Sean H. McMahon)对其理论有过深入研究。他认为,罗斯的理论有效地解决了19世纪末期的权力危机,因为该理论赋予了每一个人平等的地位。个人与社会、劳工与经理、专家与市民平起平坐,追求相同的幸福。有效地控制把每个人安置于合适的职位上,把社会融合为一个有机的整体。罗斯的社会控制概念可以与赫伯特·克罗利于1915年提出的有机民主理论相媲美。他断言,罗斯的社会控制渗透了社会的各个层面,如果由行业专家们进行适当地调控,所有的市民都能获益。②

可是,资本的本性要求自由地追逐利润,必然不断冲破这种

---

① A. B. Hollingshead, "The Concept of Social Control", *American Sociological Review*, Vol. 6, No. 2 (Apr., 1941), p. 218.

② Sean H. McMahon, *Social Control and Public Intellectual*, New Brunswick: Transaction Publishers, 1999, p. 53.

社会控制，并利用社会控制机制获得支配地位；而工人阶级为了尽可能多地掌握自己的命运，必然会谋求更多的控制权。因此，罗斯所提出的社会控制只能在一定限度内缓解矛盾，并不能从根本上消除资本主义社会冲突。进步主义运动之后的美国历史已经证明了这一点。虽然如此，他的思想恰恰满足了美国当时的社会需求。从这个意义上说，社会控制思想具有一定的合理性和进步意义，这正是它受到改革派欢迎的原因。罗斯所著的《社会控制》一书实际上也是一本社会改革的指南，罗斯福总统阅读之后对罗斯的思想大为赞赏，并为罗斯的新书《犯罪与社会》亲自写了前言部分。[①]

除了以上这些之外，这一时期还涌现了不少改革思想。例如赫伯特·克罗利和沃尔特·李普曼等人都通过著书立说来影响社会和公众。进步主义改革家普遍主张为了促进所有人的幸福，政府应该系统干预社会生活。

三 自由放任主义的衰落

自由主义从洛克、斯密、密尔以来即占据西方资本主义世界主流意识形态的地位，在美国更是最核心的价值体系。19世纪晚期美国的自由主义仍属于古典自由主义的范畴。根据这种古典自由主义的理念，经济自由主义是最重要的内容，任何对经济的干预都是违反了自然过程。对自由市场的崇拜集中体现了此前资本主义发展的基本信念。毫无疑问，美国经济的迅猛发展和国际地位的空前提高完全得益于市场经济的推动，但是这种不受约束的市场力量到19世纪末已经造成了巨大的社会问题。恶性竞争、两极分化、贫困、自然资源的破坏和周期性的经济危机，以及与之关系密切的剥削、压迫、贪污腐败等等问题已将美国社会推到危险境地，人们对

---

① Sean H. McMahon, *Social Control and Public Intellect*, New Brunswick and London: Transaction Publishers, 1999, p. 88.

于靠市场经济自动解决日益复杂的经济社会问题的信条越来越失去信心，整个社会都开始反思甚至批评自由放任主义的信念。到 20 世纪初，工业资本主义社会普遍面临社会危机，显示出自由放任主义的种种局限，这种理念基本上已经行将就木。

造成自由放任主义衰落的原因很多，但是绝对不是某个或几个阶级、阶层或集团的"集体意志"，而是完全自发产生的。换句话说，在进步主义运动中，没有任何个人或组织是变革的主导者，一切变化都是资本主义发展过程中自身协调机制的运行所引起的。当然，也可以将这一结果理解为，各个社会阶层在既有的社会条件下持续博弈的历史合力。

资本持续地追求尽可能多的利润，这一点是资本主义的原动力，也是资本主义社会"冲突"与"缓和"的总根源，更是揭开资本主义生命延续至今的全部秘密的钥匙。早期资本主义残酷地追求利润，置劳动阶级于悲惨境地而不顾，一旦贫富分化超过社会的耐受极限，尤其到了经济危机期间则引发剧烈的阶级冲突。当冲突已经威胁到利润的实现时，对社会稳定的强烈需求就会占据上风，这迫使资本家调整追求利润的方式。因为，在社会激烈动荡的情况下，生产根本无法进行，何谈实现资本的增殖，革命更是资本家最不愿意看到的前景。

在以 1873 年危机为开端延至 1895 年的"大衰退"期间，频繁的危机迫使资本家实行一系列改良措施。1892 年，恩格斯对此有过精彩的论述，他说，"大工业看起来变得讲道德了"。因为过去那种传统的剥削方式已经不合算了，大资本家有比打小算盘更重要的事情，所以实行了一大串比较小的改良措施。虽然这与自由主义的精神相矛盾，但是却使大资本家具有了比较优势。因此，工厂主们学会了避免不必要的纠纷，甚至发现适时罢工的好处。过去同工人阶级作斗争的工厂主们，却首先主动呼吁和平和协调了。"他们这样做是有充分理由的"，因为这只是一种手段，可以使资本加速集聚在少数人手中，并且压垮那些没有这种额外收入就活不下去的小竞争者。① 可见，在大衰退期间，资本主义社会控制机制开始发生根本性的转变。社会控制机制的存在并不意味着人类行动完全受铁的法则任意摆布，它的作用过程恰恰体现在人们的主动选择之中。

　　一方面，自由市场经济中的资本为了持续增殖而必然追求联合和集中，可是过分集中和垄断不仅破坏市场经济的基本秩序，而且开始挑战国家权力，从而逼迫国家做出反应。市场经济的基本秩序是靠平等交换、公平竞争等基本原则来维持。而不加约束地组建大公司虽然促进了生产效率的提高，但是这种组织资本主义的方式旨在控制市场，并进而控制利润，最终导致竞争的消失。如果没有了竞争，垄断企业可以漫天要价，再高的价格消费者也只能被迫支付。更可怕的是，人为抬高物价还会导致经济的异常动荡，因为高额利润只会刺激生产，使得产品的供给持续超出需求。19 世纪末频繁出现的经济危机一次比一次严重，一再证明了人们的担忧。在世界范围内，无论是统治阶层还是劳工阶层都以不同的方式感受到了压力，并对曼彻斯特学派所鼓吹的快速且不受管制的工业化产生疑问。② 同时，富可敌国的商业巨头不断将触角深入政治领域，通过控制选举和政客来左右国家政策和立法，政府与大企业之间的力量对比已经失衡。大企业不顾公共利益为所欲为，终于迫使政府对托拉斯的出格行为进行反击，通过扩大政府的职能和范围来抑制大企业的扩张，缓解自由市场经济所造成的社会弊病。

　　另一方面，各种利益集团为了自己的经济和社会地位不断要求政府给予援助和保护。前面已经提到，工人们并不愿意被动地接受市场经济为自己规定的命运，他们试图控制劳动的条件和规则，为自己和家人争取更多、更好的福利待遇。为此，他们不但组织了工会，而且参加了社会主义政党，他们还推举自己的总统候选人，推

---

① 《马克思恩格斯选集》第 1 卷，第 66—67 页。
② ［美］托马斯·本德：《万国一邦：美国在世界历史上的地位》，第 314 页。

动有利于劳工阶层的立法，甚至试图通过暴力行动来争夺控制权。无论如何，美国工人阶级已经成功地显示了自己的力量。社会主义带来的威胁敦促着自由主义的改革。① 有意思的是，虽然放任政策的真正受益者是垄断资本，但是受到工人罢工威胁的时候，工业巨头们照样请求政府干预，防止或破坏工人的联合行动。而中小企业主固然反对政府干预经济事务与劳资关系，但是当政府干预的对象是大公司时，他们却持欢迎态度。因为他们在和大企业的竞争中往往面临不投降就破产的艰难境地，请求政府出面控制托拉斯就成为最好的选择。可以说，企业界的这些行为本身就是在破坏放任主义的现存结构。

更为重要的是，美国社会中的大多数——知识分子、自由职业者、白领和小商人感受到自己的地位和幸福日益受到威胁，不得不组织起来保护自己。中等阶层感觉到大公司、城市政党集团和劳工集团之间越来越剧烈的对抗，加之其社会地位不断受到损害，因而产生一种高度的危机感。以美国经济学会为代表的一群知识分子，在他们的德国导师的影响之下，积极主张通过干预经济生活以实现社会福祉，并且认为这是国家恰当且必须的活动。② 他们中的大多数是土生土长的美国人，对移民及其后代中产生的政治大亨心怀不满；他们中的很多人出身于昔日望族，对新富阶层的炫富摆阔颇为反感；他们既不满大工商业和金融巨头的肆意妄为，又担心组织起来的工人阶级的反抗，因此力图调和社会冲突，维护社会和谐，从而使自己的社会地位得以维持。除此之外，中等阶层是知识的拥有者、舆论的制造者和信息的传播者，他们相信自然科学和社会科学的进步已经能够帮助美国找到社会问题的根源，并提供解决之道。他们乐观地认为，大多数社会弊病可以通过改变社会环境来消除，大多数的不幸完全可以预防。但是，他们并不想推翻现存制度，只

---

① ［美］托马斯·本德:《万国一邦:美国在世界历史上的地位》，第 320 页。

② ［美］托马斯·本德:《万国一邦:美国在世界历史上的地位》，第 331—337 页。

希望改革各级政府，通过一个更积极、负责和高效的政府，将大公司置于公共控制之下，解决当时的各种社会问题。

从联邦政府的角度而言，它并不是真的为了维护民众的利益才不惜代价整治与干预企业界的为所欲为。从短期利益上说，政府的干预措施的确损害了个别企业主的利益，但是从长远利益而言，政府的苦口良药协调了企业与社会的关系，缓解了大众对大公司的不满，改善了企业的社会形象。毋庸置疑，这既有利于企业界的整体利益和长远利益，也有利于整个社会的安定团结。有些大公司的经理也认识到改革的有利之处，因为他们想保持业已取得的有利地位，担心可能发生新的竞争。他们相信有限而适当的联邦管理能够约束那些规模较小但是竞争力较强的对手，防止其不择手段的做法。对于这一点，一些有远见卓识的企业家已经有所意识，慢慢地许多企业主也逐渐接受了政府的干预政策，并积极配合政府改革。从本质上说，政府改革的动机是缓解社会矛盾，维护社会秩序。进步派认为，经济的发展，必须为改善更多的社会成员的生活而创造条件，国家必须使工业的进步服务于社会的整体改善，否则，那些生活困苦的人们将用危害整个社会的手段来满足自己的生活需求。① 这种潜在的极端主义危险正是美国政府不愿意看到的前景。另外，由于整个经济和社会生活变得日益复杂，政府职责和范围的扩大也在所难免，如果没有有效的管理和控制，社会的脆弱结构必然难以维持，整个国家将跌入混乱的深渊。

从政治人物的角度来说，虽然他们不一定真正关心普通民众的冷暖，但是迎合社会大众的要求无疑提高了自身的政治声望，在一个靠民主选举上台的社会中，这一点具有致命的诱惑力。不过由于企业界和政界有着千丝万缕的联系，大公司更是竞选经费的主要供给者，政治人物不能不有所顾忌。所以在推行政策和促进立法方面，政治人物们更多地采取现实主义和实用主义的态度。他们往往

---

① 李剑鸣：《大转折的年代：美国进步主义运动研究》，第 178 页。

在社会情势比较紧张的时候采取灵活的变通措施，而一旦社会矛盾得到缓解，这些人又会故态复萌。

罗斯福总统享有"托拉斯克星"的盛誉，但是他在当上总统之前对大工商业问题并没有什么明确主张和坚定原则。他在 1899 年写给朋友的信中说，民众对于托拉斯的不满"在很大程度上是无目的的、无根据的"，并且坦承他不知道怎么办才好。① 他后来之所以提倡"制服托拉斯"，最重要的目的在于明白无误地表明他为公众谋利益的意志。其实，在他的内心深处并不相信托拉斯应该拆散。在他看来，托拉斯有"好""坏"之分，企业合并是一个自然过程，只不过这个过程需要联邦政府监督以保护消费者，有序变革可以使制度更加完善，最终有助于维持这项制度。正因为如此，尽管罗斯福与保守派有许多共同点，但是传统上一直被认为是进步派的一员。

对托拉斯持批评态度的威尔逊总统也是一个很好的例子。他在上台之前基本上持保守观点，虽然怀疑托拉斯，认为它是一种政治威胁，但也不清楚如何对待企业的合并。虽然竞选总统时威尔逊提出"新自由"以抗衡罗斯福的"新国家主义"，但是就任总统之后，他却推动由联邦政府进行管制的立法，这表明他已经放弃了早期主张的自由放任政策，还是回到了进步派的道路上。更有讽刺意味的是，美国政府在他任内明显扩大了。与罗斯福出于实现野心的需要不同，威尔逊向进步派的转变更加真诚一些。不过当企业界对改革的厌倦情绪在 1914 年后发展到顶点的时候，威尔逊总统就不得不勉强宣布改革的结束。两位总统的事例也许部分上支持了一个观点，即人类的自由意志不得不受制于历史的发展趋势，或者说，看似自由的人类意志背后存在着不以任何人意志为转移的某种规律。

① ［美］理查德·霍夫施塔特：《美国政治传统及其缔造者》，崔永禄、王忠和译，商务印书馆 1994 年版，第 223 页。

综上所述,在 19 世纪末 20 世纪初,美国社会的各个阶层中越来越多的人主张对国家的经济生活进行干预和控制。他们通过一切可能的手段、途径和组织积极影响社会的自然进程,力争控制变革的力量和方向,为了获取经济保障、自主权和社会地位而奋斗。工人、农民、专业人士、小制造商、小企业主、银行家、金融家、政治家统统卷入了改革的洪流,这种现象集中体现了本书所谓的社会控制。按照波兰尼的看法,这种社会控制正是对市场经济体制进行遏制的"社会自我保护运动"。

第三节　改良思潮与新自由主义

一　欧美资本主义改良的趋同

19 世纪下半叶,工业资本主义已经扩张到了整个北大西洋地区。到 19 世纪末,这一地区内各国普遍出现了一些相似的社会问题,比如劳工问题、腐败问题、贫困化问题、城市问题、食品安全等等。与此相对应,各国资本主义社会秩序受到了前所未有的挑战。资本主义制度存在的必要条件是资本主义生产关系的持续再生产。为了维护有利于这种再生产的基本秩序,统治阶级逐步发展出一系列的新社会控制手段。因为统治阶级认识到,完全的自由放任只会导致更严重的后果。针对这一根源,各国采取的变革措施主要是让国家力量深入到社会和市场当中,推行自上而下的社会控制。在 20 世纪,"大多数回应的后果都属于新自由主义的某些版本,在旧自由主义的个人主义价值观和内生于新自由主义的集体责任感之间进行反复的摇摆,以达到平衡"①。由是观之,跨大西洋地区各国的经济社会发展呈现出强烈的趋同性。这种趋同性显然不是某人、某团体、某阶级或者某个国家意志的产物,因而为进一步跨国

---

① [美] 托马斯·本德:《万国一邦:美国在世界历史上的地位》,第 363 页。

比较分析资本主义发展过程中表现出来的规律性提供了可能。

罗斯提出的社会控制思想，是美国社会土壤结出的改革思想之花，本质上是一种改良主义。根据罗斯的社会控制思想，社会秩序的重点是社会与个人关系的冲突，但两者的矛盾并非不可调和。社会可以采取各种方式引导和约束个体服从社会规范，以利于社会稳定与持续发展。在个人与社会的天平上，他是把社会利益放在第一位的，控制的主体是社会，个人的社会行为是受控客体。由此可见，罗斯的社会控制思想与古典自由主义不同，与新自由主义却有很多共同之处。下面将研究的视野放到更大范围的跨国背景下，就可以清楚地看到欧美资本主义国家在改革思路上的趋同性。

新自由主义产生于19世纪末期的英国。从19世纪70年代以后，西欧特别是英国社会面临重重危机，社会矛盾日益加深，社会冲突持续加重。根据蒋孟引先生的研究，1873—1896年这段时间被称为英国的"长期萧条"时期，经济增长速度减慢，同美国和德国的差距越来越大。[①] 从1873—1913年，英国国内生产总值年平均增长率为1.8%，而此前近20年的平均增长率都维持在2.2%（详见表3-2）。就在那个世纪的最后三十年里，英国最终失去了"世界工厂"的地位。

表3-2　英国经济增长率，1830—1924年（年平均百分比）

	GDP	人均 GDP
1830—1860	2.5	1.1
1856—1873	2.2	1.4
1873—1913	1.8	0.9
1913—1924	-0.1	-0.6

资料来源：Sean Glynn and Alan Booth, *Modern Britain*：*An Economic and Social History*, London and New York：Routledge, 1996, p.19. 经作者整理。

---

① 参见蒋孟引主编《英国史》，中国社会科学出版社1988年版，第581—582页。

　　最根本的衰退则发生在农业领域。英国自 1846 年之后不再保护农业方面来自外国的竞争,这一政策的不利后果延迟到 1870 年代中期才显现出来。在农村地区,农业收成自 1870 年代后期遭遇了一系列的歉收。此时由于铁路等交通运输工具的使用和提高,美国农产品特别是中西部的粮食便浩浩荡荡地大举进入英国市场。于是,英国国内粮食价格连连下跌。畜牧业也未能幸免,受到新西兰、澳大利亚、丹麦、荷兰、美国、阿根廷等国家相关产品的巨大冲击。农业的萧条迫使大量人口涌向城镇。富余农业劳动力流向城镇并非新现象,但是 1875 年之后,这种现象成倍增加了。在经济繁荣时期,城镇吸纳农村移民尚有一定的难度,何况处于工业不景气的年代。从 1870 年到 1913 年,贸易部统计的失业率在 0.9% 至 10.7% 之间波动,平均失业率高达 4.5%。[1]

　　这样一来,城市也出现了一系列危机:过度拥挤、饥馑、失业、贫穷、住房、犯罪等等社会问题。大城市受到的冲击远大于工业城镇,伦敦则首当其冲。[2] 尽管新济贫法已经在英国推行近半个世纪,但是仍然有数量庞大的贫民。查尔斯·布思(Charles Booth)和西博姆·朗特里(Seebhom Rowntree)1889 年对伦敦地区的贫困状况进行深入调查之后,发表了著名的《伦敦人民的生活和劳动》调查报告。报告显示,伦敦大约有 30% 的人生活在贫困线(Poverty Line)以下。仅伦敦东区,将近 35% 的人仅能勉强糊口,还有约 13.3% 的人生活在饥饿之中。[3] 贫富分化日益严重,工人工作和生活条件十分恶劣,劳资关系不断恶化,罢工抗议事件频频发生。虽然这些现象早就出现了,但是经济萧条更是雪上加霜,增大了社会问题严重的程度。总之,19 世纪 70 年代之后的英

---

[1] Roderick Floud and Paul Johnson eds., *The Cambridge Economic History of Modern Britain*, Volume II *Economic Maturity 1860-1939*, Cambridge: Cambridge University Press, 2004, p. 347.

[2] John Davis, *A History of Britain*, *1885-1939*, London: Macmillan, 1999, pp. 15-18.

[3] Pat Thane, *Foundations of Welfare State*, London: Longman, 1982, p. 7.

国陷入了内外交困的境地。

正如英国思想家安东尼·阿巴拉斯特（Anthony Arblaster）所言，这一时期"一个日益突出的问题就是'人民的生活状况'而不是'个人的自由'问题，逐渐主导了政治"①。政治家和社会改革家们开始意识到民生问题对资本主义政治经济秩序的威胁。自由党、保守党和工党都十分关注这些问题，不断思考解决之道。19世纪90年代，社会各界展开了关于失业问题的争论。这些因素在一定程度上起到了催化作用，促使人们思考个人与社会之间的关系问题。吴必康教授一针见血地指出，"到19世纪末期，英国富甲天下，失业贫困等问题却依然严重。完成工业化的英国出现了新的社会利益失衡现象，其实质原因还是财富分配问题"②。显然，要解决这个问题必须进行变革。

古典自由主义所许诺的那种普遍繁荣与和谐成为泡影，那只"看不见的手"在各种社会问题面前显得无能为力，因而越来越受到质疑。为了适应新的社会发展需求，出现了各种各样的新社会理论。其中影响较大的要数托马斯·格林（Thomas Hill Green）提出的一种新理论。这种理论既坚持自由主义传统，又反对完全的自由放任，主张国家干预，充分发挥国家作用。因为这种理论对于"自由"的理解不同于古典自由主义，所以被称为新自由主义（New Liberalism）。19世纪末到20世纪初，新自由主义的影响不断扩大，以英伦三岛为中心辐射到整个西欧，并逐渐向北美地区扩展。

格林的学术生涯大致开始于19世纪60年代。那个时代特有的悲惨景象和残酷社会现实刺激他对传统的自由主义不断反思，经过一番艰苦探索和思考，终于取得了理论上的重大突破。由于格林深

---

① ［英］安东尼·阿巴拉斯特：《西方自由主义的兴衰》，吉林人民出版社2004年版，第379页。
② 吴必康：《英国执政党与民生问题：从济贫法到建立福利国家》，《江海学刊》2011年第1期。

受德国学者黑格尔的影响，他从后者的著作中收获了一个重要启示，就是"自由在于个人权利与社会利益的协调，这一点体现在他的思想的各个方面；而格林理论工作的核心，就是通过重塑现代国家的制度与职能，以达成这两者之间的和谐"①。众所周知，从约翰·密尔（John Stuart Mill）开始的自由主义思想家坚持所谓的"个体性"，强调个体实现自身社会价值的权利，而不是仅仅保护在"个人主义"中必然包含的私有财产。个人主义把个体假定为竞争的、自我的和独立的，把社会领域设想为一个调节私利争夺的场所。相比之下，新自由主义者同样强调个体性的发展，但个体性只能在那些有机且协调地看待社会生活的领域方能得到充分发展。一位西方学者指出，"简单地说，新自由主义旨在协调个体性（individuality）和社会性（sociability）"②。个体性与社会性之调和取决于自由主义者在个人主义和个体性之间所做的上述区分。

简言之，格林的新自由主义与古典自由主义的不同之处主要体现在三个方面：

第一，自由并不是个人在社会生活中的天赋权利，没有对社会成员共同利益的观念，就没有自由权利。在他看来，权利本身是一个道德和社会范畴，因为应该把权利理解为人们相互关系的规范。所以，个人权利不是抽象的和绝对的，其存在条件是社会普遍认可的道德目标，任何反社会的权利都只能是不合理的。格林指出："除非人们意识到，被他们视为善所追求的利益是这样一种事物，即每个人对它的获取，或者说每个人获取它的过程都是对其他所有人获得这一事物的贡献，社会生活都将继续是一场战争。"③

第二，他反对古典自由主义关于自由"在于免除限制或强制"

① 唐士其：《西方政治思想史》，北京大学出版社 2002 年版，第 322 页。

② Avital Simhony and D. Weintein ed., *The New Liberalism: Reconciling Liberty and Community*, Cambridge: Cambridge University Press, 2001, p. 16.

③ Thomas H. Green, "Lectures on the Principles of Political Obligation", in Paul Harris and John Morrow eds., *Lectures on the Principles of Political Obligation and Other Political Writings*, New York: Cambridge University Press, 1986, p. 279.

的观点,认为古典自由主义所主张的仅仅是一种消极自由,他主张积极的、共同的自由。这种"积极意义上的自由",被格林称为"真正的自由",它意味着个人的自我控制、自我实现和自我完善。用他的话来说,这种自由是"一种从事或者享受任何值得从事或者享受的活动的权力或能力,也是某种我们与其他人共同从事或者享受的活动"①。

第三,这种积极的自由不可能自动地实现,国家应该通过立法等人为手段对社会生活进行积极干预。格林否定了古典自由主义把个人自由与国家行为完全对立起来的那种思维,而突出强调人的社会性。他极力主张,国家是公意的体现者,应该为实现公民的共同利益而努力,不应以暴力为手段强迫后者服从国家意志。换言之,国家行为是以自愿而非强制作为指导原则。因此他提出:"对共同善的关注是政治社会的基础,没有这种关注,任何权威都不可能要求得到人们共同的服从。"② 从这些论述中可以看出,他所主张的积极干预,目的是通过保护公民权利来促进其自由,或者确立一定的规则禁止某些行为从而保证其他行为的自由。

总体而言,新自由主义是一种通过传统自由主义话语证明国家干预和社会改革正当性的哲学。两相比较,古典自由主义更为强调自由放任,而新自由主义更加偏重于国家对社会生活的积极干预。由于新自由主义在强调个体性的同时也强调社会性,看重公平多于效率,属于中间偏左的政治思想,所以又被称为"社会自由主义"(Social Liberalism)。简言之,新自由主义不是社会主义,但是也同样反对自由放任的资本主义。这个理论后来被英国经济学家凯恩斯证明并推广之后,成为著名的凯恩斯主义,该理论被普遍认为

① Thomas H. Green, "Lectures on the Principles of Political Obligation", in Paul Harris and John Morrow eds. , *Lectures on the Principles of Political Obligation and Other Political Writings*, pp. 199-200.

② Thomas H. Green, "Lectures on the Principles of Political Obligation", in Paul Harris and John Morrow eds. , *Lectures on the Principles of Political Obligation and Other Political Writings*, p. 79.

"挽救了资本主义"。

现在再来看罗斯的社会控制思想与新自由主义之间的关系。美国知识分子面对镀金时代的重重危机,不断思考解决之道,社会控制思想就是一种理论上的具体回应。对个人自利的社会控制意味着对私有经济的公共控制。罗斯曾经深受社会主义思想的影响,具有集体主义倾向,但是同时又珍视个人权利与自由。他的理论竭力协调个人利益与社会利益之间的冲突。罗斯并没有超越资本主义意识形态,他只是超越了镀金时代的意识形态。自由主义理论的起点是假设个体不必平等地获得回报,这样必然导致不满,因此也就需要管理。罗斯宣称他的分析排除了社会主义或无政府主义的可能,所以他的社会控制是一种新自由主义观点。① 在他的思想中,资本主义所产生的不平等和社会冲突已经是不可避免的,只不过他认为应该通过更有远见的社会控制来逐步消除。

与新自由主义相同的是,罗斯的社会控制思想旨在维持个人权利与社会合作之间的平衡与和谐。在他的论述中,个人与社会的冲突频频出现。但是,他的时代的社会冲突标志着一个暂时的过渡时期,即由前工业社会向工业社会的转变,社会控制的方向是一个和谐社会,这就是他想要传达的信息。社会控制概念表达了社会学家的一种愿望,即通过社会和心理手段把相互竞争的个体纳入社会秩序,最终消除不稳定因素。同时,又表达了他们的一种雄心,即技术专家可以借助于科学研究预测和控制社会的发展,避免不利于社会整体的结果。不过,追求和谐的观念常常把他们局限于具体的历史条件和任务的困难之中。由于希望社会团结,他们常常掩盖资本主义社会和人类本性之间的分裂。通过把自己想象成控制者,他们构想出一整套有益的社会控制体系。

需要指出的是,承认罗斯的社会控制思想与新自由主义观点有

---

① Edward A. Ross, "Social Control, XIII", *American Journal of Sociology*, Vol. 3, No. 6 (May, 1898), pp. 825-826.

很多共通之处，并不意味着可以忽视两者之间的差异。在罗斯刚刚成为大学教授的时候，他的社会学无疑属于孔德的实证主义流派。罗斯后来提起在斯坦福大学的教学情况，他的社会学课程基本上是以孔德、斯宾塞和沃德的著作为教材，他的任务只是解释理论并组织学生学习。① 也许，与新自由主义的一点不同之处在于，社会控制思想是源自新兴的社会学理论，而新自由主义则源自政治思想或政治哲学。前者属于一种经验主义传统，后者则属于一种理性主义传统。有意思的是，两条理论进路却达成了大致相同的结论。这种内在精神的一致绝不是一种巧合，而是相似的历史逻辑作用的结果。也就是说，面对相似的历史境遇所带来的社会问题，解决问题的思路在一定程度上也会非常相似。只不过新自由主义是西欧特别是英国现实状况的产物，而社会控制思想是美国具体条件下的社会危机解决方案。

二 对社会进步与社会秩序的调和

工业时代的社会问题是资本主义固有矛盾的必然结果。美国的情况与欧洲没有什么不同，社会主义运动也在美国得到迅速发展。如前所述，越来越多的美国人对社会主义产生浓厚的兴趣，甚至连宗教人士也开始在教义中寻找与社会主义的共同之处，发展出基督教社会主义这样颇有影响的团体。社会主义在进步主义时代以一种相当强大的方式在美国展示了它的面目。②

社会主义运动之所以能在美国迅猛发展，很大程度上是因为社会主义者的主张与资本主义形成了强烈对比。首先，社会主义追求生产资料社会化，主张公有制，强调集体主义，以生产合作来促进公共利益。其次，社会主义明确要求绝大多数人而不是只有少数人

---

① 参见 Gillis Harp, *Positivist Republic*: *Auguste Comte and the Reconstruction of American Liberalism*, *1865 - 1920*, University Park: Pennsylvania State University Press, 1995, p. 174。

② ［美］托马斯·本德:《万国一邦：美国在世界历史上的地位》，第 320 页。

享受到发展的成果，主张繁荣与进步应该服务于大众。这些要求恰恰是资本主义制度的致命弱点。并且，一些社会主义者认为只有彻底推翻资本主义制度才能消除工业时代的社会弊病。这样一来，两种价值观的冲突便日益尖锐，甚至各种暴力流血事件也时有发生。

当时的社会主义者们看到了资本主义的严重问题，而美国的统治阶级其实也有着同样强烈的危机意识。随着社会主义政党的兴起，共产主义思想逐渐传播，美国世界产业工人联盟等组织号召人们推翻资本主义制度。社会主义者尤金·德布斯在总统竞选中获得的支持人数逐次增多，意味着美国资本主义制度受到了越来越多的质疑。当时的美国国务卿沃尔特·昆廷·格雷沙姆认为，在失业劳工和农民中间出现了"革命的征兆"。[1] 西奥多·罗斯福这样的进步派极其清醒地看到："如果不进行改革，替代的结果要么就是社会主义或无政府主义，要么就是由有钱的工业家不断增长的权力继续压制民主。"[2] 另一位学者威廉姆·A.威廉姆斯也曾指出，1893年的经济危机导致了一种对广泛的社会动乱甚至社会革命的真实恐惧。[3]

美国历史终于发展到了一个岔路口，是眼睁睁看着革命的发生还是主动改良以避免最坏的结局？寄生阶层面对这种局面，当然不是坐以待毙，他们的努力在某种程度上推动了进步派的危机意识和反省。因此，各种社会力量共同推动资本主义制度加大了自我调整的力度。资本主义通过对激进运动的不断妥协和部分接受社会主义的理念，转变政府职能，加大调控力度，从而增强了在更高层次上维护和调适自身的能力，也因而渡过了一次次危机，延缓了自身衰亡的进程。

---

① ［美］沃尔特·拉菲伯等：《美国世纪：一个超级大国的崛起与兴盛》，第25页。

② 转引自马骏《经济、社会变迁与国家治理转型：美国进步时代改革》，载《美国进步时代的政府改革及其对中国的启示》，格致出版社2010年版，第45页。

③ 参见［美］贝弗里·J.西尔弗《劳工的力量：1870年以来的工人运动与全球化》，张璐译，社会科学文献出版社2003年版，第172页。

在美国史学界，有关进步主义的许多争议一直困扰着历史学家。时至今日，要想简单界说进步主义历史并不是一件容易的事情。甚至有学者完全否定进步主义运动在现实历史中真正存在过，认为进步主义运动并不符合一场社会运动的基本特征。因为根据大多数社会学家的看法，一场社会运动是一种具有持续性的集体行动，这种集体行动以促进或反对社会中的一种变化为目的。一方面，社会运动拥有自己的组织、持久的活动和明确的目的，而不是跟风、恐慌、暴乱或其他种类的大众行为；另一方面，社会运动与邪教、压力集团、政党或其他志愿者组织相比，拥有更分散的追随者、更多的自发性和更宽泛的目的。① 尽管经过进步主义时期，改革者取得了许多重大成果，这些改革成果奠定了现代美国的基本框架。但是进步主义运动从来都不是某个阶级或利益集团的运动，它没有全国性的运动领袖，没有普遍认同的改革纲领，更没有一个全国范围内的组织或政党来领导。恰恰相反，不同的利益集团为了各自的利益争夺控制权，展开了复杂的博弈，其中的阶级关系和利益关系盘根错节，不可一概而论。而且，进步主义时期的改革者在不同层次、不同领域的改革中所提出的改革措施差异较大，有些甚至互相冲突。改革者的目光所及从铁路管制到妇女选举权，从移民控制到环境保护，似乎很难确定一个核心的改革主题。

尽管改革者之间分歧严重，但是仍然存在基本的共识。否则进步主义就不可能拥有日益增多的追随者，也不可能取得众多的改革成果。首先，越来越多的美国人认为，19 世纪末以来的重大社会变化产生了令人不快的、与传统价值相违背的社会问题，面对纷乱的局面，几乎所有人都认为必须有所行动，改变当时乱象丛生的局面；其次，所有进步主义者相信公共利益的存在，而公共利益只能经由政府提供，包括地方、州与联邦政府；第三，大部分进步主义

---

① Peter G. Filene, "An Obituary for 'The Progressive Movement'", *American Quarterly*, Vol. 22, No. 1, 1970, pp. 20-21.

者倾向于通过某种形式或程度上的国家调控对经济生活加以管理，以消除社会弊病。经过进步主义的洗礼，美国人改变了原来消极的国家观，普遍认为政府有责任规范经济，使社会财富为公众利益服务。可以说，全社会已经形成了新的共识，其核心就是联邦政府的作用。① 对政府抱有希望和信心，足以说明大部分进步主义者对当时资本主义体制的认同，寻求一种有别于社会主义的替代选项。

在进步主义时期，并不是每个人都成为进步主义者。可以肯定，既得利益阶层拒绝所有方面的一切改变，他们恨不得这一切永远持续下去。那些生活在社会底层人们总觉得一切改革都不够，最好推倒现存秩序，重新洗牌。而夹在这两个群体当中的人认为，改变是必要的，但是最好不要影响自己的社会地位，中等阶层构成了进步主义运动的主体。统治阶级不赞成劳工组织和平民党的激进做法，但又惧怕人民革命，不得不顺应改革的诉求。与 1900 年相比，1920 年的美国社会发生了很大变化，许多方面都取得了实质性的社会进步。工人阶级中有相当一部分人的生活得到了改善，对未来的乐观情绪开始滋生，从合法斗争中看到了希望。总体上看，工人阶级与资本家阶级之间，矛盾与斗争是占主流的；中等阶层则在其间上下其手加以协调。而且，即使是工会的改革主张，也没有超出资本主义的框架，与资本家和中等阶层的利益并无根本冲突，故三大社会力量之间，基本上保持着暂时的既相互制约又相互合作的态势。这就是进步主义运动中的阶级关系图景。②

质言之，进步主义是改良的而非激进的。在这个意义上，进步主义时期最终形成的社会共识是改良而不是革命。社会共识的形成对处于转型期的美国具有重大意义。有了社会共识，社会才会有凝聚力。这种凝聚力是推动社会进步的力量源泉，是不断取得改革成果的坚实基础。全社会有了共识，处于飞速发展和转型时期的国家

---

① 参见钱满素《美国自由主义的历史变迁》，第 84 页。
② 李剑鸣：《大转折的年代：美国进步主义运动研究》，第 281—282 页。

就有了共同奋斗的发展目标，就能保证社会的基本秩序与稳定，否则只会产生社会动荡和混乱。

综合而言，19世纪晚期到20世纪初，美国工人运动的改良主义化与社会发展状况和阶级斗争的新变化密切相关。首先，在经济方面，生产力的发展还有极大潜力。由于电力技术在照明和动力方面的应用，以及一大批技术发明和创新，工业化迅速大规模推进，新企业赫然出现，城市化进程徐徐展开，通讯设施得到大力发展，钢铁时代猛然到来，铁路里程成倍增长，加上得天独厚的自然资源，美国经济充满活力，不断发展。经济的扩张和财富的增加，促进了自然科学和社会科学的进步，高等教育也迎来了大发展时期。生产力的巨大发展表明，美国资本主义仍有很强的生命力。联邦政府对于经济的干预是一个重要的变化。《谢尔曼反托拉斯法》导致许多非法兼并被勒令解散，《克莱顿反托拉斯法》进一步完善了前者，而且使反托拉斯制度化，成为美国政府的长久政策之一。高收入累进所得税的征收，使财产再分配成为可能。政府支持工人有组织地与资方协商的权利，有利于工人的法律获得通过，资本家开始调整剥削的手段。那些财力雄厚的资本家可以拿出自己高额利润中的一部分满足工人的部分经济要求，改进工人的生产条件，提供一些福利设施，对工伤事故提供一定补偿。"福利工厂"计划的逐步推行和制度化[①]，往往能暂时缓解工人的不满情绪。福利措施的受益者主要是熟练工人，而且以工人的忠诚为条件，客观上起到了分裂工人运动，销蚀工人阶级意识的效果。生活水平的渐进提高容易促使工人们产生对资本主义的认同，也乐于进入现存体制。这一时期，伴随着老中产阶级的没落，新中产阶级开始逐步壮大。20世纪初与美国大企业与生俱来的不仅是一批大企业家，而且还形成了一批白领阶层。新的城市中产阶级从1870年的75.6万人扩展到1910年的560.9万人，人数扩大了大约7倍多。白领阶层的形成

① 参见李剑鸣《大转折的年代：美国进步主义运动研究》，第209页。

壮大了美国中产阶级的队伍。①

其次，从政治方面来看，地方、州以及联邦各级政府在资产阶级民主制方面更趋完善。罗斯福的两届任期中，政府的大多数改革措施集中在反托拉斯和进行铁路立法方面，国会通过了一些保护劳工权益的法律，总统还大力支持自然资源保护运动，联邦政府对经济社会的监管权力和能力都有所加强。在塔夫脱的四年任期中，进步主义措施得到继续推行，政府不仅扩大了监管铁路公司的权力，而且将电话与电报公司也纳入监管范围，州际商业委员会的权力也得到加强和扩大，受到联邦政府制裁的托拉斯数量远远超过罗斯福两届任期内制裁过的托拉斯总数。尽管如此，塔夫脱并未赢得改革家的名声，甚至还遭到许多进步主义者的批评。威尔逊继任总统之后，通过了四个宪法修正案，包括国会有权征收一切所得税（1913）、公民直选参议员（1913）、禁酒（1919）和妇女选举权（1920）。威尔逊政府还建立了联邦储备银行对国家经济进行调控，拨款帮助各州修建高速公路，并开始关注社会福利等等。同时期，还有一些其他政治改革，包括文官制度改革、公民创制权、候选人的初选等，直接动摇了政治腐败的基础。当进步主义改革发展到顶点的时候，联邦政府也变得日趋完善和强大。

第三，美国的海外扩张有利于缓解国内压力。从 19 世纪末开始，美国对外的扩张就持续不断。先是 1894 年小试牛刀，以武力控制了夏威夷。1898 年，经过长期准备，美国发动了美西战争，夺取了菲律宾、波多黎各和关岛，古巴沦为美国的保护国。众所周知，美国 1900 年推动了在中国的"门户开放"政策，加入列强对中国的掠夺，另外还参加过侵略中国的八国联军。进入新世纪以后，美国挥舞"大棒"，怀揣"金元"，加快了扩张步伐。1903 年出兵巴拿马，武装夺取运河区。1905 年，以反对外国干涉为名，又出兵多米尼加，随即控制了该国关税长达 50 年。1909 年，干涉

---

① 刘绪贻、杨生茂总主编：《美国通史》第 4 卷，第 190 页。

尼加拉瓜,稍后又长期驻军。1915 年,美军趁火打劫,登陆海地,获取了银行和关税的控制权。在这段时间,美国吞并古巴,干涉墨西哥革命,短短十年左右就控制了中美洲和加勒比地区,南美洲诸国也唯美国马首是瞻。安定"后院"之余,美国就开始染指远东和太平洋地区。在这个过程中,美军一旦控制某个国家或地区,紧随其后大多数情况下就是美国资本,这些地方的经济命脉都不同程度地受制于美国。因此,来自海外的收益部分弥补了国内不断下降的利润率。更重要的是,美国企业获得了稳定的生产原料供应地和产品倾销市场。维持这种不平等的秩序,又需要一支大规模的军事力量提供保护,而保持军事存在所需的生产提供了大量就业机会和稳定的收入,美国工人间接地从国家的扩张中得到了好处。

第四,美国军事实力大大增强。在这种背景下,美国加快了军事建设的步伐,军事实力也发生了深刻变化。在马汉《海权论》思想的影响下,美国着手实施"大海军计划",该计划于 1894 年完成,海军实力居世界第三位。经过美西战争,美国一跃而成为世界军事强国。在随后的 4 年美菲战争中,为了镇压菲律宾人的起义,美军"采用了日渐残暴的手段,在一些美国部队受挫后,一位将军下令杀死年龄大于 10 岁的全部菲律宾男子"[1]。战争进一步刺激了美国的扩张欲望,也使美国意识到军事力量的不足与弊端,此后便开始了美国军事史上的管理革命。从 1903 年起,美国制定了一系列关于军队的法规和条例,改革指挥机构,加强集中领导,提高预备役部队作战能力,完善卫生后勤保障,设立军事学院,培养各类专业军官,开始大规模扩军备战。与此同时,科学技术的进步也带来了军事技术的变革,这一时期应用到军事领域的技术包括:汽车、飞机、潜水艇、炸药、坦克、自动化武器以及无线电通讯等。美国在把科学技术转化为军事实力方面,更是走在各国前

---

① [美]沃尔特·拉菲伯等:《美国世纪:一个超级大国的崛起与兴盛》,第30 页。

列。性能优良的机枪、斯普林菲尔德式步枪、科尔特自动手枪、复进装置的后膛式火炮、穿甲弹、迫击炮、榴弹炮等相继问世，美军开始使用摩托车、汽车，1914 年还建立了正式的飞行部队。这些新式武器装备投入使用后，极大地提高了美军的战斗力。到第一次世界大战爆发之时，美国军队的装备比美西战争时期明显更上一层楼，在当时的世界上堪称一流。① 一战爆发后，威尔逊政府奉行"和平中立"政策，直到 1917 年战争快结束时才正式作为协约国一方加入战争。在战争中，美国派出了规模空前的军队远赴欧洲作战，美军经受了现代化战争的洗礼与锻炼。战争使欧洲列强元气大伤，美国却成为世界上最大的军事强国，奠定了日后取得世界霸权的坚实基础。可想而知，在这样的国家搞暴力革命简直就是白白送死，遑论革命胜利。1917 年 8 月，俄克拉何马州发生了贫苦农民反对美国参战的青玉米暴动，他们向华盛顿进发，想夺取政府，以制止战争，但迅即被政府镇压下去。

现在看来，改良主义在西方世界的日益盛行有着更大的历史背景。19 世纪末 20 世纪初，西方主要资本主义国家先后开始由自由资本主义向私人垄断资本主义过渡。旧的社会控制机制逐渐失灵，新的社会关系和社会矛盾也日益显现出来。这些国家普遍经历了重大的社会冲突、社会改革、政府职能的扩大和福利国家的兴起。从那时到现在的一百多年间，资本主义国家一直在探索如何有效地调节资本主义的社会关系和控制社会矛盾，其中一个基本发展趋势是逐渐强化和在调整中优化国家干预。② 在这个过程中，资本主义的运行机制发生了重大变化。这种变化不只是出现在一两个国家，而是一种普遍现象。

改良主义思潮也符合大部分美国人的利益。恩格斯在 1858 年写给马克思的信中说："英国无产阶级实际上日益资产阶级化了，

---

① 陈海宏：《美国军事史纲》，长征出版社 1991 年版，第 205—207 页。
② 吴必康主编：《美英现代社会调控机制》，第 7 页。

因而这一所有民族中最资产阶级化的民族，看来想把事情最终弄到这样的地步，即除了资产阶级，它还要有资产阶级化的贵族和资产阶级化的无产阶级。自然，对于一个剥削全世界的民族来说，这在某种程度上是有道理的。"① 他的话可能也适用于美国。进步时期，美国的海外扩张带来巨大的机会，逐渐把美国人推向全球社会阶层的顶端，坐享扩张带来的巨大利益分成，他们为帝国的成就而自豪和骄傲，而保证他们这一利益的基础，正是美国式的资本主义秩序，这无疑会增强民众对于现存秩序的认同而不是怨恨。

经济的增长是现代市场经济体系运行的动力。经过进步主义时期的自我调整，美国资本主义获得了新的发展空间，资产阶级统治得到巩固和加强。一战后美国的社会心理发生了重大变化，出现了对改革的厌倦情绪。尽管进步派依然取得了一些成绩，但是改革冲动已经明显衰落了。表面上看，主要是一战打断了进步主义改革的势头。实际上，经济的增长与繁荣一定程度上赋予了资产阶级统治以合法性，资本主义制度得到了认同和延续。美国国内政治开始全面而坚定地转向保守主义，此后的整个 20 年代都是共和党执政。虽然美国的工人罢工增多了，社会主义运动却衰落了。一战后大部分欧洲国家也普遍向右转，德国和匈牙利等国的革命形势出现低潮，意大利的墨索里尼上台执政。这些现象意味着，美国的保守化并不是偶然和孤立的，也不是美国国内那些所谓独特之处导致的。

综上所述，一方面通过体制内的调控和合法斗争，人民群众的生活水平能够取得一定程度的改善与进步；另一方面统治阶级通过海外扩张转移国内压力，同时不断提高军事实力，巩固统治秩序。因此，美国确实不存在发生革命的形势。第一次世界大战时，革命先发生在俄国，而后是德奥等国，后者的共同之处是都处在战败的情况下，前者在战场上的失利则进一步激化了既有的矛盾。与之相

① 《马克思恩格斯选集》第 4 卷，第 434 页。

对，英、法、美等战胜的协约国就没有发生成功的革命。虽然战胜国的群众运动相当可观，但是抗议活动在取得一定成效后，加上各国政府的安抚和压力，都先后趋于平息。美国的情况只是这种全球范围内整体潮流的局部反映而已。同样的道理，这种世界性大趋势正是大部分美国人倾向改良而不是革命的深层原因。

第四章 社会控制对社会主义运动的弱化

　　社会控制问题是在资本主义进入工业时代的背景下，为了应对社会急剧变迁所伴随的社会冲突而提出的。无论哪一种社会形态，变革时期总会产生不可避免的社会秩序不稳。原来的社会政治、经济、文化结构出现新变化，原有的调控机制已经不能有效应对新问题，如果不能适时做出调整，社会矛盾势必日益加深，各种不满积累到一定程度就会引发严重社会动荡。这种时候往往都需要处理一个核心的问题：如何既保有社会财富又能让所有人分享到发展所带来的好处，从而建立起新历史条件下的稳定社会秩序。这正是美国进步主义者孜孜以求的目标。这一时期，美国各行各业的人们勇敢地投入这场社会改造试验，各种新思想、新观念和新创造层出不穷。正所谓"若夫豪杰之士，虽无文王犹兴"，最重要的是行动起来。本章借助社会控制理论的视角考察美国进步主义时期的各种具体改革措施及其对社会主义运动带来的深刻影响。

第一节　社会控制理论的历史背景

　　社会控制研究自诞生以来，在 20 世纪前期的美国曾风行一时，后来还远播欧洲，今天已发展为社会科学的一个重要研究领域。作为改良主义思潮的地区变种，社会控制理论的不断发展表明，资本主义在一定程度上还拥有维持创新和活力的空间。资本主义之所以能够长期延续发展并一直保持其"文化领导权",本质上是由于它能够在经济领域不断克服自身的矛盾,使矛盾发展为必要的动力,而资本主义最终能否存在,也取决于这种经济发展能力是否会达到自己的极限。① 从这个意义上来说,深入探讨工业资本主义国家的社会控制有助于更好地理解资本主义"垂而不死"的根源。相应地,也可以借助这个视角加深认识社会主义在 20 世纪陷入低潮的原因。

首先需要追溯这种思想问世之初的历史背景与理论取向。罗斯是伊利诺伊州一位农民的儿子,9 岁就成了孤儿,他的养父母供他读完大学。罗斯读研究生期间,曾远赴德国柏林,学习了两年哲学。回国以后,他从 1890 年开始在约翰·霍普金斯大学攻读政治经济学博士学位。他的导师理查德·伊利(Richard Ely)也曾留学德国,是一名改良的国家社会主义者。在导师的影响下,罗斯也成为一名温和的社会主义者。不过由于学术审查制度的威胁,他仅限于和导师之间交流社会主义观点。后来,伊利因为拒绝放弃国家社会主义信仰而付出了沉重的代价,不仅被美国经济学会开除,而且遭到大学当局的公开审查,退出学术圈近十年之久。其实,在进步主义时期,与伊利有过类似遭遇的人并不是少数。从这里可以看出,社会主义思想在当时美国社会所遭到的打击和压制,以及社会控制的实际应用。

罗斯于 1891 年博士毕业后,曾先后到印第安纳大学和康奈尔大学任教,他的国家社会主义观念在那里逐渐发生了变化。1893年秋,罗斯在斯坦福大学开始了第三个教席,他很快就开始抨击社会达尔文主义,拥护社会学家莱斯特·沃德的观点,并公开支持农民的抗议运动。在斯坦福大学,罗斯依然信仰社会主义,不过他把

---

① 张光明:《马克思学说与资本主义的演进》,《河南大学学报》(社会科学版)2004 年第 2 期,第 8 页。

社会主义看作一种理性的控制手段，而不是灵丹妙药。他还通过发表演说和文章积极参加平民主义运动，这让斯坦福大学行政当局觉得他已经越过了雷池。虽然受到一再警告，罗斯依然屡教不改，终于因为强烈反对亚洲移民的言论激怒了斯坦福夫人，1900 年被学校辞退。不过，他最终于 1906 年成为威斯康星大学的一名教授。从 1896 年起，罗斯发表了一系列的文章，逐渐发展出社会控制的概念。在他把这些文章整理成书之前，社会控制概念已经广为人知。①

实际上，罗斯的社会控制思想的基本精神源自前辈学人。莱斯特·沃德与理查德·伊利对罗斯早期的学术思想有着极其重要的影响。早在 19 世纪 80 年代，莱斯特·沃德就激烈批评斯宾塞机械而消极的进化论。罗斯的导师伊利作为一个社会主义者，对社会平等有着根深蒂固的追求。相比之下，罗斯更多的是以世俗的眼光和自由主义者的同情心，把前辈们的阶级关怀转化为一个社会学问题。罗斯回避了社会主义和资本主义价值观的冲突，而把这种冲突看作是一个社会自身具有的客观特征。"罗斯主要担心潜在的无政府主义个人会破坏社会秩序，没有社会秩序就不可能有真正的社会进步。"② 他所关注的重点，不是某一个阶级的利益，而是社会的整体利益。所以，他所提出的社会控制理论显然是想调和进步与秩序，以社会的平稳发展为目的，并通过渐进的改良逐步实现平等的诉求。

在传统的农业社会，维持社会秩序的内在机制相对比较简单，社会成员的行为依靠世代相袭的文化传统和伦理道德等因素即可得到有效控制。但是，当进入工业社会，由于人们在生活方式上的巨

---

① 参见 Sean H. McMahon, *Social Control and Public Intellect*, New Brunswick：Transaction Publishers, 1999, pp. 1-54。

② Gillis Harp, *Positivist Republic：Auguste Comte and the Reconstruction of American Liberalism*, *1865 - 1920*, University Park：Pennsylvania State University Press, 1995, p. 174.

大变化，旧的社会规范、价值观念、交往模式等纷纷解体。这样一来，原有的社会控制机制很难有效维持基本的社会秩序。社会为了保证自身的存在，必然通过一定的调整过程重建规范与秩序。与此相一致的是，十九世纪末以来，西方发达工业国家在政治、经济制度方面都曾面临巨大的挑战，基本上先后被迫走上了社会改革的道路。

事实证明，社会生产力的进步常常带来社会的失序与混乱。因为上层建筑与经济基础之间的调适需要一定的时间，并不总是同步发展的。罗斯并不想通过遏制进步的方法来获得秩序，他的思路实际上是想通过控制进步的方向来削弱冲突的程度。罗斯在沃德的思想影响之下，相信人类对于社会事务的干预既必要又可行，反对那种盲目的、不合理的社会变革。社会控制的目的在于，使社会进步变得更有建设性、更明确、更理智，从而产生一个有计划的社会。实现这种社会的手段是理性的，目标是人性化的，或者说以人为本的，而进步的方向是可控的。简言之，罗斯的信念是，人类可以实现社会有目的的发展，而这一发展能够推进大众的福利。

在《社会控制》一书中，罗斯分别研究了社会控制的基础、控制的方法和控制的体系。他指出，大多数人把社会秩序看作是理所当然的东西，他们对社会秩序如何获得知之甚少。实际上，所有社会成员具有不同的利益，按道理说，人类社会更应该处于一种无秩序的状态。可是大多数时间，人们却能共同遵守一些习俗以避免冲突。很显然，人类并非具有一套刻于心灵上的戒律，或者由于遗传而具有合作的本能。罗斯认为，社会秩序的获得是社会对人们施加控制的结果。他首先探讨了社会控制的社会心理学基础，包括同情心、社交性、正义感以及不满；其次是社会控制的手段，具体内容相当广泛，主要有公共舆论、法律、宗教信仰、教育、习俗等；最后讨论了控制的体系，涉及阶级控制、社会控制的变化、控制的限度和标准等内容。

在罗斯看来，秩序等同于和平的社会关系和一定程度上的集体和谐。统治阶级以损害其他团体利益而进行的控制不是社会控制，只是阶级控制。社会控制不仅包括国家机构的控制，而且包括各种非政府领域的控制，其中一些还来自社会底层。换言之，存在自上而下和自下而上两种途径的社会控制，国家控制只是其中之一。罗斯还列举了几条社会控制的指导原则，比如：社会控制必须有助于人类幸福；社会干预所带来的利益应大于引起的不便；社会干预应当尊重维持自然秩序的感情；社会控制绝不可过于温情主义，从而阻止有道德缺陷者自我毁灭；最后，社会干预不应限制生存竞争，以致妨碍了自然选择过程。① 总之，罗斯把社会控制作为维护正常社会秩序的基础，力求使美国社会在社会稳定与个人自由之间达成平衡。

此外，罗斯还分析了导致社会冲突的条件。他认为这些条件包括：第一是利益上的尖锐冲突，第二是财富上的巨大差别，第三是机遇上的极不平等。他强调说，如果穷人中的杰出人物能够升入上层社会，穷人们就不会产生暴力的倾向，而如果理想的职业被占据，人们没有希望摆脱命运，那么社会控制就带有专制的特征。在这里，罗斯区分了动态社会和静态社会。在社会的动态时期，由于新财富的创造，百业兴旺，越来越多的人的社会地位得到提高；而在社会的静态时期，机遇被那些身居要津、手握资本的人霸占了，社会关系就会持续紧张。因此，如果能使社会再次成为动态的，就可以避免时代特有的弊病。他以英国为例，由于依靠殖民地和工业革命，19 世纪的英国控制了世界的主要贸易，为工商业发展提供了广阔的领域，因而使它避开了阶级冲突。相反，意大利和西班牙这类国家由于缺少机遇而导致阶级冲突，因此也成为专制制度的中心。罗斯断言，"当阶级精神耗竭了社会精神，把社会一分为二时，产生的第一个后果是社会控制的削弱和渐趋混乱"②。有必要指出的是，罗斯的这些论述大致就是今天学界常说的"社会流动性"。

---

① ［美］爱德华·罗斯：《社会控制》，秦志勇、毛求政等译，华夏出版社 1989 年版，第 317—323 页。

② ［美］爱德华·罗斯：《社会控制》，第 307 页。

罗斯把社会秩序理解为创造性地使用人类主观能动性的结果。这种现代社会秩序与自然秩序不同，必须依靠智力或知识进行操控。罗斯认为，"社会发展进程的本质在于本能被理性所取代。理智已经代替了情感，逐步确定交往的范围与空间。在联合过程中推动我们一步步前进的力量是经济的而不是道德的。巨大的社会发展已经产生，不是出现于最合群的民族中，而是在那些充分领悟到社会交往的好处，并十分明智地构建良好社会结构的民族中"①。罗斯相信，存在一种"集体智慧"，可以设计并保证社会秩序，从而指导社会进步。他在《社会控制》一书中写道："本书的论点是，从个人之间以及几代人之间的相互作用中形成了一种集体智慧，这种集体智慧体现于现实生活中的理想、传统、信条、制度和宗教情感之上，它们或多或少适合于执行从利己主义的蹂躏之下拯救公共利益的任务。"② 从这里也可以看出，他为什么将自己的理论称为"社会的"控制，而不是"国家的"或"阶级的"控制。

总之，罗斯的社会控制思想奠基于一种获得普遍认同的假设之上，即西方社会已经从一种"自然秩序"的状态演进到另一种"社会秩序"的状态。在自然秩序中，人与人之间的交往通过面对面的方式进行，人们只拥有简单的经济关系，社会秩序仅仅依靠人们的同情心、社交性、正义感以及怨恨感就足以维持。然而在更高级的社会秩序或者说工业秩序中，人与人之间的关系以私有产权、经济悬殊、地位不平等、人情冷漠和社会分化为特点，以前自然秩序中起作用的那些基本人性特征很难维持社会的和谐。这种大转变的结果是，人们内在的美德必须借助于一系列社会控制手段才能得以维持，进而形成稳定与和谐的社会秩序。

可以看出，这里所说的社会控制是一种重建资本主义社会内在调节机制的过程，其核心要旨在保护社会的良性秩序。这种思想

① Edward A. Ross, *Social Control：A Survey of the Foundations of Order*, New York：Macmillan, 1901, p. 17.

② Edward A. Ross, *Social Control：A Survey of the Foundations of Order*, p. 293.

恰好满足了当时美国的社会需求，具有一定的合理性和进步意义，这正是它受到改革派欢迎的原因。"该书一出版，便得到进步派的激赏，表明他们对建立新的社会控制系统，已有了相当的自觉意识。"① 罗斯的传记作者温伯格认为，罗斯的这部作品之所以广受欢迎，主要原因有四：它出现的时机非常及时，罗斯清楚地阐释了美国由乡村—商业经济向工业—城市秩序转变的意义，他在主要论述中所运用的丰富的学识，以及他为美国人民在世纪之交遭遇的问题所提供的颇有吸引力的解决方案。② 这本书奠定了罗斯作为知名社会学家的地位，也使他在进步主义者中间声名远扬。他在社会学界的同事们和具有进步主义思想的编辑、教师、牧师以及社会工作者，都对罗斯的解决方案赞不绝口。这本书出版第一年，就销售了600多本。到1914年，销量已达5416本之多。在接下来的十年间，又卖出了7000多册。③ 由此可见，社会控制思想对进步主义运动产生了一定的影响。

　　社会控制理论在罗斯之后得到了进一步的发展。20世纪初期，社会控制理论的发展在很大程度上要归功于芝加哥学派。该学派深受美国实用主义哲学的影响，对罗斯的思想进行了一定程度上的修正。芝加哥学派的罗伯特·帕克（Robert Ezra Park）认为，"所有社会问题最终都是社会控制问题"④。芝加哥学派以芝加哥市的现实发展作为其社会实验室，提出了一系列颇有建树的理论。这些理论直到20世纪30年代都非常流行，在功能主义学派出现之后，才逐渐淡出了历史舞台。功能主义提供了另一条关于社会控制理论的学术进路。从功能主义的主要代表人物帕森斯（Talcott Parsons）开始，社会控制被定义为对越轨行为的应对，完成了对社会控制的

---

① 李剑鸣：《大转折的年代：美国进步主义运动研究》，第308页。

② Julius Weinberg, *Edward Alsworth Ross and the Sociology of Progressivism*, Madison：State Historical Society of Wisconsin, 1972, p. 89.

③ Julius Weinberg, *Edward Alsworth Ross and the Sociology of Progressivism*, p. 90.

④ Robert E. Park and Ernest Watson Burgess, *Introduction to the Science of Sociology*, Chicago：University of Chicago Press, 1924, p. 209.

定义狭义化工作。但是,功能主义学派后来也受到了批判。反对者认为,功能主义倾向于假设所有人都接受社会规范,都对既存的社会秩序持认同态度,那么社会何以产生冲突?

马克思主义者对社会控制有着完全不同于功能主义的理解。马克思主义者认为,资本主义生产方式带有根本性的内在缺陷,必然产生社会矛盾与冲突。因此,资本主义国家的政府实施社会控制表面上是为了政治经济的正常运转,其本质却是为了维持资本主义制度和维护资产阶级统治。对于马克思主义者来说,社会控制是一个基于规范的社会事实,但是资本主义国家的社会控制所指向的规范是精英或政府的规范,不是普罗大众的规范,更不是工人阶级的规范。那么,社会控制与社会秩序没有联系,但是和资本主义政府秩序有联系。简单地说,社会控制就是政府控制。在马克思主义者看来,精英的控制活动毫无疑问是起作用的,政府控制因为其强制力不言而喻是有效果的。政府通过大众媒介操纵工人的意识,同时也采用暴力镇压反抗。

资本主义早期主要采取强制的社会控制形式,但是随着工人运动的风起云涌,以及社会主义运动的兴起,简单粗暴的镇压和明显的欺骗都越来越难产生预期的效果。现代资本主义的社会控制方式已经发生了很大的变化,从政治经济领域转向了思想文化领域,由强制镇压转而不得不采取"柔性"的社会控制形式。在这方面,葛兰西(Antonio Francesco Gramsci)的"文化领导权"(又译为文化霸权)思想较为著名。1971年,葛兰西的《狱中札记》英文版面世,立刻在英语国家引起了极大反响。葛兰西明确地把"统治"和"领导"区分开来,前者是强制的,后者强调在大众同意的基础上所采取的统治方式。葛兰西认为,西方资本主义社会,尤其是具有较高民主程度的资本主义社会对于无产阶级的控制,不再依赖于镇压等暴力手段,而是通过在道德、精神、思想、观念等文化领域取得领导地位,以建立资本主义制度的正当性和合法性。葛兰西指出,知识分子在这个过程中扮演着重要角色,"知识分子是统治集团的代理人，执行着社会领导和政治管理的次级功能"①。这种通过取得文化领导权实现统治目的，维持社会秩序的社会控制形式，今天已经成为西方发达国家的主要控制手段。

赫伯特·马尔库塞（Herbert Marcuse）对资本主义的社会控制剖析得更为深入。在他 1968 年出版的名著《单向度的人》中，马尔库塞一开篇就指出，当代工业社会的控制是一种新型控制。这种新型的控制是通过技术进步实现的。在他看来，发达工业社会对人的控制可以通过电视、电台、电影、收音机、报纸等传播媒介渗透进人们生活的方方面面，是一个更有效地控制个人的极权主义社会。不过，这个极权主义社会的新颖之处在于，让人们舒舒服服地生活。现代资本主义对个人的社会控制手段日益隐蔽，人们明明处于被控制的境地，却丝毫感觉不到控制的存在。于是，技术的进步带来的安逸，让人们把不自由的生活当成了幸福的生活。由于人们丧失了批判的、否定的、超越性的思想维度，即变成了"单向度的人"，人们似乎不再提出或者想要提出批评与抗议。工人阶级也不再是反抗的力量，失去了革命的精神。他这样写道："如果工人和他的老板享受同样的电视节目并漫游在同样的游乐胜地，如果打字员打扮得同她雇主的女儿一样漂亮，如果黑人也拥有凯迪拉克汽车，如果他们阅读同样的报纸，这种相似并不表明阶级的消失，而是表明现存制度下各种人在多大程度上分享着用以维持这种制度的需要和满足。"②

第二节　进步主义时期的社会控制

进步主义时期，美国为了摆脱工业化所带来的重重危机，维护

---

① Quintin Hoare and Geoffrey Nowell Smith eds. , *Selections from the Prison Notebooks of Antonio Gramsci*, New York：International Publishers, 1971, p. 12.

② Herbert Marcuse, *One-Dimensional Man：Studies in the Ideology of Advanced Industrial Society*, London and New York：Routledge & Kegan Paul, 1964, p. 10.

资本主义制度，对社会内部的各种关系进行了持续的调整。进步时期的改革起始于城市一级，然后向州一级蔓延，最后才波及联邦层面。这种改革是系统的社会经济、政治、文化全方位调整。李剑鸣教授指出：建立这种社会控制系统，就是要协调资本主义精神中个人与社会的冲突。①

一般认为，进步主义运动是一场各阶层人们联合推进的社会变革运动。换句话说，国家仅仅是推进变革的一种渠道，而不是源泉，真正的源泉来自社会。也正是在这个意义上，罗斯认为，我们能够称之为社会的控制的，实际上深藏于整个社会力量背后。② 下面我们简略考察一下美国进步主义时期的社会控制系统。

一 新闻舆论

工业革命将美国社会日益紧密地联结起来。到世纪之交，电话几乎已经遍及全国，电报线路、铁路里程不断增加，印刷业发生了革命，免费邮递业务迅速开展，这些进步为廉价报刊的出版铺平了道路。在工业化和城市化的推动下，出版业和新闻业经历了一场重大变革。普遍发行的英文日报从 1880 年的 850 家增加到 1900 年的 1967 家；报纸订户从占全国成年人口的 10% 上升到 26%。这些统计数字表明，把办报作为一种重要事业的时代已经到来。③ 新闻记者的工资得到提高，报纸的性质和外观不断改变，新闻传播事业在公众中产生日益巨大的影响，有力地推动了进步主义时期的社会改革。

针对当时美国社会的诸多弊端，兴起于 1890 年代的黑幕揭发运动逐渐汇聚成为一场强大的新闻革命。应该说，进步主义运动在很大程度上发端于这一股造成社会轰动效应的潮流。"黑幕揭发者"（muckrakers）字面的意思是"扒粪者"，这是班扬的小说

---

① 李剑鸣：《大转折的年代：美国进步主义运动研究》，第 308 页。
② ［美］爱德华·罗斯：《社会控制》，第 59 页。
③ ［美］迈克尔·埃默里等：《美国新闻史：大众传播媒介解释史》，第 190 页。

《天路历程》中描写的一群终日手拿粪耙、专心扒粪的人物形象。罗斯福总统在 1906 年的一次演讲中，用这个称谓讨伐那些揭发社会黑幕的人。他的本意是批评这些人专事揭丑抹黑而不提发展成就，唯恐天下不乱，不料许多揭露黑幕人不仅欣然受之，而且以此为荣。大部分黑幕揭发者都是有强烈的社会责任感和正义感的有识之士，他们把社会的阴暗之处暴露给大众，目的不是吸引眼球，而是出于基本的道义良知，针砭时弊，唤醒民众。他们所追求的，恰恰是通过舆论监督去除社会机体上的脓疮，以利于社会的和谐稳定。

黑幕揭发运动的开山之作是亨利·德马雷斯特·劳埃德出版于 1894 年的《财富挑战共和国》（*Wealth against Commonwealth*），他集数十年之材料全面揭露了美孚石油公司的发家史，历数了洛克菲勒的诸多劣迹：如何操纵市场，背信弃义恶性竞争，向立法者行贿等等。许多公众阅读之后，大为震惊，开始意识到社会变革的紧迫性。应该说，劳埃德的著作有力地推进了社会改革意识的发展，并为黑幕揭发运动奠定了基础。

1902 年到 1912 年是黑幕揭发运动的极盛时期。许多通俗杂志售价低廉，发行量巨大，对黑幕揭发运动起到了推波助澜的作用。《麦克卢尔》杂志开风气之先，因为连续发表揭黑文章而行销极广。1902 年，艾达·塔贝尔女士受《麦克卢尔》委派，前往调查美孚石油公司，她随后写下了一系列内容翔实的文章，使托拉斯的罪恶大白天下，极大地推动了反托拉斯运动。这些文章在 1904 年以《美孚石油公司史》为名结集出版，引起强烈反响。同年，林肯·斯蒂芬斯在《麦克卢尔》杂志支持下，运用调查研究方法写下一系列揭露城市腐败的文章。这组文章集中描述了圣路易斯、费城、明尼阿波利斯等城市中的一些现象：政客与奸商沆瀣一气，特权阶层为所欲为，民众麻木不仁。1904 年，他的文章以《城市之耻》为名出版了单行本。这些书籍文章问世之后大受欢迎，其他杂志群起效尤，比如《人人》（*Everybody's*）、《芒西》（*Munsey's*）、

《时尚》(*Cosmopolitan*)、《科利尔》(*Colliers*)以及《美国人杂志》(*American Magazine*)。从 1903—1912 年，共发表这类题材和风格的文章近 2000 篇，几乎没有一个美国生活领域能够逃脱黑幕揭发者的注意。① 这一类作品包括：戴维·格雷厄姆·菲利普斯的系列文章《参议院的背叛》，揭露了美国参议员纳尔森·奥尔德里奇的腐败问题；查尔斯·爱德华·拉塞尔的报告《世界上最大的托拉斯》披露了肉类加工企业的腐败行径和恶劣的工作环境；雷·斯坦纳德·贝克（笔名戴维·格雷森）报道了铁路行业黑幕的《审判铁路》等等。以上这些只是列举了比较有名的新闻报道，还有众多涉及股票市场、人寿保险、劳资关系、贫民窟、白奴和妓女等问题的其他作品。

如果说以上的新闻报道是用事实说话，那么许多小说家揭露黑幕的纪实性文学作品就含有一定的想象成分。弗兰克·诺里斯 1902 年发表的小说《章鱼》抨击了南太平洋铁路公司带给农民的苦难，1903 年的《深渊》揭发了芝加哥小麦市场中投机商操控市场的罪恶行径。1906 年，厄普顿·辛克莱出版了小说《屠场》，书中描述了肉类加工企业的生产环境和加工过程，使许多不卫生、不安全的生产环节曝光，引起舆论哗然。罗斯福总统不得不下令展开秘密调查，后来发现小说中的描述全部属实，由此推进了《肉类检查法》和《纯净食品与药物法》的实施。还有不少描写劳工的悲惨生活的著作，玛丽·范伍尔斯特等人 1903 年讲述女工遭遇的《辛劳的妇女：两个到工厂做工的女子的经历》，约翰·斯帕戈 1906 年描写童工境况的《孩子们的痛苦呼叫》，谴责了造成他们辛酸命运的生产制度。

舆论领袖的作用也不容忽视。舆论领袖是指能够非正式地影响别人的态度或者一定程度上改变别人行为的个人。著名报人约瑟

---

① ［美］沃尔特·拉菲伯等：《美国世纪：一个超级大国的崛起与兴盛》，第 42 页。

夫·普利策推动的新闻改革运动对美国社会产生了巨大影响，他的《世界报》不仅缔造了著名的"黄色新闻"，而且鼓吹社会改革。他的一句名言反映了他的基本主张，"报纸将永远为争取进步和改革而战斗，决不容忍不义或腐败；永远反对一切党派的煽动宣传，决不从属于任何党派；永远反对特权阶级和公众的掠夺者，绝不丧失对穷苦人的同情；永远致力于公共福利，绝不满足于仅仅刊登新闻；永远保持严格的独立性，决不害怕和坏事做斗争……"① 另一位后来同样声名赫赫的沃尔特·李普曼此时初出茅庐，1910 年成为斯蒂芬斯的助手，开始涉及新闻工作。他 1913 年出版的《政治序论》获得成功，引起广泛关注，罗斯福总统曾给他写信表示祝贺。② 他在书中呼吁建立强有力的领导，扩大联邦政府，调整垄断企业以符合公众利益。1913 年，李普曼和赫伯特·克罗利、沃尔特·韦尔一起创办了《新共和》杂志。一战中成为威尔逊总统的顾问之一，战后还协助威尔逊起草"十四点计划"。世纪之交还有很多著名报人，如赫斯特和斯克里普斯等人，都反对大企业托拉斯，反对政治腐败，为普通老百姓伸张正义，这里挂一漏万，无法一一列出。1910 年资源保护专家吉福德·平肖出版了《为保护自然资源而战》，揭露了美国在开发利用自然资源过程中的种种令人担忧的现象，诸如森林毁坏、水土流失、毁弃良田以及资源浪费等，其后在罗斯福总统的大力推动下，保护自然资源逐步成为全国性的运动。

黑幕揭发运动之所以能产生实际效果，除了民间的主动推动，关键在于联邦各级政府也能积极回应。在此期间，联邦政府展开了多次针对不同社会问题的调查。1894 年列克斯考委员会对纽约市政工作展开调查，发现了严重的腐败问题以及这些腐败行为的社会根源。1900 年国会工业关系委员会对工业合并的调查，1906 年农

---

① ［美］迈克尔·埃默里等：《美国新闻史：大众传播媒介解释史》，第 201 页。
② 参见［美］罗纳德·斯蒂尔《李普曼传》，于滨等译，新华出版社 1982 年版，第 105 页。

业部对肉类加工业的调查，1913 年普若委员会对金融业的调查，都为社会改革提供了重要依据。一些民间团体和公共机构，如美国童工委员会、全国劳工立法委员会、全国消费者联盟等也发起了一系列的社会调查研究。成立于 1907 年的拉塞尔·塞奇基金会斥资200 万美元资助了多次社会调查研究，出版了近 50 卷报告与研究成果。①

二　法律法规

通过立法推进改革的行动在进步主义运动之前就已经开始了。比如 1883 年制订与通过的《彭德尔顿法》规定了现代文官制度的基本特征，是美国现代文官制度确立的标志。1892 年马萨诸塞州制订一项《反腐败行为法》，旨在限制金钱对政治的操纵，该州还通过了为女工规定 58 小时工作周的法令。同年，新当选的伊利诺斯州州长推动了童工法、公司法、劳工仲裁法、城市政府法、新税收法以及集体谈判法、城市文官法、女工法等法令的制订。1887年国会通过《州际商务法》，设立州际商务委员会以管理铁路运价，开启了联邦政府干预私人经济事务的先河。这些法令的制订是此后美国社会大规模改革的前奏。

为了打击大公司的垄断行为，美国制定了一系列的反托拉斯法。应各个社会集团的要求，1890 年国会制定了《谢尔曼反托拉斯法》，此法是联邦政策史上的里程碑。但是该法存在很多缺陷，此后为了修改此法，各个集团之间展开复杂的博弈，进步党、民主党甚至把修改反托拉斯法写入了党纲。1914 年，参众两院同意，威尔逊总统签署生效的《克莱顿反托拉斯法》，使反托拉斯建立在可行的现实基础之上，实现了制度化，并成为联邦政府长久性的政策。同年，《联邦贸易委员会法》生效，它意味着政府对公司和企业开始实行全面的监督与管理。

①　转引自李剑鸣《大转折的年代：美国进步主义运动研究》，第 71 页。

为了对经济部门实施干预，在联邦层面通过了相关法律。1893年，《联邦铁路安全设备法》的通过，大幅降低了事故率和伤害率。为了进一步管理铁路运输，应铁路方面的要求，1903年国会通过了《埃尔金斯法》，宣布铁路方面违反已公布的运价则犯有轻罪，对收取或给予回扣都将处罚。在罗斯福的努力下，1906年众议院通过了《赫伯恩法》，加强了州际商务委员会的权力。1910年国会通过《曼—埃尔金斯法》，授权州际商务委员会根据货主投诉可以暂时中止运价上涨。

为了保护消费者权益，针对企业缺乏诚信、食品安全问题严重、消费者权利遭到无情践踏的状况，1906年国会通过了《肉类检查法》和《纯净食品与药物法》，拓展了政府在食品监管方面的权力，既保护了生产者权利，又维护了消费者利益。1919年，《沃尔斯泰德法》成为第十八修正案，酒精饮料的生产和销售遭到禁止。

为了保护自然资源、维护生态环境，各级政府都开始注重人与自然的和谐相处。除了联邦政府，威斯康星、明尼苏达、纽约等州都制订了保护自然资源的法令。1902年，国会通过了《纽兰兹法》，建立土地的开发与利用之间的良性循环。关注环境保护的进步主义改革家力图使联邦政府在自然资源的使用和开发方面拥有更多的监管权力。

财富的社会分配也成为改革者们亟待解决的重要问题。1913年，为了改进不适应工业化需要的货币银行体系和关税制度，在威尔逊总统的推动下，《联邦储备银行条例》（又名《欧文—格拉斯法》）在众议院几经波折后获得通过。该法的重要意义在于对货币体系进行了深刻的重组，以确保经济快速增长所需的货币供应和信贷提供。[①] 同年，国会又通过了《安德伍德—西蒙斯法》，降

---

① ［美］凯伦·帕斯托雷洛：《进步派：行动主义和美国社会改革，1893—1917》，张慧娟译，社会科学文献出版社2022年版，第157页。

低了近千种商品的关税，开创了征收个人累进所得税的先河。这项法案的意义在于表明，公众已经认识到美国完成了从 19 世纪 90 年代的货物资本进口国向主要制造业大国转变的过程，需要向国外销售多余的商品和服务。① 1916 年，国会又通过了《联邦农业信贷法》，向农民提供政府资助的低息贷款。1916 年的《岁入法》被人称之为"敲富人竹杠"。

为了缓解劳工运动中所存在的问题，联邦和各州都相继有一些新法律法规问世。1898 年，国会通过了《埃德曼法》，使国家直接参与经济事务，建立了政府在劳资纠纷中的调解仲裁模式，有力地调解了多起劳资纠纷。1906 年国会通过了《雇主责任法》。1910—1913 年，很多州先后制定了工人赔偿法。1911 年三角内衣厂大火之后，工作场所的保护性立法在州和地方政府层面展开。1915 年《海员法》获得国会通过，规定了海员的工资和工作条件，限制了船主对工人的剥削。1916 年国会制定了《科恩—麦吉利卡迪法》。全国性的童工法《基廷—欧文法》也于 1916 年通过。该法标志着联邦政府首次尝试通过禁止未成年人或被剥削童工生产的商品在各州之间进行贸易来规范童工的使用行为。② 不过两年后，美国最高法院就宣布该法违宪。同年通过的《亚当森法》，给予铁路工人八小时工作日待遇。此外，还是在 1916 年通过了《工人赔偿法》。

各种法律法规的相继出台，使社会不同阶层的人们都得到了发展的实惠。工人的实际工资在 19 世纪最后的十几年里，除了在1892 年到 1898 年出现过停滞（短暂下降）以外，一直在上升。③经济学家指出，"一贯的收入差异为确认'工人阶级'提供了物质基础。那些希望否定阶级区别显著性的美国人正确指出了美国工人

---

① ［美］凯伦·帕斯托雷洛：《进步派：行动主义和美国社会改革，1893—1917》，第 158 页。

② ［美］凯伦·帕斯托雷洛：《进步派：行动主义和美国社会改革，1893—1917》，第 159 页。

③ ［美］斯坦利·L. 恩格尔曼、罗伯特·E. 高尔曼主编：《剑桥美国经济史》第 2 卷，第 223 页。

要比他们在欧洲的伙伴获得更好的报酬、生活得更好"①。尽管在进步时期，产业工人的状况以及他们与资方之间的冲突主宰了有关劳工问题的公共讨论，但白领工作者的人数在整个时期的增长速度远远超过了体力劳动者的人数。1870 年，有 75 万人从事经理、拿薪水的专业人士、售货员和办公室文员这类职务，仅占劳动力的 6%。至 1910 年，每五个美国工作者中就有一人从事这些工作。②

三　文化宗教

19 世纪末，美国高等教育的改革促进了教育事业的大发展。这一时期的教育革新思想纷纷涌现。1883 年，莱斯特·沃德（Lester F. Ward）出版了《动态社会学》一书，他在书里专辟一章讨论教育与社会进步的关系，指出教育是改变社会的一个重要方法，由政府推行和普及教育，就能改革社会。更为教育界熟悉的是杜威的教育哲学与帕克（F. W. Parker）的教育思想，这些新理念对进步教育运动产生了重大的推动作用。教育界也提出了课程改革的倡议，改变了过去那种通过古典语言和哲学的固定课目把智识学科和道德灌输给学生的做法，更加注重体格、技能、家庭、公民和文娱的教育。在联邦的协助下，美国的私立和公立大学也获得了很大的发展。由于工业的突飞猛进，社会急需大批专业人才。像哈佛、耶鲁、哥伦比亚这样的传统文科学院接受了调研、研究生课程和那些新的学术科目。随着学院为越来越多的职业提供培训，1900 年，高等教育的入学人数达到了 238000 人。③ 高等教育的大发展又为众多的女性进入职业领域创造了机会，她们很快就卷入了改革的洪流，成为众多致力于社会改造的社会团体的主力军。另外，高

---

① ［美］斯坦利·L. 恩格尔曼、罗伯特·E. 高尔曼主编：《剑桥美国经济史》第 2 卷，第 848 页。

② ［美］史蒂文·J. 迪纳：《非常时代：进步主义时期的美国人》，萧易译，上海人民出版社 2008 年版，第 146 页。

③ ［美］史蒂文·J. 迪纳：《非常时代：进步主义时期的美国人》，第 177 页。

等教育的发展推动了新中产阶级人数的稳步上升。

这一时期的美国知识分子普遍重视理性的力量。他们不相信存在不可改变的社会进程，而相信人的理性力量可以处理工业主义带来的各种社会问题。为了构筑改革哲学，各个领域的学者如社会学家詹姆斯·马克·鲍德温、查尔斯·H.库利和经济学家理查德·伊利、西蒙·帕顿、约翰·贝茨·克拉克等先后著书立说，为改革鸣锣开道。他们还将学术知识和研究成果输出到社会生活和公众讨论中，通过民众的参与进而影响国家政策的制定。

其中最受美国人欢迎的哲学思想非实用主义莫属。实用主义是美国本土产生出来的哲学流派，主要由威廉·詹姆斯和约翰·杜威在19世纪末20世纪初构建完成。实用主义与其说是一种独立的思想体系，莫如说是对哲学问题的一种思考方法。① 实用主义认为，万事万物都在不断地变化、生长或形成中，因此反对任何绝对的东西。1890年，詹姆斯发表了《心理学原理》，该书在社会上引起很大的反响。在书中，他批评了社会达尔文主义的宿命论，坚持认为人具有自由意志和创造力，完全有能力改变世界。1907年，詹姆斯进一步把自己的思想汇集成《实用主义》一书。詹姆斯认为，实用主义的第一个要点是，它是一种方法；第二个要点是，真理的属性。② 在他看来，永恒的真理是不存在的，真理只有发挥了作用才有价值，而真理的价值总是有待于下一次的实践检验。具体性和事实性是实用主义最大的特性，是实用主义的根本。③ 约翰·杜威继承和发展了詹姆斯的思想，并形成了自己的"工具主义"思想。杜威在《哲学的重建》中说，随着传统哲学争议的消除，这将有助于"哲学家关注人类所遭受的社会与道德方面的大问题和大痛

---

① ［美］塞缪尔·埃利奥特·莫里森等：《美利坚共和国的成长》下卷，第251页。

② 参见［美］威廉·詹姆斯《实用主义》，燕小东编译，重庆出版社2006年版，第50页。

③ ［美］威廉·詹姆斯：《实用主义》，第51页。

苦，就能集中精力消除这些不幸的原因与本质，并形成一种清楚的对于美好社会前景的设想；总之，可以设计出一种观念或理想，这种观念或理想不是去表达另一个世界的看法或某些遥远的不可实现的目标，而是可以作为理解或纠正具体社会弊病的方法"①。可以说，实用主义不同于以往的经院式哲学，而是一种经世致用的思想。实用主义自问世以后，很快就成为改革派的理论基础，影响到美国社会的方方面面。这样，实用主义扫除了旧思想的障碍，为持续的社会改革铺平了道路。

在社会的急剧变化和社会主义思想的冲击下，一些开明的宗教界人士开始把耶稣有关拯救的教谕和启示应用于社会政治经济生活、公益机构以及个人，用基督之爱来改造社会，这就是社会福音运动。该运动兴起于 19 世纪 80 年代，最著名的领导人当属纽约德籍浸礼会牧师沃尔特·劳申布什，他批评资本主义工业体系对自由、爱与自然服务的背弃，主张建立上帝的王国和包容人类一切社会生活的集体主义，他的思想是社会福音运动的基石。这场运动在 20 世纪初期达到高潮，随后即慢慢消沉下去。虽然如此，但是运动的影响始终保持在基督教的主流派别中。基督教社会主义的思想与科学社会主义有着本质区别，它是在维护资本主义既有秩序的前提下进行社会改良的思潮。

四　社会团体

社会团体一般都是从事非营利性活动的、政府以外的、致力于解决社会问题的组织，包括慈善机构、宗教组织、工会、援助组织、合作协会、环境保护组织等。进步主义时期，美国的社会团体不计其数，大多成立于新旧世纪之交，主要以社会改革为己任。这些社会团体的成员主要是女性，其中很多人甚至是职业社会工作者。她们多数来自社会中上等家庭，拥有良好的教育背景。这些人

---

① John Dewey, *Reconstruction in philosophy*, New York: Henry Holt, 1920, p. 124.

出于人道主义理想，组织众多的社会团体，致力于揭露某些特定社会问题，并且大力游说各级政府，以期唤起舆论的广泛关注，进而接受本团体的改革方案。

前面已经提及一些社会团体在进步主义运动中的作用。下面再列举一些较有影响的组织：1890 年成立的美国妇女选举权协会，推动妇女争取选举权的斗争。同年成立的妇女俱乐部总联盟，致力于保护女工、废止童工、改进教育、保护消费者权利、保护自然资源等。1897 年，白玫瑰产业协会在纽约创办，该会致力于帮助北部的黑人姑娘。1898 年成立的全国消费者联盟，同年成立的全国日托联合会。1899 年成立的全国公民联合会，成员来自企业界、政界和劳工组织，它的宗旨是调解劳资冲突、推动劳工立法、确立新的工业关系，该组织是企业、政府、劳工三方合作的纽带。1904 年成立的全国童工委员会。1906 年成立的美国劳工立法协会，同年成立的美国娱乐场所与消遣协会。1910 年黑人运动的第一个全国性领导机构全国有色人种协进会成立。1911 年，改善纽约黑人工业条件委员会、全国保护黑人妇女联盟、城市黑人条件委员会三个组织合并为全国城市联盟，旨在反对种族歧视、改善城市黑人聚居区的条件和防治流行病。以及 1914 年成立的全国控制生育联合会等。另外，在保护自然资源运动过程中，一些以此为宗旨的社会组织也纷纷成立。

宗教团体是进行社会改革的一支重要力量。美国的宗教团体积极参与社会事务，这几乎成了一种传统。最令宗教界人士关心的是社会道德问题和不平等现象。比如杰西·亨利·琼创立了基督教劳工会；乔赛亚·斯特朗 1898 年创立了社会服务联盟，该组织后来改名为美国社会服务研究所。有些宗教团体如纽约的五点行业会社还开展救济活动，有些还建设模范大公寓，开办图书馆和阅览室等。成立于 1905 年的新美国基督教会联合会，在劳工立法、维护少数民族权利方面做出了一定成绩。纽约教友会推动了黑人免费学校的建设。纽约有色人种传教会除了布道偶尔还为黑人提供物质帮助。这一时期，还出现了公开举起"社会主义"旗帜的基督教组织，比如 1889 年成立的基督教社会主义协会。

针对大批贫苦无告、居无定所的社会贫民所带来的城市住房问题，19 世纪末兴起了在贫民区建立安置所的运动，并在 20 世纪初获得长足进展。美国的第一个安置所邻里基尔特创办于 1886 年，后改名为大学安置所。而简·亚当斯创立于 1889 年的赫尔馆取得的社会成就最大。此外，还有纽约亨利街安置所、哈德逊公会、波士顿南城馆、丹尼森之家、芝加哥共同会等。据估计，1891 年美国仅有 6 个安置所，1900 年有 100 个以上，1910 年更增至 400 余个，1911 年还成立了全国安置所联盟。① 为了应对社会贫困问题，还涌现了许多慈善团体与专门帮助移民的机构与社团。

1900 年，共和党人拉尔夫·伊斯雷组织了全国公民阵线。这个民间团体的领导人主要是大企业主、社会名流和政府官员，劳联领导人龚帕斯担任其第一任副主席。很明显，该组织的成立象征着资产阶级、中产阶级、有组织的劳工和美国政府四方合作的形成。组建全国公民阵线的目的是，缓和劳资对抗，改善劳资关系，维护社会稳定，保证资本主义的发展。全国公民阵线是劳工立法的主要推动者之一，曾大力争取劳工赔偿立法的通过。它的有效运作表明，社会控制系统已经巧妙地建立了起来。②

第三节　社会主义动力的削弱

一　社会控制的作用

进步主义的潮流在 19 世纪末冲击了政治、经济、文化的各个

① 转引自李剑鸣《大转折的年代：美国进步主义运动研究》，第 182 页。
② 参见［美］霍华德·津恩《美国人民的历史》，许先春等译，上海人民出版社 2000 年版，第 296 页。

领域，20 世纪初终于形成汹涌的大潮，席卷整个美国。一时间，改革成为时尚。20 世纪开头几年支持社会改良的人数在人口中所占比例之高，是历史上罕见的。① 为了抵制社会主义运动的发展，防止革命情绪的蔓延，如何缓解贫富分化、纠正社会不公、维护美国式自由民主，建立一套适应工业文明的政治、经济和社会的新秩序，成为进步主义者的自觉目标。

值得深思的是，19 世纪末的美国面临众多的社会问题和愈演愈烈的阶级冲突，到了 20 世纪初，社会形势没有继续恶化，却转危为安。1890 年到 1920 年的 30 年间，普通美国人的生活、工作和思想方式都发生了彻底改变。② 不仅如此，美国资本主义还增添了活力，生产技术和管理技术都取得了重大进展，20 世纪 20 年代被一些学者称为 "大繁荣时代"。20 世纪 30 年代之前，愈来愈呈现出社会安定的局面，更没有发生无产阶级革命。美国社会形势的大转变与这一时期的社会控制存在一定的关系。

事实上，进步主义时期的一切事件并非都是积极变革的组成部分。在后世所谓的 "进步年代" 里，数以百万计的美国人生活在贫困之中，大公司老板们残暴地镇压罢工，对黑人的私刑持续不断，即使当时的美国人也很难认为这些事情算得上 "进步"。问题在于，美国资产阶级在占据绝对优势的情况下，为何没有一味简单粗暴地镇压而要对工人做出一些让步和妥协？通过前面的论述，我们已经认识到，这并不是因为美国资产阶级天性善良，否则就不会有那么多的暴力冲突。实际上，资本家非不为也，实不能也。随着产业工人不断壮大，工人阶级已经成长为一支强大的社会抗衡力量，工人阶级的不断抗争促使了新劳工政策的形成。一系列的劳工立法表明，工人的一些基本权利已经得到政府的承认。并且，联邦

① ［美］沃尔特·拉菲伯等：《美国世纪：一个超级大国的崛起与兴盛》，第 34 页。

② ［美］凯伦·帕斯托雷洛：《进步派：行动主义和美国社会改革，1893—1917》，第 163 页。

政府也开始主动介入劳资纠纷，政府的干预也逐渐实现了制度化。另外，一系列有关童工、女工、工资与工时、工作条件与事故赔偿等法规的通过，对工人的生存状况产生了一定的影响。政府的干预、法律方面的限制和劳工抗争意识的增强，使得资本家越来越不可能残酷剥削工人。美国工人生存状况的提高包括以下几个方面：首先，工作条件有所改善，工业事故有所减少；其次，工时有所缩短；第三，工资有一定增长。① 进步主义时期美国政府推行的劳工政策，从实际效果而言，一定程度上缓解了工人的不满情绪，缓和了劳资对抗的力度。这正是社会控制的第一个作用，即缓和阶级冲突。

　　社会控制的第二个作用是实现了国家治理结构的渐进转型。进步主义时期的总统西奥多·罗斯福提出"新国家主义"，伍德罗·威尔逊提出"新自由主义"，在垄断行业、社会福利、劳工、金融、交通和环境保护等领域展开政府干预，这些治理实践为 20 世纪 30 年代的"新政"提供了经验和基础。进步主义时期联邦政府的权力得到扩大，总统的权力有所加强，政府机构开始增多，地方政府的地位和权力也呈现上升势头，这都意味着国家职能的变化。同时，公民权利也得到一定程度的扩大。这突出地表现在女性社会地位的提高方面。女性不仅获得了选举权，而且进入了广泛的工作领域，一些女性甚至获得了令男性觊觎的管理职位。这些变化产生了一系列的后果。首先，强化国家机器起到稳定社会秩序的作用，有利于巩固资产阶级的统治。其次，扩大公民权利的作用，比强化国家机器的作用更大一些。资产阶级国家之扩大政治民主这件事本身，就剥夺了人民群众进行独立的政治斗争的意志。② 更重要的是，政治机构和行政事务的改革使得各级政府变得更加负责和有效率，相对减少了政府官员和工商界互相勾结的可能性。滋生腐败的

---

① 李剑鸣：《大转折的年代：美国进步主义运动研究》，第 207—208 页。

② 刘祚昌：《1871—1914 年资本主义国家的政治、社会调整》，《世界历史》1991 年第 5 期，第 25 页。

条件受到抑制，大公司的为所欲为有所收敛，从而削弱了产生社会不公和民众不满的一个重要来源。特别是第一次世界大战期间美国政府短暂实施的命令经济，不但扩大了政府的规模，而且永久性地拓展了它的作用领域，这种现象后来被罗伯特·希格斯称为棘轮效应。①

　　社会控制的最后也是最重要的作用是为生产力的进一步发展开拓新空间。人人生而平等，这一点已经成为现代社会的共识。但是生物学意义上的人普遍存在个体差异，每一个人携带不同的先天基因，后天成长的环境也千差万别，人的能力肯定是不平等的。即使一如体育竞技中将起点人为地拉平，在相同的环境下比赛，竞技的结果也会出现高下之分，何况社会竞争中很难保证起点与环境的整齐划一。正因为如此，自由放任的市场经济必然拉大贫富的差距，导致劳动人民的贫困。大众的贫困意味着购买力的降低，于是造成周期性经济危机，对社会生产产生极大破坏。并且，民众对于不平等的忍耐超过一定限度，往往会引发社会危机，产生剧烈动荡，甚至彻底破坏原有社会秩序。如果这种过程周而复始，就会造成社会生产力停滞。而社会控制反其道而行之，在收入和财富分配上对弱势一方给予补偿，损有余以补不足。劳工福利政策、社会正义运动和国家治理结构的转型在实质上增强了弱势群体的博弈能力，划定了压迫与剥削的底线，在一定时期内缓解了社会竞争的失衡状态。增加劳工福利，改善工作条件，必然减少资本家的利润。然而，强势的资本一方本来就有更多的选择余地，一定的限制不仅不会摧毁资方，反而会使他们更有活力。因为迫于生存发展和资本增殖的需要，资本家不得不更倾向于生产技术和生产管理方面的创新，从相对剩余价值方面寻求补偿。因此，泰勒制、大规模生产和流水线生产等许多新技术的逐渐应用都发生在进步主义时期，就是顺理成章

_____

① 参见［美］杰里米·阿塔克、彼得·帕塞尔《新美国经济史：从殖民地时期到1940年》下册，罗涛等译，中国社会科学出版社 2000 年版，第 545 页。

了。这一系列过程的总体效果就是，社会生产力在一定时期内得到发展，不仅跳出了建设、积累与破坏的恶性循环，而且在新的生产力发展水平上形成了新的社会秩序。从这个意义上说，社会控制就是一种反馈机制，在意识到未来将要面临的灾难性后果之前，对社会生产过程提前进行干预，减少社会冲突的推动因素，缓解资本主义的根本矛盾。

必须指出，与 20 世纪后期资本主义世界实施的社会控制相比，进步主义时期在调整社会内部关系方面所完成的东西十分有限，只能算局部性的调整。就市场变化所产生的不公正现象而言，许多问题还没有解决，比如贫富差距依然十分明显。在这个意义上，认为进步主义的社会控制有很大的局限性一点也不过分。但是，与"镀金时代"的社会混乱相比，这一时期所取得的进步尤为显著。就穿透自由放任市场经济的重重障碍而言，这个时代的社会控制是富有成效的。如果说，进步主义改革的目标是巩固资产阶级的统治，延长资本主义制度的寿命，那么这个目标是达到了。因为，在进步主义冲动日渐衰竭的时候，美国社会主义运动也走向了衰落。

二 革命遗嘱执行人

回顾整个进步主义时期，进步主义运动与社会主义运动之间存在很多关联之处。

第一，社会主义运动兴起的时候，进步主义紧随其后，出于对暴力革命前景的恐惧而兴起；第二，1912 年前后，当社会主义运动达到顶点的时候，也是进步主义运动走向高潮之时；第三，一战之后，当社会主义运动走向衰落之后，进步主义冲动也逐渐趋于衰竭；第四，大多数进步主义者来自中产阶级，而许多社会主义者同样来自中产阶级，其中一些社会主义者也是活跃的进步主义者。这里可以列出一长串名字：厄普顿·辛克莱、约翰·斯帕戈、杰克·伦敦、赫伯特·克罗利、沃尔特·韦尔和沃尔特·李普曼等等，前文都有提及。第五，从价值目标角度来看，进步主义者和社会主义者有共同之处，都反对社会生活中的不平等、不公正、不合理，这正是在一定条件下社会主义者和进步主义者进行合作的基础，也是许多社会主义者广泛地参与进步主义运动的原因。但是在实现目标的手段上，正统的社会主义者坚信只有彻底废除资本主义制度才是唯一途径，而进步主义者相信通过改革资本主义制度就可以逐渐达成同样的效果，这是两者之间最根本的区别。需要指出的是，社会的改革与改良是同一个概念，它们的含义与本质是一样的。第六，从进步主义者所极力推行的各项改革内容来看，大部分措施旨在通过国家对经济的调控和干预以消除社会矛盾，与社会主义者的主张有相近之处。

马克思和恩格斯在《共产党宣言》中指出，"工人革命的第一步就是使无产阶级上升为统治阶级，争得民主。无产阶级将利用自己的统治，一步一步地夺取资产阶级的全部资本，把一切生产工具集中在国家即组织成为统治阶级的无产阶级手里，并且尽可能快地增加生产力的总量"。当然，这只是一个阶段性目标。为了实现这个目标，他们主张采取干预措施："首先必须对所有权和资产阶级生产关系实行强制性的干涉，也就是采取这样一些措施，这些措施在经济上似乎是不够充分的和没有力量的，但是在运动进程中，它们会越出本身，而且作为变革全部生产方式的手段是必不可少的。"① 马克思和恩格斯强调，在不同的国家里，这些措施的具体内容当然会有所变化。不过"最先进"的国家几乎都能采取的措施有：

1. 剥夺地产，把地租用于国家支出。

2. 征收高额累进税。

3. 废除继承权。

4. 没收一切流亡分子和叛乱分子的财产。

5. 通过拥有国家资本和独享垄断权的国家银行，把信贷集中

---

① ［德］马克思、恩格斯：《共产党宣言》，人民出版社 1997 年版，第 48 页。

在国家手里。

6. 把全部运输业集中在国家手里。

7. 按照总的计划增加国家工厂和生产工具，开垦荒地和改良土壤。

8. 实行普遍劳动义务制，成立产业军，特别是在农业方面。

9. 把农业和工业结合起来，促进城乡对立逐步消灭。

10. 对所有儿童实行公共的和免费的教育。取消现在这种形式的儿童的工厂劳动。把教育同物质生产结合起来，等等。①

不用说，进步主义改革远未达到以上十条的标准，但是在某些方面已经有靠拢的趋势，比如：征收个人所得税，建立联邦储备银行，设立儿童局，立法保护工人、妇女和儿童的权益，关注社会福利等等，明显带有社会主义的色彩。在当时美国的历史条件下，这样的举措已经算很超前了。

如果将比较的对象换为欧洲的民主社会主义，那么两者之间的差别似乎就更小了。实际上，欧洲 19 世纪末的各种社会主义思想都先后传播到美国，对美国社会产生了一定的影响。为了说明这一点，这里仅举英国费边社会主义一例。费边社（Fabian Society）成立于 1884 年，主张通过温和渐进的方式实现社会主义。其主要成员有比阿特丽丝和悉尼·韦伯夫妇、著名文学家萧伯纳、学者格雷厄姆·华莱士（Graham Wallas）等人。费边社的名称来自古罗马大将费边，此人以其谨慎的军事策略和拖延战术而著称于世。费边社的取名用意很明显，即采取渐进主义的策略且待机而动，从而达到既避免失败、保存实力，又削弱资本主义的目的。自成立之后，费边社大力向社会传播自己的主张，并与英国政界密切交往、提出建议，后来还帮助成立了工党。到一战之前，费边社的宣传工作取得了相当程度的成功，一战之后，其主张成为英国工党的主导思想。

---

① ［德］马克思、恩格斯：《共产党宣言》，第 49 页。

从策略角度而言，暴力革命实际上是要毕其功于一役，比较适合资产阶级比较虚弱的国家；而渐进主义实际上是想积小胜为大胜，比较适合资产阶级非常强大的国家。因此，渐进社会主义在美国特别是知识分子中间具有较大影响。1910 年，费边社的华莱士到哈佛大学讲学，对年轻的李普曼产生了一定的影响。李普曼开始大量阅读费边社会主义著作，并在走出哈佛之前，已经成为社会主义的信徒。著名历史学家小阿瑟·施莱辛格描述过这段岁月中的李普曼："生于 1889 年维多利亚时代的宁静岁月，受到进步时代纷扰的鼓动，他在 1910 年离开哈佛前成了一名社会主义者。他的社会主义很快又烟消云散，没有形成任何教条，但残留下一种信念，相信为了控制现代社会初始阶段的大混乱，有必要进行合理的计划与打算。"①

1914 年，李普曼与克罗利一起创办了《新共和》杂志，他对这份杂志的宗旨的说明清楚地表明了他思想的转变。他说："我们不是党派的工具，不必要从事枯燥的宣传。我们的方向是社会主义，但在方式、措辞和志向方面却不必如此。如果要找一个代表我们理想的词的话，我想是人文主义，这与博爱主义根本不同。"②由此可见，李普曼对待社会主义采取了一种实用主义的态度，完全不注重名称与表象，而以取得实实在在的效果为目的。这就不难理解，他后来成为威尔逊的得力助手，在进步主义运动中产生了一定的影响。

与李普曼相似，一些主要的左翼知识分子，从马科斯·伊斯门到 A. M. 西蒙斯，甚至于约翰·里德，都在 1916 年的大选中支持威尔逊；一些原来与社会主义者关系较近的行业工会也逐渐转变为

---

① [美]肯尼斯·W. 汤普森：《国际思想大师》，耿协峰译，北京大学出版社 2003 年版，第 149 页。

② [美]罗纳德·斯蒂尔：《李普曼传》，于滨等译，中信出版社 2008 年版，第 102 页。

拥护威尔逊。① 另一位著名的黑人学者杜波依斯的经历也颇为相似。他参加过社会民主党的会议，逐渐开始认同社会主义。因为工作变动，他到了纽约。在那里，他和查尔斯·爱德华·罗素、玛丽·欧文拖思和威廉·英格利西·沃林一起加入了社会党。但是，后来他的认识又发生了一些变化，他在自传中这样写道："当我认为，对黑人来说，投票选举威尔逊比选举西奥多·罗斯福、塔夫脱或一位不知名的社会党人更好的时候，我退出了社会党。"②

社会党在 1912 年达到顶峰之后，仅仅四年时间就显露出衰落的迹象，部分原因是德高望重的领导人德布斯没有参选，但更重要的原因是威尔逊的进步主义改革让许多社会主义者看到了希望。既然通过和平抗争能够实现奋斗目标，为何一定要通过暴力革命来解决呢？显然，革命是和平道路难以走通的最后途径。如果回顾一下进步时期不断取得的改革成果，那么可以说美国社会主义者还没有走到山穷水尽的地步。这些人相信，在现有体制内通过渐进的措施可以逐步实现自己的理想。所以说，进步主义运动为相当多的社会主义者提供了一条替代路径，从而削弱了社会主义阵营的力量。

尽管存在颇多相似之处，依然不能认为，进步主义就是一种披着美国式外衣的社会主义。美国学者一般认为，进步派不是社会主义者。③ 原因是，进步派谋求的是对资本主义制度的改革和重建，而不是彻底否定现存秩序。即使与英国的费边社会主义相比，进步主义也表现出更多的保守性，更愿意借助和融入现存体制。进步主义运动主要是中产阶级对于改革前少数特权者为所欲为的反抗。虽然美国社会主义者没有赢得工人群众的广泛支持，可是进步主义者也同样缺乏与工人群众合作的牢固基础。进步派与各级政府和工会

---

① Irving Howe, *Socialism and America*, New York: Harcourt Brace Jovanovich, 1985, p. 37.

② ［美］威·爱·伯·杜波依斯:《威·爱·伯·杜波依斯自传》，邹得真等译，中国大百科全书出版社 1996 年版，第 260 页。

③ ［美］阿瑟·林克等:《一九〇〇年以来的美国史》上册，刘绪贻等译，中国社会科学出版社 1983 年版，第 62 页。

领袖之间过从甚密，他们并非要从根本上解决资本主义的内在矛盾，只是想为政府、劳动者和资本三方合作创造条件，因而也无法真正代表工人群众的利益。从运动的整体来看，进步派所追求的仅仅是缓解社会冲突，一旦紧张的形势缓和下来，他们也就忙于享受生活，不再关心劳苦大众了，20世纪20年代的纸醉金迷就是明证。只有等社会矛盾再度激化的时候，更大范围的改革措施才会出台，富兰克林·罗斯福的"新政"可以作为一个很好的注脚。

不过，至少可以认为，进步主义改革客观上达到了一种效果，即部分上完成了时代原本赋予社会主义者的任务。这种替代作用类似于马克思所说的"革命遗嘱执行人"角色，归根到底是由不以人的意志为转移的强制力量推动完成的。1848年爆发的资产阶级民主革命席卷了整个欧洲，由于封建专制势力仍然非常强大，而资产阶级软弱无力，结果遭到残酷镇压，革命以纷纷失败而告终。马克思在总结德国革命失败原因时指出，德国资产阶级"在上层面前嘟囔，在下层面前战栗，对两者都持利己主义态度"，它"对于保守派来说是革命的，对于革命派来说却是保守的"[1]。然而历史的吊诡之处在于，正是复辟了帝制的路易·波拿巴治下的法国完成了产业革命，而贵族容克头子俾斯麦治下的德国通过自上而下的改良，实现了向资本主义的转变。

这两位"革命的敌人"却都变成了革命的"遗嘱执行人"，确实有些反常。然而，看似反常的表面现象之下隐藏着历史前进的必然性。因为，如果不采取调节和变革手段，那么社会矛盾只会越积越多，迟早会到达爆炸的临界点，从而推翻既有的统治秩序。到那时，想推行缓解社会冲突的政策都来不及了，因为已经错过了变革的最佳时机。所以，两害相权取其轻，统治阶级总是不自觉地按照历史规律的指令行动，充当了"革命遗嘱执行人"。同样的道理，虽然进步主义者不愿意彻底推翻资本主义制度，但又惧怕革命的前

---

[1] 《马克思恩格斯文集》第2卷，人民出版社2009年版，第76页。

景会破坏自己已经努力取得的社会地位和现实利益，不得不奋力推动原本由社会主义者提出的解决方案。

这正是社会控制系统的奥妙所在。社会系统内部的各种力量都按照各自的目的运动和发展，它们在满足自身需要的同时也不断推动社会的发展。在每一个局部，这些运动和发展表现得杂乱无章，似乎充满了偶然。但是它们在前进方向上处处受制于其他力量的推进，最终甚至会走到自己愿望的反面。恩格斯晚年提出的著名的"合力论"正好说明了这一点，他说道："历史是这样创造的：最终的结果总是从许多单个的意志的相互冲突中产生出来的，而其中每一个意志，又是由于许多特殊的生活条件，才成为它成为的那样。这样就有无数互相交错的力量，有无数个力的平行四边形，由此就产生出一个合力，即历史结果，而这个结果又可以看作一个作为整体的、不自觉地和不自主地起着作用的力量的产物。因为任何一个人的愿望都会受到任何另一个人的妨碍，而最后出现的结果就是谁都没有希望过的事物。所以到目前为止的历史总是像一种自然过程一样地进行，而且实质上也是服从于同一运动规律的。"①

每一个社会系统一旦建立，起初都会保持在稳定状态。可是伴随着生产力的进步，经济就会得到蓬勃发展，系统内每一个组成部分的物质文化需求随之而增长。如果原有的系统结构无法满足这些需求，那么内部的不满与冲突就会与日俱增。而整个系统会竭力维持稳定，因为没有秩序的状态意味着谁的需求也无法得到满足。这样，系统内部的调控就开始了，或压制或让步，或者交替使用两种手段分化瓦解，从而形成新的稳定状态。不过新的需求又会产生出来，稳定状态再次被打破，于是新一轮的调控又会开始。这种社会控制是有其限度的，当所有调控的手段和资源都耗尽的时候，系统的根本性变迁就不可避免了。当然，此处只是对社会控制的抽象描述，并不能代替经验性的实证。

---

① 《马克思恩格斯选集》第 4 卷，第 605 页。

无论如何，进步主义者在不知不觉中部分地执行了改革之前时代所赋予社会主义者的任务。可以说，如果美国没有社会主义就不会有进步主义。而进步主义的这种替代作用吸引了大批社会主义者，从而起到了分化、分裂或削弱社会主义运动的效果。美国社会学家 D. P. 约翰逊认为，一旦暴力的威胁被清楚地认识到，投入对抗运动中的那些人可能并不一定要诉诸暴力，来使他们的主张和需求被认真采纳。这一点在解释反抗运动分裂为竭力主张暴力的极端派和主张和平解决的温和派这种情况时特别合适。① 当温和派的主张不断得到采纳，并取得实实在在的成就时，情况尤其如此。那么，就会形成一种循环：温和派的成功会增大对极端派的说服力，激进派中的右翼就会不断脱离原来的阵营而投入新的群体，而这种情况又会进一步加强温和派的力量。如果这个循环持续下去，结果只有一个，就是极端派的衰落。可以肯定，并不是所有的美国人都对资本主义持批评态度。但是在批评资本主义的人群中，如果支持改良主义的力量越大，那么主张推翻资本主义制度的力量就会越小。这就是美国社会主义运动之所以衰落的底层原因。

美国社会主义运动虽然衰落了，却并不意味着最终的失败。在此后的美国历史中，人们又再次看到了 20 世纪 30 年代共产主义运动的勃兴，以及 20 世纪 60 年代新左派运动、民权运动和反战运动的风起云涌。一如既往，进步主义传统分别以富兰克林·罗斯福的"新政"与林登·约翰逊的"伟大社会"的面目重新出现。这些历史现象充分证明了，只要美国资本主义的基本矛盾仍然存在着，社会冲突就会不断以新的形式表现出来。如果把社会主义实现方式限定为暴力革命的道路，那么美国的社会主义运动无疑是没有希望的。但是如果把社会主义定义为更宽泛的意义，就像马克思曾经说过的那样，美国这样的国家有可能通过和平的方式实现社会主义，

① ［美］D. P. 约翰逊：《社会学理论》，南开大学社会学系译，国际文化出版公司 1988 年版，第 623 页。

那么我们就可以看到，美国的社会主义不仅没有失败，而且一直由非社会主义者不断地执行着"革命的遗嘱"，表现出逐步"和平长入"的趋势。

反过来说，进步时期的社会主义运动之所以衰落，是因为美国资本主义进行社会控制的资源日益强大。可以说，美国进步主义时期推行社会控制的结果是一战后的新秩序代替了镀金时代的旧秩序，而社会主义的激进要求消解衰落。纵观整个 20 世纪的美国历史，这种改革逻辑持续存在，进步主义传统也得到了不断延续。相应地，美国社会主义也就在那些教条地审视它的人眼中呈现出持续衰微的状态了。

第五章　帝国构建对社会主义
运动的抑制

　　对于"美国社会主义例外论"研究而言，美国的帝国构建绝对不是可有可无的，这正是既有研究的盲点，因此，有必要从这个遭到忽视的维度展开考察，才能更全面地理解那些铸造了这个国家的各种观念、运动和历史。基于这一认识，本章从超越民族国家的国际层面出发来探讨美国的帝国构建对其社会主义运动的潜在影响。

　　这里首先需要回答，美国是不是一个帝国？这是美国史研究中一个极富争议的问题。① 实际上，相关争论早在 20 世纪初就已经产生了。在美国史学界，最早关注这一问题的主要是美国对外关系史学家。20 世纪四五十年代，主流观点认为，美国在美西战争期间短暂地接受了帝国主义，这体现了美国历史上的一种失常。20 世纪 50 年代末 60 年代初，威斯康星学派的外交史学家们开始挑战这种观点，主张美国历史上对帝国的追求是有目的的行为，即为了占领市场以获取资源并出售富余的农产品和工业制品，这种行为因远早于美西战争故而并非反常，从而引发了学界褒贬不一的评价。冷战结束以后，后者的解释逐渐成为主流。特别是"9·11"事件以来，美国政界、学界关于美国是否"帝

---

　　① 有关"美利坚帝国史"研究较为详细的学术史请参见：1. 刘青：《试论新美利坚帝国史研究的兴起》，《世界历史》2011 年第 5 期；2. 夏亚峰：《美国是"帝国"吗？——对美国政界学界相关争论的辨析》，《世界历史》2017 年第 2 期。

国"的争论一时成为热点,对于"美利坚帝国"的讨论成为一个跨学科的持久话题。

尽管越来越多的学者同意美国是个帝国,但大多数美国民众和政要仍然拒绝承认这一点。在美国史研究中出现了"文化转向"之后,学者们日益认识到,人类的行为受到所处的文化情景的影响和制约。某种意义上,这个"拒绝承认的帝国"同样是其国内意识形态或文化观念影响和制约的反映。除了厘清这些争议的是非曲直,问题的关键还在于大多数美国人拒绝承认美利坚帝国的存在这一社会事实背后的深层原因。此外,这一争议背后隐藏的"文化领导权"问题对于解答美国社会主义异常衰微的原因也具有重要意义。

第一节 为什么说美国是个隐形帝国?

一 学术界接受"美利坚帝国"的历程

由于世界历史上的"帝国"并无某种意义上的统一模式,所以迄今为止的历史学家并没有给出一个精确和统一的定义。正如英国历史学家 A. G. 霍普金斯(Hopkins)指出的那样,"不精确性是任何全面的术语不可避免的特点,不只是'帝国',还包括'国家'和'阶级'"[①]。更早的约翰·阿特金森·霍布森(John A. Hobson)也曾认为,"要求政治概念像严格的科学那样精确,是不切实际的"[②]。纵观近年来影响较大的帝国研究者,从迈克尔·多伊尔(Michael W. Doyle)、史蒂芬·豪(Stephen Howe)、尼尔·弗格森(Niall Ferguson)到麦克尔·哈特(Michael Hardt)等

[①] [英] A. G. 霍普金斯:《美利坚帝国:一部全球史》,薛雍东译,民主与建设出版社 2021 年版,第 27 页。

[②] [英] 约翰·阿特金森·霍布森:《帝国主义》,卢刚译,商务印书馆 2017 年版,第 3 页。

人，每一位学者似乎都给出了不同的定义，"帝国"概念仍然是一个见仁见智的问题。①

实际上，"帝国"一词的含义随着历史的发展也在不断变化。直到 18 世纪，该词指的都是对广阔领土的统治。到 18 世纪下半叶及之后，该词意指通过命令而不是社群而集结的一系列领地。② 再到 20 世纪初，这个词有了更为明确的含义，它不涉及"君主"，而是指一个政治组织甚至一个经济组织各部分之间的某种关系。③ 进入 21 世纪以后，它有了狭义和广义的区分。狭义定义强调的是一个国家对另一个国家的主权控制。广义定义强调的是帝国与扈从国在权力和影响力方面的差异，而不是明确的控制关系。④ 可见，"帝国"一词的现代使用语境主要是政治性的。

虽然很难准确地界定"帝国"一词，但为了方便讨论，提供一个基本的定义却是必要的。在《牛津高阶英语词典》中，"帝国"一词，指由一个领导人或政府控制的一组国家。⑤ 虽然学者们给出了多种定义，但所有人都同意，鉴于这个词的词根是拉丁语 imperium，它本质上是关于权力或统治的，特别是权力或统治扩张到核心地区以外的时候。⑥ 本书以为，现代意义上的"帝国"首先是一个包含了多种民族或政治实体的政治单位，通常由核心与外围两大部分组成。其次，涉及一种权力的不平等关系，由一个核心国家在没有主权要求的情况下超越其领土范围行使权力，处于从属地

---

① 刘文明：《"帝国"概念在西方和中国：历史渊源和当代争鸣》，《全球史评论》第十五辑，中国社会科学出版社 2018 年版，第 4 页。

② [英] A. G. 霍普金斯：《美利坚帝国：一部全球史》，第 23 页。

③ Scott Nearing, *The American Empire*, New York：The Rand School of Social Science, 1921, p. 16.

④ 夏亚峰：《美国是"帝国"吗？——对美国政界相关争论的辨析》，第 119 页。

⑤ 《牛津高阶英语词典》（第 10 版），牛津大学出版社 2021 年版，第 507 页。

⑥ John M. Mackenzie, "Empires in world history：characteristics, concepts, and consequences", in John M. MacKenzie ed., *The Encyclopedia of Empire*, Chichester：John Wiley & Sons, 2016, p. 1.

位的民族或政治实体享有不同程度的自治和权利。最后，帝国的维
持往往依靠使用或威胁使用武力，以及通过不对称的经济和生态交
换结构。总之，现代帝国一般是由一个以陆地为主的中心国家控制
其他较弱小的民族或政治实体而形成的以从属关系为基础的超民族
国家行为体。只要这种不平等的控制关系存在（无论是正式的还
是非正式的），就可以认为处于统治中心地位的国家和处于从属地
位的民族或政治实体共同组成了一个帝国。

　　"帝国主义"与"帝国"是两个既有密切关联又有一定区别的
概念。高岱教授认为，"帝国主义（imperialism）是从拉丁文 impe-
rium（帝国）演化而来的。它最初仅与西方文明进程中所出现的那
些古典帝国，如罗马帝国、查理曼帝国的扩张行为相联系"①。19
世纪 30 年代前后，这个词主要指拿破仑三世的冒险主义对外政策，
马克思就是在这个意义上使用该词。19 世纪下半叶，英国人为这
个词注入了"殖民扩张"的内涵，并开始广泛使用。由于殖民主
义、对外国市场和对"不发达"国家控制权的竞争，使"帝国"
和"帝国主义"这两个词进入了一个新的范畴，它们与统治者
（无论是国王还是总统）无关，而是与商业和经济利益的延伸有
关。到 20 世纪初，霍布森的名著《帝国主义论》出版之后，引起
了左翼学者如希法亭、卢森堡和考茨基等人的广泛注意和深入探
讨。1917 年，列宁出版了著名的《帝国主义是资本主义的最高阶
段》，由此奠定了这个概念在现代社会科学研究中的重要地位。对
于霍布森来讲，他所使用的"帝国主义"一词的含义非常明显，
那就是：帝国主义即意味着建立政治上的控制。② 简言之，"帝国
主义"是一个国家奉行的旨在控制其他政治实体的对外政策。也
有学者认为，"帝国主义指的是一个国家利用权力手段来控制周边

---

　　① 高岱：《帝国主义概念考析》，《历史教学（高校版）》2007 年第 2 期，第
12 页。
　　② 高岱：《帝国主义概念考析》，第 12—13 页。

人民和领土的过程"①。

根据上述讨论，美国显然是一个帝国。因为它对其他民族施加了权力，占领了其他国家，改变了他们的政治制度，并为控制其他国家的领土而发动战争。它也试图间接地影响其他民族。② 但是，在 20 世纪的大部分时间里，美国学者对美国帝国经历的否认和忽视不仅在整个历史学界很普遍，而且在其他相关学科中也很普遍。重新考察美国学术界争论这一问题的大致过程与核心争议，有助于我们更好地理解为什么美国普通人长期未能有效地克服围绕帝国的健忘症。

从 19 世纪末到 20 世纪初，美国学术界就已经意识到了美国与帝国之间的某种关联。特纳曾观察到，美国在立国之初就有殖民历史和殖民政策，但殖民地位一直隐藏在"州际移民"和"领土组织"的措辞之下。③ 哈佛大学历史学家阿尔伯特·布什内尔·哈特（Albert Bushnell Hart）注意到，美国有许多以印第安保留地形式存在的殖民地，这些西部领土与英国的殖民制度相差无几，"我们的印第安代理人拥有近乎无异于英国居民在印度土邦的地位"④。20 世纪 20 年代，一些美国历史学家研究美国对加勒比地区的干预，也有政治学家批评美国对拉丁美洲的统治。⑤ 20 世纪 30 年代，著

① Richard H. Immerman, *Empire for Liberty: A History of American Imperialism from Benjamin Franklin to Paul Wolfowitz*, Princeton, NJ: Princeton University Press, 2010, p. 10.

② Ian Tyrrel, "Empire in American History", in Alfred W. McCoy and Francisco A. Scarano eds., *Colonial Crucible: Empire in the Making of the Modern American*, Madison: The University of Wisconsin Press, 2009, p. 544.

③ Frederick Jackson Turner, "The Middle West", *International Monthly* 4, December 1901, p. 794.

④ Albert Bushnell Hart, "Brother Jonathan's Colonies: A Historical Account", *Harper's New Monthly Magazine*, Vol. 98, 1898, p. 320.

⑤ 参见 Leland H. Jenks, *Our Cuban Colony: A Study in Sugar*, New York: Vanguard, 1928; Melvin M. Knight, *The Americans in Santo Domingo*, New York: Vanguard, 1928; J. Fred Rippy, *The Capitalists and Colombia*, New York: Vanguard, 1931; Parker Thomas Moon, *Imperialism and World Politics*, New York: Macmillan, 1926。

名历史学家查尔斯·比尔德（Charles Beard）通过对美国日益增长的经济投资和对拉丁美洲的军事干预，批评美国作为一个扩张的国家准备在经济利益的刺激下发动战争。[①] 以上这些学者在著作中虽然已经有所涉及，但都没有将美国明确地称为"帝国"。

目前，可以查到的较早在现代意义上明确使用"美利坚帝国"这一提法的著作，是由美国政治学家和经济学家斯科特·聂尔宁（Scott Nearing）[②] 教授出版于 1921 年的《美利坚帝国》一书。他指出，"根据《新英语词典》中出现的定义，凡是'主权国家对其属国'行使'最高而广泛的政治统治'的地方，就存在一个帝国"，"帝国是'由一个主权国家统治的主体领土的集合'"[③]。一方面，这个定义强调帝国主要是组织问题，是政治性的，与政体无关。另一方面这个定义突出了领土对于帝国概念的重要性。作为"美利坚帝国"研究的先驱，聂尔宁在 1925 年出版的《金元外交》一书中，对美帝国主义的种种表现进行了深入的分析和阐释。他强调了"军事实力和经济优势"的相互作用，以及金融利益在建立帝国时的重要作用。[④] 他还较早地指出了美国帝国主义行为的延续性，特别是西进运动和对印第安人的征服与帝国主义之间的联系。遗憾的是，他的早期研究几乎被人遗忘，直到最近才有学者重提他的贡献。

大概从那时起，否认帝国就成为美国学术界的一个重要话题。在美国史学界尤其如此，历史学家不得不面对一个持续否认帝国的

---

　　① Charles Beard, *The Devil Theory of War: An Inquiry into the Nature of History and the Possibility of Keeping Out of War*, New York: Vanguard, 1936.

　　② 斯科特·聂尔宁教授是著名的和平主义者，32 岁时（1915 年）因为呼吁废除童工被宾夕法尼亚大学沃顿商学院开除，翌年又因反战被俄亥俄州的托利多大学文理学院开除，此后靠写作、演讲勉强维持生活。1917 年，他加入美国社会党，1927 年加入美国共产党。

　　③ Scott Nearing, *The American Empire*, New York: The Rand School of Social Science, 1921, p. 16.

　　④ Scott Nearing, *Dollar Diplomacy: A Study in American Imperialism*, New York: B. W. Huebsch and The Viking Press, 1925, p. 220.

局面。根据迈克尔·考克斯（Michael Cox）的归纳，帝国否认者的意见可以大致分为三类：第一，与过去其他"真正的"帝国不同，美国没有获得、也不寻求获得其他国家的领土；第二，美国经常在世界范围内倡导政治自由事业，当美国在海外的明显动力之一是推进民族民主和自决事业时，还能说美国是帝国吗？第三，现代世界要么太复杂，要么太多样化，要么太"失控"，无法由一个中心来管理。① 这似乎很容易理解，因为"帝国"说的确违背了一些所谓的"常识"。首先，美国并未实行君主制，而是共和制。"美国是在反对帝国的环境中诞生的，因此从一出生就是反帝国主义的。它的共和地位排除了一个皇帝或君主立宪的帝国。他们认为，一个致力于自由的国家永远不会接受帝国制度下臣民的从属地位。"② 因此，许多人很难接受将"帝国"与共和国联系在一起。其次，美国与历史上众多帝国存在较大差异。在一些学者看来，美国西部的殖民地是完全不同的存在，且美国只短暂拥有过很小的殖民地，而不像罗马帝国和大英帝国征服了广大的领土或拥有遍布世界的殖民地。第三，"帝国"带有负面含义，有悖于美国长期标榜的所谓"自由灯塔"的国家形象与自我认同。此外，还有许多其他的衍生争议，林林总总，蔚为大观，其中有关领土的争议可能是最重要的一点。

面对这种情况，持"帝国"说的历史学家们写了一篇又一篇的文章来揭穿那些否认者。这些学者及其后继者强调了美国向西扩张、对待印第安人、获得菲律宾等海外殖民地以及美国在世界各地的多次军事干预，列举了美国成为帝国的一些方式。因为无论"帝国"概念的界定如何变化，有许多事实是无法改变的，诚实的学者理应给予尊重和承认。比如，19 世纪，美国对印第安人权利

① Michael Cox, "Empire by Denial: The Strange Case of the United States", *International Affairs*, Vol. 81, No. 1, 2005, p. 21.

② Victor Bulmer-Thomas, *Empire in Retreat: The Past, Present, and Future of the United States*, New Haven: Yale University Press, 2018, p. 1.

的剥夺并将许多人驱逐至保留地。此外，通过战争夺取墨西哥三分之一的领土。1898 年，美国再次与西班牙开战，夺取其大部分海外领土。同样无法否认的，还有其他海外领地的获得，如夏威夷、东萨摩亚等。以及，1898 年至 1934 年间，美国还对古巴、波多黎各、菲律宾、海地和多米尼加共和国施加了同步和连续的军事干预和占领。这些简单列举的事实，显然都是帝国主义的做法。无论如何，1898 年美西战争之后获得菲律宾和波多黎各等地的事实无法抹杀。或者至少可以说，这一段历史是所有将美国指向"帝国"的证据中最不容易引起争议的。因此，大多数美国历史学家和其他评论家最多承认美国加入了 19 世纪末和 20 世纪初的"新帝国主义"。①

1936 年，"爱国历史学家"比米斯提出，1898 年之后的事情没有先例，在美国历史上仅仅是一种"偏离"（或异常）（aberration）。② 按照这种说法，这次"偏离"是一种脱离常规的例外，在帝国主义冲突引发第一次世界大战之后，美国就恢复了正常。③ 美国并没有进行一场坚决的经济扩张战争，而是不情愿地承担起盎格鲁—撒克逊人的责任，帮助落后民族走向自由和民主。④ 此后，这种解释成为美国史学界抹去美国有形帝国的主流理论，并在随后的几年里得到朱利叶斯·普拉特和欧内斯特·梅（Ernest May）等学者的大力推广。另外，通过国家安全的需求解释美国行为的倾向也

---

① Richard H. Immerman, *Empire for Liberty：A History of American Imperialism from Benjamin Franklin to Paul Wolfowitz*, p. 2.

② Samuel Flagg Bemis, *A Diplomatic History of the United States*, New York：Henry Holt, 1936, p. 463；Gareth Stedman Jones, "The History of US Imperialism", in Robin Blackburn ed., *Ideology in Social Science*, 1973, p. 208；Robin Blackburn ed., *Ideology in Social Science：Readings in Critical Social Theory*, New York：Vintage Books, 1973, p. 208.

③ Richard H. Immerman, *Empire for Liberty：A History of American Imperialism from Benjamin Franklin to Paul Wolfowitz*, p. 2.

④ Gareth Stedman Jones, "The History of US Imperialism", in Robin Blackburn ed., *Ideology in Social Science*, 1973, p. 209.

削弱了反帝国主义倾向的吸引力。①

随着二战后非殖民化历史进程的展开，美利坚帝国也经历了非殖民化，否认帝国的倾向得到强化。菲律宾不再是美国的殖民地，波多黎各成了“共和国”，夏威夷和阿拉斯加成为美国的两个州，即使那些没有获得独立的海外殖民地也有了新身份。有些学者据此认为，二战后的美国已经不是帝国了，例如“1945年后，合众国成了一个雄心勃勃的霸权国，而不是一个领土帝国”②。如果强调领土对于帝国的重要性，那“偏离”理论似乎具有一定说服力。

但是，一些事实却将其指向了“无形帝国”。比如，随着美国的资本输出和文化输出等技术手段在世界各地的蔓延，一些国家出现了学者们所谓的“可口可乐化”“好莱坞化”“迪士尼化”“微软化”“麦当劳化”和“星巴克化”等现象。即使在西欧，美国并没有派出军队征服，依然受到这些国家的抱怨乃至批评。这种情况并非可有可无，以至于美国总统奥巴马2009年4月3日在法国斯特拉斯堡公开指出，欧洲存在一种“反美主义”。再如，美国二战后向世界上很多国家和地区派驻过军队，进行军事干预。美国先后参与的小规模军事冲突难以计数，单说那些广为人知的较大规模冲突就有朝鲜战争、越南战争、伊拉克战争和阿富汗战争。而且直到今天，美国继续控制的海外领土，除了关岛、美属萨摩亚、北马里亚纳群岛、波多黎各、美属维尔京群岛和一些小的边远岛屿之外，美国在世界各地拥有大约800个海外军事基地。人们可能会说，这些地方太微不足道了。然而，正是这些世界地图上微小的斑点构成了美国世界霸权的重要基础，因为它们可以被用作集结地、发射台、存储库、信号塔和实验室。③换言之，这是一个全球范围内的

---

① 参见 Dana G. Munro, *The United States and the Caribbean Area*, Boston: World Peace Foundation, 1934。

② ［英］A. G. 霍普金斯：《美利坚帝国：一部全球史》，第41页。

③ Daniel Immerwahr, *How to Hide an Empire: A History of the Greater United States*, London: The Bodley Head, 2019, pp. 27-28.

通信和基础设施网络，这些悄然无声的部署难道仅仅为了所谓的"世界和平"？在传统的民族国家研究视阈下，这一切往往被碎片化的学术研究所遮蔽，而从全球史的整体视野出发，人们就容易观察到，这些不起眼的小点其实是美国为维持其全球主导地位而使用的巨大军事力量的重要支点。

在此有必要着重叙述一下，这一时期帝国史研究领域出现的一种新视角，一定程度上拓宽了美利坚帝国的后续研究。1953 年，英国学者约翰·加拉格尔（John Gallagher）和罗纳德·罗宾逊（Ronald Robinson）发表了《自由贸易的帝国主义》一文，阐释了"无形帝国"（Informal Empire，或译为"非正式帝国"）的概念①。他们提出，由于自由贸易可以在不进行正式统治的情况下获得经济利益，所以殖民帝国不再流行，而无形帝国开始取而代之。他们认为，纵观整个 19 世纪，英国都在对外扩张，不过这种扩张表现为不同形式，如移民、贸易、海外投资，以及在其他的国家和地区建立海军基地等。因此，要理解 19 世纪的英帝国，不能仅限于其正式版图，还应该包括其触角伸展到世界各地的"无形帝国"。因为在自由贸易的帝国主义形式下，那些看不见的部分被划在了英帝国的正式版图之外，例如 19 世纪英国曾在拉丁美洲拥有投资和贸易主导地位，这可以视为一个建立在其他民族国家之上的资本帝国。英国比大多数帝国主义列强更早认识到，当无形控制能够同样有效地维护霸权时，就没有必要继续保持有形的控制。到 19 世纪五六十年代，也就是维多利亚中期，英国已经建成了一个庞大的无形帝国，大英帝国则迎来其全盛阶段。② 从本质上讲，他们认为英国与欠发达国家的所有互动都是帝国主义的。甚至反帝国主义也是帝国主义，因为自由贸易和友好条约只不过是另一种统治手段。开

①　参见 John Gallagher & Ronald Robinson，"The imperialism of free trade"，The Economic History Review，Vol. 6，No. 1，1953。

②　参见 John Gallagher & Ronald Robinson，"The imperialism of free trade"，The Economic History Review，Vol. 6，No. 1，1953，pp. 1-3。

放的市场和封闭的市场一样具有帝国主义色彩，因为它们允许廉价的英国产品击败当地的制造商。如此看来，外国直接投资就是另一种形式的帝国主义控制，带有最惠国条款的降低关税条约是英国资本家塞进的特洛伊木马。① 由以上论述可知，"无形帝国"本质上是指，对其他国家的经济和政治生活行使控制而不承担直接的行政责任。

加拉格尔和罗宾逊的成就不啻一场史学革命，其影响相当深远，美国史学界也不例外。② 在上述文章发表六年后，威廉姆斯在 1959 年出版的《美国外交的悲剧》中大量引进了加拉格尔和罗宾逊的概念。③ 此后，这个概念引起了美国新左派史学家的广泛讨论。"对美国新左派历史学家而言，无形帝国不仅是一个概念，而且是一个问题"④。虽然威廉姆斯的理论后来受到无数专家学者的批评，"但帝国的概念幸存下来，甚至导致威斯康星大学麦迪逊分校外交史学院的建立，这对学者来说是罕见的荣光"⑤。总体而言，威廉姆斯及其支持者的接续努力使得美国史学界的反帝国主义传统得到复兴。

需要指出，"无形帝国"这个概念本身并不是全新的。霍普金斯曾言及，此前已经有过"隐形"帝国的提法，列宁的帝国主义理论也涉及了"半殖民地"概念。⑥ 然而，这一创新的重要意义在

---

① 参见 Elizabeth Cobbs Hoffman, *American Umpire*, Cambridge: Harvard University Press, 2013, p. 192。

② 参见 William Roger Louis ed., *Imperialism: The Robinson and Gallagher Controversy*, New York: New Viewpoints Publisher, 1976, p. 2。

③ 参见 Elizabeth Cobbs Hoffman, *American Umpire*, p. 192; H. W. Brands, *What America Owes the World: the Struggle for the Soul of Foreign Policy*, Cambridge: Cambridge University Press, 1998, p. 245; Paul A. Kramer, "Power and Connection: Imperial Histories of the United States in the World", *American Historical Review*, Vol. 116, No. 5, p. 1374。

④ Paul A. Kramer, "Power and Connection: Imperial Histories of the United States in the World", *American Historical Review*, Vol. 116, No. 5, 2011, p. 1374.

⑤ Victor Bulmer-Thomas, *Empire in Retreat: The Past, Present, and Future of the United States*, New Haven: Yale University Press, 2018, p. 4.

⑥ 参见 [英] A. G. 霍普金斯《美利坚帝国：一部全球史》，第 23 页。另外，根据著名英国史专家蒋孟引先生的研究，这个概念是由费伊（C. R. Fay）博士在 1940 年出版的《剑桥英帝国史》中最先提出，以区别于古代的罗马帝国、中世纪的查理曼帝国和重商主义时代用武力建立起来的殖民帝国等所谓的有形帝国。参见高岱《帝国主义概念考析》，《历史教学（高校版）》2007 年第 2 期，第 14 页。

于，学者们对于帝国的理解不再局限于一个领土实体，也可以是一种经济结构或隐形的势力范围，从而为美利坚帝国研究开启了一个新阶段。

首先，这种新视角为解决美利坚帝国的相关争议问题提供了颇有说服力的手段，因为帝国概念扩大的边界无疑使美国符合了"无形帝国"的新身份，而破除了有关帝国领土多寡在认知层面带来的障碍。与此相应，"正是在 1945 年后，美利坚'帝国'这一说法最终出现，用于形容美国在 20 世纪下半叶行使的非正式间接权力"①。例如著名历史学家阿瑟·施莱辛格（Arthur Schlesinger）发出质问，"谁能怀疑美利坚帝国的存在呢？一个无形的帝国，在政体上不是殖民主义的，但仍然拥有丰富的帝国相关事物：军队、船只、飞机、基地、殖民总督、当地合作者，所有这些都分布在这个不幸的星球上？"② 著名的冷战史专家约翰·刘易斯·加迪斯（John Lewis Gaddis）认为，一个国家通过各种手段（可以是直接使用武力、恐吓、依赖、诱惑，甚至启发）直接或间接、部分或完全地塑造了其他国家的行为，它就成为一个帝国。③

其次，"无形帝国"概念的提出使学者们扩展美利坚帝国的时间跨度成为可能。我们知道，有形帝国（或称"正式帝国"）一般具有领土特性。根据这一标准，美国在 1898—1959 年间曾经拥有一个领土帝国，主要包括菲律宾、波多黎各、古巴和关岛，以及业已吞并的夏威夷、东萨摩亚和军事占领下的海地、多米尼加共和国。"无形帝国"概念的提出客观上提供了一种可能，使越来越多的学者将美利坚帝国的起止时间向领土帝国时期之外延伸。纽约大学尼尔·弗格森（Niall Ferguson）教授认为，美国自独立之后一直

① ［英］A. G. 霍普金斯：《美利坚帝国：一部全球史》，第 8 页。

② Arthur M. Schlesinger Jr.，*The Cycles of American History*，Boston：Houghton Mifflin，1986，pp. 141-143.

③ John Lewis Gaddis，*We Now Know：Rethinking Cold War History*，New York：Oxford University Press Inc.，1997，p. 27.

就是帝国，但是美国人拒绝承认这个事实。① 另有一些学者将二战后的美国视为一个帝国，此类著作如查尔斯·迈尔（Charles S. Maier）的《帝国之中：美国的支配地位及其前任》、托尼·史密斯（Tony Smith）的《帝国主义的模式：美国，英国和 1815 年以来的新兴工业世界》、菲利普·达比（Phillip Darby）的《帝国主义的三副面孔：英国和美国遭遇亚洲与非洲，1870—1970》等等。② 还有一些学者认为美国自始至今都是帝国，如理查德·H.伊梅尔曼（Richard H. Immerman）所指出的那样，“美国现在是，且一直是个帝国”③。不过，也有学者坚持，即使不以“无形帝国”的标准衡量，美国从一开始就已经是个帝国。④

第三，为学者们重绘美利坚帝国的版图创造了条件。一直以来，很少有人能说清楚美国的完整领土，更不要说美国的殖民地，以及那些被美国实际控制和影响的地区。美国西北大学副教授丹尼尔·伊默瓦尔（Daniel Immerwahr）在 2019 年出版的新著《如何隐藏一个帝国：大美利坚合众国简史》中指出了一个长期被隐藏的事实。一如大多数人脑海中的想象，美国地图是连续的：一个以大西洋、太平洋、墨西哥和加拿大为界的联邦，有些人可能还会加上阿拉斯加和夏威夷。然而，正如伊默瓦尔所指出的，这幅地图与该国的法律边界不符，只能算得上是它的一部分，因为美国的版图远远不止于此。在其历史进程中，美国不仅获得了大片大陆领土，还控制了许多海外领土，如岛屿和军事基地等。所有这些地方，加上通常所谓的“本土”（即北美大陆领土），构成了他所谓的“大美

---

① Niall Ferguson, *Colossus: The Rise and Fall of the American Empire*, London: Penguin Books, 2004, p. 2.

② 参见刘青《试论新美利坚帝国史研究的兴起》，第 112 页。

③ Richard H. Immerman, *Empire for liberty: A History of American Imperialism from Benjamin Franklin to Paul Wolfowitz*, p. 4.

④ Adam Burns, *American Imperialism: The Territorial Expansion of the United States, 1783-2013*, Edinburgh: Edinburgh University Press, 2017, p. 2.

利坚合众国"。伊默瓦尔认为，美国人对地理的无知就是对自己历史的无知，但正因为如此，美国的领土帝国在很大程度上仍然隐藏着。这个帝国可能很难从本土被辨认出来，但从曾经被其殖民统治的地方来看，帝国确实存在。① 由此看来，1945 年以后的美国和19 世纪的大英帝国很相似，它们都是通过无形的统治方式来发挥帝国的作用。了解这一点，在很大程度上有助于反思美国历史学家对帝国的否认。

　　以上主要针对有关领土的争议进行了详尽论述。至于否认美国是个帝国的其他理由，无法在一篇论文里逐一详细梳理众多学者的回应。简单地说，支持"帝国"说的学者认为：首先，是否帝国与政体无关。其次，世界历史上的所有帝国都存在各种差异，"历史学家必须将帝国视为一种历史上不断变化的社会形态，而不是一种理想形态"②。第三，美国拥有帝国的实力和影响力，具有与帝国相似的行为方式，其实质与欧洲历史上的殖民帝国如出一辙，并无二致。

　　必须承认，在 20 世纪的大部分时间里，美国的帝国否认者都占据着主导地位，但是在进入 21 世纪之后，这种情况发生了较大变化。一如迈克尔·考克斯所言："在 20 世纪 60 年代，这个词（即帝国）的使用一直是激进左翼人士的专利"，然而"在后 911时代，它迅速成为新保守主义右翼的热门话题。"③ "9·11 事件"成为一个重要时间节点，左、中、右不同派别中都有大量认同美国是帝国的人群，成千上万学术著作和时事评论文章从不同角度涉及

---

① Daniel Immerwahr, *How to Hide an Empire*：*A History of the Greater United States*, pp. 9–29.

② Ian Tyrrel, "Empire in American History", in Alfred W. McCoy and Francisco A. Scarano eds., *Colonial Crucible*：*Empire in the Making of the Modern American State*, p. 545.

③ Michael Cox, "Empire by Denial：The Strange Case of the United States", *International Affairs*, Vol. 81, No. 1, 2005, p. 18.

"美国是否为帝国" 这一话题。① 2003 年, 罗伯特·卡普兰 (Robert Kaplan) 在《大西洋月刊》上甚至发表评论: "美国现在拥有一个全球帝国, 这句话如今已成为陈词滥调, 是时候超越那些显而易见的言论了。"②

随着越来越多的正统历史学家开始不带偏见地讨论美帝国的话题, 对这种说法的争议也越来越小。诚如詹姆斯·G. 摩根所言: "虽然历史学家曾经害怕讨论美帝国主义, 因为这个词太政治化了, 充满了贬义的含义, 但最终在试图看到更大图景的历史学家中, 似乎有了明显的共同点, 至少在某种程度上同意了美帝国的存在。"③ 波士顿大学社会学家朱利安·戈 (Julian Go) 也坦承: "尽管一些帝国否认者坚持不懈, 但他们面临着后修正主义学者、权威人士甚至官员们越来越响亮的合唱, 这些人愿意接受美国现在是、而且一直是帝国的观点。"④ 的确, 认同 "帝国" 说的学者成千上万, 包括从左翼作家霍华德·津恩 (Howard Zinn) 到右翼学者帕特·布坎南 (Pat Buchanan), 从 "帝国的批评者" 约瑟夫·奈 (Joseph S. Nye) 到 "帝国的热心者" 尼尔·弗格森, 以及许许多多从不同角度、不同时段、不同程度同意的人们。当然, 也有走得更远的学者, 如托马斯·本德在《万国一邦: 美国在世界历史上的作用》一书中, 就将美国称为 "帝国中的帝国"。可以认为, 时至今日, "美国是帝国" 的论断已经在美国学术界占据了主流地位。

在一个世纪左右的时间里, 从坚持 "否认帝国", 到 "失常"

---

① 参见夏亚峰《美国是 "帝国" 吗?——对美国政界学界相关争论的辨析》, 第 115 页。

② Robert Kaplan, "Supremacy by Stealth", *The Atlantic Monthly*, Vol. 292, No. 1, 2003, pp. 66-83.

③ James G. Morgan, *Into New Territory: American Historians and the Concept of US Imperialism*, Madison: The University of Wisconsin Press, 2014, p. 4.

④ Julian Go, *Patterns of Empire: The British and American Empires, 1688 to the Present*, New York: Cambridge University Press, 2011, p. 235.

说，再到"不敢说出自己的名字"，最后大胆说出"帝国中的帝国"，美国学术界围绕"帝国"问题走过了漫长的历程。仅仅梳理其中核心的争议，就会明白这一问题的复杂性，显然不是普通美国人所能轻易克服。因此，只有在穿透观念的表象之后，人们才能看到更深层次的本质。

二 在普通民众眼中帝国何以隐形？

在不同的历史时期，美国统治精英为了掩饰帝国的本质，总能为自身的帝国主义行为找到合理性，其论证方式往往是各种不同理由的结合。美国历史学家指出，美利坚帝国一直使用两种方法来维持统治：一种是物质的手段，主要包括军事基地的扩展、海军舰队的机动性、海军陆战队的警惕性、中央情报局的操纵和对友好政客的贿赂；另一种是观念的手段，主要是为第三世界国家提供一条神话般的、非共产主义的、非社会主义的甚至是非民族主义的政治独立之路。[1]

就前者而言，已经广为人知；就后者而言，由于观念的重重迷雾，还有待展开更深入的探讨。其实，隐藏起来的与其说是一个庞大的帝国，不如说是它的罪恶：将殖民扩张过程中所使用的暴力、对被压迫者的思想控制以及向殖民地转移社会矛盾等包裹在一张意义之网中。以下几个方面梳理了美国统治者通过与部分知识精英结盟，构建文化领导权，为帝国披上隐身衣的事实。这有助于我们理解美国的帝国主义行为如何不断侵蚀美国的建国理想，并反噬其国内社会文化，以及为什么大多数普通美国人拒绝承认美利坚帝国的存在。

首先，通过貌似"客观中立"的学术研究，否认自身历史与帝国主义的内在关联。为了避免人们将美国与欧洲列强联系在一

---

[1] Gareth Stedman Jones, "The History of US Imperialism", in Robin Blackburn ed., *Ideology in Social Science*, 1973, p. 207.

起，认为它踏上了与旧世界相似的殖民主义之路，一大批历史学家进行了持续的努力，终于想出了一些能够自圆其说的解释思路。根据此类说法，美国是通过八年的反帝国主义战争建立了自己的共和国，19世纪以来的美国领导人最多只是偶然地关心海外的真实或想象的利益，从未刻意运用其政治、经济和军事力量塑造有利于自身利益的世界。至于门罗主义是对欧洲列强殖民野心的防御性反应，其目的仅仅是巩固新国家而提供必要的防御壁垒。并且，美国人并没有像欧洲列强那样在海外领土上肆无忌惮地推行殖民化并加以统治。相反，美国人运用自身的经济、军事和外交杠杆创造出了一个向所有国家开放的自由贸易的世界。① 与英国、法国、德国、意大利或日本所采用的帝国主义模式不同，美国并没有一个有形的（或正式的）殖民帝国。不仅如此，美国还有正式的反帝国主义意识形态，包括强调作为前殖民地的自我形象，支持民族自决和自治，支持非殖民化，以及为了遏制所谓"共产主义扩张"，美国采取了"防御性干涉"措施，诸如北约的创建、遍布世界的军事基地，甚至对越南的战争都是反帝国主义长期斗争的一部分等说法。

这些对美国历史的官方解释被美国历史学家在大量书籍中巧妙和反复地阐述。结果是，美国发展出一套有关扩张的意识形态，其前提是坚信美国和美国人没有沾染邪恶或自私自利的动机。这种意识形态认为，美国人是道德缺陷的例外，道德缺陷困扰着其他人类，而美国人的理想是纯洁的，是人类的灯塔，正如林肯所说，是地球上最后的、最美好的希望。② 在美国，"普遍的看法是，美国的目标和动机始终是仁慈的或防御性的，而不是帝国主义的"③。正因为这一点，许多美国人坚信，美国不是也不可能成为帝国。这

① [美]托马斯·本德：《万国一邦：美国在世界历史上的地位》，第241页。

② Walter Nugent, *Habits of Empire: A History of American Expansion*, New York: Alfred A. Knopf, 2008, xvi.

③ Richard H. Immerman, *Empire for Liberty: A History of American Imperialism from Benjamin Franklin to Paul Wolfowitz*, p. 6.

种信念已经执拗地发展为一种"备受珍视的美国传统","以至于那些违反这一传统的美国外交政策研究者被边缘化,要么遭到嘲笑,要么被主流学者完全忽视"①。不难理解,为什么第一次世界大战之后的几乎每一位美国总统都敢于宣称美国是帝国主义的敌人。尤其是1999年,乔治·布什(George W. Bush)竞选总统时空前激烈地否认美国曾经是个帝国,"美国从来就不是一个帝国。我们可能是历史上唯一一个有机会成为帝国却拒绝了的大国"②。

长期以来,有关"美利坚帝国"的讨论几乎都被排除在美国国内正统学术研究之外。正如美国历史学家大卫·雷·格里芬(David Ray Griffin)所指出的那样,"在20世纪的大部分时间里,谈论美利坚帝国,尤其是美帝国主义,实际上是一个禁忌","将美国描述为一个蓬勃发展的帝国是不允许的,至少在公共话语中是不允许的"③。英国历史学家霍普金斯曾感慨道,"美国从1898年到二战后非殖民化运动之间的殖民统治是美国史研究中最受忽略的话题之一"④,而且"许多关于这段时期殖民统治的早期研究最终被忽视而在学术界消亡,如今被安葬在大学图书馆的最底层"⑤。在相当长的时间里,只有左翼批评家如诺姆·乔姆斯基(Noam Chomsky)等人坚持挑战这一禁忌。一直到进入21世纪之后,这种情况才有明显改观。

其次,通过制造同义词或替代概念,寻找种种近乎强词夺理的借口,为其帝国主义行为辩护。从美国独立到现在,美国人总是对自身动机的纯洁性和天赋使命的正当性深信不疑。这种自信的坚定程度已经达到了匪夷所思的地步,以至于"他们沉浸在一种摆弄

---

① David Ray Griffin, *The American Trajectory*：*Divine or Demonic?*, Atlanta：Clarity Press, 2018, p. 19.

② Julian Go, *Patterns of Empire*：*The British and American Empires*, 1688 *to the Present*, New York：Cambridge University Press, 2011, p. 1.

③ David Ray Griffin, *The American Trajectory*：*Divine or Demonic?*, p. 19.

④ [英] A. G. 霍普金斯:《美利坚帝国:一部全球史》,第8页。

⑤ [英] A. G. 霍普金斯:《美利坚帝国:一部全球史》,第21页。

语义学的狡猾手腕而不能自知的状态之中"①。典型事例如，通过种族中心论的假设与"无主之地"的强辩，在历史书写中几乎抹去了原住民的存在。虽然在 19 世纪前期的大部分时间，美国人一般将"帝国"一词视为良性的，但美国的大陆扩张方式确实让部分美国人感到羞耻。托马斯·本德评论道，"剥夺并侵占土著人的土地，然后展开殖民统治，这早已是美国历史中的两大中心主题，只是未被公开承认罢了"。而且，"通过将（帝国扩张）描述为'西进运动'或说是国土的'向西扩展'，他们掩盖了真实存在的帝国"②。

19 世纪末以后，美国的统治精英开始意识到"帝国"或"帝国主义"的负面意义。许多学者对"帝国"或"帝国主义"心存芥蒂，因为这类词容易引起争议。为了避免使用"帝国"这个词，"美国人开发了一个庞大的同义词词典"③。他们更愿意使用"扩张""霸权国"等词汇来描述美国的对外活动。特别是在美西战争后，美国国内在是否占领菲律宾等问题上产生了激烈争论，反对占领的人批评支持占领者为"帝国主义者"，但后者拒不承认，而自称"扩张主义者"。尽管已经有许多美国历史学家指出，"扩张"不过是"帝国主义"的委婉用语，但是依然有很多人坚持认为，"扩张"不是贬义词。④ 另据一些学者如弗格森的看法，"霸权概念实际上只是一种避免谈论帝国的方式"⑤。正如克林顿的演讲所表明的那样，"领导力"（Leadership）也是"帝国"的同义词，经常与"自由世界的领导力"一词联系在一起。⑥

---

① ［美］托马斯·本德：《万国一邦：美国在世界历史上的地位》，第 231 页。

② ［美］托马斯·本德：《万国一邦：美国在世界历史上的地位》，第 231 页。

③ Victor Bulmer-Thomas, *Empire in Retreat：The Past，Present，and Future of the U-nited States*，New Haven：Yale University Press，2018，p. 7.

④ 参见刘义勇《美国外交中的"扩张"与"帝国主义"话语（1898—1914）》，《世界历史》2022 年第 2 期，第 2 页。

⑤ Niall Ferguson, "Hegemony or Empire?", *Foreign Affairs*，Vol. 82，No. 5，2003，p. 160.

⑥ Victor Bulmer-Thomas, *Empire in Retreat：The Past，Present，and Future of the U-nited States*，New Haven：Yale University Press，2018，p. 8.

还有一些异曲同工的用法，极力避免使人产生美国与"帝国"之间的联想。西奥多·罗斯福（Theodore Roosevelt）和伍德罗·威尔逊（Woodrow Wilson）曾毫不掩饰地称菲律宾、夏威夷和关岛为"殖民地"。但是，一二十年之后，这个词就成了禁忌，而"领土"则成为所有殖民地的更显温和的替代用语。① 于是，新获得的土地不是称作"殖民地"，而是"未合并的领地"。那些一度公开的种族主义措辞也最终被"秩序""发展""负责任的政府""经济效率"和"自由与民主"等术语所取代。② 诸如此类的措辞还有"善的力量"（Force for good）、"和平与进步的力量"和"软权力"等。

第三，将帝国和自由等正面、积极和美好的价值捆绑在一起，相互论证彼此的合理性。前文已提及，在美国建国之初，杰斐逊就为其贴上了"自由帝国"的标签。言下之意，美国人作为热爱自由并拥有自由的人民，致力于积极主动地扩大自由的领地，那么建立一个更大的美利坚帝国就意味着自由的扩大。这为后世奠定了帝国和自由关系的基调。1845 年，《美国杂志和民主评论》的编辑约翰·欧·苏利文（John O'Sullivan）创造了"天定命运"（Manifest Destiny）一词，用来论证美国对外扩张的合理性。他宣称："这是我们的天命所赋予的权利，我们有权扩张和占有整个大陆，这是上帝赐予我们用来发展托付给我们的自由和联邦自治的伟大实验的大陆。"③ 在这句话里，苏利文以宗教为托词，将自由和扩张绑定在一起。这种绑定与杰斐逊的"自由帝国"可谓异曲同工，后来林肯的葛底斯堡演说同样如此。托马斯·本德一针见血地指出，"由此帝国被合理化为一种扩展美国式自由和基督教新教福

---

① Daniel Immerwahr, *How to Hide an Empire: A History of the Greater United States*, p. 7.

② ［美］托马斯·本德：《万国一邦：美国在世界历史上的地位》，第 268 页。

③ Robert J. Miller, *Native Westport: America, Discovered and Conquered: Thomas Jefferson, Lewis & Clark, and Manifest Destiny*, Praeger Publishers, 2006, p. 119.

音的手段，进而增进整个世界之福祉"①。

　　然而，"自由"这个词的内涵和外延可能比"帝国"还要复杂。对美国人而言，反抗大英帝国是为了自由，入侵加拿大是为了自由，南北战争的双方都是为了自由，夺取西班牙帝国的领地也是为了自由，遏制共产主义更是为了自由，出兵伊拉克和阿富汗同样是为了捍卫自由。也就是说，在美国人的日常语境中，对自由的理解过于宽泛，几乎能够适用或容纳绝大部分的事情。在一定程度上，这个名词已经因严重泛化而变得面目模糊。美国历史学家认为，对于自由，"美国人唯一的共识就是自由是好的"②。问题是，如果自由是好的，一定要通过对外扩张来实现吗？如果目的是善的，可以通过恶的手段来实现吗？难道别的国家或民族没有不受别人干涉而独立发展的消极自由？事实上，在大陆扩张、吞并夏威夷和征服菲律宾等地的历史进程中，美国无情地践踏了包括美国原住民在内无数人的全部自由。二战后初期，美国曾在太平洋岛屿如比基尼和埃尼威托克环礁进行过多次核试验，对当地居民的健康和自然环境造成了难以估量的损害。通过直接征服或非正式控制建立帝国，美国经常以善之名作恶。③ 这不禁令人想起罗兰夫人的那句名言，"自由，多少罪恶假汝之名而行"。恩格斯对此曾经深刻地指出，"一个民族当它还在压迫其他民族的时候，是不可能获得自由的"④。

　　如果说前述种种做法只是提供了帝国隐身衣的材料，那么在此基础之上的"美国例外论"（Exceptionalism）则完成了这件外衣最后的裁剪和缝制。从建国神话开始，美国一直强调新生的共和国与欧洲（主要是英国）的区别，以凸显自身的独特和优越。过去，美国人曾使用"上帝的新以色列""救世主的国家""天选之国"

---

　　① ［美］托马斯·本德：《万国一邦：美国在世界历史上的地位》，第 235 页。

　　② Richard H. Immerman, *Empire for Liberty：A History of American Imperialism from Benjamin Franklin to Paul Wolfowitz*, pp. 5-6.

　　③ Richard H. Immerman, *Empire for Liberty：A History of American Imperialism from Benjamin Franklin to Paul Wolfowitz*, p. 6.

　　④ 《马克思恩格斯选集》第 1 卷，第 314 页。

等词语作为美国的自我形象，后来这些都简单地汇总为"例外"（Exceptional）一词。大致而言，这种观念的内核可以归纳为：美国有着自身独特的天赋使命，是世界上最富有、最强大即最好的国家；美国从一开始就是一个民主的、自由的、反对殖民主义的国家；美国有别于所有其他国家（无论欧洲还是"未开化"世界），无论在政治上和道德上，还是在发展规律等方面都是"例外的"。需要指出，"美国例外论"的具体内涵一直随着时代的变迁而有所变化，并且还有一些变体，如"不可或缺的国家"（Indispensable Nation）等提法。

迄今为止，这种认为美国有着独特的天赋使命的信念，都是美利坚民族认同的基石和美国历史叙事的主线，对美国的主流民意和外交政策甚至社会科学研究都产生着难以忽视的影响。美国历史学家多萝西·罗斯认为，"美国社会科学之所以与众不同，是因为它与美国例外论这一国家意识形态有关"[1]。霍普金斯谈到，"从过去到现在，对美国拥有独特的天赋使命的信念帮助人们构建了美国民族主义的特性和美国历史的内容"[2]。具体到"美利坚帝国"研究，霍普金斯认为，"例外主义传统深深影响了这里所称的'美利坚帝国'的定义和研究"[3]。在某种程度上，这种信念又得到了美国崛起过程的不断强化。美国的崛起过程时间较短且异常顺利，天赋使命的信念似乎在某种程度上得到了印证，尔后又被其飞速膨胀的物质实力持续加固。在种种耀眼成就加持之下，美国自然更加坚信自身拥有特权和优越性。

美国将其对外政策诉诸"美国例外论"的好处是显而易见的。根据这套逻辑，美国人是上帝的选民，美国是山巅之城，其天赋使命是推动人类自由和幸福的事业。美国是独一无二的，对世界事务拥有特权，其崛起为世界强国是不可阻挡的。相较于其他国家，美

---

① Dorothy Ross, *The Origins of American Social Science*, p. xiv.
② ［英］A. G. 霍普金斯：《美利坚帝国：一部全球史》，第 15 页。
③ ［英］A. G. 霍普金斯：《美利坚帝国：一部全球史》，第 19 页。

国的对外扩张和称霸世界具有不同的动机，其他国家都是为了"压迫"和"奴役"，而美国是为了促进自由和民主。因为美国和美国人没有邪恶或自私的动机，美国是如此的不同，以至于当他们侵占他国领土时，那不能视为帝国主义的，即使美国犯下某些罪过，那都是有益和合理的，一切都是上帝的旨意。换言之，例外主义可以衍生出豁免主义（Exemptionalism），即一个国家相信自己可以不受适用于其他国家的标准约束。① 这样一来，不仅掩盖了对其他国家的压迫和剥削以最终实现帝国利益的实质，而且将其苦心孤诣建造庞大帝国的历史及其累累恶行正当化、合法化。

对世界上许多国家而言，这一套帝国隐身衣在某种程度上也是行之有效的。20世纪80年代，挪威历史学家盖尔·伦德斯塔德（Geir Lundestad）提出了"受邀请的帝国"命题，认为美国二战后对北大西洋公约组织和西方资本主义阵营的领导，实际上等于在西欧建立了一个帝国，但这个帝国奠基于西欧各国的邀请之上。② 问题的实质在于，"负债催生出依附关系并让欠债人失去控制力，但其后果却几乎是以一种难以察觉的方式推进了美利坚帝国的发展，作为一种技术手段，它粉饰了强权。随后，在20世纪，美式强权找到了一种几乎隐形的手段来对全球金融管理施加影响甚至是施加控制"③。尽管如此，西方主要资本主义国家不同程度上接受美国的领导并配合美国的全球统治却是事实，尤其是在西欧和东亚。当然，我们也不应忘了前面提到过的"反美主义"。这看似矛盾，其实反映出问题的复杂性。

对美国自身而言，帝国隐身衣也起到了维护社会稳定的效果。在美国，这套信仰系统得到了广泛的支持。"教育系统必须支持一

---

① David Ray Griffin, *The American Trajectory: Divine or Demonic?*, Atlanta: Clarity Press, 2018, p. 17.

② Geir Lundestad, "Empire by Invitation? The United States and Western Europe, 1945-1952", *Journal of Peace Research*, Vol. 23, 1986, pp. 263-77.

③ ［美］托马斯·本德：《万国一邦：美国在世界历史上的地位》，第303页。

种国家愿景,证明外国干预是合理的。其他国家的公民,帝国的臣民,必须被视为不如宗主国的公民重要……媒体必须参与进来,国家历史需要通过一系列神话来支撑,这些神话传递出一种文化和种族优越感。"① 无论学界如何批评,大部分美国人对这一套意识形态普遍持认同甚至拥护的态度。民众的认同在一定程度上缓解了阶级冲突,又反过来起到了维护美国资本主义的作用。

按理说,越南战争、伊拉克战争和阿富汗战争的破坏性后果多少会让美国公众从迷梦中警醒,然而事实上并没有。2016 年 6 月,美国《新闻周刊》(Newsweek)登载了一篇文章,题目为"我们正在走向美国例外主义的终结吗?",文中指出:"虽然对美国例外论的信仰在 20 世纪 70 年代有所动摇,但随着罗纳德·里根(Ronald Reagan)在 20 世纪 80 年代提出的'山巅之城'口号,对例外论的信仰又卷土重来。"② 美国前总统特朗普竞选时的口号"让美国再次伟大"也是一个很好的注脚。诚如李剑鸣教授所言:"不论'美国例外论'是虚构还是真实,其持续的存在和深刻的影响乃是不争的'社会事实'。于是,在批判性地审视'美国例外论'时,问题的关键就不在于它在事实上是否站得住脚,而是它何以在美国历史上拥有如此之多的'信徒'。"③ 这正是本书着力思考的地方。

第二节 进步主义时期的海外扩张 及其国内影响

一 进步主义时期海外扩张的动因

19 世纪末 20 世纪初的美国已经进入资本主义的垄断阶段,也

① Victor Bulmer-Thomas, *Empire in Retreat*: *The Past*, *Present*, *and Future of the U-nited States*, New Haven: Yale University Press, 2018, p. 9.

② Hilde Eliassen Restad, "Are We Coming to the End of 'American Exceptionalism'?", *Newsweek*, June 6, 2016.

③ 李剑鸣:《关于"美国例外论"的历史反思》,《清华大学学报》(哲学社会科学版)2022 年第 6 期,第 24 页。

是扩张主义政策盛行的年代。美国这段时期的海外扩张对 20 世纪的历史和国际体系都产生了关键影响。关于美国由孤立主义转而奉行扩张主义政策的原因，迄今为止主要出现了三大类解释：一种是观念的动因，而另一种是经济的动因，而第三种属于综合的动因。①

先来看观念的动因。如前所述，美国的扩张倾向在建国之初就表露出来了。在《联邦党人文集第十篇》中，麦迪逊分析了小共和国和大共和国的优劣问题，强烈主张"联邦的辽阔广大"，建立一个更大的共和国。② 美国自开国以来，扩张就一直没有间断过。19 世纪之前，美国人的扩张主要是占领印第安人的土地。19 世纪之后，向南兼并佛罗里达，向北兼并加拿大受到英军的阻击而罢手，向西的扩张畅通无阻，从法国人手里买下路易斯安那，从英国人手里获取俄勒冈，从墨西哥手里夺取新墨西哥和加利福尼亚，还吞并了新独立的得克萨斯等等。到 19 世纪中叶，美国的疆界已经推进到太平洋沿岸，国土扩大了 8 倍。此后，美国人得陇望蜀，又开始瞄准太平洋。内战后从俄国人手里购买阿拉斯加，19 世纪末吞并夏威夷。在这个过程中，美国以相对轻微的代价获得了丰厚的回报，美国资本主义的原始积累阶段就这样完成了。通过扩张获利的经验深深地烙在美国的历史记忆中，可以毫不夸张地说，扩张已经融入美利坚的血液，成为美国文化的一部分。

一如前文所述，美国人对于扩张的信念集中体现在"天定命运"这一概念上。1845 年，苏利文撰文呼吁"反对停止吞并德克

① 关于 19 世纪末美国海外扩张的原因问题，美国史学界乃至不同学科长期存在不同看法，此处只作简要介绍，重点突出本书的主旨，详细争议请参阅：仇华飞《论十九世纪末美国海外扩张政策和理论依据》，载于《上海社会科学院学术季刊》2002 年第2 期；王玮《美国史学对 19、20 世纪之交美国海外扩张的思考与认识》，载于《史学理论研究》2004 年第 2 期。

② ［美］汉密尔顿、杰伊、麦迪逊：《联邦党人文集》，程逢如等译，商务印书馆1995 年版，第 49—51 页。

萨斯"，文章中使用了"天定命运"指责英国而为美国辩护。①
"天定命运"与殖民地时期开拓者们所秉持的宗教信念是一脉相承
的，他们认为自己是"上帝的选民"，将成为整个世界的"山巅之
城"，因而负有教化全世界的"自命不凡的使命感"。这种救世主
心态根植于基督教文化，是一种源远流长的非理性主义传统。这种
信念能够唤起持有者油然而生的自豪感和神圣感，已成为美国意识
形态的一部分。

　　19 世纪末期，蛰伏已久的"天定命运"观念在美国再度露
头。② 这一次，它和社会达尔文主义联袂而行。扩张主义者认为，
国家或者"种族"的竞争与生物界一样，只有强者才能生存。社
会达尔文主义披着科学的外衣，成为强国统治弱国的理论依据，为
国际关系领域实行自然法则辩护。约翰·菲斯克是最先宣传这种思
想的人之一，他发表于 1885 年的一篇文章预言，英语国家最终将
统治不属于"现存文明"的每一块土地。他的观点得到了许多笃
信宗教的人士的支持，乔赛亚·斯特朗就是比较著名的一位。这位
公理教牧师以海外传教事业而闻名，他同年发表的《我们的国家：
可能的未来与当前的危机》宣称，盎格鲁—撒克逊"种族"所肩
负的"圣职"就是将自身体制推广至全球。③ 比这本书更重要的
是，新教在国外建立的传教会推动美国转向海外扩张。19 世纪最
后三十年内，这些传教会增加了四倍；在最后的十年内，在中国的
美国传教士人数增加了一倍，超过一千。④

　　当"神圣的使命"开始召唤，海权至上的思想应运而生了。
1890 年，艾尔弗雷德·塞耶·马汉出版了《海权在历史上的影响》

---

① 参见 Godfrey Hodgson, *The Myth of American Exceptionalism*, New Haven: Yale U-
niversity Press, 2009, pp. 50-51。
② 参见 [美] 塞缪尔·埃利奥特·莫里森等《美利坚共和国的成长》下卷，第
315 页。
③ 参见 [美] 艾伦·布伦克利《美国史》，第 581 页。
④ [美] J. 布卢姆等：《美国的历程》下册第一分册，商务印书馆 1988 年版，第
153 页。

一书，正式提出了著名的"海权论"。他认为，海上贸易是国家财富的主要来源，历史上具有海上霸权的国家都是强国，控制海洋就能控制世界，而美国拥有两大洋，欲图强盛必须控制海洋。他的扩张主义思想在世界范围内引起巨大反响，尤其对美国的海军政策乃至外交政策都产生了重大影响，获得政治精英们的青睐。西奥多·罗斯福写信给马汉说，他只用了两个晚上就"贪婪地"读完了这部巨著。① 罗斯福在 19 世纪 80 年代初期就出版了《1812 年海战史》，对海军问题有深入研究，马汉读了他的书之后，两人也有交流。因此两人可谓惺惺相惜，在扩张问题上互为助益。② 马汉的著作之所以获得成功，完全是因为符合了当时资本主义的根本利益，反映了美国人对国家前景的普遍担忧与希望。

这种担忧并非没有根据。1890 年，美国人口普查局正式宣布边疆消失了。一些敏感的美国人开始担心国家资源面临枯竭的前景，认为必须寻找替代资源。1893 年，美国历史学家弗雷德里克·杰克逊·特纳发表了《边疆在美国历史上的意义》一文，这篇论文成为美国历史上最具影响力的文章之一。特纳研究了美国边疆移动的特点之后，提出了一整套解释边疆对美国历史的影响的新理论。特纳认为，美国 19 世纪 90 年代所面临的危机是边疆消失的后果，他随即发出警告，美国将面临一个新时代的开始。尽管后来特纳的理论招致很多批评，经济学家和历史学家们在分析了大量的数据后认为，边疆理论是片面的和不准确的，夸大了地理因素的作用，但是这套理论也有其合理之处。他正确地指出了美国不同于欧洲大陆的一个重要特点，实际上这一点在黑格尔的《历史哲学》中已经涉及，马克思主义的创始人们在评述美国问题时也曾指出过。边疆理论的重大历史意义在于对美国社会心理产生了重大影

---

① 转引自［美］威廉·J.本内特《美国通史》上册，刘军等译，江西人民出版社 2009 年版，第 412 页。

② 参见李剑鸣《伟大的历险：西奥多·罗斯福传》，世界知识出版社 1994 年版，第 86 页。

响，造成美国人在边疆消失以后的巨大心理危机，于是成为美国统治集团大力鼓吹海外扩张的重要理论依据。[1]

这些观念固然对美国的海外扩张有推动作用，但是一旦离开强大的实力作为后盾，观念也就成为无源之水。事实上，人们的观念往往会随着形势的变化而变化。比如在古巴人民争取独立的"十年战争"（1868—1878）期间，那种"混乱、残暴、公然冒犯美国的利益和荣誉，等等，与后来标志着1895年革命进程的那些特征完全一模一样。可是，合众国上一次小心翼翼，竭力避免对起义者们的事业做出任何承诺，而到了后一次，却站在叛乱者们一边参战了"[2]。看来，同样的"天定命运"在有些时候会选择性失灵。更重要的是，同时期反对海外扩张的观念也同样存在。虽然海外扩张的呼声从内战结束后就时有耳闻，但是仅仅是个别意见，国内的扩张冲动一再遭到遏制。因为美国历史上曾饱受殖民之痛，反殖民主义也有相当多的支持者。

美国之所以在19世纪90年代启动海外扩张，与美国综合国力快速提升因而具备了扩张的实力是分不开的。一直到19世纪80年代，农业都是美国财富的主要来源。1890年，制造业已是农业的3倍。在1810年并且甚至在1860年，美国工业产值落后于英国、法国并且可能也有德国。但是到1894年，美国工业产值比世界上任何国家都高。一战前夕，美国工业产值是其3个最大竞争对手——英、法、德——的总和。[3]19世纪80年代，由于国内各种社会问题纷纷出现，各派政治势力犬牙交错，支持扩张的人才有所增多。19世纪80年代，詹姆斯·G.布莱恩两次出任美国共和党政府国务卿，他的最初努力便是使美国向拉丁美洲扩张，坚信美国必须为

---

① 刘绪贻、杨生茂总主编：《美国通史》第3卷，第142—143页。
② ［美］塞缪尔·埃利奥特·莫里森等：《美利坚共和国的成长》下卷，第319页。
③ ［美］杰里米·阿塔克、彼得·帕塞尔：《新美国经济史》下册，罗涛等译，中国社会科学出版社2000年版，第457页。

其剩余商品寻求国外市场。① 1889 年 10 月，布莱恩牵头创建了"泛美联盟"，这个国际性组织以信息交易所形式为组织内各成员国发布信息。19 世纪 90 年代的社会矛盾日益尖锐，特别是 1893—1897 年严重的经济危机以及各种抗议运动，迫使大小企业主关注海外市场，以销售国内经济的剩余产品。当时美国社会开始流行一种观点，即扩张可以解决美国国内很多令人头疼的问题。上流社会精英阶层中的一些人，从总统麦金莱到参议员威廉·弗莱伊，都大力鼓吹要为美国的剩余产品寻找海外市场，更有甚者，战争、殖民和帝国主义被视为维护国内稳定、保持美国国民特性的手段。② 这样，扩张主义才成为普遍的呼声，传统的大陆主义政策逐步向海外扩张转变。可见，如果不是美国因为工业革命和经济发展而具备了扩张的实力条件，主张扩张的观念也不会获得广泛的市场。

美国著名"新左派"外交史学家沃尔特·拉菲伯在《剑桥美国对外关系史》中，深刻揭示了这个新兴帝国海外扩张的经济动因。拉菲伯认为，美国对外政策不过是国内经济利益的延伸，"1870 年以后的工业革命造成了 1873 年以后的社会和政治混乱，使建立扩张性和开放性的海外帝国成为必要。这种新兴的资本主义从一开始就不是要求社会的稳定和有序，而是要求通过获取海外机会来逃避国内社会的混乱"③。商业巨头的公司推动了对国外市场的扩张，而为了缓解经济萧条造成的国内压力，美国政府也竭力推进海外扩张。拉菲伯在重点考察经济因素的同时，并没有忽视与扩张主义有关的社会达尔文主义、种族主义、阶级偏见甚至性别歧视等因素。

综合的解释来自对国际体系的分析。一般认为，国际体系在 19 世纪末出现了显著的变化。国际体系的无政府状态增加了大国

---

① ［美］艾伦·布伦克利：《美国史》，第 582 页。
② 参见李剑鸣《大转折的年代：美国进步主义运动研究》，第 252 页。
③ ［美］沃尔特·拉夫伯：《美国人对机会的寻求（1865—1913）》，载《剑桥美国对外关系史》上册，石斌、刘飞涛译，新华出版社 2004 年版，第 389 页。

之间的猜疑与不安全感，迫使大国之间展开对于霸权的争夺。保罗·肯尼迪在其名著《大国的兴衰》中指出，19 世纪末到 20 世纪初，在全球力量对比方面所发生的全部变化中，对于未来最具决定作用的无疑是美国的崛起。从内战结束到美西战争爆发，美国经济表现出强劲的增长势头。虽然对外贸易在美国经济增长中的作用不大，但是却对别国的经济造成很大冲击，还对世界金融体系和货币流通造成冲击。当霸权在国际体系中转移之际，美国对国际地位的要求也日渐提升。国内工厂和农场过高的产能使人们担心国内无力消化，因而一些大财团给政府施加压力要求开拓海外市场，结果是美国的出口不断增加。美国咄咄逼人的气势引起欧洲大国的警惕，各国暗示有必要联合起来对付美国。美国的战略家们一直担心与英国或德国打仗的可能性，所以不停地建造战舰。① 这样，经济的增长导致了海外的扩张，于是产生了海外的利益，而这些利益又不断需要保护，继而更大的扩张开始了。

由此可见，列宁在《帝国主义论》中把"帝国主义"看作资本主义发展的一个阶段即垄断阶段，认为垄断阶段的资本主义表现出腐朽性，并指出资本对外扩张的起因与争夺世界霸权的结果，这些都基本符合美国进步主义时期的史实。但是，我们也应该认识到，列宁在写作《帝国主义论》的时候没有注意到资本主义国家社会职能的发展与变化和这些国家对垄断资本的约束与控制。前文提到，美国进步主义时期就开始对大公司实施管理和控制，制定了《谢尔曼反托拉斯法》，增强了国家的调控作用，在一定程度上消除或缓解了垄断公司的弊病。这一时期还出现了福特主义的萌芽，泰勒制开始逐渐推行，资本主义发生了重大变化，而列宁认为"一切'改良'都是无聊的骗局"②。今天看来，列宁的判断与事实出现了偏差，但是在当时的历史条件下，他的观察还是相当深刻

———————————

① 参见［美］保罗·肯尼迪《大国的兴衰》，蒋葆英等译，中国经济出版社 1989 年版，第 303—311。

② 《列宁全集》第 22 卷，人民出版社 1990 年版，第 212 页。

和犀利的。

进步派在国内为了建立工业时代的新秩序而努力，同时他们又把目光投向了海外。虽然并不是所有强调国内改革的进步主义者都支持海外扩张，但是国内改革与海外扩张具有内在的一致性。首先，它们都强调干预。干预主义在国内问题上体现为以政府为主导的国家干预，而在国际事务上体现为对外国事务的横加干涉。其次，它们都追求一种新秩序。旧秩序已经严重妨碍工业的发展，不能适应新时代的需要，必须重建一个政治、经济、文化的新秩序。许多进步主义者认为，"只有在有秩序的社会中，美国才能指望找到政治合作并为美国公司供过于求的产品和资本提供长期市场。没有来自外国的助力，失业和激进运动就可能危及国内的进步主义时间表"①。因此，改革与扩张之于进步主义犹如车之两轮，几乎同时向前推进。

二 帝国主义扩张与主流民意的认同

为什么美国在 20 世纪的门槛前选定西班牙开刀？美国埃默里大学罗伯特·帕斯特教授写道："1889 年，美国几乎要为萨摩亚而与德国交战；1891 年几乎要为智利对美国水手的非礼待遇而与智利交战；1895 年，为了与委内瑞拉的领土争端也几乎与英国大动干戈，好像这个年轻的国家里，总有一部分人要挑动战争，而每次总会有人及时让他们恢复理智。"② 当时的美国不确定是英、法、德这几个老牌帝国主义国家的对手，即使扩张战争在所难免，也要做好充分准备，更得审慎地选准对手。此时的西班牙已国力衰微，其殖民地只有古巴、波多黎各和菲律宾了。前两者离美国本土较近且美国早已图谋已久，菲律宾可以作为打开远东大门的跳板，这些

---

① ［美］沃尔特·拉菲伯等：《美国世纪：一个超级大国的崛起与兴盛》，第 66 页。

② ［美］罗伯特·A. 帕斯特编：《世纪之旅：七大国百年外交风云》，胡利平、杨韵琴译，上海人民出版社 2001 年版，第 216 页。

地方都符合美国的战略利益。于是，西班牙很"不幸地"成为美国第一个下手的目标。

自 1892 年起，古巴人民已开始为独立而斗争，美国扩张主义者的机会到来了。西奥多·罗斯福积极运作，竭力要把美国推上与西班牙交战的道路。为此他还组织了"首都俱乐部"（Metropolitan Club），把政府内外的扩张主义者集合在一起。这些人都是头面人物，包括亨利·卡伯特·洛奇、布鲁克斯·亚当斯、威廉·H. 塔夫脱、约翰·海、伦纳德·伍德和乔治·杜威等，他们大力鼓吹立即合并夏威夷且夺取古巴。罗斯福在美西战争爆发前夕，做足了准备工作。除了演讲鼓动，他还制订了一份新的海战计划，并极力把乔治·杜威推上了亚洲舰队司令的位置，最后在哈瓦那爆发动乱之际，迅速命令"缅因"号战舰开赴哈瓦那港。共和党主席马克·哈那有一次说，如果罗斯福是助理国务卿而不是助理海军部长的话，"我们会跟半个世界兵戎相见"[1]。随后一系列事情一如扩张主义者所期望的，一步步把形势引向战争。西班牙驻美公使在给西班牙政府的一封密函里攻击了麦金莱总统，伦道夫·赫斯特拿到这封信之后，在他的《纽约日报》上用了一个耸人听闻的大标题"美国有史以来遭到的最大侮辱"报道此事。一周以后，"缅因"号战舰在哈瓦那港爆炸沉没，美西战争爆发了。后来的事态发展表明，罗斯福拟定的新海战计划与实际战争进程十分接近。

由于战前准备充分，美国很轻松地赢得了这场"辉煌的小战争"。战争仅仅持续了三个月时间，却把美国送进了世界强国俱乐部。1899 年 9 月的某一天，麦金莱总统感慨地对朋友说：

> 我们做过的最棒的事情之一就是坚持占领菲律宾群岛，而
> 不仅仅是一个加煤站或者一个岛屿，因为如果我们选择后者，
> 那么我们将沦为世界的笑柄。所以事情就这样发生了，在短短

---

[1]　［美］罗伯特·A. 帕斯特编：《世纪之旅：七大国百年外交风云》，第 217 页。

的几个月里我们变成了一个世界大国……我觉得，与我宣誓就职的时候相比，形势已经发生了翻天覆地的变化。①

至于美国人民能否和他产生共鸣，答案将在 14 个月后的大选中揭晓。

1898 年战争刚刚结束不久，《纽约太阳报》就写道："现在我们都是金戈主义者，而头号的金戈主义者就是威廉·麦金莱阁下。"② 麦金莱要想谋求连任，必须过了反帝国主义这一关。此时，美国国内已经掀起了一场反对帝国主义的强大运动。这场运动的参加者中有许多人来自富裕阶层，比如前总统格罗弗·克利夫兰、本杰明·哈里森、前国务卿约翰·谢尔曼、民主党总统候选人威廉·布赖恩、"钢铁大王"安德鲁·卡内基、著名作家马克·吐温、劳联领袖塞缪尔·龚帕斯等。不过，所有参加者反对帝国主义的理由却值得关注：有些人坚信帝国主义不符合道德准则，有悖于美国献身人类自由的追求；有些人则担心引入"低级"亚洲人种将"污染"美国的人口；产业工人担心新殖民地的大量廉价劳动力危及他们的生存；保守派担心帝国所需的大规模军队和复杂国际联盟将威胁美国的自由；甘蔗种植园主担心新地域出现会导致新的竞争。③ 一方面，运动内部的复杂性反映了美国进步主义时代各种思想观念混乱交织的状况。另一方面，这些人大多并不是从国际道义或者公平正义角度反对帝国主义，实际上都是为了维护国家利益或者集团利益。

反帝国主义者还在波士顿成立了反帝同盟，但是他们在政治方面的影响仅止于 1900 年。反帝同盟有 50 万成员，它的领导层主要

① [美] 沃尔特·拉夫伯：《美国人对机会的寻求（1865—1913）》，第 461 页。
② [美] 沃尔特·拉夫伯：《美国人对机会的寻求（1865—1913）》，第 437 页。"金戈"（Jingo）一词来源于 1878 年的一首英国"好战分子"的歌曲，金戈主义者指沙文主义者。
③ [美] 艾伦·布伦克利：《美国史》，第 592 页。

由知识分子和商界人士组成，成员中绝大多数是工人，其中有妇女和黑人。在这一年的大选中，反帝同盟为了阻止麦金莱连任，不得已同民主党的总统候选人布赖恩合作。民主党把帝国主义问题列为竞选纲领中的"首要问题"，并因为布赖恩的坚持也强调自由铸造银币问题。可是随着竞选运动的展开，布赖恩发现强调帝国主义和银币问题根本没有获胜的希望，于是把重点逐渐转移到垄断和特权问题上。① 众议院前发言人托马斯·B.里德嘲笑"布赖恩宁愿犯错，也不愿当总统"。因为 1896 年以来的黄金流入以及《金本位制法案》已经使有关银币的争论尘埃落定。而托拉斯问题是对阶级分歧加以利用的一种徒劳的尝试，其矛头直指共和党政府自 1897 年以后允许建立的数量日益扩大的股份制托拉斯。② 布赖恩在竞选中进退失据，很多选民弄不清楚他的主张到底是什么。而麦金莱胜券在握，玩得游刃有余。麦金莱首先把帝国主义说成是美国固有的传统，并强调自己保护了在北京遭受义和团攻击的美国人，还指责布莱恩煽动阶级仇恨以破坏经济繁荣。结果，麦金莱大获全胜，他得到的选举人票比 1896 年还多了 21 张。大选之后，声势浩大的反帝国主义运动消退了。然而反帝国主义的观念和传统并没有消亡，它又在美国持续存在了很多年。

1900 年的大选结果并不能证明，美国大部分民众笼统地支持帝国主义。不过在选举过程中，选民并没有要求当选人对帝国主义加以限制。如果选民们给麦金莱投反对票，在当时的人们心目中其实质无异于反对经济繁荣。持续数年的经济危机到 1897 年就已经结束了，新的繁荣期渐渐到来。因此在 1900 年的大多数选民看来，麦金莱并不代表帝国主义或金币，而是代表繁荣，而保守主义跟随着麦金莱再一次高奏凯歌。③ 大选获胜之后，麦金莱得意地说，

---

① 参见 [美] J.布卢姆等《美国的历程》下册第一分册，第 178 页。
② [美] 沃尔特·拉夫伯：《美国人对机会的寻求（1865—1913）》，第 462 页。
③ [美] J.布卢姆等：《美国的历程》下册第一分册，第 178 页。

"我不再被称为一个党的总统,我现在是全体人民的总统"①。毕竟,经济的好坏直接关系到美国民众自身生活的幸福与否,这只是普遍的人性罢了。而当时爱国主义和种族主义情绪日益高涨,遥远的"低等民族"所遭受的痛苦在大多数普通民众的意识中,只能占据生活事务重要性序列的次要位置。苛求对于帝国主义没有切肤之痛的大多数普通美国人义愤填膺,只能是左翼人士一厢情愿的奢望而已。帝国主义问题此后再也未成为美国大选中的重点争议。无论如何,美国摇身一变,已成为拥有海外帝国的世界性大国,这也许是美国人更在意的事情。对公众而言,面对现实往前看,比固守过时的传统与价值更实际。

美西战争只是美国在 19、20 世纪之交最大规模的一次扩张,此后尚有数次小规模的扩张,使美国的国家利益得到进一步推进。1899 年和 1900 年,美国一边对菲律宾人的起义进行残酷镇压,一边对中国市场虎视眈眈,国务卿海约翰接连发出两份"门户开放"照会,其目的在于维护美国在华商业利益。列强厚颜无耻的掠夺激起中国人民的反抗,义和团运动席卷了华夏大地。随后八国联军入侵中国,美国出兵 5000 余人。义和团被镇压下去之后,清政府赔偿各国三亿三千三百万美元,其中付给美国的赔款约为两千四百万美元。② 时任中国驻美公使梁诚发现,付给美国的赔款比美国政府声明的军费开支多了两倍半,遂与美国交涉。协商的结果是,美国把军费以外的余款退还中国,以开办美国在华的学校,此即为清华大学的前身。

1903 年,美国与哥伦比亚政府因为运河的事情起了争执,罗斯福一怒之下鼓动巴拿马闹分裂。巴拿马新政府成立之后,美国不仅迅速承认新政府,而且派军舰阻挠哥伦比亚军队。然后,美国又

---

① 丁一凡:《美国批判:自由帝国扩张的悖论》,北京大学出版社 2006 年版,第 18 页。

② 参见 [美] 塞缪尔·埃利奥特·莫里森等《美利坚共和国的成长》下卷,第 340 页。

付给巴拿马 1000 万美元，以保障巴拿马独立为条件将这个国家变为它的保护国。巴拿马政府投桃报李，划拨给美国一条宽 10 英里贯穿巴拿马全境的狭长地带以开挖运河。

1904 年，罗斯福为了把德国人排挤出多米尼加，宣布了一条准则，即"罗斯福推论"。他警告说，"积习成癖的不正当行为"都可能"要求某种文明力量的干预"①。1905 年年初，罗斯福派遣军队前往多米尼加耀武扬威，很快就同多米尼加共和国签订了一项议定书。协议的内容是，派一位美国管理人负责管理多米尼加海关，并规定将关税收入的 55% 用于偿还债务，45% 用于该国经常开支。② 起初参议院拒绝批准，但是在罗斯福强力推动下，参议院后来于 1907 年还是批准了这项议定书。1916 年，威尔逊下令，出兵多米尼加，此后对该国实行军事占领长达 8 年之久。

1909 年，尼加拉瓜发生了政变，美国立刻夺取了该国的海关控制权，而海关是该国主要的岁入来源。尼加拉瓜新政府上台后，美国要求新政府向美国银行借贷大笔款项。尼加拉瓜人自然不太愿意，可是美国国务卿诺斯克派去一艘军舰之后，新政府唯有乖乖就范。

美国对北方的邻居加拿大也不打算放过。实际上，整个 19 世纪美国和加拿大之间曾发生过多次边境冲突，都因为美国实力不济而作罢。1911 年，加拿大政府和塔夫脱政府签订了一项互惠贸易协定，加拿大人开始尚为打开了美国巨大的市场而窃喜，后来才明白过来，这不过是美国企图吞并加拿大的重要步骤。因为民主党人众议院议长钱普·克拉克在国会辩论时说："我赞成它乃是因为我希望能看到有那么一天，美国的国旗将飘扬在英属北美领地每方英尺土地的上空，遍地招展直到北极。"③ 一时间，加拿大舆论纷起，

---

① [美] 沃尔特·拉菲伯等：《美国世纪：一个超级大国的崛起与兴盛》，第 69 页。

② [美] 塞缪尔·埃利奥特·莫里森等：《美利坚共和国的成长》下卷，第 413 页。

③ [美] 塞缪尔·埃利奥特·莫里森等：《美利坚共和国的成长》下卷，第 428 页。

最终导致了旧政府下台。新政府成立后拒不接受此项贸易协定,并对美国货课征报复性关税。虽然吞并行动未能奏效,但是也不能阻止美国在此后的半个世纪里,将加拿大作为经济殖民地而大肆剥削。

1910 年,在美国国务院的推动下,纽约银行家把持了海地的国家银行。这些人贪得无厌,进而谋求对该国海关的控制权。1915 年,海地内乱,威尔逊趁机派出 300 名海军陆战队员和水兵登陆。美国不仅夺取了海地的海关,而且将该国的国库交由银行家处置。

在墨西哥,美国也有巨大利益。根据国会的一个委员会报告统计,美国在墨西哥的投资已达 15 亿美元,美国人共占有 78% 的矿产,72% 的冶炼业,58% 的石油,68% 的橡胶种植园,以及大约三分之二的铁路。① 1910 年到 1917 年,墨西哥爆发了资产阶级革命。美国的利益受到威胁,于是动用军队进行了数次干涉。干涉以失败而告终,两国各有损失。

总之,美国这一时期对邻近国家进行了多次干涉与扩张,基本形成一个固定的套路。首先派海军陆战队前往镇压内乱,再趁机插手这些国家的内政。然后让美国资本大举涌入,控制该国经济命脉。犹如一架无形的输血机器,植入这些受到控制的国家或地区肌体之内,把当地人民所生产出来的财富,源源不断地输送回美国本土。而财富能提供维持政治稳定所必需的面包、住房以及其他生活用品。从麦金莱、罗斯福、塔夫脱到威尔逊,无不鼓励这种扩张。"这是一个漂亮构思的整体计划,其要旨是通过向国外输出商品、政治理想和道德准则,来恢复国内的活力和竞争。政府在此起着中坚作用,它创立各种新机构和新法律帮助各类出口商。"② 对于那些饱受战火蹂躏的国家来说,战争带来的是无尽的伤痛。而对于那

① [美] 塞缪尔·埃利奥特·莫里森等:《美利坚共和国的成长》下卷,第 462 页。
② [美] 沃尔特·拉菲伯等:《美国世纪:一个超级大国的崛起与兴盛》,第 80 页。

些远离战场且又频频用兵的国家而言，战争却意味着财富、机会与民众高涨的爱国激情。没过多久，美国又走进了一场有史以来最大的战争。

正当进步主义各项国内改革措施和国外扩张政策全面展开之际，第一次世界大战于 1914 年爆发了。这场战争给欧洲各国的经济造成严重破坏，然而欧洲的噩梦却成为美国的福音。1914 年美国的经济出现了严重的衰退，到了 1915 年，战争带来了大量政府订单（尤其是英国的订单），使美国得以摆脱经济萧条。这段时间，美国的出口贸易额逐渐稳步超过进口贸易额。例如，运往协约国的小麦运载量就是战前不久一段时期的 7 倍，锌贸易增长了 37 倍，黄金纷纷流入美国银行以寻求安全的庇护。[1] 美国的军火输出总值从 1914 年的大约 4000 万美元，增长到了 1916 年的十二亿九千万美元，对协约国的贸易总额则从八亿两千五百万美元，增长为三十二亿一千四百万美元。[2] 可以说，世界大战成了美国经济的发动机。战前的美国还是个债务国，战后却成为世界上最大的债权国，并真正地成为全球性大国，国力逐步超过了英国。

战争为进步主义者提供了绝佳的机会，许多奋斗多年的重大改革目标都在战争期间完成了。突如其来的需求增长迫使美国政府实施了短暂的战时计划经济政策。美国宣战之前，国家安全公众私人委员会制订了最初的几项计划，讨论的议题包括征兵、物价管制、政府接管私人工业企业，以及组建核心的指令部门等。美国宣战之后，在该委员会领导下组建了战时工业委员会，其他指令部门也相继产生。[3] 全国战时劳工委员会成立于 1918 年，它负责调查劳工的需要和劳动状况，规定工资与劳动时间的标准。该委员会致力于

---

① ［美］杰里米・阿塔克、彼得・帕塞尔：《新美国经济史》下册，第 544 页。

② ［美］塞缪尔・埃利奥特・莫里森等：《美利坚共和国的成长》下卷，第 474 页。

③ 参见［美］杰里米・阿塔克、彼得・帕塞尔《新美国经济史》下册，第 544 页。

为工人争取更多福利，包括八小时工作制、最低生活标准、同工同酬、承认工会权利等，同时工人也必须做出让步，比如放弃罢工行动等。由于该委员会的建议，美国还成立了就业局，帮助工人寻找工作。后来，劳工部还成立了妇女局以保护女工权益。

在社会保险和公众住房方面，美国政府也采取了一定的改善措施。由于交战各国对食品、原料、制成品等需求激增，美国的大小企业全力生产以满足市场需要，推动工业生产的持续扩大，企业产生了大量的用工需求。国会正式对德国宣战以后，国内的劳动力供给更趋紧张。大批男性奔赴战场，女性、黑人以及少数族裔获得了前所未有的就业机会。面对劳动力短缺，企业纷纷提薪、扩大福利计划、满足工人们的更多要求。特殊的形势为进步主义改革铺平了道路，反过来这些措施在一定程度上缓解了已经激化的劳资矛盾。

因此，尽管美国社会党在一战中绝大部分时间持反战立场，却得不到大多数工人的响应。我们通过一组数据就可以看出个中缘由：美国就业局在战时登记了五百多万工人，其中三百七十万人得到安置；劳联的会员总数从 1916 年的二百零七万一千七百零二人上升到 1920 年的三百二十六万零一百六十八人；1917 年劳工全年的实际平均收入比战前水平增长 14%，1918 年增长 20%。[①] 工人群体的稳定所产生的社会效益是巨大的，虽然战争期间实行了新税率，企业利润仍上升为战前的三倍。[②] 换句话说，在保证充分就业和工资的大幅度增加的同时，企业利润不仅增长了，而且增幅远远超过了工人工资的增幅。在这种情况下，工人、企业和国家利益取得了高度一致，反战的呼声只能逐渐衰落下去。社会党和妇女运动一样，在战争问题上发生了严重分裂，许多和平主义者纷纷放弃了反战主张。

---

① [美] 阿瑟·林克、威廉·卡顿等：《一九〇〇年以来的美国史》上册，刘绪贻等译，中国社会科学出版社 1983 年版，第 235—236 页。

② 参见 [美] J. 布卢姆等《美国的历程》下册第一分册，第 270 页。

三　海外扩张对国内社会的影响

对于帝国主义国家的扩张战争的作用，列宁曾经深刻地指出："无论德国资产阶级或英法两国的资产阶级，进行这次战争都是为了掠夺别的国家，为了扼杀小民族，为了确立对于世界的金融统治，为了瓜分和重新瓜分殖民地，为了用愚弄和分化各国工人的手段来挽救濒于灭亡的资本主义制度。"① 在列宁看来，帝国主义国家发动战争就是为了争夺世界霸权，对外掠夺，对内分而治之，其最终目的还是延缓资本主义制度的灭亡。

如前所述，进步主义社会控制的目标正是缓解资本主义的内在矛盾以增强其活力。为了达到这个目标，必须竭力在富人与穷人之间营造出一种利益共同体的表象。再者，单纯靠国内社会的调控支撑作用极其有限，还必须靠资本的海外扩张来转嫁矛盾。全球化进程一直是以资本主义的全球扩张为主要体现形式的，而且在相当长的时期内二者几乎是重合的。② 由此看来，美国的海外扩张实际上是资本主义全球化进程中的局部现象。如果以全球化进程作为背景，反观这一时期美国国内的情况，可以观察到海外扩张对美国的经济、政治和文化都产生了多方面的影响。

首先，海外扩张可以促进国内经济的繁荣。海外收益可以弥补利润率的下降趋势，允许资本家给工人们提供更多的福利。更为重要的是，资本主义生产获得了稳定的原材料供给地和制成品销售市场。为了保护这些海外利益，企业家又需要大规模的军事力量提供保护。而大规模的军备不仅能拉动内需，而且还能提高就业率。这样一来，劳资双方都能获益。劳动阶层的富裕意味着国内购买力的提高，这又有助于国内经济进一步的繁荣。另外，有些战略性的利益是不能仅用数量来加以衡量的。比如巴拿马运河开通之后，不但

① 《列宁选集》第 3 卷，人民出版社 2012 年第 3 版修订版，第 3 页。
② 杨雪冬：《全球化：西方理论前沿》，社会科学文献出版社 2002 年版，第 94 页。

加强了对外贸易，而且增强了美国的海军力量。

其次，海外扩张有利于国内政治的稳定。一方面，美国民众普遍从海外扩张中受益，另一方面，可以转移国内民众的注意力，转嫁国内日益激化的矛盾。事实上，进步主义时期的美国由于国力逐渐增强，开始动摇并逐渐取代西欧在全球体系中的领导地位。进入全球体系核心，意味着美国社会逐渐处于国际社会的顶层。这种中心地位，不仅带来了巨大的商业利润和国家利益，而且为普通国民带来了无上的国家自豪感和文化优越感。这种物质和心理上的双重满足强化了民众的爱国热情与"天定命运"的使命感。客观上说，这是美国社会各个阶层基本认同既有资本主义秩序的根源之一，也是当时一些颇有声望、胸怀正义的人士对美国海外扩张三缄其口的原因之一。这一点可以从1898年美西战争前后美国国内各阶层的反应中得到验证，美利坚帝国的兴起绝不是一个偶然的事件，而是历经多年蓄谋已久的国家战略。

第三，海外扩张加快了美国社会结构的变化趋势。这一时期，美国的工业化进程基本完成，垄断的出现和大公司的发展推进了跨地区的经济活动，大幅度的社会流动开始了。以家庭为核心的传统社区开始解体，个体之间的社会关系打破了乡土的界限，原本网状的人际关系破裂为碎片。与此同时，新的社会结构逐渐形成。传统的家庭和社区的解体，不但是跨州公司出现的结果，也为跨国公司的发展从社会方面做好了准备。人们脱离本土社区并进而成为离散大众的同时，他们的社会力量也就分散了。[①] 加之在大规模的移民潮冲击之下，这种社会结构的离散化、复杂化倾向加剧，并进一步促进了观念上的多元化。

处于全球化进程中的美国社会，传统社区分崩离析，社会流动性加大。移民的大量涌入，又进一步扩大了这些趋势。加之进步派推动社会各个阶层进行社会控制和调整，逐渐建立起一套成熟的社

---

① 参见杨伯溆《全球化：起源、发展和影响》，人民出版社2002年版，第9页。

会控制体系。与此同时，有远见的企业主主动或被动地为工人增加福利，提高工人的生活质量，并引导和建立与此相适应的大众消费文化。此外，这一时期美国的海外扩张不仅迅速提升了美国的国际地位，还为整个社会带来了巨大的物质利益，民众的爱国热情和民族自豪感油然而生。这种强大的磁场效应迫使任何身处其中或加入其中的个体大多对既有体制持认同态度，否则在社会上将很难立足。因此，这一切阻碍了需要大规模群众参加的社会主义运动聚集起必要的力量，社会主义的观念也受到抑制。在全球化进程的宏大背景下，进步主义时期的美国走在了全球化进程的前列，当时许多美国社会出现的现象多年之后才会出现在世界其他地方。

马克思曾经指出，在阶级社会里占统治地位的思想是统治阶级的思想。在美国，帝国主义者的思想自始至终都占据着主导地位。只不过，在美利坚帝国主义者建构的观念迷雾之中，人们并不能轻易识别出帝国的存在。美利坚帝国在某些时期的非领土性质掩盖了这一事实，使许多历史学家把美国描绘成个人自由和民族自治的捍卫者。加上那些巧妙的辩解、费心的伪装和科学的外衣，确实在某种程度上发挥了帝国隐身的作用。在这个意义上，前面实际上也探讨了美国在帝国构建过程中如何取得文化领导权的历史。

尽管大部分美国人拒绝承认，美利坚帝国从大陆扩张（大陆帝国）到海外扩张（海外帝国），再到全球扩张（全球帝国）的过程中，始终都留下了大量难以掩盖的证据。帝国的价值不能简单地用金钱或利润来衡量，其真正的回报在于权力、安全和威望等方面的国家影响力。强大的国家影响力意味着国内矛盾的转移和社会危机的化解，因此不断对外扩张才成为美利坚帝国的生存之道。或许美国人的建国理想是崇高的和真诚的，可是他们大多没有意识到帝国主义的冒险会腐蚀自身的共和理想。那些写在《独立宣言》里的初心和承诺，在现实利益面前不得不涂抹上日益厚重的脂粉。对美国历史发展的许多幻想和神话都源于未能看清其"无形帝国"的本质，反而成为其帝国意识形态的俘虏。

第三节　帝国构建与左翼运动的内部疏离

虽然前文已经论述了帝国建构对于美国国内社会的影响，但没有论及到底如何作用于美国社会主义运动。下面我们结合前面的论述，从美利坚帝国的崛起与美国社会主义长期衰微之间的关系展开进一步分析。其实，类似的现象并不是美国独有的，英国 19 世纪下半叶就曾经出现过。

一　马克思主义的难题

19 世纪中叶以后，宪章运动逐步退出历史舞台，英国工人运动此后出现了长期的衰落。这一现象引起了马克思和恩格斯的高度关注。在他们看来，“只有在不列颠帝国，特别是在英国本土，无产阶级的状况才具有典型的形式，才表现得最完备”①。所以，直到生命的终点，他们在书信和文章中曾对此进行过反复探讨。从他们不同时期的讨论中，可以大致梳理出如下观点。

首先，英国的部分工人阶级由于分享到大英帝国对全世界的剥削而带来的利润，被资产阶级收买，从而日益表现出资产阶级化的趋势。1851 年 2 月，恩格斯在给马克思的信中写道：“这里的自由贸易派正在利用繁荣或半繁荣，来收买无产阶级。”② 到了 1852 年 9 月，恩格斯又说：“总的看来，工人们由于现在的繁荣和对帝国的辉煌怀有希望而彻底资产阶级化了。要使他们很快又能有所作为，需要危机的严峻考验。”③ 六年之后，恩格斯的判断进一步明确，“英国无产阶级实际上日益资产阶级化了，因而这一所有民族中最资产阶级化的民族，看来想把事情最终导致这样的地步，即除了

---

① 《马克思恩格斯选集》第 1 卷，第 84 页。
② 《马克思恩格斯全集》第 48 卷，人民出版社 2007 年版，第 183 页。
③ 《马克思恩格斯全集》第 49 卷，人民出版社 2007 年版，第 246 页。

资产阶级，还要有资产阶级化的贵族和资产阶级化的无产阶级。自然，对一个剥削全世界的民族来说，这在某种程度上是有道理的"①。

其次，英国统治阶级在世界市场上的优势地位提供了对本国工人阶级作出让步的经济基础，而工人阶级的自身利益在一定程度上得到满足之后，甘愿依附于资产阶级的统治。1874 年，恩格斯再次谈到英国宪章运动崩溃以来缺乏工人阶级政党的情况，指出"这种情况在这个国家里是可以理解的，因为这里的工人阶级从大工业的巨大高涨中得到的利益，比任何地方的工人阶级所得的要多，在英国称霸世界市场的情况下也不能不是这样；加之这个国家的统治阶级除了已做的其他让步外，还打算逐项满足宪章派纲领（即人民宪章）所提出的一切要求"②。1881 年，恩格斯批评英国工人阶级，"把政治利益几乎完全交给托利党、辉格党和激进党这些上层阶级的人物。差不多有 25 年，英国工人阶级好像是甘愿充当'伟大的自由党'的尾巴"③。

第三，英国工人阶级的这种依附状态并不稳定，是否破裂取决于英国资产阶级在世界市场上优势地位的存续。1883 年，恩格斯给倍倍尔写道：

> 只有当工人感到英国的世界垄断地位被打破时，一个真正普遍的工人运动才会在这里兴起（如果不发生什么不可预料的情况的话）。参与世界市场的统治，过去是而且现在依然是英国工人在政治上消极无为的经济基础。他们既然充当了资产阶级在经济上利用这种垄断地位的尾巴，并且毕竟总是分享资产阶级的利润，那他们自然就会在政治方面充当"大自由党"的尾巴，而这个党又给他们一些小恩小惠，如承认他们有建立工联和罢工的权利，不再坚持无限制的工作日，并给予那些报

---

① 《马克思恩格斯文集》第 10 卷，人民出版社 2009 年版，第 165 页。
② 《马克思恩格斯全集》第 18 卷，人民出版社 1964 年版，第 543 页。
③ 《马克思恩格斯全集》第 19 卷，人民出版社 1963 年版，第 304 页。

酬较高的工人以投票权。但是，一旦美国和其他工业国家的联合竞争，对这种垄断打开一个相当大的缺口（在铁的方面，这已为期不远；在棉花方面，可惜还很远），那时你就会看到，这里将会发生一些什么事情。①

到了 1885 年，恩格斯以确定的语气总结了自己的观点：

> 当英国工业垄断地位还保存着的时候，英国工人阶级在一定程度上也分沾过这一垄断地位的利益。这些利益在工人阶级中间分配得极不均匀：享有特权的少数人捞取了绝大部分利益，但广大的群众至少有时也能沾到一点。而这就是自从欧文主义灭绝以后，社会主义在英国未曾出现的原因。随着英国工业垄断的破产，英国工人阶级就要失掉这种特权地位，整个英国工人阶级，连享有特权和占据领导地位的少数在内，将同其他各国工人处于同一水平。而这就是社会主义将重新在英国出现的原因。②

七年之后，恩格斯在《英国工人阶级状况》一书英国版和德文第二版的序言中原文引用了上述观点，无异于再次肯定先前的看法。

在恩格斯看来，资本主义生产得以维持的必要条件是不断地增长和扩大，否则必定死亡。③ 照此理解，在英国掌握着世界市场的垄断权时，尚且每隔十年左右就爆发一次经济危机，说明英国工业日益增长的生产率已经超过了世界市场的承载能力，那么一旦英国在世界市场上的垄断地位不保，生产将很难维持增长和扩大，英国资本主义的末日将会降临。可是，英国在 19 世纪末已经丧失工业

---

① 《马克思恩格斯全集》第 36 卷，人民出版社 1975 年版，第 59—60 页。
② 《马克思恩格斯选集》第 1 卷，第 77 页。
③ 《马克思恩格斯全集》第 21 卷，人民出版社 1965 年版，第 230 页。

垄断地位，且美国已经后来居上，而英国社会主义运动真正复兴的局面并未出现。不幸的是，恩格斯还没有给出进一步的解答就已经走到生命的终点。

后来，这一任务落到列宁肩上。他对此作出了一种解释，即其根本原因在于英国的殖民地垄断。"因为垄断提供超额利润，即超过全世界一般的、正常的资本主义利润的额外利润。从这种超额利润中，资本家可以拿出一部分（甚至是不小的一部分！）来收买本国工人，建立某种同盟"，而英国丧失工业垄断地位之时，其"超额利润并没有消灭，它仍然存在。一个享有特权的财力雄厚的国家对其他所有国家的剥削仍然存在，并且更加厉害了"①。简言之，列宁的看法可以归结为，只有在英国丧失了殖民地垄断地位时，其社会主义运动才会真正复兴起来。

然而，在二战后的非殖民化浪潮中，英国又进一步丧失了殖民地垄断地位，其社会主义运动并未真正复兴起来。不仅如此，由于前所未有的经济增长和繁荣，加上社会福利政策与充分就业等措施，英国传统社会主义反而几乎处于衰亡的边缘。② 在这种情况下，上述经典马克思主义的解释还能否成立？

二　工人运动与社会主义疏离的原因

在经典作家讨论这一问题的相关话语中，社会主义与工人运动几乎是重合的或等同的。在他们思考该问题的时期，两者可以不加区分，因为在 19 世纪下半叶甚至到 20 世纪初期，社会主义与工人运动大致可以看作是重合的。然而，严格地说来，工人运动与社会主义并不是完全一致的。

首先，社会主义先于工人运动而产生，社会主义的历史远比工人阶级的历史更悠久。社会主义思想最初源于上层阶级中的一部分

① 《列宁全集》第 28 卷，人民出版社 1990 年版，第 78—79 页。
② ［英］唐纳德·萨松：《欧洲社会主义百年史：二十世纪的西欧左翼》下册，第 815 页。

对于底层人民贫苦不幸的悲悯和同情，远早于作为社会运动的实践行动。工人运动最初源于无产阶级对于压迫进行自发的反抗，并非一开始就与社会主义结合在一起。

其次，社会主义是革除资本主义弊病的一种社会改造方案，而工人运动是工人们为了改善自身生存状况而采取的集体斗争。社会主义天然具有理想主义的特质，而工人运动则带有现实主义的倾向。工人阶级由“自在”向“自为”的转变并非毫无波折，对社会主义的理性认同也非一蹴而就。

第三，社会主义有各种流派，工人运动也非铁板一块。社会主义包括乌托邦社会主义、科学社会主义、无政府主义和基督教社会主义等等。工人运动中有拥护社会主义的工人运动，也有反对社会主义的工人运动，还有受天主教会影响的工人运动。可以说，工人阶级即使在一国之内也不是一个均质的群体。其内部差异除了社会和地域之外，还有国籍、语言、文化和宗教等方面的区别，很难拥有单一的阶级意识。①

因此，工人运动不必然是社会主义的，社会主义也不一定得到工人运动的支持。换言之，社会主义与工人运动之间的结合是有条件的。在这一点上认识的不同，部分上造成了社会主义者在理论上和实践上的分歧。

革命的社会主义者一般认为，在资本主义社会中，工人阶级自发的反抗意识只能导致工联主义，不会达到社会主义的层次。除非社会主义政党不断地从外部向工人阶级进行社会主义理论的“灌输”，即教育工人阶级，为其制定斗争目标和纲领，提供正确的斗争策略，引导其进行社会主义革命。20世纪以来的历史实践表明，这种观点可能仅适合于工业化和民主化程度不高的国家。而在那些工业化和民主化程度相对较高的国家，工人阶级的积极认同和主动

---

① ［英］艾瑞克·霍布斯鲍姆：《帝国的年代：1875—1914》，中信出版社2014年版，第133—134页。

参与就显得更为重要。因为后者的工业化通常是在工人群众已经具备一定程度的自治能力和市场经济条件下完成的，工人的利益因为分工的细化而趋于多元化，在缺乏革命形势的前提下单纯地"灌输革命意识"不可能对受众产生良好的传播效果。这一点随着时间的推移表现得日益明显，因为后者的工人运动与社会主义的关系虽然因时因地而异，但总体上呈现出逐渐分离的趋势，这已成为发达资本主义国家的普遍现象。

为了分析这种趋势的内在机理，有必要回顾一下两者在资本主义世界的互动历史。现代工人运动兴起于 19 世纪后期的全球化进程中，史无前例持续增长的工人群体与显著上升的社会主义政党之间迅速接近。当时大多数新生的社会主义政党都接受了马克思主义的学说，工人运动的革命性也不断增强，对以英国为中心的世界资本主义体系发出了深刻的挑战。在 19 世纪和 20 世纪之交，扩大选举权的斗争在大部分欧洲国家都取得了胜利。在第一次世界大战之前，由于资本家在全球范围内展开了激烈竞争，国家间帝国主义竞争和国内阶级冲突不断升级的压力反过来促进了主要资本主义国家资本积累进程中的重大变革，统治阶级的统治策略开始转向了社会改良主义，工人运动逐步被不同程度地整合进了这些国家的日常政治运作过程。第一次世界大战爆发以后，工人阶级纷纷站到其所属的民族国家一边，无产阶级国际主义土崩瓦解，社会主义政党则纷纷走上了改良主义道路。两次世界大战之间，上述发展趋势在非法西斯资本主义国家都得到了加速。

到第二次世界大战以后，美国确立了其世界霸主地位，主要资本主义国家之间此前那种帝国主义竞争基本结束。在建设社会福利国家的口号下，"改良主义的目标几乎 100% 地实现了，工人的状况比 1914 年以前主张与资本主义和平共栖共存的人们最乐观的设想还要好，那么，谁还需要社会主义？"[1] 不仅如此，随着"后工

---

① ［英］埃里克·霍布斯鲍姆：《工人运动的世纪》，《当代世界与社会主义》2002 年第 6 期，第 36 页。

业化社会"和"信息时代"的来临，第三产业蓬勃发展，第三次科技革命的兴起，这些国家内部的阶级结构发生了较大变化。白领、技术人员、科研人员等人数不断增长，而传统意义上的蓝领工人群体所占比例大大缩小。到了 20 世纪的最后 20 年间，社会科学界几乎一致认为：工人运动正面临普遍性的、严峻的危机。① 不过这种危机并没有持续太久，从 20 世纪 90 年代末开始，工人运动又迎来了复兴的迹象。

这个过程之所以没有完全按照马克思主义的理论预期演变，原因是随着资本主义不断发展，在主要资本主义国家出现了一些未曾预料到的新变化。在新历史条件下，资产阶级的统治策略有了较大调整，开始修正过去同工人直接的、尖锐的对抗，使资本主义的剥削关系变得更复杂和隐蔽，并试图将工人运动整合进既有秩序。

首先，资本家学会了四种资本调整策略：空间调整、技术调整、产品调整和金融调整。② 简单地说，空间调整就是将生产转移到劳动力更廉价、更驯服的地方，技术调整就是利用新技术节省人力，产品调整就是将资本转移到高附加值的行业，金融调整就是资本脱离实体经济而进入金融投机领域。这几种策略都能削弱本国工人运动的力量，其中尤以金融调整为甚。

其次，更具根本性的变化是"国家社会化"。这一时期，自由放任的资本主义造成了巨大破坏和种种恶果，频频爆发的经济危机引发了关于国家保护和干预的强烈呼声。为了缓解潜在的社会主义革命的压力，统治阶级引入了社会保险体系。19 世纪 80 年代，德国最早将此政策付诸实践，而其他国家则纷纷效仿。资本主义国家不断发展的社会保护角色，在一定程度上需要通过海外市场的扩展和廉价资源的获取才能成功维持。海外扩张政策加深了对外剥削，

① ［美］贝弗里·J. 西尔弗：《劳工的力量：1870 年以来的工人运动与全球化》，第 1 页。
② ［美］贝弗里·J. 西尔弗：《劳工的力量：1870 年以来的工人运动与全球化》，第 3 页。

而减轻了对内榨取，起到了转嫁国内矛盾的作用。这种帝国主义策略有时还会给国内的工人、小生产者甚至一般资本家带来某些利益。如此一来，受资本主义剥削的各种人，甚至连工人也会产生国家主义或爱国主义意识。统治者很快发现，即使取得小规模战争的胜利，就能够起到"转移注意力"和巩固政府地位的作用，美西战争和南非战争就是很好的例子。①

最后，无产阶级和资产阶级的相互关系发生了微妙的改变。由于日趋激烈的竞争，帝国主义国家之间发生冲突的可能性不断增大。出于扩张和战争的需要，工人阶级主动的支持与合作日益重要。资产阶级清楚地看到，没有工人阶级的帮助，就不可能取得对国家完全的社会统治和政治统治。因此，帝国主义国家积极地倡导民族主义和爱国主义，同时不得不适当扩大工人的民主权利。一些劳动法律的相继出台，将工人运动逐步纳入了体制运转的轨道。工人阶级的生活状况得到改善，民主权利得到扩大，因而相当一部分工人群众对资本主义制度的不满在渐渐减弱。工人阶级在政治上逐步变成了资产阶级政党的尾巴。

资本主义的新变化改变了世界革命的逻辑。十月革命胜利以后，备受鼓舞的社会主义者在欧洲掀起了革命的浪潮，然而这些革命及其后续行动都被逐个击破。面对革命行动持续遭遇的挫败，一些西方马克思主义者结合本国的实践进行了深入思考。在这些思想家提出的解释中，意大利共产党创始人之一葛兰西的"文化领导权"理论占有重要地位。葛兰西认为，统治阶级不仅依靠暴力和强制性的国家机器来维持统治，还要依赖对被统治阶级的文化和意识形态的领导权。在拥有较高民主程度的发达资本主义国家，其统治方式已不再是简单的暴力手段，而是通过行使"文化领导权"，即被统治阶级对"合法"统治的认同，使后者接受一系列的法律

---

① ［美］贝弗里·J. 西尔弗：《劳工的力量：1870 年以来的工人运动与全球化》，第 130 页。

制度和世界观，从而达到统治目的。① 简言之，被统治阶级的自发同意和拥护使得资产阶级的统治合法化了。于是，西方发达国家的资本主义看起来似乎比先前更加稳固了，而不是走向衰亡的前夜。

总体而言，20世纪以后的资本主义与19世纪的资本主义已经大不一样了，在统治策略方面变得更有技巧，显得更加"成熟"了，剥削关系变得更为复杂和隐蔽，也更难被工人阶级认识到。这种转变削弱了工人阶级对于社会主义的认同，同时加强了其对于民族国家及其主导体制的认同，从而使工人阶级由"自在"向"自为"的理性转变过程变得更加曲折和漫长。也就是说，资本主义的新变化阻碍了工人运动和社会主义的密切结合，因而资本主义的生命得到大幅延续。明白了左翼运动产生疏离的作用机理，再来看帝国建构在这个过程中的作用，就会更加清楚。

三 "无形帝国"对社会主义的抑制

现在回到核心问题上来。在英国历史上，自从1848年宪章运动失败后，工会迅速发展，成为一个强大的工人组织。但是，大部分英国工人对社会主义漠不关心，甚至怀有敌意，一度存在过与自由党相联系的工人运动。在美国，工人运动是按照英国的模式发展起来的，工人团体很多时候是民主党最重要的资金提供者。尽管在美国历史上，工人运动确实发挥了非常重要的作用。但是，它与作为意识形态和政治运动的社会主义完全不同。美国没有社会主义，这一点，100年来经常引起人们的注意。② 可见，美国社会主义的衰微并非例外，从内在机制上看，同样的现象在英国也出现过，只不过在时间上更早罢了。

对于英美两国而言，一个重要的共有机制就是"无形帝国"这种新型控制模式的产生。古典帝国是以领土扩张为基本特征，对

---

① ［意］葛兰西：《狱中书简》，田时纲译，人民出版社2007年版，第6页。
② ［英］埃里克·霍布斯鲍姆：《工人运动的世纪》，第34页。

应的是"有形帝国"，而新型帝国是以经济金融的扩张为基本特征，对应的是"无形帝国"。大英帝国就是这种转变的典型，其前期历史主要表现为"有形帝国"，而 19 世纪五六十年代之后则建成了一个庞大的"无形帝国"，也是人类历史上第一个自由贸易的世界帝国。要理解 19 世纪的英帝国，不能仅限于其正式版图，还应该包括其触角伸展到世界各地的"无形帝国"。因为在自由贸易的帝国主义形式下，那些看不见的部分被划在了英帝国的正式版图之外。而 19 世纪下半叶的大英帝国和 1945 年以后的美国很相似，它们都是通过无形的统治方式来发挥帝国的作用。① 美国于 19 世纪末 20 世纪初短暂地拥有"有形帝国"之后，就迅速地转向了"无形帝国"的构建。二战后，美国基本上抛弃了"有形帝国"的模式，从英国那里继承了世界帝国体系和全球霸权，对"无形帝国"控制技术的运用已经青出于蓝而胜于蓝。

一方面，这种控制技术可以更为隐蔽地转嫁国内矛盾。其实，帝国主义国家转嫁国内矛盾的能力并不一样。工业生产的原材料需要大量进口，产品的大部分又需要销售市场。对世界市场的控制意味着利润的保障，从而才会有不断用于投资的资金，也就是转化为资本。很明显，并非所有帝国主义国家都拥有对世界市场的霸权。那么，对世界市场的控制能力就决定了资本积累能力的大小，也决定了转嫁国内矛盾的能力大小。转嫁能力越大的国家将会有更多的物质手段缓和民众的不满情绪。因此，转嫁国内矛盾的能力大小，一定程度上可以表现为国内工人运动与社会主义结合程度上的差异。霍布斯鲍姆认为，作为世界历史上全球帝国仅有的两个例子，英国和美国还享有一种传统帝国所没有的资产，即对工业世界的主导。② 英国和美国先后控制了世界市场，这是它们不同于其他帝国

---

① 参见 John Gallagher & Ronald Robinson，"The imperialism of free trade"，*The Economic History Review*，Vol. 6，No. 1，1953。

② ［英］埃里克·霍布斯鲍姆：《论帝国：美国、战争和世界霸权》，顾晓祺译，上海人民出版社 2022 年版，第 37 页。

主义国家的重要优势。可以认为，这种优势是英国和美国国内工人运动与社会主义长期不能密切结合的重要障碍。

另一方面，这种控制技术可以潜移默化地巩固文化领导权。历史上，美国可以一边高举"反帝"旗号，一边推行实质上的帝国主义政策。① 美国历史学家托马斯·本德指出，"剥夺并侵占土著人的土地，然后展开殖民统治，这早已是美国历史中的两大中心主题，只是未被公开承认罢了"。而且，"通过将（帝国扩张）描述为'西进运动'或说是国土的'向西扩展'，他们掩盖了真实存在的帝国"②。这种奇特的帝国主义文化成功地把一种"虚假的意识"灌输给了工人群众，以至于在美国，"普遍的看法是，美国的目标和动机始终是仁慈的或防御性的，而不是帝国主义的"③。通过左右劳动阶级的观念体系，帝国主义者巩固了文化领导权，消解了前者的革命意识。

19 世纪 60 年代，大英帝国的工业繁荣达到了顶峰，此时恰好是英国社会主义走向低落的时候。1892 年，恩格斯在给佐尔格的信中写道："阶级斗争在英国这里也是在大工业的发展时期比较剧烈，而恰好是在英国工业无可争辩地在世界上占据统治地位的时候沉寂下去的。"④ 美国社会主义运动兴起于 19 世纪末，一度出现了几乎是当时世界上最激烈的阶级斗争。但是，随着美国展开最大规模的帝国主义扩张之后，这种趋势很快就发生了逆转。根据柯尔的研究，美国社会主义运动早在 1913 年就已经开始衰落了。⑤ 一战之后，虽然美国工人运动时有发生，且其规模和激烈程度有时并不算低，但社会主义后来在美国的发展基本上没有超过一战之前的高

---

① 参见刘义勇《美国就是一个帝国》，《历史评论》2022 年第 5 期，第 52—54 页。

② [美] 托马斯·本德：《万国一邦：美国在世界历史上的地位》，第 231 页。

③ Richard H. Immerman, *Empire for liberty: A History of American Imperialism from Benjamin Franklin to Paul Wolfowitz*, Princeton University Press, 2010, p. 6.

④ 《马克思恩格斯选集》第 4 卷，人民出版社 2012 年版，第 632 页。

⑤ [英] G. D. H. 柯尔：《社会主义思想史》第 3 卷下册，商务印书馆 1986 年版，第 253 页。

度。所以，帝国构建对社会主义的发展具有明显抑制作用。

迄今为止，世界历史上的社会主义运动一般出现于一些刚刚工业化的社会中。在工业化进程启动较晚的国家，社会主义运动的兴起也相对较晚，比如加拿大。但并不是全部工业化的社会中都有强大的社会主义运动，例如澳大利亚。美国、澳大利亚和加拿大都曾经是英国的殖民地，美国独立最早，澳大利亚次之，加拿大最晚。这三个国家都有较为发达的工人运动和组织，它们相互之间多有联系，而且美国的工人运动对澳大利亚和加拿大的工人运动有着不小的影响。① 然而，在这三个国家中，加拿大产生了强大的社会主义运动和工人阶级政党，澳大利亚只有强大的工人阶级政党，而美国的社会主义运动和工人阶级政党却最微弱。造成这些差异的具体原因也许很复杂，但是三者之中唯有美国是个帝国。

那么，如何理解英美社会主义在殖民体系崩溃之后未能复兴这件事？首先，西方世界的社会主义在二战以后走向低谷是一个长期且普遍的趋势。这种趋势不仅仅出现在英美两国，还出现在其他发达资本主义国家，因而更具根本性。今天看来，这一趋势与资本主义的生命力有关。从那时到现在，资本主义国家除了20世纪30年代的大萧条时期几乎没有表现出停滞或垂死的迹象，源源不断的技术创新仍在推动生产力飞速发展，社会改良也在众多层面不断推进。虽然近年来新的变动因素不断产生，但是还很难断言资本主义已经走到垂死阶段。因此，社会主义制度代替资本主义制度仍然将是一个长期、曲折的过程。

其次，纵观资本主义的历史，由于新兴的主导产业总是首先在占据优势的国家获得发展，其创造的财富收益的绝大部分也由先发国家占有，比如纺织业之于英国，汽车制造业之于美国。英国正是由于占据了抢先向海外领地扩张的巨大优势，才得以在亚洲和非洲

① 参见 Harry W. Laidler, *History of Socialism*, pp. 563–604；［英］G. D. H. 柯尔：《社会主义思想史》第 3 卷下册，第 252—359 页。

控制了一个庞大的殖民帝国。美国本身就是一个大陆帝国，并且它通过取代英国而成为一个非正式的帝国中心，可以在拉丁美洲轻而易举地进行扩张。① 诚如贝弗里·J. 西尔弗所言，"在过去两个世纪里，富强的国家继续保持富强，贫弱国家继续保持贫弱"②。

此外，还有一个隐蔽的原因。根据挪威著名历史学家盖尔·伦德斯塔德提出的"受邀请的帝国"命题，英国实际上成了美利坚帝国的组成部分。进一步而言，发达资本主义国家几乎都可以视为这一无形帝国的组成部分。近几年来，西欧和东亚一些国家在美国的指挥棒下，对中国的围堵打击就很能说明问题。如果从"无形帝国"的角度来看，这些国家的行为可以获得较好的解释。

所以，不能因为二战以后有形的殖民体系崩溃了，就想当然地认为其遗产和优势也随之消失了。至少目前来看，这种累积的优势和红利远没有消耗殆尽，这两个国家在世界经济体系中的相对优势地位并没有发生根本的变化。大英帝国虽然解体了，但是英国的责任也大大缩小了，何况还有英联邦在贸易往来中发挥着一定的影响力。美国虽然表面上积极推动非殖民化进程，但是却在持续不断地构建"无形帝国"，它的世界霸权无疑为其带来了极大优势和源源不断的财富。这些因素在工人运动和社会主义密切结合方面持续发挥着阻滞甚至破坏的作用。

---

① [美]贝弗里·J. 西尔弗：《劳工的力量：1870 年以来的工人运动与全球化》，第 135 页。

② [美]贝弗里·J. 西尔弗：《劳工的力量：1870 年以来的工人运动与全球化》，第 6 页。

第六章 全球视野下的反思

　　现在我们已经明确看到，美国社会主义兴起和衰落的过程恰好伴随着美利坚帝国迅速且持续的崛起进程。美利坚帝国又是全球化过程中欧洲资本主义扩张的产物，也是迄今为止全球化的最大受益者。无论是其帝国扩张，还是其社会主义的兴衰，美国与欧洲帝国主义国家走过的轨迹大同小异。两者在政治架构、经济体系、文化观念等方面基本一样，而且也都没有脱离全球化这一宏大历史进程的范围。如果仅仅停留在美国民族国家历史的边界内探讨"美国例外论"，必然会不断强化有关"例外"的认知。因此，我们继续将考察的视野跳出美国边界的范围，在全球层面上展开讨论，以更好地理解美国社会主义的独特现象只是"历史发展规律在局部的体现"这一认识。并且，将有关"例外论"的观念潮流置于全球背景之下，有助于辨识出其作为意识形态的本质。

第一节 世界体系的变动与社会主义的兴衰

　　在资本主义全球扩张过程中，世界社会主义运动先后有过四个国际性的运动中心。本书所谓的世界社会主义运动中心是指世界上社会主义运动最活跃的地方，而不是指国际性的运动领导核心。迄今为止，世界社会主义运动中心的这三次转移似乎不是随机的，而是表现出明显的规律性。对此进行广泛而深入的探究，有助于从整体上认识资本主义发展的规律和社会主义运动发展的特点。需要强调的是，这里对一国社会主义运动兴衰根源的分析侧重于世界经济体系层面上的原因，而非本国政治、经济和文化等方面的内部动因。

一　世界社会主义运动中心的有关论述

在世界社会主义运动发展史上，一些经典作家、革命领袖和国内外学者都曾在不同的时期提到过社会主义运动中心。但是，因为时代背景的变化，他们在相关论述中使用了不同的表述，它们的内涵也不尽相同。在展开详细论证之前，有必要简单回顾一下前人的有关论述。

普法战争初期，马克思在写给恩格斯的信中说道："如果普鲁士人取胜，那么国家权力的集中将有利于德国工人阶级的集中。此外，如果德国人占优势，那么，西欧工人运动的中心将从法国移到德国。只要把 1866 年以来两国的运动加以比较，就可以看出，德国工人阶级在理论上和组织上都超过法国工人阶级。它在世界舞台上对于法国工人阶级的优势，同时也就是我们的理论对于蒲鲁东等人的理论的优势。"[1] 根据这一段论述，马克思预言了西欧社会主义运动中心的变化，并且认为，德国将成为新的运动中心。恩格斯在 1885 年写的《关于共产主义者同盟的历史》中也提到过运动中心，即巴黎"一向被看作革命活动的中心"[2]。在马克思和恩格斯的著作中，社会主义运动中心出现过"重心""中心""领袖""先锋队""先导作用""领导地位"等不同的提法，其含义基本是一致的，即指运动最活跃的地方。他们还提到过，19 世纪工人运动的中心先从英国移向法国，70 年代又移向德国。[3]

---

① 《马克思恩格斯全集》第 33 卷，人民出版社 1973 年版，第 5—6 页。
② 《马克思恩格斯文集》第 4 卷，人民出版社 2009 年版，第 227 页。
③ 参见高放《战后国际共运的若干理论问题》，《马克思主义研究》1986 年第 2 期，第 61 页。

1902 年 3 月，考茨基在《火星报》上发表了题为《斯拉夫人和革命》的文章。他提到："现在可以认为，斯拉夫人不仅已经跨入了革命民族的行列，而且革命思想和革命事业的重心正在日益转向斯拉夫人。革命中心正在从西方移向东方。19 世纪前半期，革命中心曾经在法国，有时则在英国。1848 年，德国也跨进革命民族的行列，而英国则在不久以后脱离了这个行列……正是在这个时代，随着普法战争之后而发生的许多事件，把社会主义以及欧洲革命运动的重心，从法国移向了德国。新的世纪开始时所发生的一些事件，使人们感觉到我们正在面对着革命中心的进一步转移，亦即移向俄国。"① 这是马克思和恩格斯离世之后，考茨基作为第二国际最大的马克思主义权威所做的重要论断。在他的论述中，运动中心还是指运动最活跃的地方。他的这一观点后来受到了列宁的肯定和好评。

列宁的著作中也有不少关于社会主义运动中心的论述。1902 年，列宁在《怎么办?》这篇名作中写道："历史现在向我们提出的当前任务，是比其他任何一个国家的无产阶级的一切当前任务都更革命的任务。实现这个任务，即摧毁这个不仅是欧洲的同时也是（我们现在可以这样说）亚洲的反动势力的最强大的堡垒，就会使俄国无产阶级成为国际革命无产阶级的先锋队。"② 1919 年，列宁在《第三国际及其在历史上的地位》一文中提到了考茨基的观点，他认为，"在这篇文章中，他指出由于某种历史条件，国际革命运动的领导权可能转入斯拉夫人的手中。果然如此。革命无产阶级国际中的领导权暂时（自然只是在一个短时期内）转到俄国人手中去了，正像它在十九世纪各个不同的时期中曾先后掌握在英国人、法国人、德国人的手中一样"③。1920 年，他在《共产主义运动中

① ［奥］卡尔·考茨基：《斯拉夫人和革命》，载王学东编《考茨基文选》，人民出版社 2008 年版，第 90 页。
② 《列宁选集》第 1 卷，第 315 页。
③ 《列宁选集》第 3 卷，第 793 页。

的"左派"幼稚病》一文中重提考茨基"曾经以一个历史学家的态度看问题,预见到可能会有一天,俄国无产阶级的革命精神将成为西欧的模范。……卡尔·考茨基在 18 年前写得多好啊!"① 虽然列宁提到了"领导权",但是主要是在成为"先锋队"和"西欧的模范"的意义上而言,并非要对他国的社会主义运动指手画脚。

如果说在马克思、恩格斯和列宁那里,世界社会主义运动中心并不带有领导他国和指挥别人的含义,那么到了斯大林那里,这个概念的内涵则发生了较大的变化。在斯大林看来,十月革命是世界革命的开端和前提。斯大林通过一系列理论文章成功地把马克思、恩格斯世界革命观中的"欧洲发达国家中心论"转变为了"苏联中心论",得出了"十月革命是帝国主义国家汪洋大海中的第一个社会主义策源地""世界革命进一步发展的强大基地"的结论。② 基于这一逻辑,无产阶级革命的"民族"任务和国际任务的一致性和不可分割性就成为自然的推论,而其他各个社会主义国家"保卫苏联"更是顺理成章了。按照斯大林的论断,1928 年召开的共产国际第六次代表大会明确提出了"保卫苏联"的口号,并指出,苏联已成为"世界革命运动的领导力量"。由于共产国际不断干预其他党或国家的事务,实际上已经成为苏联推行外交政策的工具。世界革命名义掩盖下的国际主义变成了实质上的霸权主义,从而激起了社会主义阵营国家普遍的不满。斯大林的这种世界革命中心观导致的大国主义和大党主义给国际共产主义运动造成了重大损失,也给后人留下了惨痛的教训。

1949 年 7 月,刘少奇率团秘密访苏期间,斯大林曾经表示,世界革命中心不断从西方向东方移动,他预言中国将是未来的世界

① 《列宁选集》第 4 卷,第 133—134 页。
② 陈晓红:《论斯大林的"世界革命"观及其内在逻辑》,《当代世界与社会主义》2012 年第 4 期,第 60 页。

革命中心。① 新中国成立初期，我国领导人对此持审慎态度，并未公开讲过中国是世界革命中心。但是 1959 年之后，世界革命中心转移论已然成为共识。根据杨奎松教授的研究，1960 年左右，许多中国领导人开始倡言中国正在成为世界革命的中心。② 这种思想导致了很多意外的后果，尤其是在外交方面。1968 年 5 月 18 日，中共中央、中央文革小组发出制止"世界革命的中心——北京"错误提法的《重要通知》。通知说："今后，不论在报刊上（包括各种小报），在内部文件中，在各种讲话中，特别是接待外宾时，一律不要再用'世界革命的中心'的这种说法。对于'以我为核心'的错误思想，应经常警惕和批判。"③

改革开放之后，我国领导人对这个问题的态度十分明确。1986 年 11 月，邓小平说："我们认为国际共产主义运动没有中心，不可能有中心。我们也不赞成搞什么'大家庭'，独立自主才真正体现了马克思主义。"④ 鉴于前述苏联和我国的经验教训，这一观点无疑是充满政治智慧的论断。根据上下文来理解，此处所谓"中心"的含义是指领导中心、指挥中心，不是本书所指的运动最活跃的中心。

毋庸讳言，工人运动有社会主义的工人运动和非社会主义的（如自由主义的、基督教的和民族主义的）工人运动，社会主义运动有马克思主义的社会主义运动和非马克思主义的（如无政府主义）的社会主义运动之分。但是，这种区分只有在探讨特定问题时才有意义。当我们讨论作为整体的社会主义运动的兴衰问题时，

---

① 参见牛军《冷战与新中国外交的缘起（1949—1955）》，社会科学文献出版社 2012 年版，第 192 页；另见孙泽学《是"争夺领导权"还是争取平等：论中苏论争的实质》，《中共党史研究》2004 年第 4 期，第 45 页；以及聂长久《毛泽东世界革命中心论与超英赶美战略的形成》，《长春师范学院学报》2002 年第 1 期，第 57 页。

② 杨奎松：《新中国的革命外交思想与实践》，《史学月刊》2010 年第 2 期，第 72 页。

③ 龚育之主编：《中国二十世纪通鉴》，线装书局 2002 年版，第 4545 页。

④ 中共中央文献研究室编：《邓小平年谱 1975—1997（下）》，中央文献出版社 2004 年版，第 1152 页。

这种区分只会使问题变得过于复杂。因为工人组织并不是一成不变的，而是随着时间推移不断产生、融合、分裂、重组或消亡，社会主义政党也一样。很多时候，工人运动的成员同时也可能是社会主义运动的成员，或者某一时期只属于工人运动的成员后来又成为社会主义运动的成员。不可否认，某些工会在进行经济斗争时，可能与自由资产阶级或基督教会有密切联系，但是，扩大民主和限制工作时间等要求都还是社会主义的目标。最重要的是，社会主义概念至今没有一个普遍接受的定义，更不要说社会主义运动。总之，无论从组织上还是从成员上观察，无论是历时地还是共时地分析，工人运动与社会主义运动很多时候都是错综复杂地结合在一起，很难泾渭分明地区分开来。有鉴于此，本书将只从整体上考察一国的社会主义运动活跃的程度，且把前述经典作家有关论述中所涉及的工人运动和社会主义运动都视为同一运动。

另外，本书不以是否属于马克思主义作为判断世界社会主义运动中心的标准。其主要理由有三：第一，马克思主义的产生在时间上要晚于社会主义运动的产生；第二，马克思主义的社会主义在西方工人运动大部分历史中并未占据主导地位；第三，马克思主义经典作家有关社会主义运动中心的论述似乎也无此倾向。本书所谓的世界社会主义运动中心是客观存在的，而不是主观臆造的；是自然形成的，而不是人为的、自封的；是影响中心，而不是控制中心。对此国内世界社会主义史学界已有较多论述①，此处不赘。

综合学界已有的观点，比较普遍的看法是，在世界社会主义运动史上，一共出现过四个国际性的运动中心，先后分别是英国、法国、德国和俄国。可能有人会认为，前三个运动中心与第四个中心具有本质上的区别。其实只要把世界社会主义运动作为一个前后连贯、相互影响和普遍联系的整体看待，而不是主观地以意识形态划

---

① 参见高放《战后国际共运的若干理论问题》，《马克思主义研究》1986年第2期；聂运麟《当代共产党和工人党国际团结合作的几个问题》，《当代世界与社会主义》2015年第1期。

线，人为地进行前后割裂，那么这种区别实际上只是世界社会主义运动发展的不同阶段而已。

纵观学界有关这三次运动中心转移的论述，这些国家被视为世界社会主义运动中心的理由如下：英国的宪章运动是世界上"第一次广泛的、真正群众性的、政治性的无产阶级革命运动"，当时的英国工人运动处于领先地位，影响着其他国家的工人运动。而在法国，1848 年和 1871 年爆发了两次无产阶级革命，使法国工人阶级赢得了"社会主义革命的先锋队"称号。在德国，从 19 世纪 60 年代后期开始，工人运动的活跃程度渐渐超过了法国，当时的德国社会民主党是社会主义运动中的模范政党，为其他各国无产阶级提供斗争经验，其中也包括法国社会主义者。在俄国，从 20 世纪初开始，尖锐的社会矛盾锻造出了强大的工人阶级及其政党，1905 年和 1917 年两次革命最终摧毁了沙皇的统治，十月革命后还建立了历史上第一个社会主义政权，成为名副其实的世界革命中心。

可以看出，确定世界社会主义运动中心的客观标准主要有两条：其一，各种社会矛盾特别尖锐和突出，工人阶级的斗争特别激烈；其二，工人阶级的运动或社会主义政党能起到先锋模范作用，为别国的运动提供经验和教训，在理论上和组织上的影响力超过其他任何一个国家。

根据上述标准，再来确定这几个国家成为世界社会主义运动中心的时期。首先可以肯定的是，中心的转移是一个渐进的过程，并没有一个确切的时间点将其截然区分开来，因此，只能大致确定一个时间范围。英国的宪章运动发生于 19 世纪三四十年代，1848 年革命前到巴黎公社时期应该是法国处于中心时期，而德国随即后来居上，超过法国成为世界社会主义运动中心，到了 20 世纪初期则逐渐被俄国所取代。可以看出，从 1830 年到 1920 年，世界社会主义运动中心一共发生了三次转移，基本上每三十年就要发生一次。

基于以上分析，下文将选取 1830—1920 年间的世界社会主义运动史作为考察对象，并将这 90 年的历史分为三个时期，每三十年作为一个考察阶段。这样进行历史分期，主要有两个好处：一方面，可以直观地展现资本主义向不同国家或地区扩张的过程；另一方面，可以更好地观察同一个国家不同时期社会主义运动的潮起潮落和相同时期不同国家之间的差异。

二 世界社会主义运动中心的三次转移

在第一个阶段，即 1830—1860 年，规模较大的社会主义运动主要发生在英国和法国，德国和俄国基本上都还没有社会主义运动，世界社会主义运动中心发生了第一次转移。

这一时期，德国距离统一尚待时日，德意志各邦依然实行残酷的封建统治。德国资本主义的产生和发展要比老牌资本主义国家更晚一些，从 19 世纪 30 年代起，德国建立关税同盟，资本主义经济才随之逐渐发展起来。由此开始，工人数量不断增加，并且建立了许多具有互助性质的组织。但是，先进工人和思想家不断遭到迫害，只能逃往法国、英国和瑞士。因为统治者实行高压政策，德国的流亡者在国外（主要是在巴黎）组织了一些团体如"正义者同盟"。在这些组织的影响下，德国国内才产生了社会主义运动的雏形。但是，"同法国相比，德国既没有强大的资产阶级，也没有情绪激昂的无产阶级"①。

同期的俄国还没有推行农奴制改革，尼古拉一世的黑暗统治一直持续到 1855 年，被史学家称为"专制制度的顶点"。沙俄制度在全世界范围内都属于反动、野蛮的制度，西欧各国大规模开展工业化之时，沙俄依旧处于令人窒息的氛围中。沙皇不仅全力阻止哪怕有限的改革，而且禁止国人到国外旅行，镇压国内人民的反抗，甚至以欧洲宪兵自居，总是毫不犹豫地出兵围剿中欧发生的革命或者进步的政治运动，全力捍卫欧洲正统主义，沙皇因而成为欧洲一

---

① ［英］G. D. H. 柯尔：《社会主义思想史》第 1 卷，第 221 页。

切反动势力的总堡垒。① 当时先进知识分子的代表赫尔岑和别林斯基等人虽极力鼓动革命，但是俄国的无产阶级尚未形成，广大民众既不理解也不支持，社会主义才刚刚露出曙光，所以这一时期的俄国几乎没有社会主义运动。

柯尔曾指出，直到 1848 年爆发革命的那一年为止，法国无疑是社会主义运动和社会主义思想的中心。他还提到，在马克思之前的重要社会主义思想家之中，唯有罗伯特·欧文不是法国人。巴黎更是各种社会主义学说的发源地，社会主义不仅仅是个别思想家和革命家的事情，事实上在包括咖啡馆和街头的所有场合都有各种关于社会主义的大辩论。关于这一点，当时一些著名流亡者的记述可以证明。只是在路易·波拿巴发动政变建立第二帝国之后，法国工人运动才开始处于消沉状态。同法国相比，同时期的英国拥有更先进的工业，更发达的经济。英国社会不缺少强烈的不满情绪，也有秘密结社、密谋甚至起义等活动。可是，英国的社会主义运动却要比法国弱小。②

更重要的是，英国的运动还出现了下降的趋势。英国在维多利亚中期经济繁荣，达到了历史上的鼎盛时期。这一段繁荣时期从 19 世纪 50 年代初一直延续到了 70 年代初。1851 年在伦敦水晶宫举行的世界博览会具有重大意义，它标志着英国已经成为世界工厂，其工业产品在世界市场上取得了遥遥领先的地位。英国经历了一段长期的工业增长和经济繁荣，人口却未出现相应的增长。人口保持稳定甚至略有下降，收入却增加了，更多人有了剩余财富用于休闲娱乐。③ 熟练工人工作较有保障，生活水平不断提高，工人阶级中开始滋生出改良主义倾向。恰恰是在这一时期，宪章运动逐渐

---

① 参见［美］尼古拉·梁赞诺夫斯基、马克·斯坦伯格《俄罗斯史》(第 7 版)，杨烨、卿文辉主译，上海人民出版社 2007 年版，第 299—310 页。

② 参见［英］G. D. H. 柯尔《社会主义思想史》第 1 卷，第 219—222 页。

③ Mark Bevir, *The Making of British Socialism*, Princeton and Oxford：Princeton University Press，2011，p. 29.

失去了群众性。1892 年，恩格斯在给佐尔格的信中写道："阶级斗争在英国这里也是在大工业的发展时期比较剧烈，而恰好是在英国工业无可争辩地在世界上占据统治地位的时候沉寂下去的。"① 钱乘旦等学者指出，"50 年代以后，工人激进主义销声匿迹，起而代之的是工联主义"②。

从第二个阶段开始，即 1860—1890 年，资本主义在更多的国家获得发展，这些地方的社会主义运动随之兴起，世界社会主义运动中心发生了第二次转移。

从 19 世纪 70 年代开始，英国工业开始丧失独霸全球的地位，其他国家则迎头赶上，其中以美国和德国最为突出。③ 同英国和法国相比，德国的工人觉醒较晚。随着德国在 19 世纪 60 年代资本主义经济的发展，工人阶级才逐渐壮大，工人运动开始高涨。1863 年，德国工人在拉萨尔领导下成立了"全德工人联合会"。1869 年，德国社会民主工党在爱森纳赫城宣告成立，这是欧洲最早建立的工人阶级政党。众所周知，德国是经过 1870—1871 年的普法战争自上而下完成了帝国的统一，此时的资产阶级还相当软弱，既同土地贵族妥协，又要取得国家的支持。这表明，德国的资本主义还未确立主导地位。1875 年，德国国内的两大社会主义派系拉萨尔派和爱森纳赫派合并，成立了统一的德国社会主义工人党，社会主义运动更为强大了。

俄国的农奴制在 1861 年废除之后，资本主义得到较快的发展。工人人数也随之迅速增加，由原来的几十万增长到几百万。19 世纪 60 年代末，俄国出现了民粹主义运动。由于受到政府镇压，加上群众并不响应，民粹主义运动在 70 年代末期便遭重挫。但是，俄国工人运动却获得发展，70 年代出现了工会。1871 年以降，工人阶级的问题开始在俄国变得重要起来，这不仅仅是对西欧正在发

① 《马克思恩格斯文集》第 4 卷，人民出版社 2009 年版，第 641 页。
② 钱乘旦、许洁明：《英国通史》，上海社会科学院出版社 2002 年版，第 285 页。
③ 参见钱乘旦、许洁明《英国通史》，第 270 页。

生的事情的回应，或者只是革命所提出的理论上的要求，而是实实在在的事实。① 尽管政府不断镇压，罢工活动却逐渐增多。第一次工人大罢工浪潮出现在 1878 年和 1879 年的圣彼得堡，以及 1885年莫斯科附近的莫洛佐夫纺织厂。② 1883 年，普列汉诺夫在日内瓦组织了劳动解放社。这是俄国第一个马克思主义组织，为俄国培养马克思主义者起到极大的作用。由此开始，俄国工人运动与马克思主义日渐紧密结合在一起，俄国社会主义运动翻开了新的篇章。

英国资产阶级已经开始以统治阶级自居，表明资本主义生产关系在英国确立了主导地位。1867 年，城市工人阶级中的部分熟练工人获得选举权，工人运动从此在资产阶级眼中成为日益重要的政治力量。"一些劳工人口的生活标准开始迅速提高。从 1860 年到1914 年，实际工资翻了一番。增长最快的是 1868—1874 年间的繁荣年月以及 1880—1896 年这段时间，在后一时期，实际工资几乎上升了 45%。"③ 因此，工联主义更为盛行。柯尔认为，"在十九世纪五十年代后期，即从厄内斯特·琼斯终于放弃把宪章运动当作社会主义骚动坚持下去的时候起，一直到 80 年代初期，英国确实没有社会主义运动，不论是马克思主义的、欧文派的或者任何其他种类的一概没有"④。80 年代以后，社会民主联盟、费边社和社会主义联盟相继成立，新工会运动兴起，英国社会主义运动才出现了复苏的迹象。

相比较之下，19 世纪 60 年代以后，法国的工人运动就开始重新振兴，但长期处于蒲鲁东主义的支配之下。需要指出的是，法国的资产阶级此时还没有取得统治阶级的地位，只好跟小资产阶级和

---

① Franco Venturi, *Roots of Revolution: A History of Populist and Socialist Movements in Nineteenth Century Russia*, New York: Alfred F. Knopf, 1960, p. 507.

② ［美］尼古拉·梁赞诺夫斯基、马克·斯坦伯格：《俄罗斯史》（第 7 版），第406 页。

③ ［英］肯尼思·O. 摩根主编：《牛津英国通史》，王觉非等译，商务印书馆1993 年版，第 500 页。

④ ［英］G. D. H. 柯尔：《社会主义思想史》第 2 卷，何瑞丰译，商务印书馆 1977年版，第 376—377 页。

农民结成累赘的联盟。1864 年，法国工人阶级罢工的权力得到承认，工联主义在法国也首次扩大了影响。巴黎公社失败后，法国社会主义运动遭到严酷的打压，在 1871 年之后近乎消亡。1879 年，法国社会主义工人联合会（简称"法国工人党"）成立。1882 年，可能派和盖得派的争论导致了联合会的分裂，可能派控制下的联合会改名为社会主义革命工人党，而盖得派则保留了法国工人党的名称。

在第三个阶段，即 1890—1920 年，资本主义继续向更多国家和地区扩张。这一阶段包括社会主义运动史上的整个第二国际时期，欧洲大多数社会主义政党创建于这一阶段的最初十年间。在此期间，新兴的德国和美国资本主义明显快速地赶超老牌的英、法资本主义。① "一战"加深了英国的衰落，而德国挑战世界霸权失败受挫。在这个阶段内，世界社会主义运动中心发生了第三次转移。

在这一阶段的末期，也就是"一战"后，德国才结束了帝制，正式确立了资产阶级的统治地位。在这一阶段的初期，德国社会民主党成功地抵抗住了政府的迫害，进而在选举中获得傲人的成绩。因此，相当多的党员开始相信可以利用帝国议会实现向社会主义的过渡，包括威廉·李卜克内西在内的爱森纳赫派对议会制度的态度发生了很大的转变。在 19 世纪最后的十年中，德国社会民主党最终完成了由革命政党转变为议会政党的过程。1896 年后，爱德华·伯恩施坦逐渐提出一套"修正主义"观点，在党内引起了激烈争论。虽然修正主义被正式否决，但是改良主义思潮随着时间的推移实际上产生了越来越大的影响。需要指出的是，党内的改良主义运动在伯恩施坦参与之前就已经显露端倪。1914 年之前，德国的社会主义运动声势浩大，追随者众多。德国社会民主党在 1912 年的大选中得到了 400 万张选票和 110 个代表席位，工会会员在

---

① 参见［法］米歇尔·博德《资本主义史（1500—1980）》，第 156—157 页。

1913 年达 250 万。① 一战爆发之后，德国社会主义运动内部由于对战争的不同态度陷入激烈纷争，从此再没有恢复昔日的地位。

　　有意思的是，法国和英国社会主义运动在这一阶段却出现了不同程度的上升趋势。在这一阶段的初期，法国经济增长几近停滞。虽然进入 20 世纪以后，法国工业增长速度明显加快，但是 "一战" 的爆发又将法国拖入泥潭。到 1914 年，总体上，法国从第二工业大国下滑至第四位。② 法国社会主义运动恢复了活力，可是全国性的社会主义党派就不下 6 个。由于各种宗派争执不下，法国社会主义运动很快就变成一盘散沙。其间还发生了米勒兰入阁事件，在世界社会主义运动中引起了轩然大波。这种混乱状况一直持续到了 1905 年，当年成立了统一的社会党，名为社会党工人国际法国支部。然而，法国社会主义运动中的分歧并没有因此而弥合。社会党与工会运动之间存在鸿沟，工联主义影响极大。即使如此，法国社会主义运动还是呈现出上升态势。法国工会会员在 1912 年达 100 多万，法国社会党的党员人数从 1905 年的 3 万增加到 1914 年的 9 万。社会主义者得到的选票，从 1906 年大选中的 88 万张增加到 1914 年大选中的 140 万张。③

　　唐纳德·萨松指出，"欧洲最发达的资本主义国家英国，有着强大的工会，但是到了 19 世纪末期，这个国家的社会主义政党才开始形成"，而 "在第一次世界大战之前，英国还没有重要的社会主义政党"④。19 世纪 90 年代初期，社会主义联盟正在衰亡，社会民主联盟则受到费边社和独立劳工运动的挑战，后者在 1893 年发展成为独立工党。英国工党的前身劳工代表委员会成立于 1900 年，虽然费边社和社会民主联盟都曾参加这个委员会，但是工党在很大

---

　　① ［法］米歇尔·博德：《资本主义史（1500—1980）》，第 164 页。

　　② ［英］科林·琼斯：《剑桥插图法国史》，杨保筠、刘雪红译，世界知识出版社 2004 年版，第 223—224 页；另参见吕一民《法国通史》，上海社会科学院出版社 2002 年版，第 254 页。

　　③ ［法］米歇尔·博德：《资本主义史（1500—1980）》，第 164 页。

　　④ ［英］唐纳德·萨松：《欧洲社会主义百年史》上册中文版序言，第 1、5 页。

程度上是在独立工党基础上演变而来的。英国所有的社会主义团体规模都很小，根本就没有德国社会民主党那样庞大的社会党，甚至也不如法国社会党。英国工党在 1910 年只赢得了 42 个议会席位，在一战时的政府中起到很小的作用。萨松认为："1914 年之前，社会主义在工人阶级中还没有赢得太多的支持。……直到 1918 年，英国工人运动才融入欧洲社会主义运动的主流中。"① 从整体上看，英国社会主义运动也有所增强。

在 19 世纪的最后十年，俄国的乡村和城市动荡不安，社会主义团体迅速成长。1898 年，俄国社会民主工党召开了第一次代表大会，但是遭到政府的破坏。1903 年，俄国社会民主工党在布鲁塞尔和伦敦成功召开第二次代表大会。但是由于在党的组织问题上出现分歧，社会民主工党分裂为布尔什维克和孟什维克两派。1905 年俄国发生革命，两派曾短暂联合，随后又陷入争吵，这种状态后来一直持续到了 1912 年。此外，另一个社会主义政党社会革命党成立于 1901 年，在俄国社会中产生了重要影响。1905 年革命之后，由于斯托雷平的残酷镇压，社会民主工党和社会革命党都遭重创，工会也奄奄一息。1912 年，布尔什维克与孟什维克的分歧难以弥合，社会民主工党彻底分裂。一战爆发后的 1917 年，俄国又发生了两次革命。二月革命迫使沙皇退位，十月革命则推翻了资产阶级临时政府，建立了世界上第一个社会主义国家政权。布尔什维克党员人数迅速扩大，从 1917 年初的 2 万人增长到 1921 年 3 月的 73 万人。② 随着新经济政策取得了巨大成功，当时世界各国的许多社会主义者都对苏联寄予了厚望，纷纷前往考察学习。虽然此时世界社会主义运动已经发生了分裂，但是以全球而论，苏俄已经成长为世界社会主义运动最强大的中心。

---

① ［英］唐纳德·萨松：《欧洲社会主义百年史》上册中文版序言，第 17、19 页。

② John Gooding, *Socialism in Russia: Lenin and His Legacy, 1890-1991*, New York: Palgrave, p. 78.

三　世界社会主义中心转移的根源

在世界社会主义运动中心的三次变迁中，其转移方向明显都是由经济比较强盛的国家走向经济相对较弱的国家，而这些国家成为运动中心的时期都处于本国资本主义发展的初期。这是为什么呢？

这需要从资本主义世界经济体系的形成说起。现代世界体系理论认为，16 世纪以来，随着资本主义生产方式的发展，"世界性经济体系"开始以西北欧为中心逐步形成，即"世界资本主义经济体"。资本主义从一开始就是作为一个世界性的体系出现的，而不是在单个国家内孤立地出现。它是一个整体结构，由中心区、半边缘区和边缘区这三个组成部分联结而成，其不同于"世界性帝国"之处在于，它有一个自成一体的经济网络，却没有一个统一的政治中心。这个体系一直处于不断的变动之中，其边界范围由小到大，经过 1815—1917 年的一个多世纪的发展，这个体系扩展到了全球各个角落。①

资本主义从来都是一个不平等的体系。"资本主义世界经济体是以世界范围内的劳动分工为基础而建立的，在这种分工中，世界经济体的不同区域（我们称之为中心区域、半边缘区域和边缘区域）被派定承担特定的经济角色，发展出不同的阶级结构，因而使用不同的劳动控制方式，从世界经济体系的运转中获利也就不平等。"② 三种不同的经济角色是由不同的"劳动分工"决定的。中心区利用边缘区的工业原料和廉价劳动力，再生产加工制成品，通过向半边缘区和边缘区倾销以获取利润。同时，中心区控制着这个体系的金融和贸易市场的运转。半边缘区介于中心区和边缘区之间，相对于中心区而言是边缘区，相对于边缘区而言又担当中心区

①　参见庞卓恒《沃勒斯坦和他的"世界体系论"》，《史学理论研究》1998 年第 4 期，第 135 页。

②　[美] 伊曼纽尔·沃勒斯坦：《现代世界体系》第 1 卷，高等教育出版社 1998 年版，第 194 页。

的角色。这个体系的基本功能是，通过剩余产品源源不断地流入核心区域，以保障资本主义制度的生存。

社会主义运动是一场反体系（即资本主义）运动。所谓反体系运动，是指抵制世界资本主义扩张的反抗运动。资本主义的扩张需要将非商品的劳动力、土地等要素进行商品化虚拟，使社会成为经济的附庸，使社会关系从属于市场体系。"但这种商品化虚构，却无视这样一个事实，即把土地和人口的命运交由市场安排就等于消灭了它们。"① 社会的运转一旦从属于市场，就必须按照市场的逻辑形塑自身。在资本主义发展初期，其所到之处，无不充满了血腥掠夺和残酷剥削。少数人拥有大量的货币财富和生产资料，而多数人沦为一无所有的自由劳动者。这必然激起社会的反弹和抵抗，坚持在生产、劳动和土地等要素方面对市场活动进行反控制。社会主义运动正是在这种背景下，作为一个整体的"集体主义反抗"的重要组成部分而兴起。

在传统的农业社会，维持社会秩序的内在机制相对比较简单，个体的行为依靠世代相袭的文化传统和伦理道德等因素即可得到有效控制。但是进入工业社会以后，人们的生活方式发生巨大变化，旧的社会规范、价值观念、交往模式等纷纷解体。这样一来，原有的社会控制机制很难有效维持基本的社会秩序。社会为了保证自身存在，必然要求重建规范与秩序，即建立新社会控制机制。社会控制机制实际上是一个负反馈的过程，具有自我纠错的能力，旨在维持社会的稳定。迄今为止，资本主义国家依然在不断提高这种能力，而资本主义能够长期延续发展的秘密尽在于此。仅以北大西洋地区各主要国家为例，就可以看出这种变革潮流并不是孤立和偶然的。这些国家基本上先后被迫走上了改革的道路，以发展出一种适合各自国情的内在调控机制。随着社会控制机制的逐步完善，一切

① ［英］卡尔·波兰尼:《大转型：我们时代的政治与经济起源》，刘阳、冯钢译，浙江人民出版社 2007 年版，第 113 页。

反体系运动都被从体制外部纳入内部。换言之，就是合法化了。与此相一致的是，凡是工人有组织的抗争处于非法阶段，劳资斗争就比较激烈，而抗争逐步合法化以后，劳资斗争就不如以前激进了。资本主义体系逐渐接受了工人一定范围内（即合法）的诉求，如实现普选权、集体谈判、福利措施等，社会主义运动也随即走向低潮。回顾这一过程，上述控制与反控制的斗争，在一国资本主义发展的初期往往最为激烈。这就是前述国家成为世界社会主义运动中心的时期都处于本国资本主义发展初期的原因。

但是，各国的反体系运动的活跃程度却不是一成不变的。这里要区分两种情况：第一，因体系变动（外部原因）而导致的一国反体系运动活跃程度的变化；第二，因国家自身变动（内部原因）而导致的本国反体系运动活跃程度的变化。我们先来看第一种情况，这是本书分析的重点。马克思早就指出，资本主义生产的商品的低廉价格"迫使一切民族——如果它们不想灭亡的话——采用资产阶级的生产方式；它迫使它们在自己那里推行所谓的文明，即变成资产者。一句话，它按照自己的面貌为自己创造出一个世界"[①]。资本主义的扩张源源不断地将新的国家和地区纳入世界经济体系之中。在其扩张过程中，前述经济角色及其地域分布也不断地发生变化。某些边缘区可能上升为半边缘区，某些半边缘区可能上升为中心区，同样某些中心区可能下降为半边缘区，某些半边缘区可能下降为边缘区。中心区也会扩大或转移，中心区内往往出现实力超过其他强国的霸权国家。霸权国家在生产领域有更高的效率，由此带来在世界市场竞争中的销售优势，继而带来更多的财富输入。[②] 如果某个国家在世界经济体系中的地位出现上升，则剩余产品的输入更多，拥有更多解决社会冲突的物质手段，可以更大限度地消除社会不满和反抗；反之亦然。因此，随着各国在世界经济

---

① 《马克思恩格斯文集》第 2 卷，人民出版社 2009 年版，第 35—36 页。

② 参见庞卓恒《沃勒斯坦和他的"世界体系论"》，《史学理论研究》1998 年第 4 期，第 135—136 页。

体系中承担经济角色的变动，国内反体系运动的活跃程度会发生变化。第二种情况涉及国家内部的变动因素，如资本主义经济发展周期等。马克思和恩格斯在总结 19 世纪中叶西欧革命运动走向低潮原因时指出，主要是因为资本主义通过殖民扩张使自己摆脱危机困境走上扩张阶段，使其国内矛盾暂时缓解。这意味着，社会主义或一般反体系运动的涨落同资本主义的"危机周期"存在密切关联。但是，这种情况超出了本书所设定的讨论范围，只能另文分析。

有关第一种情况的判断与前述各国社会主义运动的兴衰趋势基本上是一致的（如表 6-1 所示）。在前文所述的第一阶段，英国毫无疑问是资本主义世界经济体系的中心区，而法国相对而言处于体系的边缘区，德国和俄国还未融入这个体系，或者说只能算是处于融入边缘地带的过程中。世界社会主义运动中心出现了第一次转移，法国成为运动中心，其社会主义运动明显强于英国。这一时期最突出的一点是，随着英国逐步进入全盛时期，国内社会主义运动呈现下降趋势。

在第二阶段，德国完全进入资本主义世界经济体系的边缘区，俄国则开始进入边缘区，老牌资本主义国家的地位开始受到了新兴资本主义国家的挑战。英国成为世界经济体系中心区内的霸权国，尽管稍后就显现出衰落的迹象。普法战争之后，法国在欧洲大陆的霸主地位不复存在，经济角色有所下降。德国社会主义运动成为各国社会主义者学习的榜样，世界社会主义运动的中心由法国转移到了德国。英国社会主义运动在本阶段的末期才出现复苏迹象，法国则从一开始就重新振兴。

在第三阶段，英国的世界霸权明显衰落了，美国则表现出取而代之的势头。德国虽然在争夺世界霸权的过程中失败，但是其经济角色明显上升。法国的经济尽管出现了可观的增长，然而其承担的经济角色还是相对下降了。俄国已经完全进入了世界经济体系的边缘区。各国社会主义运动的变化方面，英国和法国的运动呈现上升态势，德国的运动总体上下降了，俄国的社会主义运动则迅速崛起且后来居上，并最终成为世界社会主义运动的新中心。

表 6-1　　　　　　　　经济角色与社会主义运动变化趋势

变动趋势 国别	1830—1860 年		1860—1890 年		1890—1920 年	
	经济角色	社会主义运动	经济角色	社会主义运动	经济角色	社会主义运动
英国	中心区	↓	中心区	↓	↓	↑
法国	边缘区	↑	↓	↑	↓	↑
德国			边缘区	↑	↑	↓
俄国			边缘区	↑	边缘区	↑

　　上文以英国、法国、德国、俄国四国近一个世纪内的历史变迁为研究对象，从它们在资本主义世界经济体系中所承担的经济角色与社会主义运动的变化趋势入手，进行了宏观上的比较分析。1830—1920 年，世界社会主义运动一共出现了四个中心和三次变迁。分析表明，世界社会主义运动中心的变迁是资本主义世界经济体系扩张所导致的直接结果。综上所述，一国社会主义运动的兴衰除国家自身内部变动的根源之外，还与该国在世界经济体系层面上的角色变动存在一定程度上的相关性。这里虽然没有提及美国，但是，美国的情况同样适用于这个分析框架。

第二节　世界历史上的例外论及其
方法论根源

　　在近现代世界历史上，由于地理位置、文化传统、宗教信仰等差异性因素，"例外论"在世界各地的不断出现成为一种非常普遍的现象。凡是认为某个国家、地区、民族和社会等研究对象，因具有特殊的性质，而无法被一般性的理论或规则所解释，都可称为"例外论"。这种观念是伴随着跨国交流并对异己的"他者"产生一定认识之后才可能出现，因此完全是近代以来的产物。目前已知，"例外论"最早可能诞生于 19 世纪。此后，世界上一些国家或地区陆续出现了理论倾向各异的例外论，其中也有不以"例外论"名称出现的类似思潮。人类历史进入 21 世纪之后，一些旧的例外论还在国际社会的某些领域发挥作用，而新的例外论仍在出现。

作为一种解读方式，强调上述研究对象的独特性毫无疑问有其合理之处，但这种观念的合理边界在哪里？需要追问的还有，这些形形色色的例外论之间有没有共同之处？世界各地不断出现例外论这一现象有没有值得探究的根源？囿于视野和材料，下文的重点不在于辨析各种例外论的正确与否，而旨在进行一般性思考，并试图探讨这些例外论背后隐藏着的认识论和方法论根源。

一　世界历史上的几种例外论

"例外"（Exceptional）一词，含有"特别的、异常的、优异的"等含义。① 例外论（Exceptionalism）又称例外主义或特殊主义，它是一种信念。凡是认为某个特定国家在本质上是独特的，而且优于其他国家，这种观念都可称为例外论。

纵观世界历史，似乎每个国家都提出过形式各异的"例外论"，有些国家还曾有过多种版本。先来看看一些世界大国的例外论。

"美国例外论"应当是世界上最著名的例外论。这个术语最早明确出现于 1929 年，而作为一种观念，它的出现更要早很多。美国历史学家指出，这种观念"在美国早期历史上就很容易找到，尽管这个词并不是当时发明的"②。从建国之初起，美国人就逐渐产生出一种认为美国的发展不同于世界普遍发展道路的观念。这种

---

① 《牛津高阶英语词典》，商务印书馆 2021 年版，第 536 页。

② Ian Tyrrell, *American Exceptionalism: A New History of an Old Idea*, Chicago: University of Chicago Press, 2021, pp. 3-4.

观念还在大洋彼岸的法国找到了知音。19 世纪 30 年代，法国学者
亚力克谢·德·托克维尔在他那本引发后世广泛讨论的成名作
《论美国的民主》中，将美国与欧洲大陆国家进行了比较，开辟了
欧美比较研究的学术领域，他认为，"美国人的际遇完全是一个例
外"①。20 世纪中期以后，历史学家们甚至将这种观念追溯至殖民
地时期。今天，美国优越的观念日益深入地根植于美国人的思想之
中，早已成为一种非正式的意识形态，并以各种方式自觉不自觉地
支配着美国人的行为。在其发展过程中，美国例外论还出现了一些
变体，其中较有影响的一支就是所谓的"美国社会主义例外论"，
即认为美国独特的社会条件不适合社会主义的发展。

　　拿破仑战争后，英国也产生过一种例外论。1820 年 5 月，英
国著名的政治家卡斯尔雷在讨论近代英国与欧洲关系时，强调英国
的本质不同于欧洲大陆国家。② 在此后的 110 多年的时间里，英国
例外论已经成为一种根深蒂固的思想态度。与美国例外主义一样，
英国例外论认为，英国有一套独特的传统，建立在一套优越的价值
观之上，这意味着英国与欧陆国家有着根本不同。简单地说，英国
在欧洲，但不属于欧洲。这种观念与 2016 年的脱欧公投有着强烈
关联。

　　法国大革命以来，左右之争一直是法国的典型政治风格。法国
机构在 2023 年进行的一项民意调查表明，大多数法国人依然认为
左右之间永远是壁垒分明的，一个人不可能既左又右。③ 在过去的
两个多世纪里，法国人一直在为他们的革命构建一个梦想。一个马
克思主义历史思想学派认为，大革命尚未完成，这一事件是 1917

---

　　① ［法］托克维尔：《论美国的民主》下卷，商务印书馆 1988 年版，第 554 页。

　　② R. W. Seton-Watson, *Britain in Europe 1789-1914: A Survey of Foreign Polidy*,
Cambridge: Cambridge University Press, 1945, p. 74.

　　③ 马麟贺：《中派政治是"法国例外论"的终结吗?》，《读书》2024 年第 8 期，
第 50 页。

年俄国十月革命的一种前兆。① 这种左右对抗的政治文化已经深入法兰西的血脉,而法国人民将这看作一种法国独有的现象,有学者称之为法国例外论。

同样,德国与其他西方国家不同的观念由来已久,当然也包括从积极的角度看待德国的独特性。德国的"现代性之路"(Sonder-weg),即通往现代性的特殊道路,就是这种思想的集中体现。"德意志特殊道路"是一个复杂的、不断变化的话语领域,由某些核心思想和文本聚集在一起,而不是一个单一的、统一的陈述。② 这些话语聚焦于德国的发展道路对于西方邻国的偏离,即德国属于西方,但又不同于西方。自1945年以来,特别是在20世纪最后的三十年里,这种德国例外论得到了广泛的讨论和完善。

在相信自身"独特性"这件事上,俄国人毫不逊色。因为在俄国的不同历史时期,也曾诞生过不同版本的例外论。俄国人认为,作为地球上领土最大的国家,俄罗斯是一个特例。俄国之所以与西方国家不同的潜在事实依据在于:作为维京人、斯拉夫人和鞑靼人、欧洲和亚洲、西方和东方之间经常发生暴力冲突的结果,俄罗斯坚持声称自己是拜占庭的精神继承者,拥有东正教而不是天主教或新教的遗产;几十年来,它一直是一场政治和社会经济实验的主要支持者,这种实验源自西方启蒙运动,但同时又反对西方启蒙运动。③ 19世纪下半叶,俄国思想界曾经出现过一种思潮,认为俄国由于农村公社的独特之处,其社会发展路径不会与欧洲一样,可以在自身基础上越过资本主义的整个发展阶段,直接进入社会主义生产阶段。这种俄国社会发展特殊道路在我国以"跨越卡夫丁峡

---

① Claude Imbert, "The End of French Exceptionalism", *Foreign Affairs*, Vol. 68, No. 4, 1989, p. 48.

② George Steinmetz, "German exceptionalism and the origins of Nazism: The Career of A Concept", in Ian Kershaw and Moshe Lewin eds., *Stalinism and Nazism*, *Dictatorships in Comparison*, Cambridge: Cambridge university Press, 1997, p. 251.

③ Kevork Oskanian, *Russian Exceptionalism between East and West: The Ambiguous Empire*, Cham: Palgrave Macmillan, 2021, p. 1.

谷"问题而为学术界所熟知，也有学者将其称为"俄国例外论"。苏联解体以后，俄罗斯又诞生了一种新版本的"俄国例外论"。这种观念强调一种"特殊现象"，即俄由于自身资源丰富、战略纵深广阔而得以在经济与安全上避免遭受毁灭性打击的基本特征，导致其不惧于一般性的外部压力，进而有能力在国际事务中发挥出较之于自身客观实力而更为积极的作用。①

例外论并非大国所独有，一些中小国家也不例外。

美国的邻居加拿大有一个悠久的传统，即认为加拿大比美国更好。通过与美国的刻意对比，加拿大例外论者主张一套加拿大更优越的信念。正是通过这些信念，加拿大定居者不断巩固自身。加拿大例外论和美国例外论一样，从加拿大成为英国殖民地时期就开始存在。在过去的几十年里，关于加拿大例外论的争论一直在继续。2017 年，麦吉尔加拿大研究所（McGill Institute for the Study of Canada）还举办过一场关于加拿大例外论的学术会议。②

远在太平洋深处的澳大利亚也强调其独特性，不过"澳大利亚例外论"迟于 21 世纪才产生。澳大利亚因其独特的动植物群和不寻常的自然历史常常令人惊叹，澳大利亚在人类历史上也是独一无二的。并且，澳大利亚在经济和社会政策方面明显偏离了英语世界的发展趋势，似乎正在走上一条奠基于一百多年前的"特殊道路"。相对于世界一般道路或标准而言，澳大利亚是一个例外。③

横跨亚欧大陆的土耳其从地理与历史的混合视角中构建"土耳其例外论"。从地理角度而言，土耳其的精英们极力强调土耳其的地理位置是不同大陆的交汇处。从历史上看，一直有一场运动将

---

① 参见李冠群《当代国际关系概念中的"俄罗斯例外论"辨析——基于结构现实主义的视角》，《思想理论战线》2023 年第 3 期。

② Jennifer Andrews, *Canada through American Eyes*：*Literature and Canadian Exceptionalism*，Cham：Palgrave Macmillan，2023，pp. 1–10.

③ William O. Coleman ed.，*Only in Australia*：*The History*，*Politics*，*and Economics of Australian Exceptionalism*，Oxford University Press，2016，p. 1.

土耳其的过去描绘成多元文化融合和多种文明交汇之地。① 此外，一些学者认为，在所有从奥斯曼帝国废墟中崛起的现代国家中，只有土耳其进化出了如此具有竞争性的政治制度。在中东的其他任何地方，军队、家族、霸权的单一政党或君主开始决定政治的规则和界限。为什么竞争性选举政治出现在土耳其，而在后殖民时代的中东其他地方却没有出现？②

二战以后，奥地利亦有类似观念。奥地利不同于西欧国家有其历史根源。1848 年革命的失败导致了专制统治的延续，这使得奥地利不同于西欧国家，迟至 1867 年，奥地利才有了宪法。而西欧的英国、法国、荷兰、比利时和瑞士等国家的历史都是由宪法确定的，这两者之间存在着巨大的差异。1918 年以前，奥地利是一个多民族的帝国，几乎等同于哈布斯堡王朝。1918—1938 年，奥地利是德国的一个州。1945 年后，奥地利成为一个具有明确民族认同的国家。奥地利独特的多民族或跨民族身份使奥地利成为一个明显不同的国家，这便是“奥地利例外论”。③

同为小国的比利时通常被认为是一个走中间道路的国家，几乎没有任何特殊之处。然而，近些年来有一些学者发现，比利时其实很独特。为了描述比利时在政体、政治和政策方面的独特地位，盖伊·彼得斯（Guy Peters）在 2007 年创造了“比利时例外论”一词。④

其实，除了以上这些大小国家的例外论，还有以地区整体出现

① Lerna K. Yanık, "Constructing Turkish 'exceptionalism'：Discourses of liminality and hybridity in post-Cold War Turkish foreign policy", *Political Geography*, Vol. 30, No. 2, 2011, p. 80.

② Michele Penner Angrist, "Party Systems and Regime Formation in the Modern Middle East：Explaining Turkish Exceptionalism", *Comparative Politics*, Vol. 36, No. 2, 2004, p. 229.

③ Anton Pelinka, "Austrian Exceptionalism", *Austrian History Yearbook*, No. 33, 2002, p. 3, 17.

④ Didier Caluwaerts and Min Reuchamps eds., *Belgian Exceptionalism：Belgian Politics between Realism and Surrealism*, London and New York：Routledge, 2022, p. 3.

的例外论。这种例外论可以看作国家例外论叙事的扩大版。

一种是"拉美例外论",又称"印第安美洲例外论"。这种例外论大致产生于二战以后,倾向于将拉美及其文化、历史和社会结构的特殊性绝对化,将马克思主义视为一个专属欧洲的理论,因而认为马克思主义和社会主义不适合拉美国家的社会现实。①

另一种是"阿拉伯例外论",又称"中东例外论"。这种例外论出现于冷战结束以后,在福山推出"历史终结论"之际,西方学术界发现,阿拉伯人仍在排斥资本主义和民主制度,于是有学者认为民主不适合阿拉伯国家。阿拉伯人不仅欣然接受了这种思想,而且对此给出了自己的解释,即阿拉伯社会十分独特,拥有泛阿拉伯主义思想、伊斯兰教传统和丰厚的历史文化遗产。②

第三种是"斯堪的纳维亚例外论"。在人们的一般印象中,斯堪的纳维亚国家是世界上最和平、最富裕的国家之一,据说所有公民都享有高水平的福利。与此同时,由于监禁率低、囚犯的人道待遇和再犯率低,斯堪的纳维亚国家因其在刑罚上的特殊表现而受到关注。新西兰犯罪学家约翰·普拉特(John Pratt)创造了"斯堪的纳维亚例外论"一词,指的是北欧国家相对较低的拘留率和人道的监狱条件。③

最后,毋庸讳言,国内外一些学者近年来也不时谈论"中国例外论"④。但这种例外论目前还没有一种获得普遍认可的明确定义。根据部分学者的解读与描述,大概可以归纳为:中国由于历史

---

① 参见[法] M. 罗伊《1909 年以来的拉美马克思主义:对"欧洲中心主义"和"拉美例外论"的超越》,《世界哲学》2016 年第 2 期,第 38—39 页;和冯昊青、郑祥福《马克思主义拉美化的探索历程及其基本特征》,《马克思主义与现实》2016 年第 4 期,第 132 页。

② 参见王锁劳《有关中东北非巨变的几个问题》,《外交评论》2011 年第 2 期,第 9 页。

③ Helene De Vos, *Beyond Scandinavian Exceptionalism*:*Normalization*,*Imprisonment and Society*, Cham:Palgrave Macmillan, pp. 1–2.

④ 参见张锋《"中国例外论"刍议》,《世界经济与政治》2012 年第 3 期,第 83 页;潘中岐《例外论与中美战略思维的差异性》,《美国研究》2017 年第 2 期。

文化和国情等方面的独特性，其发展模式无法用现有的理论（通常由西方占据主导地位）来解释。上海社会科学院黄仁伟教授认为，就像当年美国例外论能够成立一样，今天的中国例外论同样有其成立的条件。① 当然，这些论述仅限于个别学者的小范围讨论，并未见到国内更多学者的响应。

以上并非目前所见的全部例外论，这个单子还可以继续列举下去，诸如"以色列例外论""日本例外论""委内瑞拉例外论""海地例外论""欧洲例外论""非洲例外论"，等等。虽然未窥全豹，但是亦可见一斑。至少可以说，世界上只要有民族国家存在的地区，就有例外论问世。

二 例外论的共性与根源分析

形形色色的例外论叙事以家族的形式出现，彼此之间虽有个体差异性，但也有明显家族相似性。如果按照其来源，将所有已知的例外论大致分为外源型、内源型和内外共生型三类。外源型例外论是由共同体的外部提出而内部并不认可，内源型例外论是由共同体内部提出而外部并未普遍接受，而内外共生型例外论或由外部提出而为内部所认可，或由内部提出而为外部接受。这三种例外论的理论旨趣各异：外源型例外论一般多带有贬低、打压或文化殖民倾向，如"非洲例外论"；而后两种例外论一般强调自身与众不同而卓越，从而为现实道路提供支撑和辩护，绝大多数例外论即属此列。可见，尽管它们产生的时代背景不同，理论旨趣各异，然而仔细观察和思考之下，仍然带有某些普遍性。

首先，从时间上看，所有的例外论都出现于地理大发现或者称为大航海时代以后。世界上最著名"例外论"，与"新大陆"有关，却得到了"旧大陆"的赞同，这绝不是偶然。当时，一个以

---

① 黄仁伟：《美国例外论 VS. 中国例外论》，《社会观察》2013 年第 5 期，第 8 页。

西欧地区为中心的世界贸易体系已经形成，各个国家和地区之间的贸易往来和文化交流互动日渐增多，相互依赖日益加深，地球上每个角落逐步联结为一个紧密的整体。在一个联系与交往日益频繁的"地球村"里，各个民族国家之间的差异越来越多地进入大多数人的视野，进而影响人们看待自我与他者的角度。也就是说，由于他者的出现，才强化了对自我的认知。这样看来，例外论是全球化进程达到某种程度之后的阶段性观念。与此相伴随，19世纪的历史学主要是民族国家史学，那个时代的历史学著作大多研究和回顾一个民族诞生和发展的历程。这一点似乎不仅适用于欧洲，世界上其他地区国家也毫无例外。

历史唯物主义认为，在人类社会古代阶段，各个国家和地区由于生产力落后，无法轻易跨越山川河流的天然阻隔，处于自然形成的闭关自守状态，因而人类的历史只是民族和地区的历史。但是，随着生产力的发展，交通工具升级换代，原来彼此隔绝的地域状态逐渐被打破，民族国家之间的普遍交往日益扩大。大工业建立以后，在资本的增殖与扩张需求推动之下，一个分工协作和相互依赖的世界市场最终形成。这种情况下，原始、封闭和分散的区域历史逐渐为现代、开放和整体的世界历史所替代。这个过程可以归结为一句话——"世界史不是过去一直存在的；作为世界史的历史是结果"①。简言之，马克思所谓的"世界历史"理论主要讨论资本主义大工业推动下人类从封闭分散的地域交往转向开放互动的世界普遍交往的过程。

在"世界历史"理论视角下，我们可以展开对例外论的过去、现在与未来的探讨。随着民族历史开启向世界历史的转变过程，人们的世界观也必然发生调整。原本生活在狭小天地中的人们，猝然遭遇到陌生的他者，必然首先认识到自身与对方的差异，这是自然的反应。其次，由于国际体系是一个等级化的结构，在与他者的互

---

① 《马克思恩格斯文集》第8卷，人民出版社2009年版，第34页。

动和竞争中，人们本能地会产生巩固自身的需求。相应地，例外论成为近代以来每个民族国家建国叙事的核心。本尼迪克特·安德森认为，民族是一种想象的共同体，被想象为本质上有限的且享有主权的共同体。① 这个"想象的共同体"既然拥有界限，就需要区分自身与他者。通过例外论话语，各国在国民中建立起团结的纽带，打造一个由认同联结和凝聚而成的想象中的联盟或共同体，从而完成民族构建的历史性任务。相应地，这项任务完成得不好的国家容易出现分离主义势力。因此，例外论不是过去一直存在的，作为观念的例外论是结果。换言之，例外论只是人类社会以民族国家为单元的发展阶段中特有的观念。按照马克思主义的逻辑，随着国家的消亡，例外论就应该不复存在了。反之，在国家消亡之前，例外论很有可能还会在一定时间内存在。

其次，从地域上看，世界上所有地区几乎都有例外论及其变体出现，无论大国小国大多倾向于认为自己与众不同。的确，就像森林中不可能有两片完全一样的树叶，世界上没有任何一个国家和其他国家在任何方面完全一模一样，每个个体都是独一无二的。各国的政治、经济、历史和文化发展必然带有各自特色的印记。既然每个国家都是独特的，那么都有"例外"之处。从这个意义上说，差异本身就是普遍的。有历史学家断言：所有国家都有例外主义的主张；从这个意义上说，例外论是完全不例外的。② 并且，如果把这些个体独特性放在一起，人们不难发现其中的共同之处。细节上千差万别的树叶终归具有普遍的特征，局部沟壑纵横的山系从太空中看下去毕竟呈现出一定的走向。无论存在多少特例，人类社会总体上都是由低级阶段向高级阶段发展，所面临的问题总是越来越复杂，人类的认识也越来越深入、精细和多元。

---

① ［美］本尼迪克特·安德森：《想象的共同体——民族主义的起源与散布》，吴叡人译，上海人民出版社 2016 年版，第 6 页。

② Robert Fatton Jr. , *The Guise of Exceptionalism*：*Unmasking the National Narratives of Haiti and the United States*，New Jersey：Rutgers University Press，2021，p. 1.

例外论的不断出现反映出特殊性与普遍性之间的紧张关系。马克思主义认为，普遍性总是寓于特殊性之中。所谓的规律，有时候会表现为统计学意义上的规则，并不是在一切局部或细节上都能完整体现出来。要想彻底弄清楚这种规律，必须进行整体上或宏观上的研究，仅仅从微观上进行孤立的、碎片化的研究是无法达到的。普遍性与特殊性互为因果，多样性与统一性相互依存。同样的道理也适用于地球上大大小小国家的历史。

非马克思主义的历史学家对此也有深刻认识。正如兰克所言："一个真正的史家，必须具备两个素质：一是他必须热衷（历史的）特殊性，并与之感同身受。……一个史家又必须看到事物的普遍性。他不能像哲学家那样，有先入之见。相反，他必须对特殊性进行反思，如是世界的整体发展才会变得清晰明了。"[1] 这种特殊性和普遍性共存的现象，会辩证地存在于一切事物的发展过程中。而这种在普遍性与特殊性之间追寻统一的态度，无疑有助于世界历史研究更加趋于科学。

再次，例外论的基本结构大致相似：一个国家或地区的历史偏离了某种"标准"的发展模式，从而产生某些独特的后果。在美国政治思想史家丹尼尔·罗杰斯（Daniel Rodgers）看来，例外论是一个关于背离的问题。例外是对规律的偏离，它想象某一种规则贯穿其他所有地方，只有一处例外。这种主张依赖于一个想象的"我们"（此处）和"他者"（别处），历史本身在这两个地方以不同的动力运行着。[2] 世界广袤的多样性在例外论的想象中被均质化，而独有一地在与世界趋势的对抗中凸显出来。

在很多例外论者的想象中，所谓"他者"实际指向欧洲，特别是西欧。长期以来，以欧洲视角诠释的社会发展观占据主流地

①　Fritz Stern ed. , *Varieties of History*: *From Voltaire to the Present*, New York: Random House, 1973, pp. 59-60.

②　Daniel T. Rodgers, "American Exceptionalism Revisited", *Raritan*, Vol. 24, No. 2, 2004, p. 23.

位，这种观念预设了某种发展道路具有普适性的前提，其中尤以经典现代化理论最为突出。可以看出，前述例外论大多是以欧洲为参照对象而进行比较，或是它们实现现代化的方式不同于欧洲，或是它们走向社会主义的方式不同于欧洲等。其理论目的，都是解释这种"偏离"，并为当下的"特殊道路"寻找合理性。当然，有些例外论如"拉美例外论"虽在理论取向上表现出反对"欧洲中心论"的倾向，但从本质上看并未摆脱后者的窠臼。所以，先有"中心论"，后有"例外论"。两者互为表里，犹如硬币的两面。

最后，由于例外论在公共话语中的广泛运用，它基本等同于一种国家意识形态。那些主动提出例外论的国家，往往在某一领域的国际比较中不同于主流国家，而这一结果又无法通过既有理论加以解释。于是，论者往往就认为这是一种"例外"现象。在这种语境下，"例外"除不同的意思之外，还隐含着优于其他国家的言外之意，甚至不排除这种差别是一种天意，并赋予其国民特殊使命的暗示。除了美国例外论、英国例外论，德国"文化"捍卫者讲述的关于 20 世纪早期德国的故事和日本例外论中有关日本历史和价值观念的故事都是如此。① 由此可见，大多例外论可能是相关国家或地区在现实发展过程中为适应时代需要而创造出来的观念，主观上是为了更好地界定和解释自身与外部世界的关系。

许多例外论表面上聚焦于"差异"，实则是为了增强国家凝聚力和唤起民族自豪感，并成为其他国家效仿的对象。例如，美国例外论者不断声称，自己的文明是例外于世界的特殊文明，而且在文本与记忆中不断被塑造与加强这种想象。美国"史学之父"班克罗夫特曾深度思考美国的建国历程，并高度赞美美国民族性，从而事实上为"美国例外论"奠定了历史依据。自 20 世纪中期以来，美国学者们不断构建例外论叙事，"山巅之城"等话语成为美国人

---

① Daniel T. Rodgers, "American Exceptionalism Revisited", *Raritan*, Vol. 24, No. 2, 2004, p. 26.

最喜爱的国家起源故事之一。然而，正如罗杰斯在其研究深入、论证有力的专著中所主张的那样，这些叙述中的许多细节经不起质疑。① 但这不并妨碍很多政治家如奥巴马、希拉里等人在演讲中屡屡诉诸例外论话语。2016 年，希拉里在一次演讲中说："美国是一个特殊的国家……这不仅仅是因为我们拥有最强大的军事力量，或者我们的经济规模比地球上任何国家都大。这也是我们价值观的力量，是美国人民的力量。每一个更努力工作，梦想更远大的人，永远不会停止努力让我们的国家和世界变得更美好。美国之所以是一个特殊的国家，部分原因是我们也是一个不可或缺的国家。"② 在一些学者看来，"通过颂扬国家的独特性，例外论把整个政体变成了'山巅之城'，把国民变成了高级文明的代理人"③。真可谓一语中的。

三　对例外论的反思

通过对例外论普遍性的分析，我们可能已经意识到，例外论的思维习惯早已确立，并深深扎根于人类的知识传统中。所有的例外论都是基于部分事实而构建的，因而具有一定说服力，并能够持续存在。以近几十年的情况来看，例外论的影响不仅没有减弱，而且在更多地区出现了新的形式，甚至还能长期主导一个国家的意识形态，并进而影响这个国家的内外政策。在极端情况下，例外论甚至会导致战争的发生。因此，有必要继续深入追寻例外论的根源。

第一，中心论。毋庸置疑，近代以来，欧洲特别是西欧的崛起确立了欧洲科学知识的领先地位，整个现代知识体系都是欧洲人创

---

① Daniel T. Rodgers, *As a City on a Hill: The Story of America's Most Famous Lay Sermon*, Princeton: Princeton University Press, 2018, p. 1.

② D. White, "Read Hillary Clinton's Speech Touting 'American Exceptionalism'", *Time*, 1 September 2016.

③ Robert Fatton Jr., *The Guise of Exceptionalism: Unmasking the National Narratives of Haiti and the United States*, New Jersey: Rutgers University Press, 2021, p. x.

立的,并且已经为全世界所接受。在这一套知识和话语体系中,世界上的一切事物都是以欧洲人的视角为坐标原点,因而被称为"欧洲中心论"。例如,中国古代史书中广大的"西域",在现代知识体系中被称为"东方",亚洲东部地区甚至被称为"远东"。而阿拉伯地区明明位于我国的西方,却被称为"中东"。对此,爱德华·萨义德曾有过精彩的评论。他在影响广泛的《东方学》一书中指出,东方学是一种思维方式,在大部分时间里,东方是与西方相对而言的,这一区分是西方用以控制、重建和君临东方的一种方式。① 身处"东方"的人在遇到欧洲人以前,甚至都不知道自己是"东方人"。萨义德的论断无疑能迅速唤起我们的强烈共鸣,因为在中国古人的认知体系中,"东方曰夷,南方曰蛮,西方曰戎,北方曰狄",而自称为"中国"。古人显然认为我国位于世界"中心",而不是东方。这种东方国家的定位是近代以来的事情,完全是根据欧洲人的视角而言的。今天的人们无意识地接受并频繁使用这种几成"常识"的说法,反映出大多数人的思想中已经或多或少地植入了"欧洲中心论"的观念。当然,这样说并不意味着,其他中心论就是正确的。正是因为"中心论"的存在,才导致了"例外论"的认识。我们既然反思"欧洲中心论"所导致的认识偏差,那么就不应该再用另一种"中心论"来取而代之。相反,只有质疑一切中心论,才能去除例外论的土壤。

第二,民族国家为核心的历史叙事。刘新成教授指出,现代人文社会学科形成于 19 世纪的德国,而当时德国邦国林立,强敌环伺,内忧外患的残酷形势迫切需要增进民族认同和促进国家统一,于是这成为人文社会学科的使命之一。并且,刚刚诞生的历史学由于追求"绝对客观",致使国家档案成为描述历史的唯一可靠依据。两者共同作用的结果就是,历史学包括其分支如经济史、社会

---

① [美] 爱德华·W. 萨义德:《东方学》,生活·读书·新知三联书店 2019 年版,第 4 页。

史、文化史和国际关系史等都以民族国家为基本分析单元。① 而作为更大范围的欧洲，民族主义在 19 世纪迅速兴起，民族国家纷纷建立。在这种大背景之下，民族史学蓬勃发展，相应地欧洲各国的民族主义情感也空前高涨。崇高的民族主义情感长期主导着社会科学研究者的思维，国家政治框架之外的影响因素从而成为盲区。在这种研究路径下，社会仿佛是孤立存在的，不同社会之间的交融与碰撞遭到忽视。只从国家内部特性出发寻找发展动因，而无视全球网络的巨大作用，正是"例外论"不断产生的温床。

第三，历史比较研究方法。历史比较研究方法已有上百年的传统，在社会科学领域是一种常用的手段。对任何特定事物特点与本质方面的讨论中，一般都会对不同时代、不同社会群体或文明进行比较。大多数社会科学术语如改良和革命等，都隐含着对时间和事件的比较。随着国际交往的扩大和相互依赖的增强，研究者不得不关注其他国家和地区的发展，搜集那些与自己研究课题相关的信息。因此，跨国、跨地区的比较已经成为研究过程中一种日常性观察。这种研究方法无疑是有其优点的，在许多社会科学分支学科中已经得到了很好的确立。

然而，人们已经发现历史比较研究方法也有其局限。突出的一点是，比较方法容易将不同的研究对象均质化，从而消除其内在差异。这是因为从历史现实中抽象出事物结构的过程，需要一定程度的智力虚构。德国学者康拉德认为，当以比较方法研究世界历史时，往往会造成两个后果：其一，无法避免"目的论"。因为研究者在思考过程中，通常预设了某种衡量标准，但并不一定明确界定这种标准，然后将研究个案置于其下加以审视；其二，受到所谓"虚构的自主性"限制。因为很多宏观比较研究都会将比较的对象视为各成体系、互不影响的独立个体，而无视它们之间的交流与联

---

① 参见刘新成《全球史译丛总序》，载于［德］塞巴斯蒂安·康拉德《全球史是什么》，中信出版社 2018 年版。

系。比较研究的"目的论"和"虚构的自主性"又会导致"独特性叙事",或者"例外论叙事"。① 换言之,比较方法更多地将注意力放在了主要由内因导致的社会变迁,而不是外因即互动和交流带来的社会变化,所以最后的结论往往落在关于国家或文明特性的创作和再现之上。本书所关注的"例外论叙事",在某种程度上正是比较研究方法带来的必然结果。

自从例外论伴随着民族国家来到世间,已经数百年了。民族国家的历史只是全球历史中的一部分,而所谓的例外,也是这种更宽广的、更宏观的历史进程的一部分。例外论者无视这一点,而将研究对象放在一种孤立的、不变的因而是虚假的语境中加以研究,排除了其发展过程中诸多外部影响因素,客观上只会助长非理性的民族主义情绪,一如著名的"美国例外论"。这实际上反映出,在人类认识世界过程中,并不是掌握了"先进"的科学技术,就可以一劳永逸和毫无障碍地接近真理。

在科学发展史上,由于人类思维存在的种种局限性,加上人类社会无穷无尽的新变化,曾不断制造出各种各样的神话与偏见。例如,"欧洲中心论"这种先入为主的观察视角,有意或无意地推动了欧洲人的自大观念。托马斯·库恩曾在《科学革命的结构》中指出,在科学史上,当旧范式无法解释的现象越来越多时,就需要一种新范式来解释这些新现象。② 世界历史上不断出现例外论,只能说明既有理论的解释力不足,研究者需要与时俱进,跳出成见的条条框框,提出和发展新理论,从而作出新的解释。

要想超越例外论的叙事逻辑,研究者有必要在以下几个方面做出的努力:首先,突破旧的研究范式。当新例外论出现之时,人们就应该反思旧的认知模式是否存在偏见。即使确实没有偏见,这种

① 〔德〕塞巴斯蒂安·康拉德:《全球史是什么》,中信出版社 2018 年版,第34 页。

② 〔美〕托马斯·库恩:《科学革命的结构》,北京大学出版社 2022 年版,第136—138 页。

反思也是有益的。其次，应该更加重视跨国因素的研究。跨国因素在民族国家诞生以后，一直都对它们的经济社会发展产生重大影响，只不过很多时候这种作用被人们的短视和偏见所遮蔽。随着全球化进程的加速，和类脑智能之类的高科技的飞速发展，人类社会之间的联系和交往手段必将会以更难以想象的方式和速度更新升级，跨国因素的作用也将会日益凸显。再次，一些常用的研究方法如历史比较法都可能存在着或多或少的局限性，不能认为使用这些"科学的"方法得出的结论就一定是可靠的，毫无疑问的。在具体的研究中，我们应该注意其适用范围，尽力剔除其中智力虚构且习焉不察的部分，才能最好地克服其弱点所导致的偏见。

事实上，国际历史学界在反思和批判美国例外论的道路上已经取得了丰硕成果。美国历史学家托马斯·本德在《万国一邦：美国在世界历史上的地位》一书中，把美国作为一个国家的经历放置在其所身处的更宏大的背景之下进行考察，用大量篇幅对"美国例外论"进行了彻底的颠覆，旨在推动美国人形成一种更具世界主义风格的存在感。[1] 英国历史学家 A.G. 霍普金斯的鸿篇巨制《美利坚帝国：一部全球史》通过翔实、丰富的资料对"美国例外论"提出疑问，指出美国在全球化的三个阶段中与欧洲帝国主义的发展轨迹大同小异。[2] 另两位美国历史学家丹尼尔·罗杰斯和艾布拉姆·C. 范·恩根则不约而同地完成了相似的研究，对"山巅之城"这个与美国早期历史上的清教徒领袖约翰·温斯洛普（John Winthrop）的布道联系在一起的圣经短语进行了解构，追溯了它历时近四个世纪的起源、接受和演变历程。[3] 这篇几乎在美国的高中

---

① ［美］托马斯·本德：《万国一邦：美国在世界历史上的地位》，中信出版社 2019 年版。

② ［英］A. G. 霍普金斯：《美利坚帝国：一部全球史》，民主与建设出版社 2021 年版。

③ Daniel T. Rodgers, *As a City on a Hill*：*The Story of America's Most Famous Lay Sermon*，Princeton：Princeton University Press，2018；Abram C. Van Engen，*City on a Hill*：*A History of American Exceptionalism*，New Haven：Yale University Press，2020.

和大学里普遍教授的布道，经历了数代人不断接力构建和阐释，才成了今天美国文化中神话般的存在。但是，神话并非一经曝光就会自动退出历史，因为文本成为经典之后就具有了生命，自然有其发展逻辑。

综上所述，例外论在近代以来的世界历史上不断出现，这种现象反映出，现代人文社会学科在诞生之初就带有的某些倾向仍在左右着人们的思想，如欧洲中心论、以民族国家为核心的叙事传统，而一些常用的研究方法实际上具有易被忽视的局限性，如历史比较法。其结果就是，人们经常以科学之名，无意识地生产种种偏见。更重要的是，一旦这种偏见成为一个国家大多数国民的思想，就可能给世界带来意想不到的后果，一如"美国例外论"所表现的那样。因此，研究者应该不断反思社会科学与生俱来的局限性，并努力寻求克服与突破的新路径。至此，我们可以明确认识到，美国社会主义的特殊现象其实并不例外。不仅如此，连创造出"例外论"这件事本身也一点都不"例外"。

结　语

　　虽然美国社会主义运动在特定的社会环境下有很多对其发展不利的因素，经历了诸多波折，但是，在"一战"之前还是逐渐壮大起来。这一点是"美国社会主义例外论"的既有研究所无法解释的，即既然美国的社会环境不适合社会主义，那么为何社会主义还能发展壮大？不可否认，美国社会发展历史中有很多不同于其他各国的具体特点，而且这些具体特点也对美国社会主义运动的兴衰产生了直接的影响。但同样不可否认，每一个国家都有在漫长的历史发展和选择中形成的异于别国之处，更有时代条件所赋予的共同之处。而且，无论是这些具体特点，还是这些共同之处，都处于永不停息的变动之中。许多研究者之所以得出"美国例外"的结论，其主要问题就在于将那些貌似有说服力的影响因素绝对化、固定化、孤立化，或多或少地忽视了跨国交流和互动的影响作用。

　　从前面的分析可以看出，美国社会主义运动微波不兴的原因不仅深深地植根于美国社会的现实土壤，而且和世界历史的总体变化有莫大关系。美国在工业化、城市化阶段面临的挑战，是工业资本主义社会普遍的境遇。美国著名历史学家托马斯·本德对 20 世纪初的国际改革潮流进行了跨国比较研究，发现"美国进步主义改革是一种几乎遍布全球的历史进程中的地方版本"，"很明显应该看到，对工业主义和社会问题的各类回应沿一个范围宽广的光谱一字排开，合众国极可能处于某种中间偏右的位置上，但绝非一种例外的处境"①。同样的道理，将美国社会主义运动置于世界社会主义运动的光谱发展中亦然。

回顾两百年来的历史进程，学者们发现，资本主义的扩张与社会主义运动的发展传播是彼消此长的过程，二者之间存在一种反向关系。② 伴随着工业资本主义在全球的扩散，社会主义运动在其所到之处开始逐渐萌芽。在自由竞争的工业资本主义的危机阶段，社会主义运动获得强劲的发展。私人垄断资本主义的出现，把资本主义推向一个新的高度。而工人运动却走向低潮，开启了 19 世纪最后三十年的和平发展阶段。20 世纪上半叶，资本主义向国家垄断资本主义过渡，国际矛盾不断激化，社会主义运动在世界范围内再度呈现兴盛态势，一系列社会主义革命相继取得胜利。相对而言，20 世纪下半叶的资本主义发展平稳，世界社会主义总体陷入低潮。这种周期性变化的根源很可能来自资本主义生产的经济周期。

但是，由于资本主义体系内部越来越多的调控手段和方式，这种周期性变化的幅度也呈缓慢递减的趋势。凡是有资本主义生产方式的地区就必然有社会主义运动，但是在世界体系的作用下表现出多种发展样态。由于世界体系的一体化发展，资本主义与社会主义的反向发展也必然表现在体系内的所有地方。人类社会进入工业时代之后所遭遇的社会问题在世界范围内存在共性，其解决方案也同样如此。然而由于世界体系的地区化发展特征，不同地区的资本主义发展速度和发展周期的起止时间与长短存在差异，这些地方的社会主义运动也或早或迟，或强或弱。这两种作用叠加到一起，就导致了不同地区的社会主义运动呈现出时间、规模、强度等方面的不同。

美国工业大发展所导致的社会剧烈冲突晚于欧洲几十年出现，

---

① ［美］托马斯·本德：《万国一邦：美国在世界历史上的地位》，第 311，367 页。

② 杨雪冬主编：《全球化与社会主义的想象力》，重庆出版社 2009 年版，第 67—68 页。

所以美国社会主义运动的兴起滞后于早期发达资本主义国家。但是，美国的帝国构建极其迅速崛起，加上进步主义时期的美国进行社会控制的社会历史条件相对比较成熟，又可以借鉴英国、德国等欧洲国家已经实行的改良措施，避免了社会矛盾的进一步激化。这样就改变了19世纪社会主义运动在欧洲社会发展的一般逻辑，即欧洲工人运动的主流曾是与社会主义密切结合起来，并一度努力通过革命的方式改变资本主义。美国资本主义转型的结果是，美国工人运动的主流与社会主义冷漠疏离，并尝试通过渐进改良的方式改变资本主义。

虽然改良主义先在欧洲开花，但却更早在美国结果。在过去的一个世纪中，美国社会内部已经发生了许多变化，可是美国社会主义依然没有起色，而且西方发达资本主义国家不仅没有走上社会主义道路，各国国内的社会主义反而不同程度地陷入低潮，甚至在全球化进程作用下，似乎越来越变得美国化了。

现在看来，这个进程之所以先于大部分欧洲国家而出现，很大一部分原因是美国独特的帝国构建历程所导致的。美国统治阶级依靠迅速积累起来的物质硬实力和文化软实力成功夺取了"文化领导权"，从而加速了这一进程，并最终后来居上。第一次世界大战爆发后，美国又进一步强化了国家的调控机制，而此时的欧洲已经被一战拖入混乱的深渊。因此，美国社会主义运动在刚刚兴起的阶段就开始走向衰落，而且这一衰落的进程远远走在了欧洲国家的前面。正是这样，在世界体系内不平衡发展的逻辑下，美国社会主义兴起阶段的滞后与社会控制机制的成熟两种效应的叠加作用，导致了美国社会主义运动的微弱，呈现出与欧洲完全不同的发展规模。然而，"从全球视角来看，合众国对工业资本主义的回应很明显与西欧国家（即使发展上不那么先进），而非欧洲以外的案例更为接近"①。

---

① ［美］托马斯·本德：《万国一邦：美国在世界历史上的地位》，第367页。

纵观美国社会主义史，19世纪末到20世纪初这段时间是一个关键阶段。这一时期，美国已经成为世界最发达的资本主义国家，拥有先进的生产力和相对丰裕的国民财富积累，这一切是进行社会控制的物质基础，中产阶级的壮大是进行有效社会控制的阶级基础，同时期涌现的新思想为社会控制做好了思想准备。美国的资本主义已经发展到一个新的阶段，具有了相当程度的自我修补与自我调控能力。正是这种新的调控机制，改变了无产阶级贫困化和社会分裂为两大阶级的理论预期。进步主义运动的一个主要目标，就是建立适应资本主义工业时代的社会控制系统。[1] 必须指出，在美国进步主义时期及以后的改革中，这种社会控制是不彻底的，并不能消除资本主义的根本矛盾。只要根本矛盾再度激化，新的社会冲突又会风云再起。20世纪30年代共产主义运动在美国社会的勃兴和近年来以桑德斯为代表的美国社会主义力量的崛起，即很好的证明。

但是，这种渐进的改良在一定的时期内足以缓和社会冲突，建立新的平衡，为生产力的进一步发展开辟新空间。马克思有一句著名的话常被反复引用，即"无论哪一个社会形态，在它所能容纳的全部生产力发挥出来以前，是绝不会灭亡的；而新的更高的生产关系，在它的物质存在条件在旧社会的胞胎里成熟以前，是绝不会出现的"[2]。只要资本主义的生命力还有延续的空间，那么对于社会主义的抑制机制就能发挥作用。因此，美国社会主义运动始终难成气候，就一点也不意外。从某种意义上说，甚至是一种必然。

美国社会主义运动与西欧相比，只是表面上看起来似乎是一个"例外"。对其深入研究就会发现，这种现象实质上反映出20世纪发达资本主义地区社会主义运动的某种普遍性趋势，仅仅是同一规律在不同历史时空中的不同表现而已。可以说，"美国社会主义例

---

① 李剑鸣：《大转折的年代：美国进步主义运动研究》，第44、307页。
② 《马克思恩格斯选集》第2卷，第3页。

外论"是"西方中心论"和以"民族国家"为核心的叙事方式所造成的必然结果。更何况，在帝国主义意识形态的笼罩之下，这种"例外论"的观念一定程度上还是有目的地层累建构的"上层建筑"。

美国没有出现欧洲历史上那样声势浩大、影响广泛的社会主义运动，经过一个世纪的讨论，主要原因已经渐渐浮出水面。本书的讨论仅仅是一种新研究视角下的有益探索，并不意味着对前人所有成果的否定。毫无疑问，美国社会主义运动的兴衰的确与美国社会的具体特点存在强烈的联系。但是，导致美国社会主义运动未能成功的因素或特点并非一成不变。所以，已有研究并不能指向美国社会主义注定失败的结论。正如桑巴特所言，那些导致美国没能出现社会主义的因素也在悄然发生变化。美国社会主义最新的进展，就很好地证明了这一点。日益严峻的全球问题、此起彼伏的经济危机以及由此带来的人类发展困境使我们有理由坚持，社会主义仍然是当今世界克服资本主义制度危机的最佳出路。

参考文献

中文文献

著作

马克思、恩格斯:《共产党宣言》,人民出版社 1997 年版。

《马克思恩格斯全集》第一、二版,人民出版社版。

《马克思恩格斯文集》第 1—10 卷,人民出版社 2009 年版。

《马克思恩格斯选集》第 1—4 卷,人民出版社 2012 年版。

《列宁全集》第 22、27、28、55 卷,人民出版社 1990 年版。

《列宁选集(第三版修订版)》第 1—4 卷,人民出版社 2012
  年版。

陈海宏:《美国军事史纲》,长征出版社 1991 年版。

邓蜀生:《世代悲欢美国梦》,中国社会科学出版社 2001 年版。

丁建定:《从济贫到社会保险:英国现代社会保障制度的建立
  (1870—1914)》,中国社会科学出版社 2000 年版。

丁建弘:《德国通史》,上海社会科学院出版社 2002 年版。

丁金光:《白劳德评传》,甘肃人民出版社 2003 年版。

丁一凡:《美国批判:自由帝国扩张的悖论》,北京大学出版社
  2006 年版。

黄安年:《美国的崛起》,中国社会科学出版社 1992 年版。

贾春增主编:《外国社会学史》,中国人民大学出版社 2000 年版。

李道揆:《美国政府和美国政治》(上、下册),商务印书馆 1999
年版。

李剑鸣:《大转折的年代:美国进步主义运动研究》,天津教育出
版社 1992 年版。

李剑鸣:《伟大的历险:西奥多·罗斯福传》,世界知识出版社
1994 年版。

刘绪贻、杨生茂总主编:《美国通史》第 3、4 卷,人民出版社
2002 年版。

陆镜生:《美国社会主义运动史》,天津人民出版社 1986 年版。

罗荣渠:《现代化新论——世界与中国的现代化进程》(增订版),
商务印书馆 2004 年版。

钱乘旦、许洁明:《英国通史》,上海社会科学院出版社 2002
年版。

钱满素:《美国自由主义的历史变迁》,生活·读书·新知三联书
店 2006 年版。

秦晖:《问题与主义》,长春出版社 1999 年版。

秦亚青:《权力·制度·文化:国际关系理论与方法研究文集》,
北京大学出版社 2005 年版。

孙建党:《美国 20 世纪非殖民化政策研究——以东南亚为个案》,
中国社会科学出版社 2020 年版。

王旭:《美国城市史》,中国社会科学出版社 2000 年版。

吴必康主编:《美英现代社会调控机制》,人民出版社 2002 年版。

杨伯溆:《全球化:起源、发展和影响》,人民出版社 2002 年版。

杨雪冬:《全球化:西方理论前沿》,社会科学文献出版社 2002
年版。

杨雪冬主编:《全球化与社会主义的想象力》,重庆出版社 2009
年版。

张光明:《布尔什维主义与社会民主主义的历史分野》,中央编译
出版社 1999 年版。

张光明：《社会主义由西方到东方的演进》，云南人民出版社 2005 年版。

张友伦、陆镜生：《美国工人运动史》，天津人民出版社 1993 年版。

周大鸣编著：《人类学导论》，云南大学出版社 2007 年版。

周琪主编：《意识形态与美国外交》，上海人民出版社 2006 年版。

[德] W. 桑巴特：《为什么美国没有社会主义》，赖海榕译，社会科学文献出版社 2003 年版。

[德] 黑格尔：《历史哲学》，王造时译，上海书店出版社 2001 年版。

[德] 康德：《历史理性批判文集》，何兆武译，商务印书馆 1990 年版。

[法] 米歇尔·博德：《资本主义史 1500—1980》，吴艾美、杨慧玫、陈来胜译，东方出版社 1986 年版。

[法] 托克维尔：《论美国的民主》下卷，董果良译，商务印书馆 1988 年版。

[美] D. P. 约翰逊：《社会学理论》，南开大学社会学系译，国际文化出版公司 1988 年版。

[美] J. 布卢姆等著：《美国的历程》下册第一分册，戴瑞辉、吕永祯、吴聿衡译，商务印书馆 1988 年版。

[美] 阿瑟·林克、威廉·卡顿等：《一九〇〇年以来的美国史》上册，刘绪贻等译，中国社会科学出版社 1983 年版。

[美] 埃里克·方纳：《美国自由的故事》，王希译，商务印书馆 2002 年版。

[美] 艾伦·布林克利：《美国史》，邵旭东译，海南出版社 2009 年版。

[美] 爱德华·A. 罗斯：《社会控制》，秦志勇、毛永政译，华夏出版社 1989 年版。

[美] 巴林顿·摩尔：《民主与专制的社会起源》，拓夫、张东东、

杨念群、刘鸿辉译，华夏出版社 1987 年版。

［美］保罗·肯尼迪：《大国的兴衰》，蒋葆英等译，中国经济出版社 1989 年版。

［美］汉密尔顿、杰伊、麦迪逊：《联邦党人文集》，程逢如、在汉、舒逊译，商务印书馆 1995 年版。

［美］汉娜·阿伦特：《论革命》，陈周旺译，译林出版社 2007 年版。

［美］霍华德·津恩：《美国人民的历史》，许先春、蒲国良、张爱平译，上海人民出版社 2000 年版。

［美］杰里米·阿塔克、彼得·帕塞尔：《新美国经济史》下册，罗涛等译，中国社会科学出版社 2000 年版。

［美］凯伦·帕斯托雷洛：《进步派：行动主义和美国社会改革，1893—1917》，张慧娟译，社会科学文献出版社 2022 年版。

［美］肯尼斯·W. 汤普森：《国际思想大师》，耿协峰译，北京大学出版社 2003 年版。

［美］兰德尔·科林斯、迈克尔·马科夫斯基：《发现社会之旅——西方社会学思想述评》，李霞译，中华书局 2006 年版。

［美］理查德·霍夫施塔特：《美国政治传统及其缔造者》，崔永禄、王忠和译，商务印书馆 1994 年版。

［美］理查德·霍夫斯达特：《改革时代：美国的新崛起》，俞敏洪、包凡一译，河北人民出版社 1989 年版。

［美］刘易斯·科塞：《社会冲突的功能》，孙立平等译，华夏出版社 1989 年版。

［美］罗伯特·A. 帕斯特编：《世纪之旅：七大国百年外交风云》，胡利平、杨韵琴译，上海人民出版社 2001 年版。

［美］罗纳德·斯蒂尔：《李普曼传》，于滨、陈小平、谈锋译，新华出版社 1982 年版。

［美］迈克尔·埃默里等：《美国新闻史：大众传播媒介解释史》，展江、殷文主译，新华出版社 2001 年版。

［美］梅里亚姆：《美国政治思想》，朱曾汶译，商务印书馆 1984
　　年版。

［美］塞缪尔·埃利奥特·莫里森等著：《美利坚共和国的成长》
　　下卷，南开大学历史系美国史研究室译，天津人民出版社 1980
　　年版。

［美］史蒂文·迪纳：《非常时代：进步主义时期的美国人》，萧易
　　译，上海人民出版社 2008 年版。

［美］斯坦利·L. 恩格尔曼、罗伯特·E. 高尔曼主编：《剑桥美国
　　经济史》第 2 卷，高德步等译，中国人民大学出版社 2008 年版。

［美］托马斯·本德：《万国一邦：美国在世界历史上的地位》，孙
　　琇译，中信出版社 2019 年版。

［美］威·爱·伯·杜波依斯：《威·爱·伯·杜波依斯自传》，邹
　　得真、余崇建、高雨洁译，中国大百科全书出版社 1996 年版。

［美］威廉·J. 本内特：《美国通史》上册，刘军等译，江西人民
　　出版社 2009 年版。

［美］威廉·福斯特：《美国共产党史》，梅豪士译，世界知识出版
　　社 1957 年版。

［美］威廉·詹姆斯：《实用主义》，燕小东编译，重庆出版社
　　2006 年版。

［美］沃尔特·拉菲伯、理查德·伯伦堡、南希·沃洛奇：《美国
　　世纪：一个超级大国的崛起与兴盛》，黄磷译，海南出版社 2008
　　年版。

［美］沃尔特·拉夫伯：《美国人对机会的寻求（1865—1913）》，
　　载《剑桥美国对外关系史》上册，石斌、刘飞涛译，新华出版
　　社 2004 年版。

［美］希尔奎特：《美国社会主义史》，朱立人译，商务印书馆
　　1974 年版。

［英］A. F. 查尔默斯：《科学究竟是什么》，鲁旭东译，商务印书
　　馆 2007 年版。

［英］A. G. 霍普金斯：《美利坚帝国：一部全球史》，薛雍乐译，
民主与建设出版社 2021 年版。

［英］保罗·塔格特：《民粹主义》，袁明旭译，吉林人民出版社
2005 年版。

［英］波斯坦等主编：《剑桥欧洲经济史》第 7 卷下册、第 8 卷，
王春法等译，经济科学出版社 2004 年版。

［英］约翰·阿特金森·霍布森：《帝国主义》，卢刚译，商务印书
馆 2017 年版。

论文

丁建定：《英国现代社会保障制度的建立（1870—1914）》，《史学
月刊》2002 年第 3 期。

高岱：《帝国主义概念考析》，《历史教学（高校版）》2007 年第
2 期。

洪朝辉：《"中国特殊论"颠覆西方经典理论》，《廉政瞭望》2006
年第 10 期。

刘军：《"美国例外论"和工运史研究》，《世界历史》1999 年第
5 期。

刘青：《试论新美利坚帝国史研究的兴起》，《世界历史》2011 年
第 5 期。

刘祚昌：《1871—1914 年资本主义国家的政治、社会调整》，《世界
历史》1991 年第 5 期。

刘义勇：《美国外交中的"扩张"与"帝国主义"话语（1898—
1914）》，《世界历史》2022 年第 2 期。

秦晖：《公平竞争与社会主义——"桑巴特问题"与"美国例外
论"引发的讨论》，《战略与管理》1997 年第 6 期。

仇华飞：《论十九世纪末美国海外扩张政策和理论依据》，《上海社
会科学院学术季刊》2002 年第 2 期。

孙代尧：《从暴力革命到"和平过渡"——马克思恩格斯革命策略

思想演进之探讨》,《武汉大学学报》(人文科学版) 2007 年第
6 期。

王玮:《美国史学对 19、20 世纪之交美国海外扩张的思考与认
识》,《史学理论研究》2004 年第 2 期。

夏亚峰:《美国是“帝国”吗?——对美国政界学界相关争论的辨
析》,《世界历史》2017 年第 2 期。

许宝友:《从桑巴特到李普塞特的美国社会主义例外论》,《科学社
会主义》2005 年第 1 期。

周琪:《美国的政治腐败和反腐败》,《美国研究》2004 年第 3 期。

张光明:《马克思学说与资本主义的演进》,《河南大学学报》(社
会科学版) 2004 年第 2 期。

张宇燕、富景筠:《美国历史上的腐败与反腐败》,《国际经济评
论》2005 年第 3 期。

朱本源:《暴力革命是无产阶级革命的普遍规律吗?——马克思恩
格斯的暴力革命论与和平过渡论初探》,《陕西师大学报》(哲学
社会科学版) 1981 年第 2 期。

英文文献

著作

Adam Burns, *American Imperialism: The Territorial Expansion of the U-
nited States, 1783 - 2013*, Edinburgh: Edinburgh University Press,
2017.

Albert Fried ed., *Socialism in America: From the Shakers to the Third
International*, New York: Columbia Press, 1992.

Arnon Gutfeld, *American Exceptionalism: The Effects of Plenty on the
American Experience*, Brighton: Sussex Academic Press, 2002.

Arthur M. Schlesinger Jr., *The Cycles of American History*, Boston:

Houghton Mifflin, 1986.

Bernard K. Johnpoll, *Pacifist's Progress: Norman Thomas and the Decline of American Socialism*, Chicago: Quadrangle Books, 1970.

Brian Greenberg and Linda S. Watts, *Social History of the United States: The 1900s*, Santa Barbara: ABC-CLIO, Inc. , 2009.

Byron E. Shafer, *Is America Different? A New Look at American Exceptionalism*, New York: Oxford University Press, 1991.

Charles Lockhart, *The Roots of American Exceptionalism: History, Institutions and Culture*, New York: Palgrave Macmillan, 2003.

Charles Nordhoff, *The Communistic Societies in the United States*, New York: Hillary House Publishers, 1961.

Charles Postel, *The Populist Vision*, New York: Oxford University Press, 2007.

Clarence B. Carson, *The Growth of America 1878-1928*, Phenix City: American Textbook Committee, 2001.

Daniel Bell, *Marxian Socialism in the United States*, Princeton: Princeton University Press, 1967.

Daniel Gaido, *The Formative Period of American Capitalism: A Materialist Interpretation*, New York: Routledge, 2006.

Daniel Immerwahr, *How to Hide an Empire: A History of the Greater United States*, London: The Bodley Head, 2019.

David Ray Griffin, *The American Trajectory: Divine or Demonic?*, Atlanta: Clarity Press, 2018.

David Ryan and Victor Pungong, eds. , *The United States and Decolonization: Power and Freedom*, New York: ST. Martin's Press, 2000.

Donald E. Pease, *The New American Exceptionalism*, Minneapolis: University of Minnesota Press, 2009.

Gary Dorrien, *American Democratic Socialism: History, Politics, Reli-*

gion, and Theory, New Haven: Yale University Press, 2021.

George Fisher, ed. , *The Revival of American Socialism*, New York: Oxford University Press, 1971.

Godfrey Hodgson, *The Myth of American Exceptionalism*, New Haven: Yale University Press, 2009.

Gordon Reavley, *Social History of the United States: The 1910s*, Santa Barbara: ABC-CLIO, Inc. , 2009.

Guenter Lewy, *The Cause that Failed: Communism in American Political Life*, Oxford: Oxford University Press, 1990.

Harry C. Boyte and Frank Riessman, eds. , *The New Populism: The Politics of Empowerment*, Philadelphia: Temple University Press, 1986.

Harry C. Boyte, *Commonwealth: A Return to Citizen Politics*, New York: The Free Press, 1989.

Harry W. Laidler, *History of Socialism*, London: Routledge & Kegan Paul, 1968.

Harvey Klehr, *The Communist Experience in America: A Political and Social History*, New Brunswick: Transaction Publishers, 2010.

Herman Roodenburg and Pieter Spierenburg, eds. , *Social Control in Europe*, Vol. 1, Columbus: The Ohio State University Press, 2004.

Howard H. Quint, *The Forging of American Socialism: Origins of Mordern Movement*, Columbia: University of South Carolina Press, 1953.

H. Wayne Morgan, ed. , *American Socialism (1900-1960)*, Englewood Clifss, N. J. : Prentice-Hall, Inc. , 1964.

Ian Tyrrell, *American Exceptionalism: A New History of an Old Idea*, Chicago: University of Chicago Press, 2021

Ira Katznelson and Aristide R. Zolberg, Eds. , *Working-Class Formation: Nineteenth-Century Patterns in Western Europe and the United*

States, Princeton: Princeton University Press, 1986.

IrvingHowe, *Socialism and America*, New York: Harcourt Brace Jovanovich, 1985.

Jack Ross, *The Socialist Party of America: A Complete History*, Nebraska: Potomac Book, 2015.

Jacob A. Zumoff, *The Communist International and US Communism, 1919-1929*, Leiden: Koninklijke Brill, 2014.

Jake Altman, *Socialism Before Sanders: The 1930s Moment from Romance to Revisionism*, Cham: Palgrave Macmillan, 2019.

James Weinstein, *The Decline of Socialism in America 1912-1925*, New York: Monthly Review Press, 1967.

Jeffrey W. Coker, *Confronting American Labor: The New Left Dilemma*, Columbia and London: University of Missouri Press, 2002.

Jeremy Jennings, ed., *Socialism: Critical Concepts in Political Science*, Vol. IV, London and New York: Routledge, 2003.

John Dewey, *Reconstruction in Philosophy*, New York: Henry Holt, 1920.

John Lewis Gaddis, *We Now Know: Rethinking Cold War History*, New York: Oxford University Press Inc. , 1997.

Julian Go, *Patterns of Empire: The British and American Empires, 1688 to the present*, New York: Cambridge University Press, 2011.

Kim Voss, *The Making of American Exceptionalism: The Knights of Labor and Class Formation in the Nineteenth Century*, Ithaca and London: Cornell University Press, 1993.

Mari Jo Buhle, *Women and American Socialism, 1870 - 1920*, Chicago: University of Illinois Press, 1981.

M. J. Heale, *American Anticommunism: Combating the Enemy Within (1830 - 1970)*, Baltimore: The Johns Hopkins University Press, 1990.

Morris Janowitz, *On Social Organization and Social Control*, Chicago: University of Chicago Press, 1991.

Niall Ferguson, *Colossus: The Rise and Fall of the American Empire*, London: Penguin Books, 2004.

Paul Buhle, *Marxism in the United States: A History of American Left*, New York: Verso, 2013.

Philip S. Foner, *American Socialism and Black Americans: From the Age of Jackson to World War II*, Westport: Greenwood Press, 1977.

Philip S. Foner, *History of the Labor Movement in the United States*, Volum 1, New York: International Publisher, 1982.

Richard H. Immerman, *Empire for liberty: A History of American Imperialism from Benjamin Franklin to Paul Wolfowitz*, Princeton NJ: Princeton University Press, 2010.

Richard W. Judd, *Socialist Cities: Municipal Politics and the Grassroots of American Socialism*, Albany: State University of New York Press, 1989.

Rick Halpern and Jonathan Morris, Eds. , *American Exceptionalism? US Working – Class Formation in an International Context*, London: Macmillan Press Ltd. , 1997.

Robert E. Weir, *Workers in America: A Historical Encyclopedia*, Oxford: ABC–CLIO, 2013.

Robert H. Zieger, *The CIO, 1935–1955*, Chapel Hill: The University of North Carolina Press, 1995.

Robin Archer, *Why Is There No Labor Party in the United States*, Princeton: Princeton University Press, 2007.

Sally M. Miller, ed. , *Race, Ethnicity, and Gender in Early Twentieth – Century American Socialism*, New York and London: Garland Publishing, Inc. , 1996.

Samuel Bernstein, *The First International in America*, New York:

Sentry Press, 1965.

Scott Nearing, *Dollar Diplomacy: A Study in American Imperialism*, New York: B. W. Huebsch and The Viking Press, 1925.

Scott Nearing, *The American Empire*, New York: The Rand School of Social Science, 1921.

Sean H. McMahon, *Social Control and Public Intellect*, New Brunswick: Transaction Publishers, 1999.

Sean Wilentz, *Chants Democratic: New York City and the Rise of the American Working Class*, 1788–1850, New York: Oxford University Press, 2004.

Seymour Martin Lipset and Gary Marks, *It Didn't Happen Here: Why Socialism Failed in the United States*, New York and London: W. W. Norton & Company, 2000.

Stephen J. Paterwic, *The A to Z of Shakers*, UK: The Scarecrow Press, 2009.

Theodore Draper, *The Roots of American Communism*, New Brunswick: Transaction Publishers, 2003.

Timothy Messer-Kruse, *The Yankee International: Marxism and the American Reform Tradition*, 1848–1876, Chapel Hill: The Unversity of North Carolina Press, 1998.

Walter Nugent, *Habits of Empire: A History of American Expansion*, New York: Alfred A. Knopf, 2008.

论文

Eric Foner, "Why Is There no Socialism in the United States?", *History Workshop*, Vol. 17, No. 1, 1984.

Frederick Jackson Turner, "The Problem of the West", in Ray Allen Billington, ed., *Frontier and Section: Selected Essays of Frederick Jackson Turner*, Englewood Cliffs, 1961.

Gareth Stedman Jones, "The History of US Imperialism", in Robin Blackburn ed. , *Ideology in Social Science*, 1973.

Geir Lundestad, "Empire by Invitation? The United States and Western Europe, 1945–1952", *Journal of Peace Research*, Vol. 23, 1986.

Hilde Eliassen Restad, "Are We Coming to the End of 'American Exceptionalism'?", *Newsweek*, June 6, 2016.

John Gallagher & Ronald Robinson, "The imperialism of free trade", *The Economic History Review*, 6 (1), 1953.

Julius W. Pratt, "Anti–colonialism in United States Foreign Policy", in Robert Strausz–Hupe and Harry W. Hazard, eds. , *The Idea of Colonialism*, London: Atantic Books, 1958.

Karl Kautsky, "The American Worker", *Historical Materialism*, 2003, 11: 4.

Peter G. Filene, "An Obituary for 'The Progressive Movement'", *American Quarterly*, Vol. 22, No. 1, (Spring, 1970).

Peter Hudis, "Workers as Reason: The Development of a New Relation of Worker and Intellectual in American Marxist Humanism", *Historical Materialism*, 2003, 11: 4.

Walter LaFeber, "The American View of Decolonization, 1776–1920: an Ironic Legacy", in David Ryan and Victor Pungong eds. , *The United States and Decolonization: Power and Freedom*, New York: ST. Martin's Press, 2000.